KB091329

R 시뮬레이션

R 시뮬레이션

빅데이터와 샘플 데이터를 연결하다

마티아스 템플 지음 김재민 옮김

i!i
에이콘

| 지은이 소개 |

마티아스 템플 Matthias Templ

오스트리아 비엔나 공과대학교 경제학과 소속 통계수학 방법론 연구소 부교수로 재직 중이다. 오스트리아 통계국의 방법론 학자로 활동하고 있으며, 두 명의 동료 연구자와 함께 파트너십 형태로 데이터 분석data-analysis OG를 운영 중이다. 주요 연구 분야는 대체imputation, 응답자 정보의 통계적 노출 통제, 시각화, 구성 데이터 분석, 전산통계, 통계적 강건성, 다변량 방법론 등이다. 유명 과학저널에 45편 이상의 논문을 게재했으며, 누락값 시각화와 대체를 위한 패키지인 VIM, 합성 집단 시뮬레이션 패키지 simPop, 구성 데이터 강건 분석 패키지 robCompositions 등 여러 패키지의 저자이자 관리자로도 활동하고 있다. 대중들이 무료로 볼 수 있는「Austrian Journal of Statistics」의 편집장이기도 하다. 여가시간에는 산 정상에서 그를 만날 가능성이 매우 크다.

책을 출간하는 데 정신적으로 많은 도움을 준 바바라에게 큰 감사를 드리며, R 프로젝트로 오픈소스 코드를 제공한 모든 사람들에게도 감사드린다.

| 감수자 소개 |

겔린더 딘지스 Gerlinde Dinges

오스트리아 통계국의 질적 분석 관리 및 방법분과 연구원이다. 린츠 대학교에서 수학했으며 비엔나 대학교에서 통계학 학위를 취득했다. 2002년 이후 비즈니스 통계 모델 기반 추정 분야에서 광범위하게 활동하고 있으며, 여러 편의 논문을 게재했다. 대형 데이터 분석에 대한 폭넓은 경험과 함께 유럽에서 진행되는 다양한 연구 프로젝트에 참가하고 있다. 주요 연구 주제는 탐색적 데이터 분석, 비즈니스 통계, 대체, 시각화, 통계학 강의 방법 등이며, 동료와 함께 상호주의 방식으로 수업을 강화하는 컴퓨터 기반 강의 시스템을 개발했다(http://www.statistik.at/tgui).

| 옮긴이 소개 |

김재민(jkim2252666@gmail.com)

2014년도 미국 미시시피 대학교에서 경영학 박사를 마치고 뉴저지에 있는 스탁턴 대학교 조교수를 거쳐, 현재 미시간에 있는 오클랜드 대학교 비즈니스 스쿨에서 경영 전략을 가르치면서 연구하고 있다. 강의와 연구를 통해 경영 전략에 사용되는 데이터를 직접 만들고 분석하는 데 관심을 갖게 되어, 'Statistics & Sports(통계와 스포츠)'라는 과목을 강의하고 'IOT & Data Science(사물인터넷과 데이터 과학)'를 개설했다. 2018년에는 140년 이상 축적된 메이저리그 야구 데이터로 회귀 분석, 연관성 분석, 판별 분석, 네트워크 분석, 군집 분석, 딥러닝을 통한 분류 및 패널 분석을 소개하는 『메이저리그 야구 통계학』(에이콘, 2018)을 출판했으며, 2018년 세종도서 학술부문 도서로 선정됐다. 현재는 경영자들의 관심managerial attention을 연구하면서 그들이 작성한 글과 문서에서 경영 전략에 대한 많은 힌트를 얻기 위해 노력하고 있으며, 이를 위해 숫자가 아닌 자연어natural language를 이용한 지도 학습 기반 내용 분석과 감성 분석 연구 방법에 집중하고 있다. 데이터 분석과 관련해서 10년 이상 포스팅하고 있는 블로그 ibuyworld.blog.me에서 역자를 만날 수 있다.

| 옮긴이의 말 |

이 책을 번역하면서 머릿속에서 뚜렷해지는 생각이 있었다. '고정된 것은 변하는 것보다 항상 좋은 것 같아. 세상이 변하지만 않는다면 말이지.'

경영 전략을 연구하는 나에게 의사결정자의 제한적 이성^{bounded rationality}은 항상 흥미로운 주제다. 사람들이 모든 요인을 고려해서 미래 지향적으로 최적의 의사결정을 하기보다는, 과거의 경험, 노하우, 그리고 현장에서 얻은 지식^{idiosyncratic knowledge} 등 과거 지향적으로 의사결정을 하기 때문에 예상하지 못했던 나쁜 결과가 종종 발생한다. 과거의 성공 공식을 의사결정에 계속해서 적용하는 것을 결정론적 접근법이라고 하면, 현실에서 벌어지고 있는 사건을 토대로 미래를 예측해서 확률적으로 따져서 결정하는 방식을 확률론적 접근법이라 할 수 있다. 큰 변화가 없는 영역에서 살아가고 있다면 동네에서 가장 경험치가 높은 최고령의 어른께서 정답을 결정해주실지도 모르겠다. 불행히도 대부분의 우리는 어제의 성공이 또 다른 성공을 보장하지 않는 변화 속에 살고 있고, 불확실 속에서 성공 확률이 높은 쪽으로 결정을 해야 한다.

이 책은 확률론적 접근법이 필요한 대부분의 사람들에게 불필요한 가정을 내려놓고 현실에서 온 데이터로 결정 모델을 만드는 '시뮬레이션'을 소개한다. 시뮬레이션은 사건 사고에 관심이 있는 분들이라면 들어봤을 단어이고, 개념적으로는 데이터를 거침없이 돌려서 기존의 지식으로는 생각하지 못했던 새로운 결과를 찾아내는 마법 정도로 이해하고 있을 것이다. 내 경우는 박사 과정에서 연역적 방식으로 연구를 수행하는 방법을 배우다 보니, 데이터를 돌려서 아이디어를 얻고 주장을 하는 귀납적 방식은 많이 어색하다. 데이터라는 '현실 관찰'이 주도해서 지식을 일반화하기에는 '관찰한 양이 충분해서 예외는 없는가'라는 질문에 답할 자신이 없기 때문이다. 반면에 이론이 주도하면서 데이터의 역할은 '가설 검증' 정도로 전환되고 확률 이론에 따라 가설이 참일 확률적 가능성에 초점을 두는 연역적 방식에 편안함을 느낀다. 그래서 귀납적 방식이라고 생각했던 시뮬레이션은 어색한 영역이었다.

그러면 시뮬레이션은 귀납적 분석 도구인가? 결론부터 말하자면 시뮬레이션은 사용 목적에 따라 두 생각의 패러다임 모두에 적용될 수 있다. 학계는 연역적 방식이 정상적인 지식 형성 과정이지만, 시장을 전략적으로 접근해야 하는 산업계는 다른 이야기다. 남들과 다르게 해서 살아남아야 하는 회사 입장에서 데이터는 경쟁자들이 보지 못하는 새로운 변화와 패턴을 찾아낼 수 있도록 하는 거의 유일한 도구다. 거대한 데이터를 모으고, 저장하고, 분석하는 기술이 발전하면서 얻게 된 도구의 예측 정확성 덕분에 '예외'가 발생시킬 수 있는 리스크 수준을 감당해낼 수 있는 환경이 됐다. 이 책은 학계 및 산업계와 같이 의사결정 패러다임이 다른 환경에서도 '시뮬레이션'은 훌륭한 영감과 아이디어를 줄 수 있음을 분석 플랫폼 R로 직접 구현하면서 보여준다.

이 책은 총 11개 장으로 구성되어 있다. 각 장이 별도의 이야기인 것 같지만, 절묘하게 연결되어 있는 것이 매력이다. 1장 '서론'은 시뮬레이션은 무엇인가에 대한 답을 빅데이터와 연계해서 설명한다. 2장 'R과 고성능 컴퓨팅'은 시뮬레이션을 R에서 구현하기 위해 필요한 전처리 방법과 시각화 처리 방법을 소개한다. 3장 '연필 기반 이론과 데이터 기반 전산 솔루션의 불일치'에서는 이론값과 데이터 분석값이 차이 나는 원인을 살펴보고 결정론적 수렴과 확률론적 수렴의 차이를 이해해본다. 4장 '난수 시뮬레이션'은 목적에 맞는 다양한 난수 생성기를 소개한다. 또한 몬테카를로 시뮬레이션이 왜 필요한지 이해할 수 있다. 이 장은 추후에 소개될 시뮬레이션 적용 부분에서 필요한 내용들이며, 반드시 R을 직접 실행하면서 이해해야 하는 장이다. 5장 '최적화 문제를 위한 몬테카를로 기법'에서는 3장에서 소개한 결정론적 수렴과 확률적 수렴을 몬테카를로 기법을 통해 시뮬레이션 최적화를 배우게 된다. 6장 '시뮬레이션으로 보는 확률 이론'에서는 임의로 추출된 수들을 반복적으로 시뮬레이션하는 과정은 대수의 법칙 및 중심극한정리 등 확률 개념과 일치하기 때문에 확률적 관점에서 시뮬레이션을 살펴본다. 7장 '리샘플링 방법'은 앞 장에서 소개한 방식인 가정된 분포로부터 추출된 난수를 시뮬레이션하는 것이 아니라, 현실에서 수집한 샘플 데이터로 편향과 오류가 적은 예측을 위해 적용할 수 있는 시뮬레이션 방법을 소개한다.

8장 '리샘플링 방법과 몬테카를로 테스트의 적용'에서는 일반 회귀 분석 알고리즘을 적용할 수 있는 조건에 부합하지 않고 누락값도 있는 가장 현실적인 데이터에 부트스트래핑과 몬테카를로 시뮬레이션을 적용해 가설을 검증하는 방법을 소개한다. 9장 'EM 알고리즘'은 누락값이 있는 데이터를 간단하게 생략하거나 단순한 기준으로 누락값을 대체하는 것이 아니라, 누락의 패턴을 찾아 데이터 전반적인 관점에서 누락값을 대체할 수 있는 시뮬레이션 방법을 설명한다. 10장 '복합 데이터로 하는 시뮬레이션'은 데이터의 구조가 여러 계층 수준으로 나뉘면서 복잡한 모델링이 필요한 경우 사용할 수 있는 모델 기반 시뮬레이션과 디자인 기반 시뮬레이션을 소개한다. 마지막 11장 '시스템 다이내믹스와 에이전트 기반 모델'은 시간의 흐름과 함께 관측 대상이 변해가는 패턴을 시뮬레이션으로 모형화하고 미래 예측에 사용할 수 있는 방안을 논의한다.

이 책을 번역하는 데 적지 않은 시간이 걸렸다. 에이콘 편집 팀에서도 많은 수학적 표기를 정확히 전달하기 위해 많은 시간을 들여서 정성을 다했으며, 나 또한 원서를 정확히 전달하기 위해 부족한 분야는 열심히 공부하면서 정확하게 번역하는 데 최선을 다했다. 오랜 시간 정성을 들인 번역이 여러분들의 학문적, 경력적, 그리고 사업적인 성과에 조금이나마 보탬이 된다면 그보다 큰 기쁨은 없을 것 같다.

| 차례 |

지은이 소개 4

감수자 소개 5

옮긴이 소개 6

옮긴이의 말 7

들어가며 18

01   서론   **25**

시뮬레이션이란 무엇이며, 어디에 적용되는가? 27

왜 시뮬레이션을 사용하는가? 30

시뮬레이션과 빅데이터 32

올바른 시뮬레이션 방법 선택하기 34

요약 36

참고문헌 36

02   R과 고성능 컴퓨팅   **39**

R 통계 환경 40

    R 기초 41

    R의 기본적인 내용 42

    설치 및 업데이트 43

    help 44

    R 작업공간 및 작업 디렉토리 45

    데이터 유형 46

        벡터 46

        요인 49

리스트 50

데이터 프레임 51

배열 52

누락값 54

일반 함수, 메소드, 클래스 56

R에서의 데이터 전처리 57

apply와 기본 R의 친구들 58

패키지 dplyr로 하는 기본 데이터 전처리 62

dplyr: 로컬 데이터 프레임 만들기 63

dplyr: 행 선택 64

dplyr: 순서대로 정렬하기 65

dplyr: 열 선택 66

dplyr: 유일성 69

dplyr: 변수 만들기 69

dplyr: 그룹핑 및 그룹별 집계 70

dplyr: 윈도 함수 73

패키지 data.table을 이용한 데이터 전처리 74

data.table: 변수 생성 75

data.table: 인덱싱 또는 하위 집합 추출 76

data.table: 키 78

data.table: 빠르게 하위 테이블 만들기 78

data.table: 그룹별 계산 80

고성능 컴퓨팅 81

코딩에서 계산 속도가 느린 함수를 찾기 위한 분석법 ... 81

추가 벤치마킹 83

병렬 컴퓨팅 91

C++ 인터페이스 93

정보 시각화 96

R의 그래픽 시스템 97

graphics 패키지 98

몸풀기 예제: 고급 플롯 99

그래픽 파라미터 제어 101

　　　ggplot2 패키지 104

　참고문헌 109

03　연필 기반 이론과 데이터 기반 전산 솔루션의 불일치　　111

　기계 수 반올림 문제 112

　　　예제: 수를 64비트 형식으로 나타내기 115

　　　결정론적 케이스에서 수렴 116

　　　예제: 수렴 117

　문제의 상태 125

　요약 127

　참고문헌 127

04　난수 시뮬레이션　　129

　진성난수 130

　의사난수 시뮬레이션 132

　　　합동 생성기 134

　　　선형 합동 생성기 및 승산 합동 생성기 134

　　　지연 피보나치 수열 생성기 139

　　　그 밖의 의사난수 생성기 139

　비균등하게 분포되는 임의 변수 시뮬레이션 142

　　　역함수 변환 방법 143

　　　에일리어스 방법 또는 대체법 147

　　　로그 선형 모델을 이용한 테이블상의 빈도수 추정 149

　　　기각 샘플링 151

　　　　정규 분포에서 나온 난수 시뮬레이션 152

　　　　베타 분포에서 나온 난수 시뮬레이션 158

　　　절단 분포 161

　　　메트로폴리스-헤이스팅스 알고리즘 162

　　　　마르코프 체인에 관한 몇 가지 사실 163

　　　　메트로폴리스 샘플링 173

깁스 샘플링 176

2단계 깁스 샘플링 기법 176

다단계 깁스 샘플링 178

선형 회귀에 적용 179

MCMC 샘플 진단 182

난수 테스트 190

난수 평가: 테스트 예제 191

요약 195

참고문헌 196

05 최적화 문제를 위한 몬테카를로 기법   199

수치 최적화 204

경사 상승/하강 탐색 방법 205

뉴턴–라프슨 방법 206

범용성을 가진 최적화 방법들 209

확률적 최적화 다루기 211

간편한 절차(스타트렉, 스페이스볼, 스페이스볼 프린세스) 212

메트로폴리스–헤이스팅스 분석 기법 다시 보기 216

경사 기반 확률 최적화 219

요약 224

참고문헌 225

06 시뮬레이션으로 보는 확률 이론   227

확률 이론의 기본적인 내용 228

확률 분포 228

이산 확률 분포 229

연속 확률 분포 230

복권 당첨 231

대수의 약법칙 234

황제펭귄과 여러분의 상사 234

임의 변수의 극한과 수렴 236

샘플 평균의 수렴: 대수의 약법칙 237

시뮬레이션으로 대수의 약법칙 확인하기 238

중심극한정리 247

추정량의 속성 254

추정량의 속성 254

신뢰구간 255

강건 추정량 고찰 259

요약 260

참고문헌 261

07   리샘플링 방법 263

부트스트랩 265

오즈비에 관한 흥미로운 예제 266

부트스트랩이 작동하는 이유 270

부트스트랩 자세히 살펴보기 273

플러그인 원칙 274

부트스트랩으로 표준오차 추정 275

부트스트랩을 이용한 복잡 추정의 예 279

모수 부트스트랩 281

부트스트랩으로 편향 추정하기 285

부트스트랩으로 구하는 신뢰구간 286

잭나이프 291

잭나이프의 단점 295

관측치 d개가 제거된 잭나이프 296

부트스트랩 후 잭나이프 298

교차 검증 301

고전 선형 회귀 모델 302

교차 검증의 기본 개념 303

고전적 교차 검증: 70/30 방법 305

LOO 교차 검증 309

    k배 교차 검증 310

요약 313

참고문헌 314

08   리샘플링 방법과 몬테카를로 테스트의 적용   **317**

회귀 분석에서의 부트스트랩 318

   부트스트랩을 사용해야 하는 동기 318

      가장 인기 있지만 종종 최악이 되는 방법 324

      잔차 부트스트랩 331

누락값을 포함한 적절한 분산 추정 337

시계열 분석에서 부트스트랩하기 345

복합 샘플링 디자인에서 사용되는 부트스트랩 348

몬테카를로 테스트 355

   흥미로운 예제 355

   몬테카를로 테스트의 특별한 종류인 순열 테스트 364

   복수의 그룹에 대한 몬테카를로 테스트 368

   부트스트랩을 사용한 가설 테스트 373

   다변량 정규성 테스트 374

   몬테카를로 테스트 크기의 적합성 376

   검증력 비교 377

요약 378

참고문헌 379

09   EM 알고리즘   **381**

기본 EM 알고리즘 382

   전제 조건 382

   EM 알고리즘의 공식적 정의 383

   EM 알고리즘을 이해하기 위한 간단한 예 384

k 평균 클러스터링 예로 보는 EM 알고리즘 386

누락값 대체를 위한 EM 알고리즘 393

요약 400

참고문헌 401

10   복합 데이터로 하는 시뮬레이션   403

다양한 종류의 시뮬레이션 및 소프트웨어 405

복합 모델을 사용해 데이터 시뮬레이션하기 407

  모델 기반의 간단한 예제 408

  혼합 데이터를 가진 모델 기반 예제 410

  데이터를 시뮬레이션하기 위한 모델 기반 접근법 412

  고차원 데이터를 시뮬레이션하는 예제 413

  클러스터 또는 계층구조의 유한 모집단 시뮬레이션하기 414

모델 기반 시뮬레이션 연구 418

  잠재 모델 예제 419

  모델 기반 시뮬레이션의 간단한 예제 421

  모델 기반 시뮬레이션 연구 427

디자인 기반 시뮬레이션 435

  복합 설문조사 데이터의 예 436

  합성 모집단 시뮬레이션 438

  관심 있는 추정량 438

  샘플링 디자인 정의하기 439

  층화 샘플링 사용하기 442

  오염 추가 443

  다른 영역에 대해 별도의 시뮬레이션 실행 445

누락값 삽입 446

요약 448

참고문헌 449

11   시스템 다이내믹스와 에이전트 기반 모델   453

에이전트 기반 모델 454

사랑과 증오의 역동성 459

생태 모델링의 다이내믹 시스템 464

요약 467

참고문헌 467

컬러 이미지   469

찾아보기   481

에이콘출판의 기틀을 마련하신 故 정완재 선생님 (1935-2004)

| 들어가며 |

"모든 사람이 내가 게으르다고 생각해. 신경 안 써. 그럴 필요 없다는 걸 알게 될 때까지 그런
속도로 달리고 있다니 난 그들이 미친 것 같아."

– 비틀즈의 ⟨I'm only sleeping⟩

몬테카를로 시뮬레이션 접근법은 게으르면서도 동시에 효율적인 방법이다. '게으름'에 대
해 말하자면, 수학 중심의 분석적 방법과 비교해서 시뮬레이션은 실행하기가 훨씬 쉽고
분석이 거의 필요 없다 보니 통계 전부를 무시할 만큼 게을러졌을 수도 있다. '효율성'은
신뢰할 만한 결과를 얻는 데 필요한 최소한의 노력을 말하며, 시뮬레이션을 통해 결과를
얻는 것이 종종 유일한 효율적 방식이 되기도 한다. 데이터 과학과 통계학에서 시뮬레이
션은 분석적 방법보다 직관적이며, 수학이라는 벽 뒤로 숨지 않으면서 복잡한 문제를 해
결하는 유일한 방법이다.

시뮬레이션은 데이터 과학과 통계학에서 필수 분야가 됐으며, 여러 분야에서 발생하는 많
은 실무적 문제를 해결하는 데이터 기반 해법으로 자리 잡고 있다.

이 책에서는 분석 프로그램 플랫폼인 R을 기반으로 현실적인 예제를 통해 관련된 이론들
을 설명하고 데이터를 고급스럽게 처리하는 방법을 소개한다.

이 책은 전산통계와 데이터 과학 관련 지식을 어느 정도 갖춘 독자들에게 통계 시뮬레이
션용 전산 및 방법론적 프레임워크를 제공하겠다는 목표를 갖고 있다.

구체적으로 말하자면 책을 통해 독자에게 시뮬레이션 활용법과 필요한 조언을 전하고, 통
계 시뮬레이션과 컴퓨터 기반 분석 방법에서 흔히 발생할 수 있는 문제를 해결하는 도구
를 제공하기 위해 이 책을 쓰게 됐다.

핵심 내용은 데이터 시뮬레이션과 분포, 추정 통계, 마이크로시뮬레이션, 다이내믹 시스

템을 위한 몬테카를로 방법, 그리고 컴퓨터 방법을 활용한 솔루션 제공이다. 현장에서 나온 실제 데이터를 이용해 문제를 다루기 때문에 앞에서 제시한 내용들을 좀 더 잘 이해하게 될 뿐만 아니라 R을 활용해 적용하는 방법에 대해 다양한 경험을 쌓을 수 있을 것이다.

여러분의 흥미를 높일 수 있도록 여러 장에서 기억에 오래 남을 수 있는 재미있고 흥미로운 예제를 만들고자 노력했다. 어렵고 심각한 내용 다음에는 내 사망 가능성과 같은 내용처럼 흥미를 끌 만한 예제가 제공되는데, 비슷한 예제로 해리 왕자와 그의 여자 친구 첼시 데이비 사이에서 나타나는 사랑과 증오라는 시스템 다이내믹스$^{system\ dynamics}$, 최적화를 통해 오스트리아에서 가장 높은 산을 찾으려는 호주 사람, 복권 당첨의 약법칙$^{weak\ law}$ 등이 활용된다.

▌ 이 책의 구성

1장 '서론' 데이터 과학과 통계 분야에서 사용되는 시뮬레이션 실험의 일반적인 목적인 "시뮬레이션은 왜 필요하며, 어디에 적용되는가?"라는 질문에 답을 하고, 빅데이터를 다루는 특별한 케이스에 대해 논의한다.

2장 'R과 고성능 컴퓨팅' R을 이용해 할 수 있는 고급 컴퓨팅, 데이터 전처리, 시각화 작업에 대해 종합적으로 다룬다.

3장 '연필 기반 이론과 데이터 기반 전산 솔루션의 불일치' 결정론적 환경에서 발생할 수 있는 수치 정확성, 반올림, 수렴과 관련된 이슈를 다룬다.

4장 '난수 시뮬레이션' 균등 난수 시뮬레이션과 여러 종류의 분산으로 전환하기 위한 변형 방법으로 시작해서 다양한 종류의 마르코프 체인 몬테카를로 난수 생성 방법에 대해 논의한다.

5장 '최적화 문제를 위한 몬테카를로 기법' 결정론적 최적화 방법과 확률론적 최적화 방법을 소개한다.

6장 '시뮬레이션으로 보는 확률 이론' 통계학에서 필요한 기본 이론에 집중한다. 예로는 대수의 법칙 그리고 중심극한정리가 시뮬레이션을 통해 소개된다.

7장 '리샘플링 방법' 부트스트랩, 잭나이프, 교차 타당성 검증에 대해 종합적으로 설명한다.

8장 '리샘플링 방법과 몬테카를로 테스트의 적용' 회귀 분석, 대체imputation, 시계열 분석 등 다양한 분야에서 사용될 수 있는 적용 방법을 제시한다. 추가로, 몬테카를로 테스트와 함께 순열 테스트 및 부트스트랩 같은 변형된 형태를 소개한다.

9장 'EM 알고리즘' 반복을 통해 최적값을 얻는 기대 극대화법을 소개한다. 누락값들을 묶고 대체하는 애플리케이션이 제시된다.

10장 '복합 데이터로 하는 시뮬레이션' 일반적으로 방법 간 비교를 위해 사용되고 에이전트 기반 마이크로시뮬레이션의 투입 데이터로 활용될 인구 데이터와 합성 데이터를 시뮬레이션하는 방법을 소개한다.

11장 '시스템 다이내믹스와 에이전트 기반 모델' 에이전트 기반 마이크로시뮬레이션 모델을 논의하고 복잡한 변화 시스템을 공부하기 위해 시스템 다이내믹스에서 사용되는 기본 모델을 제시한다.

▌ 준비 사항

R 버전 3.2 이상의 분석 플랫폼 환경(https://cran.r-project.org/)이 필요하다. 이 책에서는 다양한 방법과 종합적인 예제를 제시하는데, 이를 위해 독립적이며 자체적으로 작동되는 코드를 작성했으며 대부분의 경우 추가적인 R 패키지는 필요 없다. 몇몇 장의 경우에 deSolve, cvTools, laeken, VIM 등의 추가 패키지를 설치해야 한다. 패키지 dplyr과 ggplot2는 책 전반에서 필요하다.

R 스크립터 편집기로 RStudio(https://www.rstudio.com/) 또는 Architect + Eclipse (https://www.openanalytics.eu/architect) 등을 선택할 것을 추천한다.

▌ 이 책의 대상 독자

전산 방법론과 R에 익숙한 사용자를 위한 책이다. 컴퓨터 기반 몬테카를로 방법과 통계 시뮬레이션 도구들로 R의 고급 기능을 배워보고 싶다면 이 책은 여러분의 것이다.

▌ 편집 규약

이 책에서는 정보의 유형에 따라서 텍스트의 스타일이 바뀐다. 각 스타일은 다음과 같은 의미를 지닌다.

문장 속에서 코드는 다음과 같이 표기한다.

"함수 rnorm() 으로 표준 정규 분포에서 숫자 10개가 임의로 추출된다."

코드 블록은 다음과 같이 표기한다.

```
love <- function(t, x, parms){
  with(as.list(c(parms, x)), {
    dPrince_Harry <- a * Chelsy_Davy
    dChelsy_Davy <- -b * Prince_Harry
    res <- c(dPrince_Harry, dChelsy_Davy)
    list(res)
  })
}
```

실행하기 위한 R 명령문 코드와 그 결과는 다음과 같이 나타난다.

```
dat <- matrix(c(104,11037,189,11034),2,2, byrow=TRUE)
## Loading required package: grid
> confint(oddsratio(dat, log=FALSE))
##     2.5 %     97.5 %
##  0.4324132 0.6998549
```

주의를 요하거나 중요한 메시지는 이와 같이 나타낸다.

 팁이나 유용한 요령은 이와 같이 나타낸다.

▌ 독자 의견

독자 여러분의 의견은 언제든지 환영한다. 이 책을 어떻게 생각하는지 부담 없이 이야기해 준다면 좋겠다. 더 유익한 책을 만드는 데 있어 독자의 의견은 무엇보다 중요하다.

일반적인 의견은 이 책의 제목을 메일 제목으로 해서 feedback@packtpub.com으로 보내면 된다.

특정 분야의 책을 쓰거나 기여하는 데 관심이 있다면 www.packtpub.com/authors를 참고하기 바란다.

▌ 고객 지원

팩트출판사의 구매자가 된 독자에게 도움이 되는 몇 가지를 제공하고자 한다.

예제 코드 다운로드

이 책에서 사용된 예제 코드는 http://www.packtpub.com/support를 방문해 이메일을 등록하면 파일을 직접 받을 수 있으며, 이 링크를 통해 원서의 Errata도 확인할 수 있다. 또한 https://github.com/PacktPublishing/Simulation-for-Data-Science-with-R에서

도 예제 코드를 내려받을 수 있으며, 에이콘출판사의 도서정보 페이지인 http://www.acornpub.co.kr/book/simulation-r에서도 예제 코드를 내려받을 수 있다.

컬러 이미지 다운로드

컬러 확인이 필요한 그림은 469페이지의 '컬러 이미지' 절에서 확인할 수 있다. 본문 그림 설명에도 컬러 이미지를 볼 수 있는 페이지를 안내한다. 또한 이 책에서 사용한 스크린샷이나 도표의 컬러 이미지를 PDF 파일로 제공한다. 컬러 이미지는 책의 내용을 이해하는 데 도움을 줄 것이다. 파일은 https://www.packtpub.com/sites/default/files/downloads/SimulationforDataSciencewithR_ColorImages.pdf에서 내려받을 수 있다.

에이콘출판사의 도서정보 페이지 http://www.acornpub.co.kr/book/simulation-r에서도 내려받을 수 있다.

오탈자

내용을 정확하게 전달하려고 최선을 다했지만, 실수가 있을 수 있다. 팩트출판사의 책에서 텍스트나 코드상의 문제를 발견해서 알려준다면, 매우 감사하게 생각할 것이다. 그러한 참여를 통해 다른 독자에게 도움을 주고, 다음 버전에서 책을 더 완성도 있게 만들 수 있다. 오자를 발견한다면 http://www.packtpub.com/submit-errata에서 Errata Submission Form 링크를 통해 구체적인 내용을 알려주기 바란다. 보내준 내용이 확인되면 웹사이트에 그 내용이 올라가거나, 해당 서적의 정오표 섹션에 그 내용이 추가될 것이다.

https://www.packtpub.com/books/content/support를 방문해 검색창에 해당 타이틀을 입력하면 지금까지의 정오표를 확인할 수 있다. 한국어판은 에이콘출판사의 도서정보 페이지 http://www.acornpub.co.kr/book/simulation-r에서 찾아볼 수 있다.

저작권 침해

인터넷에서의 저작권 침해는 모든 매체에서 벌어지고 있는 심각한 문제다. 팩트출판사에서는 저작권과 사용권 문제를 아주 심각하게 인식하고 있다. 어떤 형태로든 팩트출판사 서적의 불법 복제물을 인터넷에서 발견한다면 적절한 조치를 취할 수 있게 해당 주소나 사이트명을 알려주길 부탁한다.

의심되는 불법 복제물의 링크를 copyright@packtpub.com으로 보내주기 바란다.

저자와 더 좋은 책을 위한 팩트출판사의 노력을 배려하는 마음에 깊은 감사의 마음을 전한다.

질문

이 책에 관련된 질문이 있다면 questions@packtpub.com으로 문의하기 바란다. 온 힘을 다해 질문에 답해드리겠다. 한국어판에 관한 질문은 이 책의 옮긴이나 에이콘출판사 편집팀(editor@acornpub.co.kr)으로 문의할 수 있다.

01

서론

지난 세기 비엔나 공과대학교^{Vienna University of Technology}는 데이터공학과 통계라는 학사 과정을 개설했었다. 해당 과정은 요즘에서야 일반적으로 사용하는 **데이터 과학**^{data science}과 밀접한 관련이 있었으며, 컴퓨터 분야에서 데이터 위주의 수업들, 예를 들면 데이터 저장 및 검색, 프로그래밍과 데이터 보안 등의 수업들이 다변량 통계, 생물통계, 재무통계, 통계 학습 및 공식통계와 함께 커리큘럼에 들어 있었다. 당시 수강생이 너무 적어서 몇 년 지나지 않아 해당 학위 과정은 사라졌다. 하지만 큰 그림은 16년이 지나 완전히 변했다. 데이터 과학을 다루는 학사와 석사 과정이 지난 몇 년 동안 세계 곳곳에서 생겼다. 산업계에서 데이터 전문가가 필요했기 때문에 대학은 데이터 과학 수업을 반드시 개설해야 했고, 최근 수년간 나타난 통계학의 발전은 전적으로 **전산통계학**^{computational statistics}의 영향을 받았기 때문에 가능했다. 통계는 데이터 계산의 기본 형태이며, 전산통계는 현대적 계산법을 사용하고 개발하면서 통계학을 데이터에 높은 수준으로 적용하면서 관련 방법론과 도구들을 최고 수준까지 끌어올렸다. 전산통계와 데이터 과학은 밀접하게 연관되어 있으며, 전산통계는 데이터 과학과 광범위한 데이터 관리, 그리고 보안 문제 등의 폭넓은 영역을 다루고 있다. 전산통계에 영향을 받은 데이터 과학은 80년대 이후 인기가 높아져, 통계학에서 이미 가장 영향력 있는 분야가 되어버렸다. 전산통계 분야에서 새로운 방법론이 끊임없이 개발되고 있으며, 역사가 오래된 현대적인 분석 플랫폼인 R에서 새로운 방법론들이 거의 대부분 적용되고 있다.

데이터 과학^{data science}은 전산통계보다 방법론과 알고리즘 개발에 있어서 덜 엄격한 구성요소를 요하면서, 데이터를 저장하고 검색하는 관리 작업 같은 순수 컴퓨터 과학 주제들과 연계되어 데이터에 기반한 연구가 이뤄질 때 적절하게 부를 수 있는 표현이다. 물론 여러 측면에서 전산통계와는 다르다. 예를 들어, 데이터 시각화 영역인 순수 프로세스 시각화 작업(예: 엔진 내 공기 흐름)은 데이터 과학 분야의 주제이긴 하지만 전산통계 분야는 아니다.

위키피디아^{Wikipedia}는 데이터 과학을 다음과 같이 정의한다.

> "데이터로부터 의미를 찾고 데이터 결과물을 만드는 목표를 달성하기 위해 다양한 요소를 투입해서 수학, 통계학, 데이터 엔지니어링, 패턴 인식과 학습, 고급 컴퓨팅, 시각화, 불확실성 모델링, 데이터 웨어하우징, 고성능 컴퓨팅 등 다양한 분야에서 파생된 기술과 이론을 적용하는 영역이다."

데이터 과학은 데이터를 수집, 저장, 관리해서 전처리(편집, 대체) 과정을 거쳐, 분석, 모델링까지 연결되는 일련의 과정과 함께 자동화된 보고서 작성 및 결과 발표까지, 모든 단계가 재현 가능한 방식으로 진행되는 모델링 프로세스의 전체적 관리를 의미한다. 특정 주제에 대해 일반적으로 사용할 수 있는 기술뿐만 아니라 컴퓨터 공학의 많은 요소를 적용해서 통계와 함께 데이터에서 의미를 추출하는 다학제적 연구이기도 하다. 그런 의미에서 데이터 과학은 통계의 확장이자 연속이며, 데이터 과학자는 직면하고 있는 문제를 해결하기 위해 통계학과 데이터 지향 컴퓨터 과학이라는 도구를 사용하는 사람들이다.

통계 시뮬레이션^{statistical simulation}은 데이터 과학의 핵심 분야다. 이 책은 데이터와 분포 시뮬레이션, 추론통계용 몬테카를로 시뮬레이션, 그리고 전산 집약적 접근에서 발생할 수 있는 문제를 해결하는 방법, 통계 시뮬레이션, 난수 시뮬레이션, 리샘플링, 몬테카를로, 시뮬레이션으로 설명하는 통계 이론, 에이전트 기반 마이크로시뮬레이션, 시스템 다이내믹스 등 다양한 분야를 다룬다. 다양한 방법들을 설명하고, 적용과 관련된 아이디어를 제시하며, 통계 시뮬레이션과 전산 집약적 방법에서 흔히 발생하는 문제점을 해결할 수 있는 전산 도구를 이해하도록 도움을 주는 것이 이 책의 목적이다.

물론 이론만 설명하지는 않는다. 다양한 예제들을 접하면서 통계 이론과 R 플랫폼을 더욱 정확히 이해할 수 있다. 인기 있는 방법들의 배경지식을 익힌 후, 실제 데이터와 현실에서 발생할 수 있는 문제들을 다루면서 R에서 사용되는 애플리케이션 경험을 쌓을 뿐만 아니라 여러 방법론적 이해를 높일 수 있다.

R은 시뮬레이션을 완벽히 수행하는 데 적합한 도구다. R 기초 강의는 이 책의 주제가 아니며, 고급 데이터 전처리 및 고급 시각화 도구가 사용됨을 미리 알려둔다. 따라서 완전히 초보자라면 기본적인 입문서를 먼저 읽을 것을 권한다.

데이터 기반 시뮬레이션과 리샘플링 방법의 문제점과 활용 가능성에 대해 간략히 설명한다.

▌ 시뮬레이션이란 무엇이며, 어디에 적용되는가?

통계 시뮬레이션은 데이터 기반 방식으로 수학적 문제를 해결하기 위해 컴퓨터 실험을 수행하는 수리적 방법이다.

실험은 두 단계로 수행된다.

1. 임의의 데이터를 무작위로 추출한다.
2. 추정 함수를 추출된 데이터에 적용한다.

특정 난수 생성기로 발생시킨 임의의 숫자들을 시뮬레이션함으로써 무작위 추출이 실행된다.

시뮬레이션은 여러 가지 방식으로 적용된다. 임의로 선택된 대상의 실제 값을 관측해서 정보를 수집하는 **샘플링**sampling에 적용되는 것이 하나의 예다(Kroese et al., 2014).

컴퓨터의 연산 능력이 계속해서 증가하고 새로운 방법과 알고리즘이 개발되고 있어서, 시뮬레이션을 통해 혁신적인 연구를 수행할 수 있을 뿐만 아니라 정의된 변화 가능성에 따라 시간의 경과와 함께 상태가 변하는 **마이크로시뮬레이션**micro-simulation **및 에이전트 기반 모델**agent-based model을 통해 더 나은 사회정책과 경제정책을 고안할 수 있는 기회가 많아지고 있다. 많은 기회가 있을 또 다른 예로는 집단과 개인의 상호작용을 설명하는 **시스템 다이내믹스**system dynamics 분야다. 두 가지 주제 모두 11장 '시스템 다이내믹스와 에이전트 기반 모델'에서 다룬다.

시뮬레이션 실험을 통해 확률 이론의 개념과 통계에서 사용되는 기본 정리들을 상세히 보여줄 수 있으며, 대수의 법칙도 설명이 가능하다. 관련된 확률 메커니즘으로 여러 실험을 반복할 수도 있다. 이러한 실험 결과는 무작위라서 확실하게 알려진 결과가 없는 임의의 사건들이지만, 장기적으로는 독특한 속성이 나타나게 된다. 동전 던지기가 가장 간단한 예이며, 수리통계에서 가장 기본적인 이론인 중심극한정리도 시뮬레이션으로 나타낼 수 있다. 시뮬레이션 실험을 통해 주요 이론들을 좀 더 명확히 이해할 수 있지만, 수학으로 입증하기 위해서는 총량 이론과 확률 이론을 매우 구체적으로 숙지해야 한다. 통계 기본을 보여줄 시뮬레이션에 대한 좀 더 자세한 정보는 6장 '시뮬레이션으로 보는 확률 이론'에서 다룬다.

통계 시뮬레이션은 상이한 조건과 관련한 추정 방법의 속성을 살펴보기 위해 사용된다. 누락값의 패턴에 따라 추정하려는 계수가 어떻게 변하는지, 이상치가 계수에 얼마나 많은 영향을 미치는지에 대한 질문이 좋은 예다. 제한적 크기의 집단으로부터 복잡한 샘플링 디자인complex sampling design으로 샘플을 추출할 때, 샘플링 디자인이 연구 대상인 추정량에 미치는 영향을 디자인 기반 시뮬레이션으로 확인할 수 있다. 모델 기반 시뮬레이션과 디자인 기반 시뮬레이션 모두 10장 '복합 데이터로 하는 시뮬레이션'에서 설명한다. 해당 장에서는 여러 문제에 맞게 데이터를 시뮬레이션하는 방법을 소개하며, 디자인 기반 시뮬레이션에 필요한 고차원 데이터와 복잡한 합성 데이터에 대해 논의한다.

일반적으로 통계 전문가가 시뮬레이션을 언급하면 주로 **몬테카를로 시뮬레이션**^{Monte Carlo} simulation을 의미한다. 이 방법은 귀무가설을 모방하거나 시뮬레이션된 데이터에 추정 함수를 적용한 모델로부터 나온 데이터를 시뮬레이션하는 데 반복적 임의 샘플링을 사용한다.

몬테카를로 시뮬레이션 방법은 **베이지안 통계**^{Bayesian statistics}에서 필수이며, **마르코프 체인 몬테카를로**^{MCMC, Markov chain Monte Carlo} 방법은 베이지안 통계에서 사후 분포를 통해 파라미터 값을 샘플링하는 데 사용된다(Kroese et al., 2014 참조). 해당 내용은 4장 '난수 시뮬레이션'에서 구체적으로 다룬다. 일반적으로 균등하게 분산된 값을 시뮬레이션할 수 있는 좋은 난수 생성기를 사용하는 것이 매우 중요하다. 또한 균등한 분포를 관심 있는 분포로 변형시키는 것도 중요하며, 이 작업을 역함수 변환^{inversion}, 기각 샘플링^{rejection sampling}, 마르코프 체인 몬테카를로 방법으로 처리할 수 있으며, 이 또한 4장 '난수 시뮬레이션'을 참조하길 바란다.

몬테카를로 시뮬레이션은 일반적으로 특정 수치를 추정하는 데 중요한 역할을 하며, 특히 **통계적 불확실성**^{statistical uncertainty}을 추정하는 데 중요하다. 6장 '시뮬레이션으로 보는 확률 이론'에서 복잡한 과정을 거쳐서 찾아내는 추정량의 통계적 불확실성을 표현하는 데 수학이 거의 사용되지 않음을 알게 될 것이다. 몬테카를로 시뮬레이션 방법은 데이터 중심의 연산 도구라서 데이터 과학자들이 수학의 세계에서 길을 잃지 않고 통계적 추론을 할 수 있도록 도와주는 데 탁월하다.

몬테카를로 시뮬레이션의 또 다른 적용 분야는 **다차원 적분**^{multi-dimensional integrals}으로, 몬테카를로 기법을 통해 적분이 정의하는 범위에서 난수를 추출해 풀어낸다. 밀접하게 관련된 분야로는 수치 최적화^{numerical optimization}를 들 수 있다. 확률론적 접근법을 사용해 복잡한 목적 함수로 최적화 문제를 해결하는 데 몬테카를로가 적용된다. 여기서 확률에 기반한 무작위성^{randomness}을 소개하는 이유는 비볼록(또는 비오목)의 특징을 갖는 함수로 최적값을 찾아야 할 때, 부분 최적값에 수렴되는 함정에 빠지는 것을 피하기 위해서다(자세한 내용은

5장 '최적화 문제를 위한 몬테카를로 기법'에서 확인하기 바란다).

몬테카를로 시뮬레이션의 장점은 절차가 간단하고 관심 대상 추정량을 구할 때 발생하는 복잡성에서 자유로워진다는 점이다. 가장 복잡한 형태의 몬테카를로 시뮬레이션을 실행하는 단계는 다음과 같이 간단하다.

1. 적용하려는 추정의 수학적 모델을 확인하고,

2. 모델에서 사용될 파라미터를 정의하며,

3. 해당 파라미터에 따라 임의의 데이터를 만들어, 관심 대상의 여러 조건하에서 독립적인 데이터를 생성한다.

4. 추정 결과를 시뮬레이션해서 분석하며, 일반적으로는 추정값과 테스트 통계량을 계산하는 방식으로 수행된다. 원본 데이터의 추정 결과는 $T(\mathbf{X})$이다. 각각의 시뮬레이션된 데이터 세트의 추정량인 $T_1, ..., T_R$을 얻는다. 시뮬레이션에서 사용된 데이터가 충분히 크다면, $T_1, ..., T_R$의 분포는 특정 추정량과 테스트 값을 갖는 진정한 샘플 분포에 대한 훌륭한 근삿값을 제시할 수 있을 뿐만 아니라, 추정값의 샘플 평균은 진정한 모평균의 추정치가 된다. 이번 분포의 백분위상 0.025 및 0.975 위칫값은 함수 $T(\mathbf{X})$에서 나온 점추정 신뢰구간을 보여주는 추정량이다.

결과적으로 몬테카를로 시뮬레이션은 특정 추정량 또는 테스트 통계량의 샘플 분포를 근사화한다. 관련 조건들은 일반적으로 원본 데이터에서 적합성을 보이는 파라미터이자 귀무가설이 갖는 조건들이다. 몬테카를로 시뮬레이션을 통해 추정계수의 통계적 불확실성을 효과적으로 표현하거나 가설 테스트와 관련된, 예컨대 유의확률의 통계적 결과를 얻을 수 있다.

▌왜 시뮬레이션을 사용하는가?

시뮬레이션으로 많은 시간을 절약하고, 궁금한 질문에 정확한 답을 얻을 수 있다.

통계적 추론은 흔히 점추정을 중심으로 펼쳐지는 구간 추정이 가능하도록 표준오차 공식을 더하는 점근적 정규성 이론을 기반으로 한다. 산술평균 간편 추정은 샘플의 크기 n인 x 벡터, 산술평균 $\bar{x} = \frac{1}{n}\sum_{i=1}^{n} X_i$, 그리고 표준편차 s로 공식 $\bar{x} \pm 1.96 \cdot s/\sqrt{n}$을 만들어 사용할 수 있다. 하지만 산술평균의 신뢰구간을 나타내는 수식은 임의로 추출된 샘플이 서로 독립적이면서 동일한 분포를 가질 경우에만 참값이 된다. 관심 대상인 모수의 (점근적) 분포가 알려지지 않은 경우가 많아서, 알고자 하는 계수의 표준오차 근사치를 도출할 수 없는 경우도 있다. 예를 들어, 다단계 클러스터 샘플링multi-stage cluster sampling 방법으로 추출된 데이터에서 후버 평균(Huber, 1981)을 구하는 것이 이 경우에 해당된다. 관심 있는 데이터에서 생성된 매우 복잡한 함수나 특정 데이터가 복잡한 속성을 가질 경우, 몬테카를로 시뮬레이션을 사용함으로써 실질적인 이익을 얻을 수 있는 반면, 전통적 통계학 연구에서 사용하는 신뢰구간 공식을 사용해 계산해도 해당 구간을 구하지 못할 수도 있다.

일반적으로 많이 쓰이는 **리샘플링 방법**resampling method은 **부트스트랩**bootstrap 방식이며, 7장 '리샘플링 방법'에서 집중적으로 다룬다. 리샘플링 방법에서 모수 추정치의 샘플링 분산을 구하기 위해 현재 데이터에서부터 샘플을 추출하고 다시 집어넣는 복원replacement 방식의 반복 샘플링을 실행하고, 데이터 세트별 추정치를 재계산하는 방식의 시뮬레이션을 한다. 이러한 추정치의 분포는 추정 변동성을 보여주기 때문에, 분포는 신뢰구간을 나타내는 데 사용된다.

리샘플링 방법은 가설 테스트와 매우 유사하다. 테스트 통계량 분포가 테스트 시점에 항상 알려져 있는 것은 아니다. 테스트하는 데 몬테카를로를 사용해서 데이터가 귀무가설을 모방하는 방식으로 시뮬레이션되고, 데이터 생성을 위해 실제 데이터로부터 나온 파라미터가 적용된다. 테스트 통계량은 실제 데이터를 기반으로 계산되고 반복적으로 시뮬레이션된 데이터와 비교한다. 유의확률 p 값을 확인하는 것은 8장 '리샘플링 방법과 몬테카를로 테스트의 적용'에서 중요하게 다룰 주제다.

▌ 시뮬레이션과 빅데이터

오늘날 거대한 비정형 데이터는 주로 분석의 대상이지만 보조 정보로도 활용된다. 빅데이터를 시뮬레이션하는 것은 어려운 일이다.

빅데이터는 데스크톱 컴퓨터 메모리에 저장되기에는 너무 크다. 그래서 빅데이터를 사용할 경우, 세 가지 옵션 중에서 하나를 선택할 수 있다. 첫째, 연산을 위해 더 많은 양의 메모리가 있는 강력한 서버를 사용한다. 둘째, 데이터를 효율적으로 데이터베이스에 저장하고 데이터베이스에 접속해 분석을 실시한다. 데이터의 특정 부분에만 관심이 있다면, 관심 있는 부분만 취해서 R로 불러들여서 분석하고, 결과를 다시 데이터베이스로 보내면 된다. R은 데이터베이스에 접속할 수 있는 탁월한 기능과 API가 있기 때문에 추천하는 방법이다. 셋째, 데이터를 합쳐서 부분만 취한다. 분석에서 지나치게 자세한 정보가 필요하지 않을 경우가 있다. 예를 들어, 도로 교통 데이터를 분석하고 싶다고 상상해보자. 고속도로의 측정 기구들은 일반적으로 속도, 차간 거리, 사용된 차선 및 차량 종류를 측정한다. 이 경우 데이터의 규모는 매우 클 수밖에 없다. 그러나 측정 오류 분석을 위해 데이터를 합산해서 1분 또는 5분 간격으로 교통 데이터를 분석해도 충분하다.

데이터가 클 경우, 부트스트랩 같은 리샘플링 방법은 긴 연산 시간을 초래할 수 있다. 부트스트랩의 일반적인 방법은 반복적으로 데이터를 추출하고, 관심 있는 통계량을 추정해서, 결과를 저장하는 것이다. 다른 환경에서 시뮬레이션이 재실행될 때마다 이 방법을 변경해야 할 수도 있다. 부트스트랩 방법의 경우, 각각의 부트스트랩 샘플에 대해 샘플이 얼마나 포함되어 있는지에 관한 정보를 포함하는 추가 벡터가 저장된다. 따라서 부트스트랩 샘플을 저장하는 대신 부트스트랩 샘플에 특정 유닛이 포함되어 있는지를 알려주는 0, 1로 구성된 벡터를 저장한다. 이 방법으로 조건에 맞는 부트스트랩 샘플들이 선택되며, 특별한 샘플링 설계 때문에 부트스트랩 샘플 선택이 더욱 복잡해지는 특징을 갖게 될 때 그리고 시뮬레이션을 다시 돌려야 할 경우 특정 유닛의 포함 여부를 알려주는 벡터 생성 방식은 특히 유용하다.

몬테카를로 방법과 같이 추정이 반복적으로 실행됐다면, 사용하는 소프트웨어에서 추정량을 신속하게 구현하는 것은 매우 중요하다. 모든 데이터를 벡터화하여 실행할 것을 추천하는데, 벡터 또는 어떠한 종류의 데이터 구조에도 적용되는 함수는 모든 값과 요소에 직접적으로 작동되기 때문이다. R의 기본적인 함수가 실행되는 경우처럼, C 또는 C++ 같은 컴파일 언어로 순환loop 구현되는 것은 중요하다. R은 외부 언어에 대해 강력한 인터페이스를 제공한다. 외부 언어의 사용은 종종 컴파일되지 않고 해석되는 R을 직접 사용하는 것보다 효율적일 수 있다. 벡터, 행렬, 또는 데이터 프레임에 적절하게 적용되는 apply류의 실행 함수들은 매우 간단하게 병렬 처리된다. 이를 위한 간단한 트릭으로 패키지 lapply 대신에 패키지 parallel에 있는 mclapply를 사용하는 방법이 있다(R 코어 팀, 2015).

리샘플링 방법은 병렬 프로세스로 쉽게 실행될 수 있다. 몬테카를로 기법은 원래 단일 프로세서로 구성된 기계에 맞게 디자인됐다. 오늘날 고성능 컴퓨팅 환경에서 연산은 병렬 방식으로 운영되는 복수의 프로세서로 수행된다(Kroese et al., 2014). 몬테카를로 기법은 병렬 처리 프레임에서 효율적으로 실행된다. 예를 들어, R에서는 병렬로 몬테카를로를 실행하기 위해 수정해야 할 일이 거의 없다. 데이터가 커지다 보면, 리눅스 또는 OS X 운영체제는 하나를 여러 개로 나누어 처리하는 포킹forking을 지원하기 때문에 두 운영체제에서는 단일 코어 컴퓨팅보다 병렬 컴퓨팅이 빠를 수 있지만, 마이크로소프트 윈도우는 포킹을 지원하지 않는다.

연관 이슈는 병렬 컴퓨팅을 위한 효과적 난수 생성 기술의 사용이다. 다른 작업자들이 사용할 난수가 독립적으로 생성되도록 해야 하며, 그렇지 않으면 동일한 결과를 내놓게 된다. 재현 가능한 연구를 촉진하기 위해, 모든 작업자에게 각기 다른 난수의 초기화를 제공해야 하는데(Schmidberger et al., 2009 참조), 패키지 rlecuyer는 이 문제를 해결한다(Sevcikova & Rossini, 2015).

▌ 올바른 시뮬레이션 방법 선택하기

나쁜 소식은 시뮬레이션에 대해 일반적인 지침과 방법이 없다는 것이다. 올바른 시뮬레이션 방법의 선택은 해결하고자 하는 근본적인 문제, 데이터 세트, 그리고 연구 목적에 따라 달라진다.

어떤 분야에서 시뮬레이션이 중요한 역할을 하는지는 이미 언급했다. 관심이 있는 분야에 따라 고려해야 할 기술이 달라진다. 베이지안 분석의 경우 리샘플링 기법을 사용하는 시뮬레이션 방법은 일반 추론 통계량별로 다르고, 최적화 문제가 추가되면 또한 달라진다. 집단 또는 개별 관측값 간의 상호작용이 주요 관심 대상이거나, 마이크로시뮬레이션의 대상인 개인 수준에서 미래 예측이 필요할 때 적용되는 방법들은 완전히 다르다.

그러나 일반화된 질문에서 올바른 기법을 선택할 수 있는 약간의 지침을 얻을 수 있다. 다음 표에서 보여주듯이 적합한 방법을 선택하는 데 있어 명료한 결정을 내릴 수 없는 경우가 종종 있다. 예를 들어 샘플로 작업을 한다면 최적화 기법을 여러 이유로 사용할 수 있지만, 최적화 기법의 목적은 매우 일반적이어서 샘플 또는 집단 데이터 모두에 적용된다. 또 다른 예로, 에이전트 기반의 마이크로시뮬레이션으로 모델을 비교하는 데 사용할 수 있지만 주요 목적은 아니다. 따라서 다음 표는 기본 질문에 따라 분석 방법을 대략적으로 분류해놓았다. 최적화 방법, 시스템 다이내믹스, 에이전트 기반 마이크로시뮬레이션 등은 리샘플링 방법처럼 추정하려는 계수의 불확실성을 보여주기 위해 개발된 방법과는 확실히 다르다.

질문	예	아니요
샘플로 작업하고 있는가?	MC, MC 테스트, MBS, DBS	ABM, SD
변동성과 임의성이 중요한가?	MC, MC 테스트, MBS, DBS	ABM, SD
관측값이 큰가?	ABM	SD, MCMC
가설 테스트를 해야 하는가?	MC 테스트	ABM, DBS, SD, Opt
제한적 모수에서 추출된 샘플인가?	DBS	MBS
모수로 작업하고 있는가?	ABM, Opt, SD	MC, MC 테스트
모델을 비교하는가?	MC	ABM, SD, Opt
베이지안 통계를 사용하는가?	MCMC	SD, Opt
특정 분산을 시뮬레이션해야 하는가?	RN, MCMC	SD, Opt
확률 이론이 주요 이슈인가?	ABM, MCMC	MC, MBS, DBS
최적화가 되어야 하는가?	Opt	MC, MC 테스트, MBS
개인 행동의 동적 규칙이 있는가?	SD, ABM	그 외 모든 테스트
시간이 지나면서 시스템에 변화가 있는가?	SD	그 외 모든 테스트
시간 프레임이 길 수 있는가?	ABM, SD	그 외 모든 테스트

올바른 시뮬레이션 기법을 선택하는 방법을 간략히 보여주는 이 표에는 **몬테카를로**[MC, Monte Carlo] 방법, 리샘플링 방법, **마르코프 체인 몬테카를로**[MCMC, Markov chain Monte Carlo] 방법, 가설 테스트에 적용되는 MC 테스트 몬테카를로 방법, **최적화 방법**[O, optimization], **시스템 다이내믹스**[SD, system dynamics], **에이전트 기반 모델링**[ABM, agent-based modeling], **디자인 기반 시뮬레이션**[DBS, design-based simulation], **모델 기반 시뮬레이션**[MBS, model-based simulation]이 포함되어 있다.

언급된 모든 장을 즐기기 바란다.

▎ 요약

시뮬레이션 실험은 대부분 데이터에 의존하기 때문에 데이터 과학자에게 완벽할 정도로 적합하다. 1장에서는 시뮬레이션 기법의 다양한 종류를 소개했다. 이후의 장들에서는 기법들을 좀 더 자세히 논의한다. 이번 장에서는 여러 시뮬레이션 방법의 속성과 성능을 보여주고, 예측하며, 통계적 불확실성을 측정하는 거의 모든 곳에서 시뮬레이션이 적용될 수 있음을 소개했다. 일반화할 수 있는 접근법은 존재하지 않고 각 작업별, 데이터별, 문제별로 다른 방식이 존재한다는 사실을 배웠다. 올바른 시뮬레이션 방법을 선택하는 일은 데이터 과학자와 통계 분석가의 몫이다.

연산 능력이 문제가 될 때마다 거의 모든 시뮬레이션은 병렬 방식으로 실행할 수 있으며 최신 소프트웨어가 이러한 작업을 위해 준비되어 있음을 기억해두자.

실제로 시뮬레이션 기법을 적용한 사람들에게 왜 시뮬레이션을 사용했느냐고 묻기보다는, 시뮬레이션을 사용하지 않은 사람에게 왜 사용하지 않았는지를 물어야 할 때다.

▎ 참고문헌

- Eddelbuettel, D., and R. François. 2011, "Rcpp: Seamless R and C++ Integration." *Journal of Statistical Software 40 (8): 1–18*.

- Huber, P.J. 1981, *Robust Statistics*, Wiley.

- Kroese, D.P., T. Brereton, T. Taimre, and Z.I. Botev. 2014. "Why the Monte Carlo Method is so important today," *Wiley Interdisciplinary Reviews: Computational Statistics 6 (6). John Wiley & Sons*, Inc.: 386–92.

- R Core Team. 2015. *R: A Language and Environment for Statistical Computing*. Vienna, Austria: R Foundation for Statistical Computing. https://www.R-project.org/.

- Schmidberger, S., M. Morgan, D. Eddelbuettel, H. Yu, L. Tierney, and U. Mansmann. 2009, "State of the Art in Parallel Computing with R," *Journal of*

Statistical Software 31 (1).

- Sevcikova, H., and T. Rossini. 2015. *Rlecuyer: R Interface to RNG with Multiple Streams*, https://CRAN.R-project.org/package=rlecuyer.

- Yihui, X. 2013. "Animation: An R Package for Creating Animations and Demonstrating Statistical Methods," *Journal of Statistical Software* 53 (1): 1–27.

02

R과 고성능 컴퓨팅

분석 소프트웨어 환경인 R(R Development Core Team, 2015)은 현재 통계를 다루는 분야에서 가장 많이 사용되고 있으며, 이 책에서 집중적으로 다룬다. 앞으로 살펴볼 각 장에서 설명되는 분석 방법들은 통계 분석 환경 R을 이용해 실무적으로 적용이 가능하기 때문에 다양한 형태의 적용 방법을 소개한다. R에서 실행되는 시뮬레이션과 데이터 과학을 효율적으로 적용하는 방법, 특히 효율적인 연산을 지원하는 함수들에 대해 제법 긴 소개가 필요하리라 생각한다.

2장에서는 R에서 사용할 수 있는 기능들을 간략히 소개한다. R의 일반적인 내용과 더불어 최근에 많이 사용하는 시각화 도구와 효율적인 데이터 처리 패키지를 소개하기 때문에 유용한 부분이 많이 준비되어 있다. 이 장에서 다루는 주제들은 이 책에서 제공하는 예제와 R 코드를 이해하는 데 중요하다.

기본적인 내용 소개를 반복하기보다는, 현대 데이터 과학에서 필수인 컴퓨터 집약computer-intensive 방법과 가치로운 데이터 시뮬레이션과 관련된 부분에 집중하는 것이 중요하다. 따라서 대규모 데이터와 시뮬레이션을 효율적으로 다루고 적용할 수 있는 R 패키지와 관련 방법들을 소개한다.

데이터 전처리manipulation[1]는 항상 모든 분석의 중심에 있으며, 데이터 과학자는 전체 작업 시간의 70% 이상을 데이터 전처리 작업에 사용한다. 이런 차원에서 패키지 dplyr(Wickham & Francois, 2015)과 data.table(Dowle et al., 2015)을 집중적으로 살펴본다.

이번 장의 마지막에서는 고성능 컴퓨팅을 위한 패키지인 snow(Tierney et al., 2015)와 유용한 프로파일링 분석 도구에 대해서도 자세히 논의한다.

 패키지 만드는 방법, 통합 테스트 방법, 동태적 리포팅 등과 같은 중요한 문제는 이 책에서 다루지 않지만, R을 경험해본 적이 있는 사용자라면 제시된 중요한 특성을 잘 활용해야 하므로 해당 주제와 관련된 기존 연구를 읽어볼 것을 권한다.

R에 대한 지식이 어느 정도 있다면 이 장을 건너뛰고 바로 3장 '연필 기반 이론과 데이터 기반 전산 솔루션의 불일치'로 들어가면 된다. R이 처음인 분들은 이번 장을 읽기 전에 반드시 R 기초를 소개하는 관련 참고서를 읽을 것을 권한다.

▌ R 통계 환경

R은 1994년과 1995년에 로스 이하카Ross Ihaka와 로버트 젠틀맨Robert Gentlemen에 의해 만들어졌으며, 벨 연구소Bell Laboratories의 존 체임버스John Chambers가 개발한 프로그래밍 언어 S에 기반한다. 1997년부터 **종합적인 R의 아카이브 네트워크**CRAN, Comprehensive R Archive Network를 통해 국제적으로 개발되기 시작했으며, 비엔나에서부터 확산됐다. 통계 분야에서 R은 요

---

1 데이터를 분석 목적에 맞게 변형하는 작업을 일컫는다. – 옮긴이

즘 인기가 높고 가장 많이 쓰이는 프로그램이며, 오픈소스로 무료로 사용할 수 있다. 통계 프로그램일 뿐만 아니라 데이터를 통해 양방향 컴퓨터 작업 환경이 구축되어, 고급 그래픽을 만들기 위한 여러 도구들을 지원한다. 모든 사람이 자유롭게 R을 내려받을 수 있고 다른 사람들과 코드 교환이 쉽다. 아마도 이러한 매력 덕분에 최근 분석 방법들이 종종 R에서만 독점적으로 개발되는 것 같다. 객체 지향적[2] 프로그래밍 언어인 R은 C, C++, 자바 같은 여러 소프트웨어에 적합한 인터페이스를 갖는다.

다음 링크에서 R과 관련한 유용한 정보를 찾을 수 있다.

- 홈페이지: http://www.r-project.org/, http://cran.r-project.org(CRAN)
- CRAN상에 있는 자주 묻는 질문FAQ, Frequently Asked Questions 목록
- CRAN의 매뉴얼 및 공헌했던 매뉴얼
- CRAN의 작업 보기

R은 현재 약 8,400개가량의 패키지로 확대된 상태다.[3]

프로그래밍 작업을 위해 잘 개발된 편집기로 코드를 쓰고 R과 쌍방향으로 커뮤니케이션하는 것은 매우 매력적인 일이다. 편집기에서 신택스syntax 중심의 코드를 완성할 수 있고 R과 쌍방향 커뮤니케이션이 되도록 지원한다. 초보자뿐만 아니라 고급 사용자에게도 편집기로서 RStudio는 매우 중요한 옵션이다(http://www.rstudio.org/). 전문가들은 Eclipse와 애드온 StatET의 조합을 추천한다. 두 편집기 모두 뛰어난 프로그래밍 환경을 제공하며, R뿐만 아니라 다른 유용한 도구와 소프트웨어와도 잘 연계된다.

R 기초

R은 풍성한 기능을 가진 계산기로 사용할 수도 있다. 계산기로 하는 모든 작업은 R에서 아주 쉽게 처리된다. 예를 들어 더하기는 +로, 빼기는 -, 나누기는 /, 지수 계산은 exp(), 로

---

2 분석 대상의 데이터와 방법을 메모리에 할당하는 방식 – 옮긴이
3 2019년 기준으로 이미 13,000개를 넘어선 상태다. – 옮긴이

그 계산은 log(), 제곱근은 sqrt(), 사인은 sin()을 통해 계산한다. 모든 작업은 일반적인 수학 방식으로 처리되는데, 예를 들어 R에서 사용하는 아래 표현식에서 괄호 안에 있는 부분을 먼저 계산하고, 곱셈과 나눗셈을 덧셈과 뺄셈 연산자보다 우선해서 계산한다.

```
5 + 2 * log(3 * 3)
## [1] 9.394449
```

계산은 즉시 처리되며 별도의 계산기를 사용할 필요가 없다.

R의 기본적인 내용

R은 함수와 객체 지향 언어다. 함수가 객체에 적용되는 신택스 코드의 예는 다음과 같다.

```
mean(rnorm(10))
## [1] -0.4241956
```

함수 rnorm()으로 표준 정규 분포에서 숫자 10개가 임의로 추출된다. 함수 seed()를 통해 초깃값을 고정하지 않았다면, 추출된 숫자들은 함수를 실행할 때마다 변한다. 이후 추출된 10개의 숫자에 대한 평균을 계산한다. 원하는 대로 설정할 수 있는 함수 인자^{argument}를 가지며, 코딩 형태는 다음과 같다.

```
res1 <- name_of_function(v1) # 하나의 입력값 인자
res2 <- name_of_function(v1, v2) # 2개의 입력값 인자
res3 <- name_of_function(v1, v2, v3) # 3개의 입력값 인자
```

함수는 보통 기본값을 갖는 함수 인자를 가지며, args()를 사용해 모든 함수 인자에 접근할 수 있다.

객체로 데이터를 할당하는 것은 <- 또는 =로 가능하고, 해당 객체의 이름을 타이핑해서 엔터 키를 입력하면 다음과 같이 객체의 내용이 화면에 출력된다.

```
x <- rnorm(5)
x
## [1] -1.3672828 -2.0871666 0.4747871 0.4861836 0.8022188
```

함수 options()를 사용함으로써 기본 설정을 변경할 수 있는데, 예를 들어 글꼴을 바꾸거나, 문자열 입력 방식(인코딩encoding)을 변경하거나, 바로 다음에 나타나는 예처럼 출력되는 결괏값의 자릿수를 조정하기도 한다(R 내부에서는 반올림하지 않고 있는 그대로 출력한다).

```
options(digits = 4)
x
## [1] -1.3673 -2.0872 0.4748 0.4862 0.8022
```

R은 대소문자를 구분한다는 점에 유의하자.

설치 및 업데이트

소프트웨어의 설치 권장 절차는 다음과 같다.

R 설치: 컴퓨터에 R이 이미 설치되어 있다면 최신 버전인지 확인하자. 소프트웨어가 설치되어 있지 않다면 http://cran.r-project.org/bin/으로 이동하여 자신의 운영 플랫폼에 맞게 선택하면 된다. 운영체제에 맞는 실행 파일을 다운로드하고 화면의 추가 지시사항을 이행하자.

패키지를 설치하기 위해서는, 예를 들어 패키지 dplyr을 설치하려고 한다면 다음과 같이 입력한다.

```
install.packages("dplyr")
```

패키지는 단 한 번만 설치하면 되고, 그 후에는 필요할 때 로딩해서 사용할 수 있다.

```
library("dplyr")
```

update.packages()를 입력하면 업데이트가 가능한지 검색하고 새로운 패키지 버전으로 업데이트한다.

앞에서 제공된 정보는 패키지의 안정적인 CRAN 버전을 설치하는 방법이다. 물론 패키지 개발 버전의 최신판 변경도 가능하다. 개발 버전은 깃허브^{GitHub}나 깃^{Git} 저장 시스템에서 찾을 수 있다.

최신 개발 버전을 설치하려면 패키지 devtools가 필요하다(Wickham & Chang, 2015). 패키지 devtools를 로딩한 후, install_github()를 통해 설치하자. 이러한 방식으로 패키지 dplyr이 다음과 같이 설치된다.

```
if(!require(devtools)) install.packages("devtools")

library("devtools")
install_github("hadley/dplyr")
```

help

다음 명령어를 사용해 도움말 창을 여는 방법을 알아두자.

```
help.start()
```

이 명령어로 도움말 검색창이 열리고 도움말을 활용할 수 있다. 패키지와 관련된 검색 가능한 도움말은 다음과 같이 접근 가능하다.

```
help(package="dplyr")
```

특정 기능의 도움말을 찾으려면 help(name) 또는 ?name을 사용한다. 예를 들어, 패키지 dplyr에 포함되어 있는 함수인 group_by에 대한 도움말은 다음과 같이 찾을 수 있다.

```
?group_by
```

패키지에 있는 데이터는 함수 data()를 통해 로딩되며, 가령 패키지 MASS에 포함된 데이터 Cars93은 다음과 같이 로딩한다(Venables & Ripley, 2002).

```
data(Cars93, package = "MASS")
```

help.search()는 정확한 이름을 모르는 함수를 찾기 위해 사용한다.

```
help.search("histogram")
```

이 명령어는 파일 이름, 별칭, 제목, 개념 또는 키워드에서 "histogram" 문자 스트링과 대략적으로 매칭되는 이미 설치된 함수들을 검색한다. 함수 apropos()를 이용해, 이름별로 대상을 확인하고 나열할 수 있다. 예를 들어, hist라는 이름과 부분적으로라도 일치하는 모든 대상을 나열하기 위해서는 다음과 같이 타이핑한다.

```
apropos("hist")
```

도움말 페이지, 간단한 소개문 또는 작업 보기 등을 검색하기 위해서는, R 웹사이트에서 검색 엔진을 통해 웹 브라우저상에서 검색(예: summarize) 요청 결과를 볼 수 있다.

```
RSiteSearch("group by factor")
```

"group by factor" 문자 스트링의 모든 검색 결과를 보여준다.

R 작업공간 및 작업 디렉토리

생성된 객체는 RStudio 메인 화면의 작업공간workspace에 나타나며 컴퓨터 메모리에 로딩된 상태다. 작업공간에 있는 모든 객체를 나열하려면 다음과 같이 타이핑한다.

```
ls()
## [1] "x"
```

데이터를 호출하거나 내보낼 때 필요한 작업 디렉토리는 반드시 지정해두자. 함수 getwd()로 현재 사용하고 있는 작업 디렉토리를 볼 수 있다.

```
getwd()
## [1] "/Users/templ/workspace/simulation/book"
```

작업 디렉토리 변경은 함수 setwd()로 할 수 있다. ?setwd를 참조하자.

데이터 유형

이번 목표는 데이터 유형을 파악하는 것이다.

- 숫자
- 문자
- 요인
- 논리

다음은 중요한 데이터 구조다.

- 벡터
- 목록
- 배열
- 데이터 프레임
- 특수 데이터 유형: 누락값(NA), NULL 객체, NaN, -inf, +inf

벡터

벡터vector는 R에서 가장 간단한 데이터 구조다. 수치 벡터, 문자 벡터, 논리 벡터 등 같은 종류의 원소로 구성된 수열이 벡터다. 다음과 같이 함수 c()를 사용해 벡터를 만든다.

```
v.num <- c(1,3,5.9,7)
v.num
## [1] 1.0 3.0 5.9 7.0
is.numeric (v.num)
## [1] TRUE
```

질의어 is.numeric()은 벡터가 수치로 구성된 형태인지 묻는다. 문자들이 괄호 안에 작성됐다는 것을 알아두자.

논리 벡터는 종종 수치/문자 벡터에서부터 간접적으로 생성된다.

```
v.num > 3
## [1] FALSE FALSE  TRUE  TRUE
```

벡터에 있는 많은 연산자operation는 벡터의 원소 단위로 실행되며, 그 예로는 논리 비교 또는 산술 계산 등을 생각해볼 수 있다. 가장 흔한 오류는 벡터가 2개 이상일 경우 벡터 길이가 다를 때 발생하는데, 길이가 짧은 벡터는 다음 예와 같이 반복되는 방식을 취한다.

```
v1 <- c(1,2,3)
v2 <- c(4,5)
v1 + v2
## [1] 5 7 7
Warning message:
In v1 + v2 :
  longer object length is not a multiple of shorter object length
```

또한 R은 내부에서 자동으로 의미 있는 데이터 형태로 맞춘다는 점을 알아두자. 다음 예제는 100이 숫자로 인식되지 않았음을 보여준다.

```
v2 <- c (100, TRUE, "A", FALSE)
v2
## [1] "100"    "TRUE"   "A"       "FALSE"
is.numeric (v2)
## [1] FALSE
```

여기서 가장 저차원의 데이터 유형은 스트링이며, 벡터의 모든 원소는 문자로 강제 전환된다. 벡터를 만드는 데 함수 seq와 rep도 매우 유용함을 알아두자.

벡터를 부분적으로 선택 subset 하는 기능은 필수다. 부분 선택은 연산자 [ ]를 사용하며, 다음 세 가지 방법 중 하나를 선택하면 된다.

- **포지티브** positive 접근법: 필요한 데이터 원소의 위치를 지정해서 가져온 정수들의 집합
- **네거티브** negative 접근법: 필요하지 않은 데이터 원소의 위치를 제외하고 가져온 정수들의 집합
- **논리적** logical 접근법: 데이터의 요소가 선택되거나(TRUE), 선택되지 않은 요소(FALSE)로 구성된 집합

다음 예제를 살펴보자.

```
data(Cars93, package = "MASS")
# 데이터 Cars93에서 변수 Horsepower의 하위 집합 추출하기
hp <- Cars93[1:10, "Horsepower"]
hp
##  [1] 140 200 172 172 208 110 170 180 170 200
# 포지티브 인덱싱 방식
hp[c(1,6)]
## [1] 140 110
# 네거티브 인덱싱 방식
hp[-c(2:5,7:10)]
## [1] 140 110
```

```
# 논리적 인덱싱 방식
hp < 150
##   [1]  TRUE FALSE FALSE FALSE FALSE  TRUE FALSE FALSE FALSE FALSE
# 대괄호[] 안에서 논리 표현을 직접 작성할 수 있다.
hp[hp < 150]
## [1] 140 110
```

요인

R에서 요인^{factor}은 매우 중요하다. 명목 데이터와 서열 데이터를 만드는 데 요인이 필요하기 때문이다. 정확하게 말하자면, 명목적으로 측정된 데이터는 순서 없는 요인을, 서열로 측정된 데이터는 순서화된 요인을 나타낸다. 요인은 특수 벡터로 볼 수 있으며, 특정 이름(또는 레이블)이 얼마나 자주 발생했는지 내부적으로 1에서 n까지의 빈도를 정수로 보여줄 수 있다. 그렇다면 요인으로 숫자 또는 문자 변수를 사용해야 하는 이유는 무엇인가? 기본적으로 자유도^{degree of freedom}에 대한 정확한 수치를 얻고 통계 모델링에서 정확한 설계 매트릭스를 만들려면 범주형 정보가 필요하고 이를 위해 반드시 요인을 적용해야 한다. 또한 요인 벡터와 수치 또는 문자 벡터의 그래픽을 구현하는 방법은 다르며, 문자 벡터를 저장하는 데 있어 요인이 효율적이다. 그러나 요인은 숫자로 코딩된 데이터 벡터와 각 수준별/범주별 레이블을 포함하기 때문에 데이터 구조가 복잡하다. 다음 예제를 보자.

```
class(Cars93)
## [1] "data.frame"
class(Cars93$Cylinders)
## [1] "factor"
levels(Cars93$Cylinders)
## [1] "3"       "4"       "5"       "6"       "8"       "rotary"
summary(Cars93$Cylinders)
##       3       4       5       6       8  rotary
##       3      49       2      31       7       1
```

Summary의 결과는 요인별로 빈도수가 다르다는 사실을 보여준다. R은 함수 summary.factor가 존재하는지 여부를 찾으면서 summary 같은 일반 함수에 메소드 디스패치method dispatch4를 적용한다. 이번 케이스에서는 summary.factor 함수가 존재하는지 찾고 해당 함수가 존재한다면 적용될 것이고, 존재하지 않으면 summary.default가 자동으로 적용된다.

리스트

R에서 리스트list는 객체가 순서대로 정렬되어 있는 집합으로, 각 객체는 해당 리스트의 일부이며 개별 리스트의 데이터 종류에는 벡터, 행렬, 데이터 프레임, 리스트 등으로 다양하다. 각각의 리스트 항목의 차원은 다를 수 있다. 하나의 객체에서 또 다른 여러 객체를 그룹화하고 요약하는 데 리스트가 사용된다. 리스트 원소에 접근할 수 있는 방법은 적어도 네 가지가 있다. 연산자 [], [[]], $, 그리고 리스트 항목의 이름을 활용하는 방법이다. str()로 리스트의 구조를 볼 수 있으며, names()로 리스트 원소들의 이름을 확인할 수 있다.

```
model <- lm(Price ~ Cylinder + Type + EngineSize + Origin, data =
Cars93)
## 결괏값은 리스트 형식이다.
class(model)
## [1] "lm"
## 달러($) 표시로 지명된 리스트에 있는 요소들 접근하기
model$coefficients
##      (Intercept)      Cylinders4      Cylinders5      Cylinders6
##            5.951           3.132           7.330          10.057
##       Cylinders8  Cylindersrotary       TypeLarge     TypeMidsize
##           17.835          19.828          -4.232           2.558
##        TypeSmall       TypeSporty         TypeVan      RngineSize
##           -6.086          -2.188          -5.835           2.303
```

---

4 형태를 자율적으로 결정하는 데 사용되는 알고리즘 - 옮긴이

```
##    Originnon-USA
##         5.915
```

데이터 프레임

데이터 프레임(R에서는 data.frame)은 중요한 데이터 형태다. 통계 프로그램에서 잘 알려져 있는 직사각형 형태의 데이터 구조에 해당하며, 행은 관측값으로, 열은 변수로 구성된다. 리스트와 마찬가지로 data.frame은 벡터와 요인으로 구성됐지만 그 속에 포함되는 원소의 수가 동일해야 한다는 제한이 있다. 예를 들어 외부에서 유입된^{imported} 데이터는 데이터 프레임 형식으로 저장되고, 일반적으로 데이터 프레임은 데이터를 읽음으로써 생성되지만, 그렇지 않을 경우 함수 data.frame()을 직접 사용해 데이터 프레임으로 구성될 수 있다.

신택스 [행, 열]로 데이터 프레임을 부분적으로 추출할 수 있는 기회들이 많다. 다시 말하자면, 포지티브, 네거티브 및 논리적 인덱싱^{indexing}이 가능하고 인덱싱 유형은 행과 열에 따라 달라진다. 개별 열에 리스트처럼 연산자 $를 사용해 쉽게 접근할 수 있다.

```
## 약간의 실린더와 적은 힘을 가진 차량만을 추출
w <- Cars93$Cylinders %in% c("3", "4")  & Cars93$Horsepower < 80
str(Cars93[w, ])
## 'data.frame':   5 obs. of  27 variables:
##  $ Manufacturer   : Factor w/ 32 levels "Acura","Audi",..:
11 12 25 28 29
##  $ Model          : Factor w/ 93 levels "100","190E","240",..:
44 62 53 50 88
##  $ Type           : Factor w/ 6 levels "Compact","Large",..:
4 4 4 4 4
##  $ Min.Price      : num 6.9 6.7 8.2 7.3 7.3
##  $ Price          : num 7.4 8.4 9 8.4 8.6
##  $ Max.Price      : num 7.9 10 9.9 9.5 10
##  $ MPG.city       : int 31 46 31 33 39
##  $ MPG.highway    : int 33 50 41 37 43
```

```
##  $ AirBags          : Factor w/ 3 levels "Driver & Passenger",..:
3 3 3 3 3
##  $ DriveTrain       : Factor w/ 3 levels "4WD","Front",..: 2 2 2
1 2
##  $ Cylinders        : Factor w/ 6 levels "3","4","5","6",..: 2 1
2 1 1
##  $ EngineSize       : num 1.3 1 1.6 1.2 1.3
##  $ Horsepower       : int 63 55 74 73 70
##  $ RPM              : int 5000 5700 5600 5600 6000
##  $ Rev.per.mile     : int 3150 3755 3130 2875 3360
##  $ Man.trans.avail  : Factor w/ 2 levels "No","Yes": 2 2 2 2
##  $ Fuel.tank.capacity: num 10 10.6 13.2 9.2 10.6
##  $ Passengers       : int 4 4 4 4
##  $ Length           : int 141 151 177 146 161
##  $ Wheelbase        : int 90 93 99 90 93
##  $ Width            : int 63 63 66 60 63
##  $ Turn.circle      : int 33 34 35 32 34
##  $ Rear.seat.room   : num 26 27.5 25.5 23.5 27.5
##  $ Luggage.room     : int 12 10 17 10 10
##  $ Weight           : int 1845 1695 2350 2045 1965
##  $ Origin           : Factor w/ 2 levels "USA","non-USA": 1 2 1
2 2
##  $ Make             : Factor w/ 93 levels "Acura Integra",..: 34
39 76 80 83
```

데이터 프레임에서 작동하는 유용한 함수들로는 행과 열의 개수를 보여주는 dim(), 데이터 프레임의 처음 6개의 행을 보여주는 head(), 변수의 이름을 보여주는 colnames() 등이 있다.

배열

배열array은 다차원을 가질 수 있다. 벡터는 1차원 배열이며, 행렬matrix은 행과 열을 갖는 2차원 배열이다. 패키지 vcd에서 4차원으로 저장된 데이터를 불러온다.

```
library("vcd")
## Loading required package: grid
data(PreSex)
PreSex
##  , , PremaritalSex = Yes, Gender = Women
##
##              ExtramaritalSex
## MaritalStatus Yes  No
##       Divorced  17  54
##       Married    4  25
##
##  , , PremaritalSex = No, Gender = Women
##
##              ExtramaritalSex
## MaritalStatus Yes  No
##       Divorced  36 214
##       Married    4 322
##
##  , , PremaritalSex = Yes, Gender = Men
##
##              ExtramaritalSex
## MaritalStatus Yes  No
##       Divorced  28  60
##       Married   11  42
##
##  , , PremaritalSex = No, Gender = Men
##
##              ExtramaritalSex
## MaritalStatus Yes  No
##       Divorced  17  68
##       Married    4 130
```

첫 번째 차원은 결혼 여부인 MaritalStatus, 두 번째 차원은 혼외관계 여부인 ExtramaritalSex이며, 세 번째 차원은 혼전관계 여부인 PremaritalSex, 네 번째 차원은 성별을 구분하는 Gender이다.

연산자 []를 활용한 인덱싱을 통해 배열 원소에 접근할 수 있다. PremaritalSex 변수가 Yes이고 Gender 변수가 Men에 해당하는 데이터만을 추출하는 코딩은 다음과 같다.

```
PreSex[, , 1, 2]
##                ExtramaritalSex
## MaritalStatus Yes No
##      Divorced  28 60
##       Married  11 42
```

동일한 방식으로, 첫 번째와 두 번째 차원인 결혼 여부와 혼외관계 여부를 보여주는 모든 관측값이 선택되고, 세 번째 차원 혼전관계에서는 Yes가 있는 첫 번째 요인과 네 번째 차원 성별에서는 Men이 있는 두 번째 요인을 선택한다. 물론 요인 이름으로도 선정 가능하다.

```
PreSex[, , "Yes", "Men"]
##                ExtramaritalSex
## MaritalStatus Yes No
##      Divorced  28 60
##       Married  11 42
```

누락값

누락값^{missing value}은 거의 모든 데이터에 존재한다. R에서 누락값은 기본적으로 NA로 표현되며, 누락값 여부를 확인하기 위해 사용할 수 있는 명령어는 is.na이다. 누락이 있는 벡터나 데이터 프레임과 같이 데이터 구성에 따라 논리 벡터와 데이터 프레임의 결괏값을 반환한다. 누락값 개수를 계산하기 위해, 누락된 TRUE 값을 1로 하고 누락되지 않은 FALSE를 0으로 해서 TRUE 값을 합산한다.

```
sum(is.na(Cars93))
## [1] 13
```

모두 13개의 누락값이 있다.

누락값의 체계 분석을 위해 패키지 VIM(Templ, Alfons, & Filzmoser, 2012)을 사용한다. 누락값과 관련 있는 많은 도표 중 하나인 matrixplot(그림 2.1)은 data.frame에 있는 모든 값을 보여준다. 이번 그림에서는 흥미롭게도 자동차의 무게가 클수록 변수 luggage.room에 더 많은 누락값이 존재하는 것으로 나타난다.

```
require("VIM")
matrixplot(Cars93, sortby = "Weight", cex.axis=0.6)
```

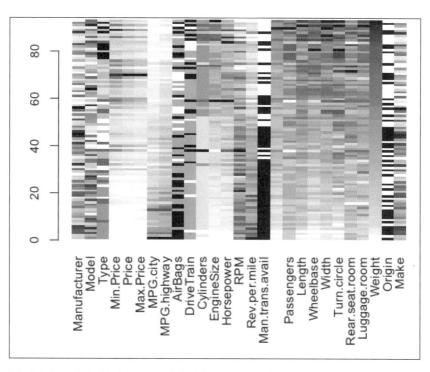

그림 2.1 패키지 VIM의 매트릭스플롯. 어두울수록 값이 높으며, 누락값은 빨간색으로 표시된다(컬러 이미지 p. 469).

패키지 robCompositions(Templ, Hron & Filzmoser, 2011)에서 제공하는 유용한 함수 중 하나는 (이 책에서 결과를 직접 보여주지는 않지만) 누락값의 구조를 보여주는 missPatterns 이다.

```
m <- robCompositions::missPatterns(Cars93)
```

▌ 일반 함수, 메소드, 클래스

R은 여러 클래스class5 시스템을 가지며, 가장 중요한 클래스는 S3과 S4이다. S3 클래스로 프로그래밍하는 것은 S4보다 편하고 쉽다. 하지만 S4를 사용하면 깔끔하면서도 패키지를 사용자 친화적으로 만들 수 있다.

어떤 경우든 각각의 객체는 하나의 클래스에 할당된다. 클래스는 객체에 맞게 프로그래밍 되어 일반 함수의 오버로딩overloading6도 가능하다. 특정 클래스 방법이 준비되는 즉시 해당 클래스의 객체에 맞는 결과를 생성한다.

복잡한 것처럼 들리지만 다음 예제를 보면 명확히 이해될 것이다.

일반 함수의 예로서 summary를 살펴보자. 결과를 요약하는 데 사용되는 일반 함수이며, 함수 summary는 첫 번째 인자의 클래스에 따라 특정 방법을 호출한다.

```
## 얼마나 많은 summary가 특정 클래스를 요약하는 데 사용되는 방법들과 연계되어
## R에 저장되어 있는가를 보여준다(해당 수치는 설치되어 있는 패키지에 따라 달라진다).7
length(methods(summary))
## [1] 137
class(Cars93$Cylinders)
```

```
## [1] "factor"
summary(Cars93$Cylinders)
##      3     4     5     6     8 rotary
##      3    49     2    31     7      1
## 차이를 확인하기 위해 문자로 전환한다.
summary(as.character(Cars93$Cylinders))
##    Length    Class     Mode
##        93 character character
```

위의 예제에서 객체의 클래스에 따라 요약 내용이 달라짐을 알 수 있다. R은 내부적으로 객체의 특정 클래스를 위한 하나의 방법이 적용되는 것처럼 보인다. 실제로 특정 클래스에 하나의 방법이 적용된다면 해당 함수를 적용하고, 그렇지 않다면 summary.default가 적용된다. 이러한 절차를 메소드 디스패치^{method dispatch}라고 부른다.

예제의 마지막 라인에서 R은 함수 summary.factor가 사용 가능한 것으로 보였고, 실제로 그랬다.

 여러분만의 일반 함수를 쉽게 작성할 수 있고 특정 클래스 객체의 출력, 요약, 플롯 함수들을 정의할 수 있다.

▮ R에서의 데이터 전처리

상대적으로 규모가 작다는 문제점이 있지만 R 패키지에서 제공되는 정리된 데이터를 다루는 학생들에게 데이터 전처리^{data manipulation}는 어려운 문제가 아니다. 그러나 데이터 과학자의 일상 업무 중 데이터 분석 작업 시간 동안 완벽하게 준비된 데이터를 적절한 분석 방법에 적용하는 경우는 포함되어 있지 않다. 대부분의 작업 시간은 다양한 소스에서 데이터를 수집하고, 데이터를 적절한 형식으로 만들어, 관련 정보를 추출하는 등 데이터 전처리를 하는 데 소요된다. 데이터 전처리는 핵심 작업이기 때문에 데이터 과학자 및 통계학자라면 강력한 데이터 전처리 기술을 갖고 있어야 한다.

데이터 프레임으로 작업할 때마다 패키지 dplyr은 사용자 친화적이며 계산상 매우 효율적인 코드를 사용할 수 있게 한다. 한층 더 효율적인 데이터 전처리를 지원하는 패키지는 data.table이며(Dowle et al., 2015), 2차원 데이터 객체에서 잘 작동한다. 두 패키지 모두 장점이 있으므로 모두 소개할 것이다.

어떤 경우든지 2차원보다 큰 차원의 배열을 갖는 데이터와 작업할 때, 함수 apply는 여전히 유일한 옵션이다. 하나의 예로 각각의 음성 단위별로 다른 종species에 대해 시간의 흐름과 함께 측정된 음성 데이터를 들 수 있다. 이 경우 데이터는 4차원 배열 방식으로 저장된다.

apply와 기본 R의 친구들

apply류를 사용해 행렬, 배열, 목록, 데이터 프레임 등의 조각들을 반복 방식으로 전처리할 수 있다. 이 함수를 사용하면 특정 차원에 걸쳐서 여러 데이터를 교차시켜 연결할 수 있고 반복 수행문인 for 루프를 사용하지 않아도 된다. 함수들은 한 차원에 속하는 모든 원소에 반복적으로 적용된다.

데이터 세트 Cars93으로 돌아가자. 해당 데이터는 첫 번째 차원인 행과 두 번째 차원인 열로 구성된다. 가령 열에 있는 누락값의 개수를 계산하기 위해 데이터 세트의 두 번째 차원에 함수를 다음과 같이 적용한다.

```
## 향후에 적용될 함수
func <- function(x){
  return (sum (is.na (x)))
}
## 모든 세로축(column)에 적용하고 데이터 매트릭스에서 두 번째 차원이다.
## na에 저장한다.
na <- apply(X = Cars93, MARGIN = 2, FUN = func)
```

```
## 누락값을 가진 값들을 보여준다.
na[ na > 0 ]
## Rear.seat.room    Luggage.room
##              2              11
```

X는 배열 형태다(행렬은 2차원 배열임을 명심하자). MARGIN은 FUN이 적용되는 차원이다.

 apply는 for 루프와 기본적으로 동일하다.

```
p <- ncol(Cars93)
na_for <- numeric(p)
for(i in 1:p){
  na_for[i] <- func(Cars93[, i])
}

identical(as.numeric(na), na_for)
## [1] TRUE
```

for 루프는 언제나 사용할 수 있지만, 함수 apply에서 필요한 코드는 훨씬 짧다.

리스트에 특정 함수를 적용해야 할 때(data.frame은 내부적으로 리스트처럼 처리된다는 점을 알아두자), lapply는 여러분의 친구다. 제시되는 결과는 함수에 적용되는 객체와 동일한 수의 원소를 갖는 리스트가 된다.

앞에서 소개한 코드 방식으로, m이라 불리는 객체에 리스트 결과를 할당했다.

```
m <- robCompositions::missPatterns(Cars93)
class(m)
## [1] "list"
```

각 리스트 원소의 길이를 알기 위해 lapply를 사용해 리스트의 모든 원소에 함수 length()를 적용한다.

```
lapply(m, length)
## $groups
## [1] 3
##
## $cn
## [1] 3
##
## $tabcomb
## [1] 81
##
## $tabcombPlus
## [1] 28
##
## $rsum
## [1] 93
```

함수 sapply는 기본적으로는 lapply처럼 작동하지만 출력 정보를 단순화한다. 예를 들면,

```
s <- sapply(m, length)
```

함수 lapply와 달리 더 이상 리스트가 아니며, 정수로 구성된 벡터가 된다.

```
s
##      groups          cn      tabcomb tabcombPlus         rsum
##           3           3           81          28           93
class(s)
## [1] "integer"
```

함수 aggregate는 apply와 유사하다. 그 차이점은 데이터의 하위 집합을 생성하고 함수를 하위 집합에서 적용할 수 있게 하는 함수 인자에 있다. 함수 인자를 자세히 살펴보자.

```
args(aggregate)
## function (x, ...)
## NULL
```

기본 함수 인자만 보고 데이터 프레임 Cars93에 함수를 적용하려고 하기 때문에, 설치된 데이터 프레임에 적용할 수 있는 방법이 있는지 여부를 확인해볼 필요가 있다.

```
methods(aggregate)
## [1] aggregate.cv*          aggregate.cvSelect*   aggregate.cvTuning*
## [4] aggregate.data.frame aggregate.default*      aggregate.formula*
## [7] aggregate.Spatial*    aggregate.ts          aggregate.zoo*
## methods의 도움을 받거나 소스 코드를 보려면 ?methods를 타이핑할 것
args(aggregate.data.frame)
## function (x, by, FUN, ..., simplify = TRUE)
## NULL
```

그룹 수준의 통곗값을 찾도록 이번 함수를 예제 데이터에 적용해서, 가령 각각의 실린더 클래스(Cylinders)별 자동차의 마력(Horsepower)과 무게(Weight)의 중앙값을 계산한다.

```
aggregate(Cars93[, c("Horsepower", "Weight")], by =
list(Cars93$Cylinders), median)
##    Group.1 Horsepower Weight
## 1        3       70.0   1965
## 2        4      110.0   2705
## 3        5      138.5   3602
## 4        6      170.0   3515
## 5        8      210.0   3935
## 6   rotary      255.0   2895
```

aggregate와 비슷한 함수로는 by와, 패키지 Hmisc에서 나온 summarize(Harrell Jr, 2016) 그리고 패키지 dplyr에서 나온 summarize와 group_by가 있으며, 바로 다음 절에서 논의한다.

패키지 dplyr로 하는 기본 데이터 전처리

기본 R에서 제공하는 데이터 전처리 기능은 훌륭하지만, 일부 상황에서는 패키지 dplyr이 더욱 직관적이며 기본 R 전처리 함수보다 월등히 빠르다. 이 책은 데이터 시뮬레이션과 컴퓨터 기반 활용법을 다루기 때문에, 규모가 큰 시뮬레이션인 경우 계산 속도가 매우 중요하므로 이를 소개한다.

패키지 dplyr은 다음과 같은 기능을 제공한다.

- 관측값 필터링
- 변수 선택
- 리코딩recoding
- 그룹 만들기
- 그룹별 집계

> ℹ️ 비슷한 기능을 가진 reshape2, stringr, lubridate 같은 유용한 패키지들이 있지만 이 책에서는 다루지 않는다.

- data.table은 추후에 논의한다.

dplyr 같은 추가 패키지를 사용하면 전처리를 편하게 처리할 수 있으며, 전술한 바와 같이 계산 속도가 매우 빨라진다.

데이터 관리에서 이뤄지는 몇몇 단계는 명확하지 않아서 혼동되는 부분이 있는데, 대표적으로 행과 열의 선택, 데이터 순서 결정, 리코딩, 그룹 만들기, 그룹별 집계 등이 해당되며,

여기에 더해서 dplyr 같은 추가 패키지를 설치해야 하는 이유는 다음과 같다.

- 기억해야 할 중요한 키워드가 많지 않다는 점
- 높은 일관성
- 여러 다른 입력 자료를 처리할 수 있음
- data.frame, data.tables, sqlite 함수 제공
- 간단하면서 새로운 신택스
- 적은 코드와 적은 오류
- 지금부터 이번 절에서는 열은 변수에 해당하고 행은 관측값에 해당한다는 개념이 적용됨을 반드시 염두에 두자.

우선, 설치된 패키지를 반드시 로딩해야 한다.

```
library("dplyr")
```

 패키지에 대한 간단한 지침은 help(pa = "dplyr")에서 참고하자.

dplyr: 로컬 데이터 프레임 만들기

함수 tbl_df()로 로컬 데이터 프레임을 만들 수 있다.

왜 이 함수가 필요한 것일까? 그 이유는 효율적으로 결과를 출력하고 거대한 데이터를 실수로 화면상에 출력할 가능성을 없애줌으로써 메모리 문제와 오랜 대기 시간을 피할 수 있게 해주기 때문이다.

Cars93은 data.frame임을 기억하자.

```
class (Cars93)
## [1] "data.frame"
```

패키지 dplyr용 로컬 데이터 프레임으로 변환하고 dplyr을 실행해서 제시하는 새로운 출력 결과를 살펴보자.

```
Cars93 <- tbl_df(Cars93)
class(Cars93)
## [1] "tbl_df"      "tbl"          "data.frame"
```

dplyr: 행 선택

함수 slice()를 사용해 라인 번호에 따라 행을 선택할 수 있다.

```
slice(Cars93, 1) # 첫 번째 행만 보여주고, 나머지 결과는 생략
```

한 번에 여러 행을 선택할 수 있다.

c()는 투입된 숫자로 벡터를 만들고, n()은 관측값들의 개수를 제시한다는 점을 알아두자. 따라서 다음과 같이 1, 4, 10, 15번째 열과 마지막 열만을 선택한다.

```
slice (Cars93, c(1,4,10,15, n ()))
## Source: local data frame [5 x 27]
##
##    Manufacturer   Model    Type Min.Price Price Max.Price MPG.city
##          (fctr)  (fctr)  (fctr)     (dbl) (dbl)     (dbl)    (int)
## 1        Acura Integra   Small      12.9  15.9      18.8       25
## 2         Audi     100 Midsize      30.8  37.7      44.6       19
## 3     Cadillac DeVille   Large      33.0  34.7      36.3       16
## 4    Chevrolet  Lumina Midsize      13.4  15.9      18.4       21
## 5        Volvo     850 Midsize      24.8  26.7      28.5       20

## Variables not shown: MPG.highway (int), AirBags (fctr), DriveTrain
(fctr),
##    Cylinders (fctr), EngineSize (dbl), Horsepower (int), RPM (int),
```

```
##    Rev.per.mile (int), Man.trans.avail (fctr), Fuel.tank.capacity
(dbl),
##    Passengers (int), Length (int), Wheelbase (int), Width (int),
##    Turn.circle (int), Rear.seat.room (dbl), Luggage.room (int),
##    Weight (int), Origin (fctr), Make (fctr)
```

함수 filter()로 조건을 만족시키는 행만을 선택할 수 있다.

예를 들어, 변수 Min.Price가 25보다 크면서 변수 Manufacturer가 아우디(Manufacture
== "Audi")인 모든 관측값을 선택하는 방법은 다음과 같다.

```
filter(Cars93, Manufacturer == "Audi" & Min.Price > 25)
## Source: local data frame [2 x 27]
##
##    Manufacturer  Model    Type Min.Price Price Max.Price MPG.city
##          (fctr) (fctr)  (fctr)     (dbl) (dbl)     (dbl)    (int)
## 1         Audi      90 Compact      25.9  29.1      32.3       20
## 2         Audi     100 Midsize      30.8  37.7      44.6       19
## Variables not shown: MPG.highway (int), AirBags (fctr), DriveTrain
(fctr),
##    Cylinders (fctr), EngineSize (dbl), Horsepower (int), RPM (int),
##    Rev.per.mile (int), Man.trans.avail (fctr), Fuel.tank.capacity
(dbl),
##    Passengers (int), Length (int), Wheelbase (int), Width (int),
##    Turn.circle (int), Rear.seat.room (dbl), Luggage.room (int),
##    Weight (int), Origin (fctr), Make (fctr)
```

dplyr: 순서대로 정렬하기

arrange()를 사용해 하나 이상의 변수로 데이터를 정렬할 수 있다. 기본 형태는 오름차
순으로 정렬되며, desc()를 통해 내림차순으로도 정렬 가능하다.

```
Cars93 <- arrange (Cars93, Price)
Cars93 ## 결과 생략
```

나아가 여러 변수들을 기준으로 정렬할 수 있다.

```
head(arrange(Cars93, desc (MPG.city), Max.Price), 7)
## Source: local data frame [7 x 27]
##
##    Manufacturer    Model    Type Min.Price Price Max.Price MPG.city
##          (fctr)   (fctr)  (fctr)     (dbl) (dbl)     (dbl)    (int)
## 1           Geo    Metro   Small       6.7   8.4      10.0       46
## 2         Honda    Civic   Small       8.4  12.1      15.8       42
## 3        Suzuki    Swift   Small       7.3   8.6      10.0       39
## 4        Subaru    Justy   Small       7.3   8.4       9.5       33
## 5        Toyota   Tercel   Small       7.8   9.8      11.8       32
## 6          Ford  Festiva   Small       6.9   7.4       7.9       31
## 7       Pontiac   LeMans   Small       8.2   9.0       9.9       31
## Variables not shown: MPG.highway (int), AirBags (fctr), DriveTrain
(fctr),
##    Cylinders (fctr), EngineSize (dbl), Horsepower (int), RPM (int),
##    Rev.per.mile (int), Man.trans.avail (fctr), Fuel.tank.capacity
(dbl),
##    Passengers (int), Length (int), Wheelbase (int), Width (int),
##    Turn.circle (int), Rear.seat.room (dbl), Luggage.room (int),
##    Weight (int), Origin (fctr), Make (fctr)
```

dplyr: 열 선택

함수 select ()는 데이터에 있는 변수를 선택하게 한다.

```
head (select (Cars93, Manufacturer, Price), 3)
## Source: local data frame [3 x 2]
##
##   Manufacturer Price
```

```
##            (fctr)  (dbl)
## 1           Ford    7.4
## 2        Hyundai    8.0
## 3          Mazda    8.3
```

연속된 여러 개의 변수를 한 번에 가져오기 위해, 연산자 :을 사용한다.

```
head (select (Cars93, Manufacturer:Price), 3)
## Source: local data frame [3 x 5]
##
##    Manufacturer    Model    Type Min.Price Price
##          (fctr)   (fctr)  (fctr)     (dbl) (dbl)
## 1          Ford  Festiva   Small       6.9   7.4
## 2       Hyundai    Excel   Small       6.8   8.0
## 3         Mazda      323   Small       7.4   8.3
```

네거티브 인덱싱이 가능하며, 철자 앞에 마이너스가 붙어 있는 해당 변수는 선택에서 배제된다.

```
select (Cars93, -Min.Price, -Max.Price) # 결과 생략
```

select()에서 사용할 수 있는 유용한 함수들은 다음과 같다.

- starts_with()
- ends_with()
- contains()
- matches()
- num_range()**

예를 들면, Cars93 데이터에서 이름이 Man으로 시작되는 변수들의 처음 3행에 있는 데이터를 보여주기 위해 다음과 같이 starts_with("Man")을 사용할 수 있다.

```
head (select (Cars93, starts_with ("Man")), 3)
## Source: local data frame [3 x 2]
##
##      Manufacturer Man.trans.avail
##            (fctr)          (fctr)
## 1           Ford             Yes
## 2        Hyundai             Yes
## 3          Mazda             Yes
```

변수 이름에 Price가 포함된 변수들의 처음 3행을 보여주는 코드는 다음과 같다.

```
head (select (Cars93, contains ("Price")), 3)
## Source: local data frame [3 x 3]
##
##    Min.Price Price Max.Price
##        (dbl) (dbl)     (dbl)
## 1        6.9   7.4       7.9
## 2        6.8   8.0       9.2
## 3        7.4   8.3       9.1
```

select ()와 rename () 모두 기존 이름을 새로운 이름으로 변경하도록 간단히 new = old 신택스만을 사용해 변경할 수 있고, 함수 select ()는 해당되는 2개의 변수만 선택한다.

```
head (select (Cars93, myPrize = Price, Min.Price))
## Source: local data frame [6 x 2]
##
##    myPrize Min.Price
##      (dbl)     (dbl)
## 1      7.4       6.9
## 2      8.0       6.8
## 3      8.3       7.4
## 4      8.4       6.7
## 5      8.4       7.3
## 6      8.6       7.3
```

dplyr: 유일성

함수 distinct()는 중복되지 않는 유일한 관측값을 선택한다.

```
Cars93_1 <- select(Cars93, Manufacturer, EngineSize)
dim (Cars93_1)
## [1] 93   2
Cars93_1 <- distinct(Cars93_1)
dim (Cars93_1)
## [1] 79   2
```

기본적으로 데이터에 있는 특정 행이 복수로 발생하는지를 평가하는 데 모든 변수가 사용된다.

```
dim(Cars93)
## [1] 93 27
dim( distinct (Cars93, Manufacturer) )
## [1] 32 27
# 두 변수의 차원을 구하면 다음과 같다.
dim(distinct(Cars93, Manufacturer, EngineSize))
## [1] 79 27
# 두 변수의 차원을 제시하며, 두 번째 변수는 반올림됐다.
dim(distinct(Cars93, Manufacturer, rr=round(EngineSize)))
## [1] 57 28
```

dplyr: 변수 만들기

함수 mutate()로 새로운 변수를 만들거나 기존 변수를 유지한다.

```
m <- mutate(Cars93, is_ford = Manufacturer == "Ford")
m[1:3, c(1,28)]
## Source: local data frame [3 x 2]
##
```

```
##    Manufacturer is_ford
##          (fctr)   (lgl)
## 1         Ford    TRUE
## 2      Hyundai   FALSE
## 3        Mazda   FALSE
```

함수 transmute()는 신택스에 나열된 변수만 보유하기 때문에, 바로 앞 예제와 매우 유사하므로 여기서 결과를 보여주지는 않는다.

```
transmute(Cars93, is_ford = Manufacturer == "Ford", Manufacturer)
```

새롭게 생성된 변수는 동일한 코딩 문장에서 다시 사용할 수 있다.

```
head (transmute(Cars93, Manufacturer, is_ford = Manufacturer ==
"Ford", num_ford = ifelse (is_ford, -1, 1)), 3)
## Source: local data frame [3 x 3]
##
##    Manufacturer is_ford num_ford
##          (fctr)   (lgl)    (dbl)
## 1         Ford    TRUE       -1
## 2      Hyundai   FALSE        1
## 3        Mazda   FALSE        1
```

dplyr: 그룹핑 및 그룹별 집계

종종 그룹별 계산을 수행해야 할 때가 있다. 앞에서 기본 R 패키지의 apply류를 사용한 예제를 살펴봤다. 데이터 프레임에 대해 패키지 dplyr은 그룹핑 기능을 지원한다. 이번 패키지에 사용되는 신택스는 그룹핑과 그룹별 집계를 위해 사용되는 기본 패키지보다 화려하다. dplyr은 그룹별 하위 데이터를 생성하는 group_by()와 통곗값을 계산할 때 summarize()를 통해 그룹화 작업을 지원한다. 또한 first_value(x), last_value(x), nth_value(x)와 같이 변수의 그룹별 집계와 관련된 유용한 통곗값을 구하는 도구를 제공한다.

변수 Type을 이용해 그룹별로 나누고, 변수 Prize의 그룹별 크기, 최솟값, 최댓값을 계산하는 그룹핑 작업은 다음과 같다.

```
by_type <- group_by (Cars93, Type)
summarize (by_type,
 count = n(),min_es = min(EngineSize),
 max_es = max(EngineSize)
)
## Source: local data frame [6 x 4]
##
##       Type count min_es max_es
##     (fctr) (int)  (dbl)  (dbl)
## 1 Compact    16    2.0    3.0
## 2   Large    11    3.3    5.7
## 3 Midsize    22    2.0    4.6
## 4   Small    21    1.0    2.2
## 5  Sporty    14    1.3    5.7
## 6     Van     9    2.4    4.3
```

group_by()를 통해 함수들은 정의된 그룹에 적용되고, dplyr은 패키지 magrittr에서 나온 파이프라인pipeline(%>%) 신택스를 지원한다(Bache & Wickham, 2015). 앞에서 보여준 결과를 다음과 같은 방식으로 코딩할 수 있다.

```
Cars93 %>%
  group_by(Type) %>%
  summarize(count = n(), min_es = min(EngineSize), max_es =
max(EngineSize) )
## 이전 결괏값과 동일하기 때문에 결과 생략
```

위의 예제에서 사용된 파이프라인 %>% 연산자를 해석하면 다음과 같다. 우선 데이터 Cars93을 선택해서 group_by를 데이터에 적용한다. 그리고 나서 summarize를 group_by의 결과에 다시 적용한다. 따라서 파이프 안에서 이뤄지는 것처럼 명령어를 제공할 수 있게 됐다. 이전 결과는 다음 명령어에 투입되고, 명령어는 화살표 방향을 따라 왼쪽에서 오른쪽으로 처리된다.

 arrange( ) 및 select( )는 그룹핑 작업과는 독립적으로 작동한다.

그룹별 처음 2개의 관측값을 보고하기 위해 또 다른 예를 살펴보자.

```
by_type <- group_by(Cars93, Type)
slice (by_type, 1: 2)
## Source: local data frame [12 x 27]
## Groups: Type [6]
##
##      Manufacturer      Model      Type Min.Price Price Max.Price MPG.city
##            (fctr)     (fctr)    (fctr)     (dbl) (dbl)     (dbl)    (int)
## 1        Pontiac     Sunbird   Compact       9.4  11.1      12.8       23
## 2           Ford       Tempo   Compact      10.4  11.3      12.2       22
## 3       Chrylser    Concorde     Large      18.4  18.4      18.4       20
## 4      Chevrolet     Caprice     Large      18.0  18.8      19.6       17
## 5        Hyundai      Sonata   Midsize      12.4  13.9      15.3       20
## 6        Mercury      Cougar   Midsize      14.9  14.9      14.9       19
## 7           Ford     Festiva     Small       6.9   7.4       7.9       31
## 8        Hyundai       Excel     Small       6.8   8.0       9.2       29
## 9        Hyundai      Scoupe    Sporty       9.1  10.0      11.0       26
## 10           Geo       Storm    Sporty      11.5  12.5      13.5       30
## 11     Chevrolet  Lumina_APV       Van      14.7  16.3      18.0       18
## 12     Chevrolet       Astro       Van      14.7  16.6      18.6       15
## Variables not shown: MPG.highway (int), AirBags (fctr), DriveTrain
(fctr),
##    Cylinders (fctr), EngineSize (dbl), Horsepower (int), RPM (int),
##    Rev.per.mile (int), Man.trans.avail (fctr), Fuel.tank.capacity
(dbl),
##    Passengers (int), Length (int), Wheelbase (int), Width (int),
##    Turn.circle (int), Rear.seat.room (dbl), Luggage.room (int), Weight
##    (int), Origin (fctr), Make (fctr)
```

dplyr이 제공해주는 간단한 신택스 예를 살펴봤다. 다시 말하자면, 연산자 %>%는 신택스 코드를 더 쉽게 읽을 수 있도록 해준다.

```
## 상단 결과와 동일하기 때문에 결과 생략
Cars93 %>% group_by(Type) %>% slice(1:2)
```

또 다른 예를 보자. 새로운 변수로 EngineSize의 제곱을 계산하고, 그룹별 새로운 변수의 최솟값을 구하려고 한다. 추가로 결괏값은 내림차순으로 정렬하기로 한다.

```
Cars93 %>% mutate(ES2 = EngineSize^2) %>% group_by(Type) %>%
summarize(min.ES2 = min(ES2)) %>% arrange(desc(min.ES2))
## Source: local data frame [6 x 2]
##
##        Type min.ES2
##      (fctr)   (dbl)
## 1    Large   10.89
## 2      Van    5.76
## 3 Compact    4.00
## 4 Midsize    4.00
## 5  Sporty    1.69
## 6   Small    1.00
```

dplyr: 윈도 함수

summarize()는 하나의 단일 값을 반환하는 함수다. 더욱 복합적인 그룹별 집계를 만들기 위해 윈도 함수window function를 사용할 수 있다.

여러 유형의 윈도 함수가 있다.

- **랭킹/순서**: row_number(), min_rank(), percent_rank() 등
- **시간 조정**: lag(), lead()
- **누적 함수**: cumsum(), cummin(), cummax(), cummean() 등

간단한 예제를 보자. Type별로 구성된 그룹의 누적 합계 및 평균값을 계산한다.

```
Cars93 %>%
  group_by(Type) %>%
  arrange(Type) %>%
  select(Manufacturer:Price) %>%
  mutate(cmean = cummean(Price), csum = cumsum(Price))
## Source: local data frame [93 x 7]
## Groups: Type [6]
##
##     Manufacturer      Model     Type Min.Price Price cmean   csum
##           (fctr)     (fctr)   (fctr)     (dbl) (dbl) (dbl)  (dbl)
## 1       Pontiac    Sunbird  Compact       9.4  11.1 11.10   11.1
## 2          Ford      Tempo  Compact      10.4  11.3 11.20   22.4
## 3     Chevrolet     Corsica Compact      11.4  11.4 11.27   33.8
## 4         Dodge     Spirit  Compact      11.9  13.3 11.77   47.1
## 5     Chevrolet   Cavalier  Compact       8.5  13.4 12.10   60.5
## 6    Oldsmobile    Achieva  Compact      13.0  13.5 12.33   74.0
## 7        Nissan     Altima  Compact      13.0  15.7 12.81   89.7
## 8      Chrysler    LeBaron  Compact      14.5  15.8 13.19  105.5
## 9         Mazda        626  Compact      14.3  16.5 13.56  122.0
## 10        Honda     Accord  Compact      13.8  17.5 13.95  139.5
## ..          ...        ...      ...       ...   ...   ...    ...
```

패키지 data.table을 이용한 데이터 전처리

패키지 data.table은 R 기본 설치 시에 포함되어 있지 않으므로, 따로 설치해야 한다. 예를 들어 몇 기가바이트 메모리가 필요한 대형 데이터의 경우 대규모 데이터를 효율적으로 집계하고, 다수의 객체를 효과적으로 병합하고, 변수를 더하거나 또는 없애기도 하며, 효과적으로 데이터를 불러들일(fread()) 수 있다. 해당 신택스는 배우기 쉽지만, 기본 R의 신택스와는 다르다.

먼저 함수 data.table을 이용해 data.frame을 data.table로 변환하자. Cars93 데이터를 이용해 데이터 테이블을 출력한다. 출력된 결괏값은 기본 R과는 다르고 dyplyr의 결괏값과도 다르다. 각 data.table은 하나의 data.frame이며, 모두 리스트의 형태로 접속할 수 있다는 점을 알아두자.

```
require(data.table)
Cars93 <- data.table(Cars93)
Cars93 ## 결과 생략
```

함수 tables()는 메모리에 있는 모든 data.table 객체를 나열하고, 각 데이터 테이블에 들어가는 차원과 필요한 메모리 정보를 제공한다.

```
tables()
##         NAME    NROW NCOL MB
## [1,] Cars93    93    27  1
##         COLS
## [1,] Manufacturer,Model,Type,Min.Price,Price,Max.Price,
MPG.city,MPG.highway,AirBags,D
##         KEY
## [1,]
## Total: 1MB
```

data.table: 변수 생성

연산자 $를 이용해 새로운 변수를 만든다. 예를 들어, Manufacturer가 Ford라면 TRUE 값을 제시하는 새로운 변수를 만들 것이다.

```
Cars93$tmp1 <- Cars93[, j = Manufacturer == "Ford"]
```

:= 신택스로 변수를 직접 수정할 수 있다.

```
Cars93[, tmp2 := rnorm(nrow(Cars93))]
```

변수를 참조하는 방식^{by-reference}으로 수정됐기 때문에 내부적으로 어떠한 데이터도 복사할 필요가 없다.

변수를 지우기 위해 다음 2개의 옵션 중 하나를 사용할 수 있다.

```
Cars93[, tmp1:=NULL]
Cars93$tmp2 <- NULL
```

data.table: 인덱싱 또는 하위 집합 추출

이번에 소개할 인덱싱 방식은 기본 R에서 처리하는 방식과는 다르다. 2개의 파라미터가 사용되며, data.table의 행을 i:라 하고 열을 j:라고 칭한다는 사실을 기억하자.

인덱싱 연산자로 []를 사용하지만, 약간은 다르게 작동된다. j는 실제 객체 범위를 표시한다. with=FALSE: 옵션을 사용, j를 이름 또는 숫자로 구성된 벡터로 인식한다.

행을 추출해보자. Cars93 데이터에서 나오는 결괏값으로 책을 가득 채우는 것을 피하기 위해 다음 코드로 발생하는 결과를 줄일 수 있다.

```
Cars93[i = 2] # 두 번째 행, 모든 열
Cars93[i = c(1,5)] # 첫 번째와 다섯 번째 행, 모든 열
Cars93[i = -c(1:5)] # 처음 다섯 행 모두 생략한 나머지
```

이번에는 열을 추출해보자. 다음에 나열된 코드들을 자세히 살펴보자.

```
Cars93[j = 3] # 3을 3으로만 인식하기 때문에 원하는 결과를 얻지 못한다.
## [1] 3
Cars93[j = "Price"] # "Price"를 "Price"만으로 인식하기 때문에 원하는 결과를 얻지 못한다.
## [1] "Price"
Cars93[j = Price] # Cars93에 변수 Price가 존재하므로 원하는 결과를 얻을 수 있다.
##  [1]  7.4  8.0  8.3  8.4  8.4  8.6  9.0  9.1  9.2  9.8 10.0 10.0
10.1 10.3
## [15] 10.9 11.1 11.1 11.3 11.3 11.4 11.6 11.8 12.1 12.2 12.5 13.3
```

```
13.4 13.5
## [29] 13.9 14.0 14.1 14.4 14.9 15.1 15.6 15.7 15.7 15.8 15.9 15.9
15.9 16.3
## [43] 16.3 16.5 16.6 17.5 17.7 18.2 18.4 18.4 18.5 18.8 19.0 19.1
19.1 19.3
## [57] 19.5 19.5 19.7 19.8 19.9 20.0 20.2 20.7 20.8 20.9 21.5 22.7
22.7 23.3
## [71] 23.7 24.4 25.8 26.1 26.3 26.7 28.0 28.7 29.1 29.5 30.0 31.9
32.5 33.9
## [85] 34.3 34.7 35.2 36.1 37.7 38.0 40.1 47.9 61.9
Cars93[i=1:3, j = "Price", with = FALSE] # 원하는 결과를 얻을 수 있다.
##    Price
## 1:   7.4
## 2:   8.0
## 3:   8.3
```

인덱싱 작업을 좀 더 정교하게 수행할 수 있다. 예를 들어 처음 3개의 행을 추출하고, 그 중에서 특정 변수를 추출하고, 가격 범위와 평균 가격 등 새로운 변수를 계산하려면 다음 과 같이 실행한다.

```
Cars93[1:3, .(Price, Horsepower, Diff.Price = Max.Price - Min.Price,
Mean.Price = mean(Price))]
##    Price Horsepower Diff.Price Mean.Price
## 1:   7.4         63        1.0        7.9
## 2:   8.0         81        2.4        7.9
## 3:   8.3         82        1.7        7.9
```

 .() 표시는 list()의 축약 표시다.

data.table: 키

data.table 객체는 키^{key}를 기준으로 그룹핑된다. 키에 기반한 계산은 매우 효율적이다. 함수 setkey()로 data.table의 키가 설정된다.

```
setkey(Cars93, Type) # 같은 표현: setkeyv(dt, "x")
```

data.table의 경우 2개 이상의 키를 지정할 수 있다. 키를 기준으로 분류가 자동으로 실행되고, 실제 키 변수들은 key()로 확인할 수 있다.

```
key(Cars93)
## [1] "Type"
```

data.table: 빠르게 하위 테이블 만들기

키를 이용해 하위 테이블 생성 성능을 높인다.

```
setkey(Cars93, Type)
Cars93["Van"] # Type 변수가 Van에 해당하는 모든 행(결과 생략)
```

3개 이상의 키를 사용하는 경우, 예를 들어 Type은 Van에 해당되고, DriveTrain은 4WD에 해당되며, Origin은 non-USA에 해당되는 모든 관측값을 추출하기 위해 다음과 같이 코딩한다.

```
setkey(Cars93, Type, DriveTrain, Origin)
Cars93[.("Van", "4WD", "non-USA")]
##      Manufacturer  Model Type Min.Price Price Max.Price MPG.city
MPG.highway
## 1:       Mazda     MPV  Van      16.6  19.1      21.7       18
24
## 2:      Toyota  Previa  Van      18.9  22.7      26.6       18
22
##         AirBags DriveTrain Cylinders EngineSize Horsepower  RPM
```

```
## 1:       None          4WD          6        3.0         155 5000
## 2: Driver only          4WD          4        2.4         138 5000
##     Rev.per.mile Man.trans.avail Fuel.tank.capacity Passengers
Length
## 1:      2240              No                 19.6          7
190
## 2:      2515             Yes                 19.8          7
187
##     Wheelbase Width Turn.circle Rear.seat.room Luggage.room Weight
Origin
## 1:      110    72          39           27.5           NA   3735
non-USA
## 2:      113    71          41           35.0           NA   3785
non-USA
##               Make
## 1:     Mazda MPV
## 2: Toyota Previa
```

이제 문자를 갖는 데이터를 처리하는 효율성을 비교해보자. 이를 위해 패키지 microbenchmark를 설치해야 한다(Mersmann, 2015). data.table을 사용하는 것이 기본 R 방식으로 처리하는 것보다 60배 정도 빠른 것으로 확인되고, dplyr을 사용할 경우 가장 느렸다.

```
require(microbenchmark)
N <- 1000000
dat<- data.table(
  x=sample(LETTERS[1:20], N, replace=TRUE),
  y=sample(letters[1:5], N, replace=TRUE))
head(dat, 3)
##    x y
## 1: M a
## 2: B a
## 3: I e
setkey(dat, x,y)
```

```
microbenchmark(
  data.table = dat[list(c("B", "D"), c("b", "d"))],
  dplyr = dat %>% slice(x %in% c("B", "D") & y %in% c("b", "d")),
  baseR = dat[x %in% c("B", "D") & y %in% c("b", "d")]
)
## Unit: milliseconds
##        expr   min      lq    mean  median      uq      max neval
## data.table  1.13   1.276   1.571   1.351   1.487    7.382   100
##       dplyr 70.27  80.049  96.965  83.216  88.785  267.583   100
##       baseR 69.65  76.685  95.777  82.128  87.722  281.426   100
```

data.table: 그룹별 계산

by를 이용해 그룹별로 계산할 수 있다. 다음 예에서 평균 가격, 가격의 사분범위, 중간값
을 구한다.

```
Cars93[, .(mean = mean(Price), IQR = IQR(Price), median =
median(Price)), by = Type]
##        Type  mean   IQR median
## 1: Compact 18.21  7.30  16.15
## 2:   Large 24.30  6.95  20.90
## 3: Midsize 27.22 17.42  26.20
## 4:   Small 10.17  2.70  10.00
## 5:  Sporty 19.39  8.25  16.80
## 6:     Van 19.10  0.70  19.10
```

패키지 data.table은 더 많은 기능을 보유하고 있다. .SD는 함수를 2개 이상의 변수에
적용할 수 있게 하고, .N은 각 그룹의 원소 개수를 계산하며, merge는 효율적으로 2개의
데이터 테이블을 합쳐준다.

고성능 컴퓨팅

프로젝트 초기에 어떤 코딩 방법이 계산하는 데 가장 많은 시간이 걸리는지 측정하는 작업은 중요하다. 그다음 단계로 계산 시간을 개선해서 개별 연산 처리 시간에 발생하는 문제를 해결해야 한다. R에서 vectorization을 활용하거나 컴파일 언어인 C, C++, 또는 포트란Fortran 등으로 개별 코드를 작성해서 해결할 수 있다.

또한 어떤 계산 방법은 병렬화되어 병렬 계산으로 빠르게 처리할 수 있다.

코딩에서 계산 속도가 느린 함수를 찾기 위한 분석법

데이터 분석을 위해 코드를 작성했지만 처리 속도가 매우 느리다고 가정해보자. 하지만 코딩된 모든 라인에서 느린 건 아닐 것이며, 단지 몇 군데에서만 처리 속도를 개선할 필요가 있다. 이 경우 코드 중 어떤 단계에서 계산 시간이 가장 많이 걸렸는지 정확히 이해해야 한다.

가장 쉬운 방법은 system.time 함수를 사용하는 것이다. 다음 두 모델을 비교해보자.

```
data(Cars93, package = "MASS")
set.seed(123)
system.time(lm(Price ~ Horsepower + Weight + Type + Origin,
data=Cars93))
##    user  system elapsed
##   0.003   0.000   0.002
library("robustbase")
system.time(lmrob(Price ~ Horsepower + Weight + Type + Origin,
data=Cars93))
##    user  system elapsed
##   0.022   0.000   0.023
```

사용자 시간user time은 코드를 호출하고 평가하는 데 걸리는 CPU 시간이다. 경과된 시간 elapsed time은 사용자 시간과 시스템 시간system time의 합으로, 매우 흥미로운 수치다. proc.

time은 또 다른 간단한 기능으로 종종 함수 안에서 사용된다.

```
ptm <- proc.time()
lmrob(Price ~ Horsepower + Weight + Type + Origin, data=Cars93)
##
## Call:
## robustbase::lmrob(formula = Price ~ Horsepower + Weight + Type
+ Origin, data = Cars93)
##  \--> method = "MM"
## Coefficients:
##    (Intercept)      Horsepower          Weight       TypeLarge
TypeMidsize
##      -2.72414         0.10660         0.00141         0.18398
3.05846
##      TypeSmall       TypeSporty         TypeVan  Originnon-USA
##      -1.29751         0.68596        -0.36019         1.88560
proc.time() - ptm
##    user  system elapsed
##   0.025   0.000   0.027
```

해당 방법의 계산 속도를 정확히 알기 위해 해당 실험을 반복했다. lmrob보다 lm 처리 방식이 아래에서 보여주듯이 10배 정도 빠른 것으로 확인된다.

```
s1 <- system.time(replicate(100, lm(Price ~ Horsepower + Weight
+ Type + Origin, data=Cars93)))[3]
s2 <- system.time(replicate(100, lmrob(Price ~ Horsepower + Weight
+ Type + Origin, data=Cars93)))[3]
(s2 - s1)/s1
## elapsed
##   10.27
```

하지만 어떤 부분이 함수의 처리 속도를 느리게 했는지 알 수 없다.

```
Rprof("Prestige.lm.out")
invisible(replicate(100,
```

```
                lm(Price ~ Horsepower + Weight + Type + Origin,
data=Cars93)))
Rprof(NULL)
summaryRprof("Prestige.lm.out")$by.self
##                     self.time  self.pct  total.time  total.pct
## ".External2"             0.04     22.22        0.04      22.22
## ".External"              0.02     11.11        0.02      11.11
## "[[.data.frame"          0.02     11.11        0.02      11.11
## "[[<-.data.frame"        0.02     11.11        0.02      11.11
## "as.list"                0.02     11.11        0.02      11.11
## "lm.fit"                 0.02     11.11        0.02      11.11
## "match"                  0.02     11.11        0.02      11.11
## "vapply"                 0.02     11.11        0.02      11.11
```

이제 어떤 명령어가 함수의 가장 느린 부분과 관련되는지 확인할 수 있다.

좀 더 자세한 결괏값은 다음에 제시되나, 출력할 결과가 꽤 길어서 출판을 위해 약간 수정했다(하지만 이 책과 함께 제공되는 코드 번들을 실행하면 확인할 수 있다).

```
require(profr)
## 패키지 profr 로딩
parse_rprof("Prestige.lm.out")
```

 상세한 결과를 보여주는 플롯(plot)이 수행된다.

추가 벤치마킹

마지막으로, 다양한 패키지를 이용해 데이터 전처리의 좋은 예를 보여주며, data.table과 dplyr의 효율성을 소개한다.

작업을 실행하는 데 필요한 기능들이 패키지에 들어 있으므로 다음 코드를 실행해 라이브러리를 호출한다.

```
library(microbenchmark); library(plyr); library(dplyr);
library(data.table); library(Hmisc)
```

예를 들어, Horsepower의 Type과 Origin 기준으로 그룹별 평균을 계산한다.

```
data(Cars93, package = "MASS")
Cars93 %>% group_by(Type, Origin) %>% summarise(mean =
mean(Horsepower))
## Source: local data frame [11 x 3]
## Groups: Type [?]
##
##        Type   Origin      mean
##       (fctr)  (fctr)     (dbl)
## 1   Compact     USA 117.42857
## 2   Compact non-USA 141.55556
## 3     Large     USA 179.45455
## 4   Midsize     USA 153.50000
## 5   Midsize non-USA 189.41667
## 6     Small     USA  89.42857
## 7     Small non-USA  91.78571
## 8    Sporty     USA 166.50000
## 9    Sporty non-USA 151.66667
## 10      Van     USA 158.40000
## 11      Van non-USA 138.25000
```

그룹 평균을 계산하기 위해 for 루프가 사용되는 기본 R 방식으로 계산한다. 벤치마킹 목적으로 추가 작업을 하는 것이니 이해 바란다.

```
meanFor <- function(x){
  sum <- 0
  for(i in 1:length(x)) sum <- sum + x[i]
  sum / length(x)
```

```
}


## 그룹 수준의 통곗값
myfun1 <- function(x, gr1, gr2, num){
  x[,gr1] <- as.factor(x[,gr1])
  x[,gr2] <- as.factor(x[,gr2])
  l1 <- length(levels(x[,gr1]))
  l2 <- length(levels(x[,gr1]))
  gr <-  numeric(l1*l2)
  c1 <- c2 <- character(l1*l2)
  ii <- jj <- 0
  for(i in levels(x[,gr1])){
    for(j in levels(x[,gr2])){
      ii <- ii + 1
      c1[ii] <- i
      c2[ii] <- j
      vec <- x[x[,gr2] == j & x[,gr1] == i, num]
      if(length(vec) > 0) gr[ii] <- meanFor(vec)
    }
  }
  df <- data.frame(cbind(c1, c2))
  df <- cbind(df, gr)
  colnames(df) <- c(gr1,gr2,paste("mean(", num, ")"))
  df
}


## mean()을 이용한 그룹 수준의 통곗값
## mean.default가 더 빠르게 계산한다는 점을 알아두자.
myfun2 <- function(x, gr1, gr2, num){
  x[,gr1] <- as.factor(x[,gr1])
  x[,gr2] <- as.factor(x[,gr2])
  l1 <- length(levels(x[,gr1]))
  l2 <- length(levels(x[,gr1]))
```

```
    gr <-  numeric(11*12)
    c1 <- c2 <- character(11*12)
    ii <- jj <- 0
    for(i in levels(x[,gr1])){
      for(j in levels(x[,gr2])){
        ii <- ii + 1
        c1[ii] <- i
        c2[ii] <- j
        gr[ii] <- mean(x[x[,gr2] == j & x[,gr1] == i, num])
      }
    }

    df <- data.frame(cbind(c1, c2))
    df <- cbind(df, gr)
    colnames(df) <- c(gr1,gr2,paste("mean(", num, ")"))
    df
}
```

data.table 형태의 데이터 테이블을 생성한다.

```
Cars93dt <- data.table(Cars93)
```

함수 microbenchmark를 이용해 벤치마크를 실행하고 결과를 도표로 그린다. 플롯 신택스를 확인하려면, 시각화 작업을 소개하는 절들을 참조하자.

```
op <- microbenchmark(
  ## 기본 반복
  MYFUN1 = myfun1(x=Cars93, gr1="Type", gr2="Origin",
                  num="Horsepower"),
  ## mean을 활용한 기본 반복
  MYFUN2 = myfun2(x=Cars93, gr1="Type", gr2="Origin",
                  num="Horsepower"),
```

```
## plyr
PLYR = ddply(Cars93, .(Type, Origin), summarise,
             output = mean(Horsepower)),
## R의 aggregate와 by 함수를 활용한 방식
AGGR = aggregate(Horsepower ~ Type + Origin, Cars93, mean),
BY = by(Cars93$Horsepower,
        list(Cars93$Type,Cars93$Origin), mean),
## Hmisc의 summarize 활용 방식
SUMMARIZE = summarize(Cars93$Horsepower,
                      llist(Cars93$Type,Cars93$Origin), mean),
## R의 tapply 방식
TAPPLY = tapply(Cars93$Horsepower,
                interaction(Cars93$Type, Cars93$Origin), mean),
## dplyr
DPLYR = summarise(group_by(Cars93, Type, Origin),
                  mean(Horsepower)),
## data.table
DATATABLE = Cars93dt[, aggGroup1.2 := mean(Horsepower),
                     by = list(Type, Origin)],
times=1000L)
```

이제 결괏값이 시각화됐으며, 다음 화면에서 확인된다.

```
m <- reshape2::melt(op, id="expr")
ggplot(m, aes(x=expr, y=value)) +
  geom_boxplot() +
  coord_trans(y = "log10") +
  xlab(NULL) + ylab("computation time") +
  theme(axis.text.x = element_text(angle=45))
```

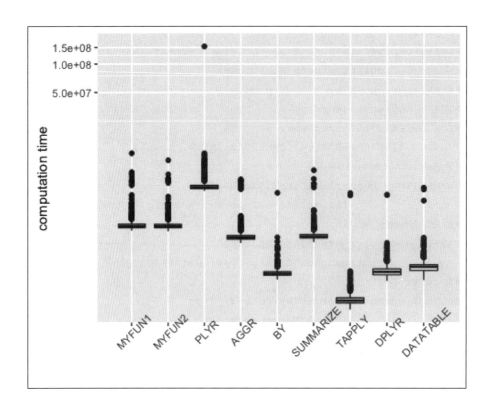

dplyr과 data.table 모두 다른 방식에 비해 더 빠르진 않은 것으로 보인다. for 루프를 채택한 방식(MYFUN1, MYFUN2)과도 비슷하게 빠른 것으로 나타난다.[8]

하지만 대형 데이터를 사용했을 경우 매우 다른 모습이 나타난다.

다음 화면에서 보는 바와 같이 결과를 다시 그래프에 그렸다.

```
library(laeken) ; data(eusilc)
eusilc <- do.call(rbind,
    list(eusilc,eusilc,eusilc,eusilc,eusilc,eusilc,eusilc))
eusilc <- do.call(rbind,
```

---

8 위치하고 있는 높이가 낮을수록 빠르다. – 옮긴이

```
        list(eusilc,eusilc,eusilc,eusilc,eusilc,eusilc,eusilc))
dim(eusilc)
## [1] 726523      28
eusilcdt <- data.table(eusilc)
setkeyv(eusilcdt, c('hsize','db040'))

op <- microbenchmark(
    MYFUN1 = myfun1(x=eusilc, gr1="hsize", gr2="db040",
                   num="eqIncome"),
    MYFUN2 = myfun2(x=eusilc, gr1="hsize", gr2="db040",
                   num="eqIncome"),
    PLYR = ddply(eusilc, .(hsize, db040), summarise,
                output = mean(eqIncome)),
    AGGR = aggregate(eqIncome ~ hsize + db040, eusilc, mean),
    BY = by(eusilc$eqIncome, list(eusilc$hsize,eusilc$db040), mean),
    SUMMARIZE = summarize(eusilc$eqIncome,
                         llist(eusilc$hsize,eusilc$db040), mean),
    TAPPLY = tapply(eusilc$eqIncome,
                interaction(eusilc$hsize, eusilc$db040), mean),
    DPLYR = summarise(group_by(eusilc, hsize, db040),
                     mean(eqIncome)),
    DATATABLE = eusilcdt[, mean(eqIncome), by = .(hsize, db040)],
    times=10)
```

다음 화면에서 보는 바와 같이 결과를 다시 그래프에 그렸다.

```
m <- reshape2::melt(op, id="expr")
ggplot(m, aes(x=expr, y=value)) +
    geom_boxplot() +
    coord_trans(y = "log10") +
    xlab(NULL) + ylab("computation time") +
    theme(axis.text.x = element_text(angle=45, vjust=1))
```

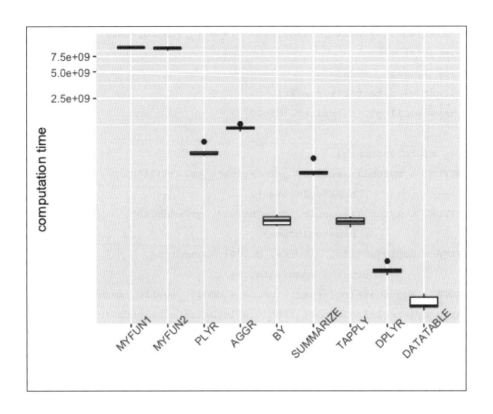

data.table과 dylr 방식이 다른 방식에 비해 훨씬 빠른 것으로 확인된다(해당 그래프는 로그 스케일 값이다!).

함수에 대해 추가 조사를 할 수 있으며, 예를 들어 합산[aggregate] 방식의 경우 함수 aggregate에서 적용되는 gsub와 prettyNum 단계에서 시간 소모가 가장 많은 것으로 확인된다.

```
Rprof("aggr.out")
a <- aggregate(eqIncome ~ hsize + db040, eusilc, mean)
Rprof(NULL)
```

```
summaryRprof("aggr.out")$by.self
```

```
##                           self.time  self.pct  total.time  total.pct
## "gsub"                         0.52     48.15        0.68      62.96
## "prettyNum"                    0.16     14.81        0.16      14.81
## "<Anonymous>"                  0.10      9.26        1.08     100.00
## "na.omit.data.frame"           0.06      5.56        0.12      11.11
## "match"                        0.06      5.56        0.08       7.41
## "anyDuplicated.default"        0.06      5.56        0.06       5.56
## "[.data.frame"                 0.04      3.70        0.18      16.67
## "NextMethod"                   0.04      3.70        0.04       3.70
## "split.default"                0.02      1.85        0.04       3.70
## "unique.default"               0.02      1.85        0.02       1.85
```

병렬 컴퓨팅

대부분의 시뮬레이션이 독립적으로 수행되기 때문에, 병렬 처리는 특히 시뮬레이션 작업에 도움이 된다. 병렬 처리를 위해 R에서는 여러 함수와 패키지를 사용할 수 있으며, 이번 예제에서는 패키지 snow(Tierney et al., 2015)를 소개한다. 또한 리눅스Linux와 OS X을 사용하는 경우 패키지 parallel을 사용할 수 있고, 패키지 foreach는 모든 플랫폼에서 작동된다.

다시 데이터 Cars93을 사용하자. Price와 Horsepower 간의 상관계수를 강건한 방법인 최소 공분산 행렬식MCD, minimum covariance determinant으로 적합성을 찾고, 추가로 부트스트랩 방식으로 해당 신뢰구간을 찾고자 한다. 부트스트랩과 관련된 이론은 3장 '연필 기반 이론과 데이터 기반 전산 솔루션의 불일치'를 참조하기 바란다. sample()로 부트스트랩 샘플을 만들어내고, 각 부트스트랩 샘플에 대해 강건 공분산을 계산한다. 결과에서 신뢰구간을 결정하는 데 사용할 수 있는 특정 분위수를 취한다.

```
R <- 10000
library(robustbase)
covMcd(Cars93[, c("Price", "Horsepower")], cor = TRUE)$cor[1,2]
## [1] 0.8447
## confidence interval:
n <- nrow(Cars93)
f <- function(R, ...){
  replicate(R, covMcd(Cars93[sample(1:n, replace=TRUE),
      c("Price", "Horsepower")], cor = TRUE)$cor[1,2])
}
system.time(ci <- f(R))
##    user  system elapsed
##  79.056   0.265  79.597
quantile(ci, c(0.025, 0.975))
##   2.5%  97.5%
## 0.7690 0.9504
```

목표는 이번 계산을 병렬화하는 것이다. 패키지 snow를 호출해서 3개의 클러스터를 만든다. 여러분의 컴퓨터에 다수의 CPU가 있다면 더 많은 클러스터를 만들 수 있다는 사실을 염두에 두자. 여러분이 가진 CPU의 개수에서 1을 뺀 수를 최댓값으로 생각해야 한다.[9]

```
library("snow")
cl <- makeCluster(3, type="SOCK")
```

데이터와 함수뿐만 아니라 모든 노드node에서 유용한 패키지 robustbase를 준비하자.

```
clusterEvalQ(cl, library("robustbase"))
clusterEvalQ(cl, data(Cars93, package = "MASS"))
clusterExport(cl, "f")
clusterExport(cl, "n")
```

---

9 1은 운영체제에 할당된다. 예를 들어, quadcore의 경우 3개의 데이터를 병렬로 동시에 처리할 수 있다. – 옮긴이

각 클러스터에 대해 임의적 시드값을 설정한다.

```
clusterSetupRNG(cl, seed=123)
## 이름값 공간(namespace) 탑재: rlecuyer
## [1] "RNGstream"
```

함수 clusterCall로 병렬 계산을 수행한다.

```
system.time(ci_boot <-
                clusterCall(cl, f, R = round(R / 3)))
##    user  system elapsed
##   0.001   0.000  38.655
quantile(unlist(ci_boot), c(0.025, 0.975))
##   2.5%  97.5%
## 0.7715 0.9512
```

이제 79.59에서 38.65로 약 2배 정도 빨라진 것을 확인할 수 있으며, 더 많은 CPU가 있다면 더 빠를 수 있다. 마지막으로, 클러스터를 다음과 같이 중단한다.

```
stopCluster(cl)
```

C++ 인터페이스

반복 구간인 루프를 더 빨리 수행하려면 C++ 인터페이스를 권장한다. 가중 평균을 계산하는 아주 간단한 예가 있으며, R의 .Call 함수에 비해 C++ 코드의 사용을 매우 간단하게 처리하도록 해주는 패키지 Rcpp(Eddelbuettel & Francois, 2011; Eddelbuettel, 2013)를 만나게 되는 계기가 될 것이다.

R의 위대한 커뮤니케이터인 해들리 위컴Hadley Wickham과 로메인Romain은 이번 예제를 그들의 강좌에 사용했었다.

인터프리트 언어인 R을 이용할 때와 패키지 Rcpp를 이용할 때의 런타임을 비교할 것이며, 벡터의 가중 평균을 계산하고자 한다.

기본 R 함수는 다음과 같다.

```
wmeanR <- function(x, w) {
  total <- 0
  total_w <- 0
  for (i in seq_along(x)) {
    total <- total + x[i] * w[i]
    total_w <- total_w + w[i]
  }
  total / total_w
}
```

기본 R 설치 시에 사용 가능한 함수 weighted.mean과 패키지 laeken에 들어 있는 함수 weightedMean이 있다(Alfons & Templ, 2013).

함수 Rcpp를 먼저 정의하자. 함수 cppFunction은 공유된 라이브러리를 컴파일링하고 링크해서, 내부적으로 .Call을 사용하는 R 함수를 정의한다.

```
library("Rcpp")
## from
## http://blog.revolutionanalytics.com/2013/07/deepen-your-r-
experience-with-rcpp.html
cppFunction('
  double wmean(NumericVector x, NumericVector w) {
  int n = x.size();
  double total = 0, total_w = 0;
  for(int i = 0; i < n; ++i) {
    total += x[i] * w[i];
    total_w += w[i];
  }
```

```
  return total / total_w;
  }
')
```

이제 방법들을 비교해본다.

```
x <- rnorm(100000000)
w <- rnorm(100000000)
library("laeken")
op <- microbenchmark(
  naiveR = wmeanR(x, w),
  weighted.mean = weighted.mean(x, w),
  weighedMean = weightedMean(x, w),
  Rcpp.wmean = wmean(x, w),
  times = 1
)
## 함수 weightedMean(x, w)에서 경고사항: 네거티브 가중치 발생
op
## Unit: milliseconds
##            expr   min    lq  mean median    uq   max neval
##          naiveR 92561 92561 92561  92561 92561 92561     1
##   weighted.mean  5628  5628  5628   5628  5628  5628     1
##     weighedMean  4007  4007  4007   4007  4007  4007     1
##      Rcpp.wmean   125   125   125    125   125   125     1
```

다음 화면에서와 같이 결과를 시각화한 도표를 그린다.

```
m <- reshape2::melt(op, id="expr")
ggplot(m, aes(x=expr, y=value)) + geom_boxplot() + coord_trans(y =
"log10") + xlab(NULL) + ylab("computation time") + the me(
        axis.text.x = element_text(angle=45, vjust=1))
```

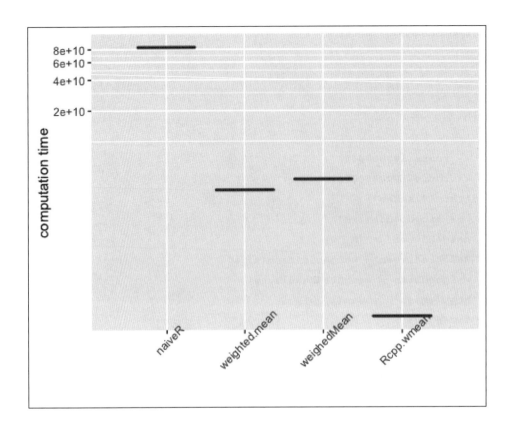

정보 시각화

이 책의 여러 장에서 R 그래픽 기능을 기반으로 결과들이 시각화되기 때문에, 기본 그래픽 패키지와 ggplot2 패키지를 짧게 소개한다(Wickham, 2009).

R 그래픽 시스템, 전통적 그래픽 시스템용인 다른 형태의 결과, 표준 그래픽의 맞춤화 및 미세조정, 그리고 패키지 ggplot2에 대해 간단하게 배우게 될 것이다.

 ggmap, ggvis, lattice, grid 같은 패키지는 다루지 않는다. 구글 차트(Google Charts), rgl, iplots, 자바스크립트, R 같은 인터랙티브 그래픽은 이 책의 범위를 넘어선다.

R의 그래픽 시스템

많은 패키지가 플롯(또는 산포도)을 생성하는 방법을 제공한다. 일반적으로 그래픽스[graphics]라고 부르는 기본 R 패키지 기능과 패키지 grid 기능을 사용한다.

패키지 maptools(Bivand & Lewin-Koh, 2015)는 매핑을 위한 방법을 포함하며, 해당 패키지로 지도를 만들 수 있고 그 과정에서 graphics의 역량을 활용한다. ggplot2는 패키지 grid를 기반으로 해서 고급 그래픽을 제작한다.

패키지 graphics와 grid 모두 기본적인 플로팅 방법을 포함하고 도표를 그리기 위해 사용자에게는 보이지 않는 그래픽 시스템을 활용한다. 이러한 그래픽 기능은 색상과 글꼴을 지원하는 R 그래픽 장치(?grDevices)에 포함되어 있다.

그래픽 결과는 화면에 표시되거나 파일로 저장된다. 스크린 디바이스는 plot()* 같은 함수가 호출되자마자 나타난다. 일반적으로 많이 사용되는 스크린 디바이스는 X11()**(X 윈도우의 창), windows()(마이크로소프트 윈도우의 창), quartz(OS X) 등이다. 파일 디바이스는 postscript()(포스트스크립트[PostScript] 형식), pdf()(PDF 형식), jpeg()(JPEG 형식), bmp(비트맵[bitmap] 형식), svg()(확장 가능 벡터 그래픽), cairo() 등이 있다. cairo()는 카이로 기반 그래픽 장치로 PDF, 포스트스크립트, SVG, 비트맵 결과물(PNG, JPEG, TIFF), X11 등을 생성하도록 그래픽 라이브러리와 함께 제공된다.

실제로는 화면 또는 PDF상에 나타나는 플롯 간 차이는 없다. 디바이스의 현재 상태가 다른 디바이스로 저장되고 복사될 수 있음을 알아두자.

가장 일반적인 그래픽 디바이스로는 X11(), pdf(), postscript(), png(), jpg() 등이 있다.

예를 들어, pdf로 저장하려면 다음과 같이 한다.

```
pdf(file = "myplot.pdf")
plot(Horsepower ~ Weight, data = Cars93)
dev.off()
```

사용 가능한 그래픽 디바이스는 기계에 따라 다르다. ?Devices로 사용 가능 여부를 확인할 수 있다.

결과를 수정하는 데 너비, 높이, 품질 같은 다양한 함수 인자들이 사용된다.

가장 중요한 질문은 '어떤 출력 형식을 사용해야 하는가?'일 것이다.

그 답은 다소 간단하다. RStudio와 함께 자동으로 설치되는 X11은 이미지를 디스플레이하는 목적으로, 그리고 pdf 또는 포스트스크립트는 선[line] 그래픽용으로 적합하다. 이 그래픽들은 품질을 손상시키지 않으면서 확장된다. png 또는 jpg는 많은 데이터 포인트로 구성된 픽셀 그래픽 또는 일반 그래픽에 많이 사용된다. 픽셀 그래픽은 화질 손상 없이는 확장되지 않는다. svg는 웹 디자인에 중요한 확장성과 응답성 등 브라우저상에서 장점이 있지만, 모든 글꼴을 포함하진 않는다는 단점도 있다.

graphics 패키지

패키지 graphics는 전통적인 그래픽 시스템이다. 출판 수준의 품질을 갖춘 플롯을 생성하는 여러 시각화 패키지가 있지만, graphics는 유연하게 내용을 분석하고 빠르게 그림들을 생성하는 데 주로 사용되며, 다양한 기능을 보유하고 있다.

- **고수준의 그래픽 함수**: 장치를 열고 플롯을 만든다(예: `plot()`).
- **저수준의 그래픽 함수**: 기존 그래픽에 결과를 첨부한다(예: `points()`).
- **인터랙티브 함수**: 그래픽 결과와 인터랙션한다(예: `identify()`).

여러 그래픽 기능의 조합을 통해 플로팅된다.

각 **그래픽 장치**[graphics device]는 한 장의 추상적 용지로 보면 된다. 따라서 패키지 graphics는 여러 펜으로 다양한 색상을 이용해 그림을 그리지만, 지우개는 없다. 여러 장치들이 동시에 열리고 하나의 활성화된 그래픽 장치로 그림을 그린다.

몸풀기 예제: 고급 플롯

y의 절댓값으로 원의 크기가 변하고 색상은 x 값으로 변하는 원들을 플로팅한다.

```
x <- 1:20 / 2 # x ... 0.5, 1.0, 1.5, ..., 10.0
y <- sin(x)
plot(x, y, pch = 16, cex = 10 * abs(y), col = grey(x / 14))
```

plot()은 고수준 함수이며, 저수준 플롯 함수를 통해 새로운 것을 기존 플롯에 추가한다.
다음 그림에서 보이는 것처럼 텍스트, 곡선, 직선을 추가해보자.

```
plot(x, y, pch = 16, cex = 10 * abs(y), col = grey(x / 14))
text(x, y, 1:20, col="yellow")
curve(sin, -2 * pi, 4 * pi, add = TRUE, col = "red")
abline(h = 0, lty = 2, col = "grey")
```

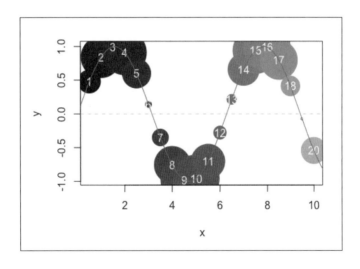

plot()은 **일반 함수**^{generic function}라서 여러 방법들로 가득 차 있다. R은 도표로 그려질

객체의 클래스에 따라서 방법을 자동적으로 선택(R의 디스패치 기법)하고 그려질 객체의 **클래스**class에 따라 다른 결과를 보여준다.

우선 숫자 벡터로, 두 번째는 요인으로, 그다음은 요인으로서 하나의 변수를 가진 데이터 프레임으로, 마지막은 클래스 ts로 이뤄진 객체의 순서로 다음 도표에서 보여주는 대로 플로팅이 된다.

```
par(mfrow=c(2,2))
mpg <- mtcars$mpg
cyl <- factor(mtcars$cyl)
df <- data.frame(x1=cyl, x2=mpg)
tmpg <- ts(mpg)
plot(mpg); plot(cyl); plot(df); plot(tmpg)
```

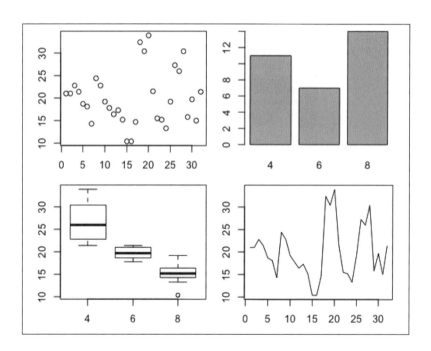

어떤 플롯 방식이 현재 가능한지 확인하기 위해, methods(plot)을 투입한다.

```
tail(methods(plot)) ## 마지막 6개의 방식 보여주기
## [1] "plot.TukeyHSD"  "plot.tune"     "plot.varclus"  "plot.
Variogram"
## [5] "plot.xyVector"  "plot.zoo"
## plot에 동반되는 방법의 수
length(methods(plot))
## [1] 145
```

다음 코드들은 거의 동일한 결과를 생성한다. 가장 마지막 코드는 R의 공식^formula 인터페이스를 사용한다는 것을 알아두자. ?formula로 자세히 이해할 수 있다.

```
plot(x=mtcars$mpg, y=mtcars$hp)
plot(mtcars$mpg, mtcars$hp)
plot(hp ~ mpg, data=mtcars)
```

그래픽 파라미터 제어

그래픽 결과물을 개인의 기호에 맞추거나 기본 출력 형식을 바꾸는 것은 항상 필요하다. 그 이유는 고수준의 플롯 함수가 최종 결과를 항상 원하는 대로 출력해줄 수는 없기 때문이다. 그래픽의 미세조정 기능, 즉 색상, 아이콘, 폰트, 선의 두께 변경 등이 필요한 경우와 페이지상에 저수준 그래픽인 플롯 영역 및 좌표 정보가 필요한 경우가 많다.

그래픽 파라미터는 색상, 글꼴, 선 종류, 축 정의 등 그래픽 모양을 변경하는 데 있어 핵심적인 요소다.

각 디바이스는 그래픽 파라미터에 대해 독립된 목록을 갖고 있으며, 대부분 파라미터는 고수준 또는 저수준 플롯 함수에서 직접 지정된다.

중요사항: 모든 그래픽 파라미터는 함수 par를 통해 설정된다(?par 참조). par의 중요한 함수 인자로는 다중 그래픽의 경우 mfrow, 색상의 경우 col, 선의 두께는 lwd, 기호 크기는

cex, 기호 선택은 pch, 다른 종류의 선은 lty 등이 있다.

다음 예제에서는 색상 제어만 설명한다.

다음과 같은 몇 가지 가능성이 있다. R에서는 함수 colors(). rgb()를 통해 빨강, 초록, 파랑색을 섞어서 색상을 다룰 수 있다. 함수 hsv()는 무지개 색과 그 외 다양한 색이 있는 사전에 정의된 팔레트를 제공하기 때문에 이를 사용하면 더욱 좋을 수도 있다. ?rainbow 를 쳐서 palette()로 만드는 사전 정의된 팔레트를 자세히 살펴보자.

사전 정의된 팔레트를 사용하기 위해서는 패키지 RColorBrewer를 설치하면 된다 (Neuwirth, 2014).

graphics로 다중 플롯을 par(mfrow = c (2,2))를 통해 그릴 수 있다. 그러나 좀 더 유연한 방법은 함수 layout을 사용하는 것이다. 예제를 위해 ?layout을 참조하자.

R에 없는 플롯을 새롭게 만들어서 하나의 레이아웃 예를 제시할 것이다. 이번 예제를 약간 수정한 버전이 프리드리히 레이쉬Friedrich Leisch 강의에서 사용됐음을 알린다.

그래픽 배치를 위해 나중에 사용될 숫자 몇 개를 먼저 계산한다.

```
## 각 축에서 최솟값과 최댓값
xmin <- min(mtcars$mpg); xmax <- max(mtcars$mpg)
ymin <- min(mtcars$hp); ymax <- max(mtcars$hp)


## 히스토그램 계산
xhist <- hist(mtcars$mpg, breaks=15, plot=FALSE)
yhist <- hist(mtcars$hp, breaks=15, plot=FALSE)


## 최대 횟수
top <- max(c(xhist$counts, yhist$counts))
xrange <- c(xmin,xmax)
yrange <- c(ymin, ymax)
```

이제 다음 그림을 생성한다.

```
m <- matrix(c(2, 0, 1, 3), 2, 2, byrow = TRUE)
## 플롯 순서와 크기 정의
layout(m, c(3,1), c(1, 3), TRUE)
## 첫 번째 플롯
par(mar=c(0,0,1,1))
plot(mtcars[,c("mpg","hp")], xlim=xrange, ylim=yrange, xlab="", ylab="")
## 두 번째 플롯 -- 바차트 마진 설정
par(mar=c(0,0,1,1))
barplot(xhist$counts, axes=FALSE, ylim=c(0, top), space=0)
## 세 번째 플롯 -- 바차트 그 외 마진 설정
par(mar=c(3,0,1,1))
barplot(yhist$counts, axes=FALSE, xlim=c(0, top), space=0, horiz=TRUE)
```

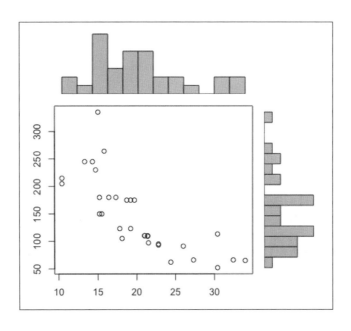

ggplot2 패키지

왜 ggplot2를 사용하는가?

- 지속적이며 체계적인 방법으로 그래픽을 만들 수 있다.
- 윌킨슨^{Wilkinson}의 저서 『Grammar of Graphics』(1999)를 기반으로 만들었다.
- 매우 유연하다.
- 사용자 정의가 가능하고, 자신만의 테마를 정할 수 있다(예: 기업의 협업 설계).
- 반면에 느리며 배우기가 쉽지 않다.

패키지 ggplot2로 만드는 플롯의 각 부분은 독립적으로 정의된다. 플롯을 분해하면 반드시 data.frame 형태의 데이터와 기하학적 객체의 시각 속성에 맞게 **변수**^{variable}들이 어떻게 매핑되는지를 보여주는 **심미적 매핑**^{aesthetic mapping}으로 구성된다. 심미적 매핑은 데이터 값들이 시각적 속성으로 매핑되는 함수 aes() 안에서 처리되고, 동시에 함수 aes() 밖에서 기하학적 객체가 처리되는데, 해당 예로는 geom_point()가 있으며 통계적 변형이 발생한다. 그 예로는 stat_boxplot(), 스케일, 좌표계, 위치 조정, 화면 작업을 다루는 함수 facet_wrap 등이 있다.

심미적이라는 건 '볼 수 있는 것'을 의미하며, 예를 들어, 색상, 색상 채우기, 점 형태, 선 종류, 크기 등이 좋은 예다. 기하학적 객체에 맞는 심미적 매핑은 함수 aes()로 만든다.

데이터 Cars93에 있는 Horsepower와 MPG.city 변수로 산포도를 만들기 위해 다음 명령어를 사용한다.

```
library("ggplot2")
ggplot(Cars93, aes(x = Horsepower, y = MPG.city)) + geom_point(aes
(colour = Cylinders))
```

이 명령어는 다음 결과를 생성한다.

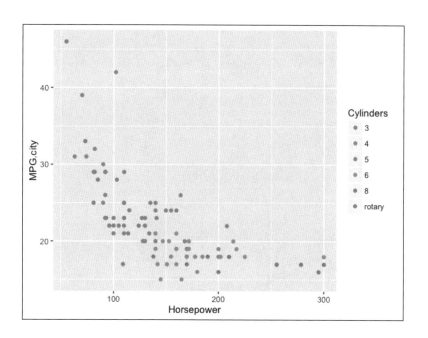

여기서 Horsepower를 x 변수에, MPG.city를 y 변수에, 그리고 Cylinders를 색상으로 지정해 aes() 명령어 안에서 매핑했다. geom_point를 사용해 ggplot2에 산포도를 생성하도록 지시했다. 통계적 변환은 항상 정의돼야 하고, 이번 예제에서는 점을 있는 그대로 두어 명료하게 표시했다.

geom 각각의 유형은 심미적 부분의 하위 부분만을 받아들인다(예를 들어, aes()로 shape를 설정하고 geom_bar에 매핑하는 것은 말이 되지 않는다). 플러스(+)를 사용해 geom을 추가한다.

하나 이상의 geom을 사용해 산포도 곡선을 추가하고, 명령어 aes() 안에서 색상으로 변수 Weight를 매핑하는 작업을 한다. 다음 그림에서처럼 범례가 자동으로 생성된다.

```
g1 <- ggplot(Cars93, aes(x=Horsepower, y=MPG.city))
g2 <- g1 + geom_point(aes(color=Weight))
g2 + geom_smooth()
## geom_smooth: method="auto"로 설정되고 가장 큰 그룹의 크기는 1000보다 작으며 적층
(loess) 방식을 사용한다. 평활화법(smoothing method)을 변경하기 위해 method = x를 사
용한다.
```

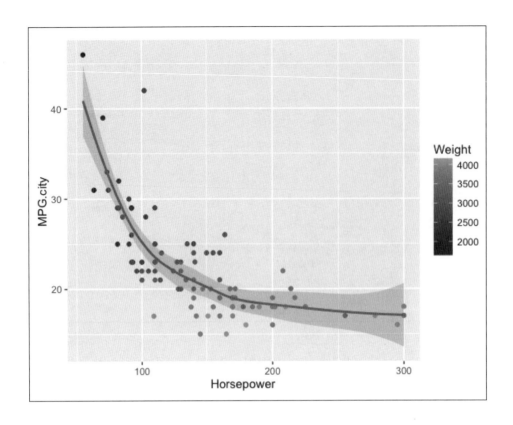

작업공간(RStudio 우측 상단) 화면상에서 g1은 여전히 유효하다는 사실이 확인되며, 예를 들어 text 같은 것을 추가해 다음과 같은 정보를 생성할 수 있다.

```
g1 <- g1 + geom_text(aes(label=substr(Manufacturer,1,3)), size=3.5)
g1 + geom_smooth()
## geom_smooth: method="auto"로 설정되고 가장 큰 그룹의 크기는 1000보다 작으며 적층
(loess) 방식을 사용한다. 평활화법(smoothing method)을 변경하기 위해 method = x를 사
용한다.
```

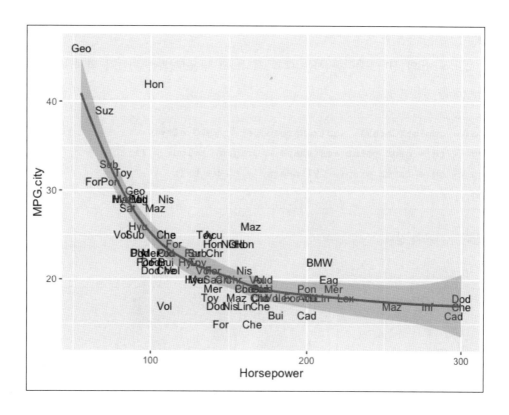

패키지 ggplot2의 각 블록은 파라미터 리스트로 정의된다. 쉽게 처리하기 위해 기본 파라미터 값이 설정되어 있다.

모든 geom은 통계적 변환과 관련이 있으며, 일부 geom의 경우, 가령 geom_boxplot은 데이터를 조정하기도 한다. 통계 변환 stat_boxplot을 사용할 때마다 geom_boxplot을 반드시 호출할 필요는 없다. 패키지 ggplot2는 자동으로 geom_boxplot을 사용해야 함을 알고 있다.

색상, 채색, 크기, 모양, 선 종류 등 변수의 미적인 부분을 함수 **scale__**을 이용해 정의할 수 있다.

데이터의 각 그룹별로 '표준화된' 그래픽을 수행할 수 있으며, 단 하나의 그룹핑 기준 변수에 대해서는 facet_wrap()을 사용하고, 2개의 그룹핑 기준 변수에 대해서는 facet_ grid()를 사용한다.

facet_wrap의 신택스를 설정하는 예를 제시하고 다음 결과를 만들기 위해 또 다른 theme을 사용한다.

```
gg <- ggplot(Cars93, aes(x=Horsepower, y=MPG.city))
gg <- gg + geom_point(aes(shape = Origin, colour = Price))
gg <- gg + facet_wrap(~ Cylinders) + theme_bw()
gg
```

결과는 다음과 같다.

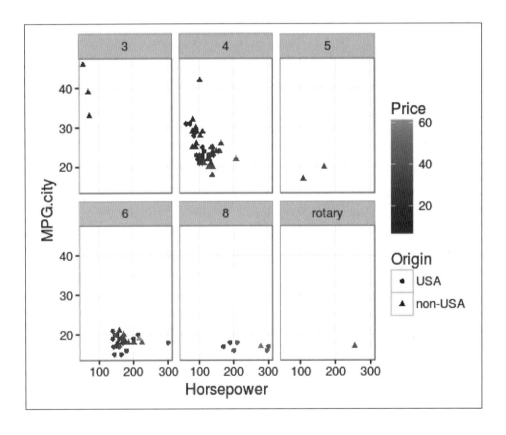

theme은 협력 디자인에서 활용됨을 주목하자. 패키지 ggplot2와 함께 쓰이는 두 가지 theme은 기본으로 지정되어 있는 theme_gray()와 theme_bw()가 있다.

theme에 대한 좀 더 자세한 정보는 ?theme_gray를 입력해 R 참고자료에서 확인할 수 있다.

▌ 참고문헌

- Alfons, A., and M. Templ. 2013. "Estimation of Social Exclusion Indicators from Complex Surveys: The R Package laeken." *Journal of Statistical Software* 54 (15): 1–25. http://www.jstatsoft.org/v54/i15/.

- Bache, S.M., and W. Wickham. 2014. magrittr: A Forward-Pipe Operator for R. https://CRAN.R-project.org/package=magrittr.

- Bivand, R., and N. Lewin-Koh. 2015. Maptools: Tools for Reading and Handling Spatial Objects. https://CRAN.R-project.org/package=maptools.

- Dowle, M., A. Srinivasan, T. Short, S. Lianoglou, R. Saporta, and E. ntonyan. 2015. Data.table: Extension of Data.frame. https://CRAN.R-project.org/package=data.table.

- Eddelbuettel, D., and R. Francois. 2011. "Rcpp: Seamless R and C++ Integration." *Journal of Statistical Software* 40 (8): 1–18.

- Harrell Jr, F.E. 2016. Hmisc: Harrell Miscellaneous. https://CRAN.R-project.org/package=Hmisc.

- Mersmann, O. 2015. Microbenchmark: Accurate Timing Functions. https://CRAN.R-project.org/package=microbenchmark.

- Neuwirth, E. 2014. RColorBrewer: ColorBrewer Palettes. https://CRAN.R-project.org/package=RColorBrewer.

- R Core Team. 2015. R: A Language and Environment for Statistical Computing. Vienna, Austria: R Foundation for Statistical Computing. https://www.R-project.org/.

- Revolution Analytics, and S. Weston. 2015. Foreach: Provides Foreach Looping Construct for R. https://CRAN.R-project.org/package=foreach.

- Templ, M., K. Hron, and P. Filzmoser. 2011. RobCompositions: An R-Package for Robust Statistical Analysis of Compositional Data. John Wiley; Sons.

- Tierney, L., A.J. Rossini, N. Li, and H. Sevcikova. 2015. Snow: Simple Network of Workstations. https://CRAN.R-project.org/package=snow.

- Venables, W.N., and B.D. Ripley. 2002. Modern Applied Statistics with S. Fourth. New York: Springer. http://www.stats.ox.ac.uk/pub/MASS4.

- Wickham, H. 2009. Ggplot2: Elegant Graphics for Data Analysis. Springer-Verlag New York. http://ggplot2.org/book/.

- Wickham, H., and W. Chang. 2016. Devtools: Tools to Make Developing R Packages Easier. https://CRAN.R-project.org/package=devtools.

- Wickham, H., and R. Francois. 2015. dplyr: A Grammar of Data Manipulation. https://CRAN.R-project.org/package=dplyr.

- Wilkinson, L. 2005. The Grammar of Graphics (Statistics and Computing). Secaucus, NJ, USA: Springer-Verlag New York, Inc.

03

연필 기반 이론과 데이터 기반 전산 솔루션의 불일치

수치 정밀도와 반올림이 지닌 내재적 오류에 대한 의문은 폭넓은 적용 범위를 다루는 수치 해석numerical mathematics 분야에서 중요하다. 통계 분야를 포함한 데이터 과학은 반올림과 수치 정밀도 문제에 얽혀 있기 때문에, 데이터 과학자라면 이 부분에 대해 이해하고 있어야 한다. 물론 이러한 문제점들은 컴퓨터의 기본 구조에서부터 발생한다고 볼 수 있다. 높은 정확도로 측정된 수치라고 해도 컴퓨터에서 정확하게 표현될 수 없어서 이 문제들은 자연 스럽게 발생하지만, 예측하려는 추정량의 분석 속성이 펜으로 써 내려간 이론과 컴퓨터의 결과에 차이가 있다면 심각한 문제가 아닐 수 없다.

3장의 목적은 앞에서 언급한 문제점을 알리는 데 있다. 그 이유가 모델의 수렴과 가정에 관련된 이슈뿐만 아니라 기계 수machine number의 반올림에 대해서도 민감할 필요가 있기 때문이다. 이번 장에서 배울 개념들이 직접적으로 다른 장과 관련되지는 않지만, 통계 분석가와 데이터 과학자에게는 기본 지식임이 분명하다. 이번 장의 내용은 이후의 장들에서 다룰 내용인 컴퓨터를 중심으로 하는 데이터 기반 분석을 위한 워밍업으로 보면 된다.

▍기계 수 반올림 문제

컴퓨터는 연속 분포상의 어떠한 값도 정확히 저장할 수 없으며, 연속된 값은 아주 미세한 눈금으로 반올림되어 사실상 비연속 상태다. 기계 수로서 특정 값을 반올림하고 저장하는 것은 항상 유의해야 하지만, 대부분의 경우에는 크게 문제가 되지 않는다.

'대부분most'은 '항상 그런 것은 아니다not always'라는 뜻이다. 소개하려는 다음 주제들은 기계 수에 대한 배경지식이 없는 많은 사용자를 난처하게 하거나 화나게 할 수 있는 흥미로운 내용이다.

R에서 발생한 오류를 신고하는 '버그' 보고서는 훌륭한 예가 될 만하다.

> 보낸 사람: focus17@libero.it
>
> 받는 사람: R-bugs@biostat.ku.dk
>
> 제목: 함수 trunc와 관련된 오류
>
> 날짜: Fri, Jul 2007 15:03:58 +0200 6 (CEST)
>
> 다음 명령어로 잘못된 결과가 나왔습니다.
>
> trunc (2.3 * 100)
>
> ## [1] 229
>
> 담당자의 답변: 결괏값은 맞습니다. 2.3은 정확하게 표현될 수 없으며, 더 정확히 말하자면 실제 사용된 값은 그 값보다 약간 작습니다.

참고로 함수 trunc()는 소수점 이후 값을 잘라내고 남은 가장 가까운 정수를 결과로 낸다. 난수를 소수점의 위치가 바뀔 수 있는 부동소수점 표시로는 정확하게 저장할 수 없는 것이 일반적인 경우다.

따라서 다음과 같은 내용에 대해 더 이상 궁금해할 필요가 없다.

```
round(1.4999999999999)
## [1] 1
round(1.499999999999999)
## [1] 2
```

1.4999999999999999를 내부적으로 표현할 수 없으므로 1.5로 반올림하며, 함수 round()를 적용하면 결과는 2가 된다. 1.4999999999999999의 경우 실제로 1.50000000000000으로 저장되는데, 수를 나타낼 때 소수점의 위치를 고정하지 않는 부동소수점이 지니는 정확성의 한계 때문이다.

다음 예에서도 같은 문제점이 나타난다.

보낸 사람: wchen@stat.tamu.edu

받는 사람: R-bugs@biostat.ku.dk

제목: 함수 match() (PR # 13135)

날짜: Tue, 7 Oct 2008 00:05:06

match() 함수가 값을 올바르게 반환하지 않는군요. 다음 예를 한번 봐주세요.

a <- seq (0.6, 1, by = 0.01)

match(0.88, a)

[1] 29

match(0.89, a)

[1] NA

match(0.94, a)

[1] 35

담당자의 답변:

이 문제가 다시 나왔군요!

0과 1 두 가지 수로 구성되는 이진법 컴퓨터로 0.01을 정확하게 나타낼 수 없으므로, 0.89는

seq(0.6, 1, by = 0.01)이 제시하는 수열에 포함되지 않습니다.

많은 사용자가 반올림에 대해 궁금해한다. round()의 도움말 페이지에 따르면, round(1.5)는 1이 되기도 하고 2가 될 수도 있음을 알린다. 이는 초등학교에서 1.5가 항상 2로 반올림된다고 배웠던 내용이나 마이크로소프트 엑셀 같은 소프트웨어에서 경험한 내용과 다르다. R에서 사용되는 round(1.5)는 5를 기준으로 반올림하는 일반적인 규칙을 적용하지 않는다. round()에 대해 R 도움말로부터 좀 더 명확한 이해를 얻을 수 있으며, 5를 반올림하는 경우 IEC 60559 표준이 적용된다. IEC 60559는 국제 표준이지만 엑셀은 그렇지 않다는 점을 염두에 두자.

R에서 반올림은 화면에 출력되는 과정 안에서 처리되기 때문에 함수 round()를 외부적으로 호출해 사용하는 경우는 드물다.

0.5에서 1로 강제적 반올림을 수행하고자 하면, 매우 작은 수를 더해서 다음과 같이 반올림할 수 있다.

```
excel_round <- function (x, digits) round (x * (1 + 1e-15), digits)
round(0.5, digits = 0)
## [1] 0
excel_round(0.5, digits = 0)
## [1] 1
```

커니건과 플로거(Kernighan & Plauger, 1982)가 언급한 훌륭한 표현으로 반올림 문제를 한 번에 요약한다.

"10.0 곱하기 0.1은 좀처럼 1.0이 되지 않는다."

부동소수점 표시는 다음 네 가지의 파라미터로 정의된다.

- 2처럼 1보다 큰 베이스(b > 1)
- 최소지수부인 e_{min}은 0보다 작은 정수이고, 최대지수부인 e_{max}는 0보다 큰 정수

114

- 소수점 이하의 숫자들을 나타내는 가수부mantissa의 길이는 m

따라서 하나의 수를 다음과 같이 표시할 수 있다.

$$x = (-1)^{u_0} b^e \sum_{i=1}^{m} u_i \, b^{-i}$$

여기서 e는 지수부이고, u_i는 0 또는 1로 구성된다$(u_i \in \{0, 1\})$.

수의 소수부를 m자리로 표시하면 최대 오류는 $\epsilon_m = b^{-m}$이 되고, 흔히 기계 수 정밀도 또는 기계 수 엡실론epsilon이라 부른다. 기계 수 엡실론은 두 인근 값들 사이의 최대 거리를 추정하는 데 사용된다.

예제: 수를 64비트 형식으로 나타내기

가수부의 길이 m = 53, 최소지수부 e_{min} = −1022, 최대지수부 e_{max} = 1024, 그리고 두 기계 수 사이의 최대 절댓값 거리가 다음과 같이 표시되는 64비트 이진법 형태의 경우,

$$|\tilde{x} - x| \leq \epsilon_m |x|$$

R에서 설정되어 있는 두 기계 수 사이의 거리를 다음과 같이 보여준다.

```
.Machine$double.eps
## [1] 2.220446e-16
.Machine$ double.digits
## [1] 53
.Machine$ double.xmax
## [1] 1.797693e+308
```

이러한 내용은 주로 알고리즘의 수렴과 관계되며, 실무적으로 광범위한 영향을 미치고 있다.

결정론적 케이스에서 수렴

수렴이라는 용어를 생각해본다면 무작위 수들의 집합이 고정값에 모이며, 결과가 특정 수로 점점 가까워지거나, 샘플 확률 분포가 특정 분포로 점차 비슷해지기도 하며, 특정 값에서 떨어져 있는 거리의 기댓값을 계산해서 만든 수열이 0으로 접근해가는 형태를 생각해볼 수 있다.

시뮬레이션의 수렴뿐만 아니라 반복적 방법과 절차의 수렴도 통계 시뮬레이션과 데이터 과학에서 매우 중요한 주제다. 반복적으로 발생해서 나타나는 수들의 차이가 기준치에 비해 낮을 때 반복적 알고리즘은 수렴된 상태라고 말한다.

나아가 임의 변수의 수열이 어떤 제한적 임의 변수로 수렴되는 것은 확률 이론에서 핵심 개념이며, 통계학이나 확률적 과정에 적용된다. 구체적인 내용은 6장 '시뮬레이션으로 보는 확률 이론'을 참조하기 바란다.

이제는 수열의 수렴에 집중한다. 이번 상황에서 수렴은 다음과 같이 정의된다.

$$\lim_{n\to\infty} a_n = a \quad \Leftrightarrow \quad \forall \varepsilon > 0 \; \exists N \in \mathbb{N} \; \forall n \geq N: \; |a_n - a| < \varepsilon$$

가령 +와 −가 교대로 발생하는 교대조화급수$^{alternating\ harmonic\ series}$를 보여주는 다음의 수열은 수렴된다.

$$\lim_{n\to\infty} \sum_{k=1}^{n} \frac{(-1)^{k+1}}{k} = \ln 2$$

발산되는 조화급수$^{harmonic\ serices}$의 예는 다음 식과 같다.

$$\sum_{k=1}^{\infty} \frac{1}{k}$$

유사하게도 지수함수는 $e^x = \sum_{n=0}^{\infty} \frac{x^n}{n!}$ 수열로 나타난다.

조화급수 수열의 수렴을 분석 방식으로는 입증할 수 있지만, 컴퓨터로 계산하면 수열의 수렴이 나타나지 않을 수도 있다.

예제: 수렴

조화급수 $\sum_{k=1}^{\infty} \frac{1}{k}$ 수열을 살펴보자. R에서는 다음과 같이 구할 수 있을 것이다.

```r
masch <- function(maxit=10000){
  summe <- 0
  summeNeu <- n <- 1
  ptm <- proc.time()
  while(summe != summeNeu & n < maxit){
    summe <- summeNeu
    summeNeu <- summe + 1/n
    n <- n + 1
  }
  time <- proc.time() - ptm
  list(summe=summeNeu, time=time[3])
}
masch(10000)$summe
## [1] 10.78751
masch(1000000)$summe
## [1] 15.39273
masch(10000000)$summe
## [1] 17.69531
```

연산 시간 최초 10분 안에 해당 수열이 발산되는지 여부를 결정하지 못할 수도 있다. 계산된 숫자는 다시 후속 계산에서 재사용되면서 비선형적으로 증가하는 것이 다음 표에서 확인된다.

```
SEQ <- c(10,1000, seq(100000,10000000,length=10))
df <- cbind(SEQ, t(as.data.frame(sapply(SEQ, masch))))
df
```

	SEQ	sum	time
	10	3.828968	0
	1000	8.484471	0.004
	1e+05	13.09014	0.444
	1200000	15.57505	5.264
	2300000	16.22564	10.164
	3400000	16.6165	15.076
	4500000	16.8968	19.848
	5600000	17.11549	24.643
	6700000	17.29483	29.573
	7800000	17.44685	34.485
	8900000	17.57878	39.41
	1e+07	17.69531	44.204

하지만 또 다른 수열 $e^x = \sum_{n=0}^{\infty} \dfrac{x^n}{n!}$ 은 완전히 다른 결론을 보여준다. $x = 1$일 때 결괏값은 오일러Euler의 무리수 e가 된다. 비록 e는 무리수라도 19회 반복한 후에는 이전의 sum과 현재의 sum이 동일한 oldsum == newsum 상태가 된다.

```
x <- 1
oldsum = 0
newsum = n = term = 1
while(oldsum != newsum){
  oldsum = newsum
  term = 1/factorial(n)
  n = n + 1
  newsum = oldsum + term
  print(paste("n = ", n, ". Diff = ", term, ". Sum = ", newsum,
```

```
sep=""))
}
## [1] "n = 2. Diff = 1. Sum = 2"
## [1] "n = 3. Diff = 0.5. Sum = 2.5"
## [1] "n = 4. Diff = 0.166666666666667. Sum = 2.66666666666667"
## [1] "n = 5. Diff = 0.0416666666666667. Sum = 2.70833333333333"
## [1] "n = 6. Diff = 0.00833333333333333. Sum = 2.71666666666667"
## [1] "n = 7. Diff = 0.00138888888888889. Sum = 2.71805555555556"
## [1] "n = 8. Diff = 0.000198412698412698. Sum = 2.71825396825397"
## [1] "n = 9. Diff = 2.48015873015873e-05. Sum = 2.71827876984127"
## [1] "n = 10. Diff = 2.75573192239859e-06. Sum = 2.71828152557319"
## [1] "n = 11. Diff = 2.75573192239859e-07. Sum = 2.71828180114638"
## [1] "n = 12. Diff = 2.50521083854417e-08. Sum = 2.71828182619849"
## [1] "n = 13. Diff = 2.08767569878681e-09. Sum = 2.71828182828617"
## [1] "n = 14. Diff = 1.60590438368216e-10. Sum = 2.71828182844676"
## [1] "n = 15. Diff = 1.14707455977297e-11. Sum = 2.71828182845823"
## [1] "n = 16. Diff = 7.64716373181982e-13. Sum = 2.71828182845899"
## [1] "n = 17. Diff = 4.77947733238739e-14. Sum = 2.71828182845904"
## [1] "n = 18. Diff = 2.81145725434552e-15. Sum = 2.71828182845905"
## [1] "n = 19. Diff = 1.56192069685862e-16. Sum = 2.71828182845905"
```

이번에는 일상 업무에서 직면할 수 있는 반올림 오류의 예를 살펴보자. 표준편차 추정을 위해, 수학적으로 등가인 2개의 공식이 있다(슈타이너[Steiner] 정리로 다른 공식을 이끌어낼 수 있다).

- R에서 사용되는 표준편차: $\bar{x} = \frac{1}{n}\sum_{i=1}^{n} x_i$인 $s = \frac{1}{n-1}\sqrt{\sum_{i=1}^{n}\left(x_i - \bar{x}\right)^2}$

- 엑셀의 이전 버전에서 사용되는 표준편차: $s = \sqrt{\frac{1}{n-1}\left(\left(\sum_{i=1}^{n} x_i^2\right) - \bar{x}^2\right)}$

데이터가 정수라면 컴퓨터의 도움 없이 두 번째 공식으로 표준편차를 쉽게 계산할 수 있다. 그러나 두 번째 공식은 상대적으로 큰 반올림 오류를 갖기 때문에 수치적 불안정성이 유발될 수 있다.

R의 도움을 받아서 살펴보자.

```
## 표준편차 첫 번째 공식
s1 <- function(x){
    s <-sum((x - mean(x))^2)
      return(sqrt(1/(length(x)-1) * s))
}
## 표준편차 두 번째 공식
s2 <- function(x){
#    s <- 1/(length(x)-1) * sum(x^2) - mean(x)^2
    s <- sum(x^2) - 1/length(x) * sum(x)^2
    return(sqrt(1/(length(x)-1) * s))
}
## 포장 함수(wrapper function):
st <- function(x, type) {
  switch(type,
          precise = s1(x),
          oldexcel = s2(x)
          )
}
## 표준 정규 분포로부터 임의로 1000개의 수 추출
x <- rnorm(1000)
## 더 많은 자릿수 보여주기:
options(digits=16)
## 결과:
st(x, "precise")
## [1] 1.034835048604582
st(x, "oldexcel")
## [1] 1.034835048604582
```

두 방법 모두 동일한 결과를 제시한다. 이번에는 차이를 보여주는 실험을 하나 해보자. 실험의 결과는 항상 0.50125여야 하지만, 수치적 불안정성 때문에 특히 두 번째 공식(엑셀

방식)을 적용했을 경우 이 결과가 항상 맞지는 않다.

```
stall <- function(x){
    c(precise=st(x, "precise"), excel=st(x, "oldexcel"))
}
## 수치 발생(0과 1)
x <- rep(0:1,100)
stall(x)
##            precise            excel
## 0.5012547071170855 0.5012547071170855
X <- matrix(nrow=length(x), ncol=10)
X[,1] <- 1
for(n in 2:ncol(X)) X[, n] <- x + 10^(2 * (n - 1))
colnames(X) <- 2 * (1:ncol(X) - 1)
dim(X)
## [1] 200  10
## 처음 4개 관측치:
head(X,4)
##      0   2     4       6         8          10            12
## [1,] 1 100 10000 1000000 100000000 10000000000 1000000000000
## [2,] 1 101 10001 1000001 100000001 10000000001 1000000000001
## [3,] 1 100 10000 1000000 100000000 10000000000 1000000000000
## [4,] 1 101 10001 1000001 100000001 10000000001 1000000000001
##                   14   16   18
## [1,] 100000000000000 1e+16 1e+18
## [2,] 100000000000001 1e+16 1e+18
## [3,] 100000000000000 1e+16 1e+18
## [4,] 100000000000001 1e+16 1e+18
options(digits=5)
apply(X, 2, stall)
##          0       2       4       6       8      10      12
14 16 18
## precise 0 0.50125 0.50125 0.50125 0.50125 0.50125 0.50125
0.50125  0  0
```

```
## excel   0 0.50125 0.50125 0.50125 0.00000 0.00000      NaN
0.00000  0  0
```

반복 실험과 관련해서 중요하면서도 가장 일반적인 질문은 수렴할 때까지 얼마나 많은 반복 실행이 필요한가다. $|q| < 1$일 경우 일반적으로 수렴하게 되는 무한등비수열infinite geometric series $\sum_{i=0}^{\infty} q^i$를 살펴보자. 다음과 같은 공식을 따른다.

$$\sum_{i=0}^{\infty} q^i = \frac{1}{1-q} \qquad |q| < 1인 경우$$

$q = 0.5$ 그리고 $q = 2$가 되는 특별한 경우에 집중해보자. 수열 $\sum_{i=0}^{\infty} q^{-1}$에서 첫 번째 q가 0.5인 경우는 발산되고 두 번째 q가 2인 경우는 수렴되며, 두 번째 경우는 $\sum_{i=0}^{\infty} 2^{-i}$ $= \frac{1}{1-\frac{1}{2}} = 2$가 된다. $q = 2$인 경우, 수열은 상대적으로 적은 $i = 55$가 되는 55번째 반복에서 2로 수렴하는 것을 다음 코드에서 확인할 수 있다.

```
konv <- function(q = 2) {
  s <-  0
    snew <- term <- i <- 1
    while(s ! = snew){
      s <- snew
        snew <  -s + q ^(- i)
        i <- i + 1
    }
    list(iteration = i, total = snew, lastterm = 2^(- i))
}
konv()
## $iteration
## [1] 55
##
## $ total
## [1] 2
##
```

```
## $lastterm
## [1] 2.7756e-17
```

그리고 q = 0.5일 때 발산된다.

```
konv(q = 0.5)
## $iteration
## [1] 1025
##
## $ total
## [1] Inf
##
## $lastterm
## [1] 2.7813e-309
```

R이 연산해낸 마지막 값인 lastterm은 이미 기계 수보다 작다.

다음은 수렴의 마지막 예다. 앞에서 나온 e^x를 계산했던 코드의 연산 정확성과 함수 exp()를 사용해 구한 연산의 정확성을 비교한다. 오류의 크기는 얼마나 되는지 생각해보자.

```
expsum <- function(x){ oldsum <- 0
    newsum <- n <- term <- 1
    while( oldsum != newsum )
    {   oldsum <- newsum
        term <- term * x/n
        n <- n + 1
        newsum <- oldsum + term
    }
    list(iteration = n, summe = newsum)
}
x <- 1:1000
```

```
absError <- sapply (x, function (x) abs (exp (x) - expsum (x) $ sum))
relError <- absError / exp (x)
```

64비트 정확성의 경우, 두 수 간 최대 절댓값 거리인 $\epsilon_m = 2^{-53}$은 소수점 이하 16자리로 근사되며, 반올림 오차는 다음과 같이 구할 수 있다.

```
roundingError <- sapply (x, function (x) 2^(-53)*exp(x))
```

다음 그래프(그림 3.1)는 **x** 값이 증가함에 따라 반올림 오차가 증가하는 정도를 보여준다.

```
plot(x[1: 600], roundingError[1:600], log = "xy", xlab = "log (x)",
ylab = "log (rounding errors)", type = "l")
```

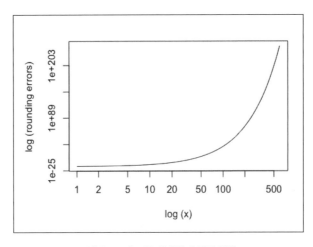

그림 3.1 x에 따른 반올림 오차의 변화

이번에는 각기 다른 x에 따라 수렴될 때까지 발생하는 반복 횟수를 고려하자. 증가하는 x에 따라 반복 횟수는 선형으로 증가할 것인가, 아니면 어떤 형태로 증가할 것인가?

x를 0부터 20까지 0.1씩 증가하도록 해서 그림 3.2와 같은 결과를 만든다.

```
x <- seq(0, 20, by=0.1)
iter <- sapply(x, function(x) expsum(x)$iteration)
plot(x, iter, xlab="x", ylab="No. of iterationen until convergence",
type="l")
```

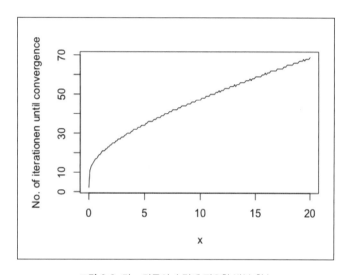

그림 3.2 각 x 값들의 수렴에 필요한 반복 횟수

x와 수렴 시점까지 나타나는 반복 횟수 사이의 선형성은 x가 3보다 큰 시점에서부터 나타
난다(x 값이 커서 넘어서는 부분은 그래픽으로 표시되지 않는다).

▌ 문제의 상태

반올림 오류에서 잘 알려진 또 다른 문제점은 전산 수학의 기초로 설명된다. 다음은 행렬
연산의 수치 정밀도와 관련 있는 반올림 문제를 고려해본다. 문제의 상태를 확인하기 위

해 대부분의 경우 역조건수$^{\text{reciprocal condition number}}$를 컴퓨터 프로그램으로 추정하는데, 역조건수가 작을수록 아니면 조건수가 클수록, 작은 변화에도 결괏값이 급격하게 바뀌는 상태로 악화됐음을 의미한다.

R에서 함수 Kappa()로 구하는 2개 기준 조건수는 행렬상에서 0이 아니면서 가장 작은 고윳값$^{\text{singular value}}$ 대비 가장 큰 고윳값의 비율을 나타내는 반면, 함수 rcond()는 역조건수의 근삿값을 계산한다. 자세한 내용은 다음 코드에서 살펴보자.

역조건수가 작아서 상태가 좋지 않은 문제는 다음과 같다.

```
library("Matrix")
## 역조건수 근삿값
rcond(Hilbert(9)) ## worse
## [1] 9.0938e-13
## 역조건수
x1 <- cbind(1, 1:10)
head(x1, 3)
##      [,1] [,2]
## [1,]    1    1
## [2,]    1    2
## [3,]    1    3
rcond(x1) ## 훨씬 나은 결과
## [1] 0.05278
```

상태가 좋지 않은 문제의 특징인 불안정성은 회귀 분석에서 주로 다중 공선성을 발생시킨다. 하나 또는 그 이상의 예측 변수가 다른 예측 변수들의 선형 조합으로 잘 설명이 된다면 다중 공선성이 발생한 것이다. 이는 고전적인 접근법에서 심각한 문제를 발생시키고, 더 나아가서는 비합리적 추정으로 연결된다.

요약

데이터 과학자들은 수치 정밀도의 문제 때문에 반올림 오류 및 불안정성 같은 문제에 직면하게 된다.

R에서 결과를 보여준다고 해서 정확한 수치를 보고 있음을 뜻하지 않는다는 점을 알아두자. 특정 자릿수에서(기본값 = 7) 반올림되지만, 내부적으로 결괏값은 더 많은 자릿수에 저장되어 있는 상태다.

어떤 경우든 컴퓨터의 부동소수점 연산은 모든 숫자를 나타낼 수는 없으며, 거의 모든 숫자는 다음 짝수 자릿수에서 반올림된다. 이번 장을 읽으면서 기계 수와 반올림에 관한 기본적인 지식을 습득했을 것이다. 비록 이러한 문제가 앞으로 다룰 장에서는 큰 작용을 하지 않지만, 데이터 과학자나 통계 분석가라면 반드시 알아둘 필요가 있다. 이번 장에서는 주어진 문제의 수렴을 관측하는 방법인 결괏값의 수렴에 대해 살펴봤다. 해당 내용은 4장 '난수 시뮬레이션'과 5장 '최적화 문제를 위한 몬테카를로 기법' 등으로 확장되어 다룬다.

참고문헌

- *The Elements of Programming Style, Second Edition* by Brian W. Kernighan and P.J. Plauger, 1982, New York, NY, USA: McGraw-Hill, Inc.

04

난수 시뮬레이션

난수를 생성하지 않고 분석 방법을 비교 평가할 수 있는 통계적 시뮬레이션이 가능한가? 예측 분포 또는 사전 분포에서 난수를 추출하지 않는 베이지안 접근법을 상상할 수 있는 가? 무작위성을 생각하지 않고 확률 게임을 상상할 수 있는가? 그리고 무작위성 없는 세 상을 상상할 수 있는가?

통계와 확률 이론은 가능성 공간과 난수라는 추상적인 개념에 기반하며, 우아한 수학 이 론들은 난수를 출발점으로 삼아 발전해왔다.

특히 전산통계, 데이터 과학, 통계 시뮬레이션 같은 응용 분야는 난수 개념을 적극적으로 활용한다. 시뮬레이션 목적으로 **독립적이면서 동일한 분산의 형태로 분포된**i.i.d., independent and identically distributed 대규모 난수를 생성해야 한다.

놀랍게도 컴퓨터 응용에서는 많은 경우 결정론적 알고리즘을 통해 난수를 시뮬레이션하며, 이는 시뮬레이션의 기본 개념과 상당히 배치되는 모습이다. 4장의 전반부에서는 결정론적 난수 생성의 문제점을 다룬다. 이를 위해 우선 실제 무작위 난수인 진성난수를 살펴보자.

▌ 진성난수

생성된 진성난수는 독립적이며 동일하게 분포된 임의 변수의 현실화한 결과여서, 앞 시점에 생성된 난수를 가지고 다음 시점에 생성될 수치들을 예측한다는 건 불가능하다. 예를 들어, 복권 및 도박 산업은 난수에 전적으로 의지한다. 그러나 진성난수가 통계에서도 유용한가? 이 질문에 대답하기 전에 진성난수 생성에 대해 살펴보자.

난수 생성 원천으로서 다음과 같은 난수 생성기들을 사용할 수 있다.

- 동전 던지기, 주사위 굴리기, 룰렛 등
- 방사능 성원(방사선을 방출할 수 있는 물질)의 감소
- 대기 소음(www.random.org)

물리적 과정이 진성난수 생성의 이면에 존재하고 있다는 점을 관찰할 수 있다.

예를 들어 0과 1로 구성된 수열을 생성하면, 각각의 데이터 단위인 비트는 동일한 확률로 서로 독립적으로 발생한다. 이러한 속성이 존재하는지 여부를 평가하기 위해 통계 테스트를 사용할 수 있다.

그러나 진정한 난수 발생기를 데이터 과학과 통계 시뮬레이션에 적용하는 데는 몇 가지 단점이 있다.

- 난수를 생성하는 데 있어 계산적으로 비효율적이다.
- 일반적으로 구현이 어렵고 시간 소모적이므로 비용 발생이 크다.
- 결과를 재연할 수 없다.
- 진정한 난수가 생성됐는지 여부는 보통 확인되지 않는다.

흥미로운 예로 손상 입은 동전을 던지는 것을 생각해보자. 이 실험에서 앞면으로 떨어질 확률은 손상이 없는 동전을 던져서 얻게 되는 확률과는 다르다. 관측되지도 않고 통제할 수도 없는 프로세스들이 진성난수 생성에 영향을 미칠 수 있지만, 그러한 영향력은 거의 확인되지 못한다. 예를 들어, 생성기를 통해 감마선의 열로부터 얻은 난수는 눈에 보이지 않으면서 통제되지도 않는 자기장의 변화 때문에 영향받는 것과 같은 이치다.

여러 이유가 많지만 실제로 진성난수 생성기가 통계학, 통계 시뮬레이션 및 데이터 과학 분야에서 거의 사용되지 못하고 있는 주요 이유는 결과를 재현할 수 없기 때문이다. 따라서 진성난수 생성기는 암호화 작업 및 슬롯 머신 등 생성된 난수들이 절대 예측될 수 없어야 하는 일부 영역에서만 흔히 적용된다.

패키지 random은 직접 www.random.org에 접속해서, 해당 웹사이트가 갖추고 있는 시설을 통해 난수를 수집한다. 이번 난수 생성은 우리 인간과 지구 표면으로 쏘아대는 감마선의 측정치와 대기 소음에 근거한다. 함수 randomNumbers를 사용하면 난수들이 웹사이트로부터 스트리밍된다.

```
library("random")
x <- randomNumbers(n=10000, col=2, min=0,
        max=1e+06, check=TRUE) / 1000000
```

난수 생성기의 첫 번째 값이 제대로 작동하면 원래 값은 지연된 값에 기반해서 플로팅된다(그림 4.1 참조). 즉, 첫 번째 값은 두 번째 값에 대해 플로팅되고 두 번째 값은 세 번째 값을 기반으로 플로팅됨을 의미한다. 다음 그림에서 보이는 특정 구조가 나타난다면, 값들 사이에서 자기상관이 있을 수도 있다.

```
n <- length(x)
df <- data.frame(x1 = x[1:(n-1)], x2 = x[2:n])
ggplot(df, aes(x = x1, y = x2)) + geom_point(size = 0.1) +
xlab("random numbers from random.org") + ylab("lag 1")
```

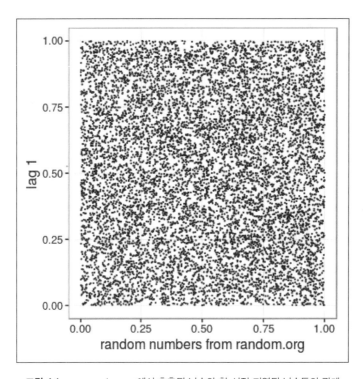

그림 4.1 www.random.org에서 추출된 난수와 한 시점 지연된 난수들의 관계

가령 https://www.phy.duke.edu/~rgb/General/dieharder.php에 있는 모든 다이하드 테스트가 이렇게 생성된 진성난수 실험을 통과한 것은 아니다.

▌ 의사난수 시뮬레이션

의사난수는 거의 모든 통계 시뮬레이션의 기반이 되고 통계의 다양한 문제에 적용된다. 난수 시뮬레이션을 잘하는 것은 시뮬레이션에서 나오는 유효한 결괏값을 얻는 데 결정적으로 중요하고, 추후에 배우게 될 리샘플링 방법의 성공 여부 또한 의사난수의 질에 따라 결정된다고 해도 과언이 아니다.

(최소한) 두 종류의 의사난수 생성기를 구분할 필요가 있다.

- **산술**arithmetic **난수 생성기**: 이름에서 알 수 있듯이 순전히 산술 연산에 기반을 둔다. $\sqrt{2}$와 e 같은 무리수들은 사용된 배수의 부분을 활용함으로써 난수 생성기의 역할을 한다. 그러나 무리수가 주기성을 갖는지 여부는 매우 결정하기 어렵다. 또한 무리수는 컴퓨터상에 유한한 기계 수로 제시될 뿐이라서, 실제로 난수를 생성하는 데는 거의 사용되지 않고 있다.

- **재귀 산술**recursive arithmetic **난수 생성기**: 자신의 이전 숫자로부터 새로운 난수를 계산해서 만드는 방식이다. 정확히 프로그램을 재실행하는 시점에서 동일한 난수가 생성될 수 있도록 초깃값(시드)을 설정해 재현성을 확보한다. 이러한 난수 생성 알고리즘은 정확한 계산 규칙을 따르기 때문에 결정론적 특징을 지닌다. 따라서 재귀 산술 난수 생성기로 만든 의사난수로 구성된 수열은 결정론적이다.

의사난수 생성기는 유한한 기계 수 초기 상태 S, 초기 상태인 시드를 생성하기 위한 초기 상태 S에 대한 확률 분포 μ, f: S → S로 이전하는 전이 함수transition function, 그리고 해 공간 U와 결과 함수 g: S → U 등 (S, μ, f, U, g)로 구성된다.

논리적으로 해 공간 U는 0과 1 사이에 있는 기계 수들이다. 현재 상태는 i ≥ 1인 경우 $s_i = f(s_{i-1})$이며, 그 결과인 의사난수는 $u_i = g(s_i) \in U$로 표시된다.

의사난수 생성기에서 반드시 나타나는 특징은 수열의 주기period가 발생한다는 것이다.

$$S < \infty \;\Rightarrow\; \exists l \geq 0 \wedge j \geq 0 : s_{l+j} = s_l$$

$$\Rightarrow \forall i \geq l \; \exists s_{i+j} = s_i \wedge u_{i+j} = u_i$$

여기서 가장 작은 j는 의사난수 생성기의 주기를 표시한다.

32비트 컴퓨터의 경우 최대 주기는 2^{32}으로 제한된다. 좋은 의사난수 생성기는 2^k에 가까운 주기를 가지며, k는 컴퓨터 비트 체계를 나타내는데 요즘은 일반적으로 64비트이고, 구형 컴퓨터에서는 32비트 또는 그보다 작을 수 있다.

합동 생성기

난수 합동 생성기는 단순성 때문에 인기가 있다. 하지만 단순하다고 해도, 특정 조건에서 잘 작동되기 때문에 많은 분석 소프트웨어는 여전히 특정한 유형의 합동 생성기를 많이 사용한다.

의사난수들을 생성하는 합동 생성기는 다음 파라미터로 정의된다.

- 상탯값을 갖는 수 $n \in \mathbb{N}^+$
- 나눔수 $m \in \{2, 3, 4, ...\}$
- 계수 $a_1, ..., a_n \in \{0, ..., m - 1\} \in \mathbb{Z}_0$
- 증가분 $b \in \{0, ..., m - 1\}$
- 시작값 $x_1, ..., x_n \{0, ..., m - 1\} $ (seed)

$i > n$인 경우, 다음과 같은 공식을 만들 수 있다.

$$x_i = ((\textstyle\sum_{k=1}^{n} a_k x_{i-k}) + b) \bmod m$$

따라서 시점 i에서 현재 상탯값 $s_i = (x_{i-n}, ..., x_i)^\mathsf{T}$이다.

나눔수 m과 증가분 b를 적절하게 선택함으로써, 최대 주기를 얻을 수 있다(해당 예를 위해 Knuth(1998)를 참조하라).

선형 합동 생성기 및 승산 합동 생성기

가장 간단한 합동 생성기는 선형linear 합동 생성기와 승산multiplicative 합동 생성기다.

흔히 n은 1이 되며, n이 1인 경우 앞에서 제시했던 공식은 다음과 같이 단순하게 변형된다.

$$y_i = (a y_{i-1} + b) \bmod m$$

간단한 예로 a = 2, y_0 = 1, b = 1, m = 10이라고 한다면 난수는 1, 3, 7, 5, 1, 3, 7, 5, 1, 3, 7, 5, 1로 되어 주기는 4이다.

최대 주기는 b와 m이 1을 제외한 공통의 약수를 갖지 않는 조건에서 증가분 b, 나눔수 m, 계수 a를 적절하게 선택함으로써 찾을 수 있다.

예를 들어 난수 생성기로서 훌륭한 조합은 m = 2^{32}, a = 69069, b = 23606797일 것이다.

증가분 b = 0일 때 승산 합동값$^{multiplicative congruential results}$이 나온다.

선형 및 승산 합동 생성기에 관한 연구 문헌에 따르면 이러한 난수 생성기는 초평면적 특성을 갖는다고 한다. 값들이 순서대로 정렬된 k개의 튜플 $(u_0, ..., u_{k-1})$, $(u_1, ..., u_k)$, ..., $(u_{n+1}, ..., u_{n+k})$로 된 수열 $(u_i)_{i \geq 0}$을 한 시점 지연시키면, 벡터 공간 $\mathbb{R}^k$에 있는 k개의 튜플들은 병렬 초평면 $\sqrt{km \cdot k!}$ 의 최댓값을 제시한다.

그림 4.2는 좋지 않게 선택된 파라미터(나눔수 m = 100000000, 계수 a = 2, 증가분 b = 1, 초깃값 y_0 = 0, 데이터 개수 n = 120000)를 이용해 3차원상에서 결과를 보여주며, 그림 4.3은 파라미터가 올바르게 선택된 경우(m = 2^{32}, a = 69069, b = 23606797, y_0 = 0, n = 120000)를 보여준다.

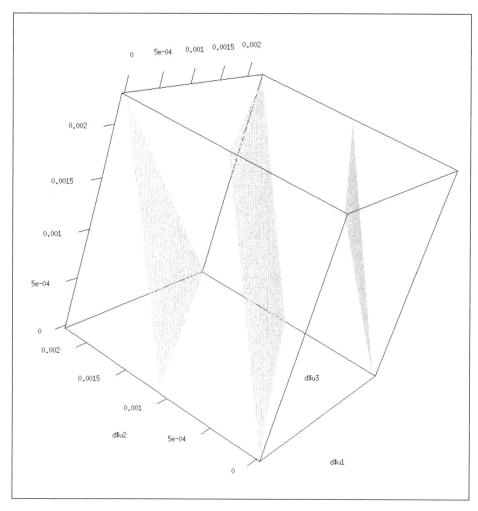

그림 4.2 선형 합동 생성기에 잘못된 파라미터가 투입된 상태에서 발생된 지연 난수(lagged random number). 지연된 수열들은 3개의 2차원상에 표시된다.

그림 4.3과 같이 현저히 개선된 좋은 결과를 내놓는다.

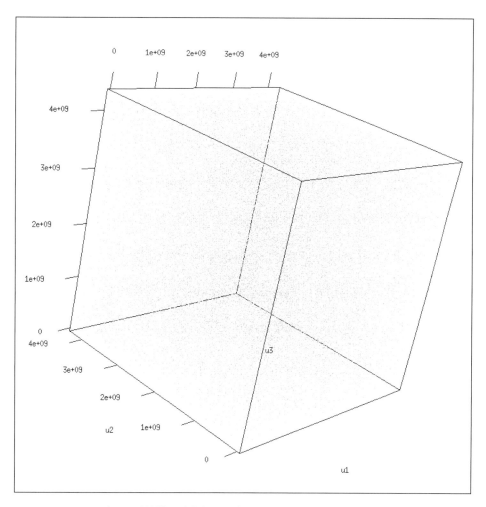

그림 4.3 선형 합동 생성기에서 좋은 파라미터를 선택해서 만든 지연 난수

또 다른 예로, 유명한 선형 합동 생성기인 **란두**^{Randu}를 살펴본다. 란두는 IBM에서 만들어 수년간 사용했으며, IBM 메인프레임에서 난수 표준 생성기로 활약했다.

이 생성기는 파라미터로 구성한 공식 $y_{j+1} = (65539 \cdot y_j) \mod 2^{31}$으로 결정되며, 구간 $[1, 2^{31} - 1]$에서 정수인 의사난수 y_j를 만들어낸다.

이 난수들은 변형 $x_j = y_j/2^{31}$를 통해 구간 0과 1 사이의 유리수로 쉽게 변환된다.

란두의 특이점과 좋지 않은 특성을 관찰하기 위해 준비한 다음 코드의 결과를 책에서 보여주지는 않지만, 인터랙티브 3차원 회전 가능 그래픽을 만들어준다. 란두의 결과는 그림 4.2의 결과만큼이나 좋지 않다. 다음 코드를 실행하면 15개의 2차원 평면에 뿌려진 점들이 나타난다.

```
seed <- 123
randu <- function(n) {
  for (i in 1:n) {
    seed <<- (65539 * seed) %% (2^31)
        result[i] <- seed / 2^31
  }
  return(result)
}
plot3S <- function(func, n=10000) {
  x <- func(n)
  require("rgl")
  x1 <- x[1:(n-2)]
  x2 <- x[2:(n-1)]
  x3 <- x[3:n]
  plot3d(x1, x2, x3, size=3)
  play3d(spin3d())
}
```

결과를 보기 위해 다음 행을 실행하자.

```
plot3S(randu)
## to compare it with R's standard generator
plot3S(runif) ## (Mersenne-Twister)
```

란두는 1970년대 초반에 널리 사용됐기 때문에 당시의 많은 연구 결과는 의심스러운 것으로 보인다. 선형 합동 생성기에 파라미터를 사용해야 이유는 일부 컴퓨터 하드웨어의 특수 기능을 이용해 난수를 빠르게 추출할 수 있기 때문이다. IBM은 문제점을 수정했으며 더 이상 란두를 사용하지 않고 있다.

단순, 선형, 합동 방식들은 종종 짧은 주기를 가지며, 이는 선형 합동 생성기 여러 개를 연결하는 데 있어 장점이 될 수 있다.

지연 피보나치 수열 생성기

또 다른 종류의 생성기는 피보나치^{Fibonacci} 형태의 생성기다. 이번 종류의 난수 생성기는 앞에서 다룬 선형 합동 생성기의 성능을 개선한다는 목표를 갖는다.

$n = 2$, $a_1 = a_2 = 1$, $b = 0$을 선택함으로써 피보나치 생성기는 공식 $y_i = (y_{i-1} + y_{i-2})$ modulo m을 이용해 난수 결과를 만들어낸다.

지연 피보나치 생성기는 $y_i = (y_{i-r} \otimes y_{i-s})$ modulo m으로 계산되며, 여기서 s는 r보다 작고 $\otimes$는 +, −, * 등의 산술 연산자이거나 or 연산자인 $\oplus$가 된다.

지연 피보나치 난수 생성기의 예로는 또한 RAN3이라고 알려진 $y_i = (y_{i-55} \otimes y_{i-24})$가 있다.

그 밖의 의사난수 생성기

물론 앞에서 논의한 의사난수 생성기보다 더 진보된 방법이 있다. 좋은 소식은 즉시 사용할 수 있다는 것이며, 나쁜 소식은 다소 복잡해서 이 책이 설명하는 범위를 넘어선다는 것이다. 다음 예제를 통해 R에서 사용할 수 있는 진화된 방법의 응용을 살펴보자.

R의 기본 난수 생성기는 메르센 트위스터$^{Mersenne Twister}$ 알고리즘을 이용한다(Matsumoto & Nishimura, 1998). 이 생성기는 624차원으로 균일한 분포를 만들어낸다. 다음과 같이 입력하면 기본 알고리즘을 확인할 수 있다.

```
RNGkind()
## [1] "Mersenne-Twister" "Inversion"
```

메르센 트위스터 알고리즘이 R에서 사용되는 기본 알고리즘으로 확인된다. 추가로 다음 절에서 설명할 역함수 변환inversion 방법은 난숫값들을 균등 분포에서 정규 확률 분포로 전환시킨다. 그림 4.4의 왼쪽 분포 그래프는 메르센 트위스터 역함수 변환 방법으로 발생시킨 난수를 보여주고, 슈퍼−듀퍼Super-Duper 알고리즘(Reed, Hubert, & Abrahams, 1982) 및 박스−뮬러Box-Muller 알고리즘(Box & Muller, 1958)의 난수 발생 결과는 오른쪽 분포 그래프에 표시되어 있다.

```
ok <- RNGkind()
op <- par(mfrow=c(1,2), mar=c(3,4,2,2))
set.seed(111)
hist(rnorm(1000), main="Mersenne Twister, Inversion", freq=FALSE,
xlim=c(-4,4), ylim=c(0,0.43), cex.main=0.7)
curve(dnorm(x), col = 2, lty = 1, lwd = 2, add = TRUE)
RNGkind("Super", "Box-Muller")
RNGkind()
## [1] "Super-Duper" "Box-Muller"
hist(rnorm(1000), main="Super-Duper, Box-Muller", freq=FALSE,
xlim=c(-4,4), ylim=c(0,0.43), cex.main=0.7)
curve(dnorm(x), col = 2, lty = 1, lwd = 2, add = TRUE)
```

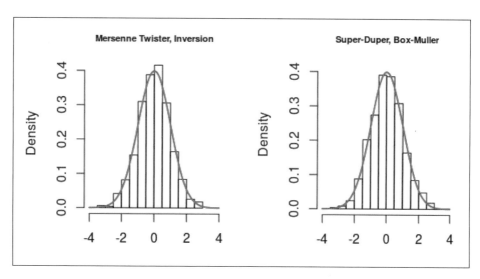

그림 4.4 메르센 트위스터–역함수 변환 방식으로 추출된 난수 분포(왼쪽)와 슈퍼–듀퍼 방식과 박스–뮬러 방법을 통해 표준 정규 분포로 전환된 난수 분포(오른쪽)

이 난수 생성 방법 말고도 더 많은 난수 생성기를 기본 R에서 사용할 수 있다.

난수 생성 방법으로서 술 취한 사람의 랜덤 워크random walk를 생각해보자. 해당 난수 생성 메커니즘으로 20만 개의 난수를 생성해 10만 개의 관측값과 2개의 열로 구성된 행렬에 저장했다.

술에 취해 방향감을 상실한 술꾼이 그가 떠난 술집으로 다시 돌아가서 걸어나갈 준비가 되면 자신의 아파트로 찾아갈 수 있다고 가정한다. 또한 그 술꾼은 건강해서 무한정으로 길고 긴 길을 걸을 수 있다고 가정한다. 그 술꾼이 매번 술집에서 집을 찾아갈 수 있음을 확신하기 위해, 랜덤 워크를 50번 반복했고 그 결과 50개의 트랙을 만들었다(해당 트랙들은 검정색에서부터 밝은 회색 방향으로 향한다).

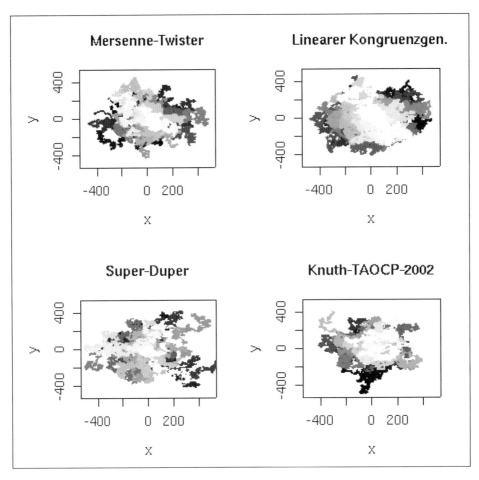

그림 4.5 술 취한 사람의 랜덤 워크

▎ 비균등하게 분포되는 임의 변수 시뮬레이션

지금까지 동일한 임의 변수의 시뮬레이션을 논의했다. 사실 균등한 난수를 생성하는 것은 매우 중요한 단계다. 비균등 난수 생성 방법은 균등 난수 생성과는 다르며, 해당 방법의 주요 목표는 난수를 균등 분포에서 다른 분포로 변환하는 것이다. 일반적으로 균등하게 분포된 임의 변수는 다른 형태의 분포를 얻기 위해 그에 맞게 변형되고 수정된다.

역함수 변환 방법

역함수 변환 방법의 조건은 0과 1 사이에서 균등하게 분포된 난수가 생성되어 있는 상태이며, 해당 방법은 분포 함수가 구간 [0, 1] 사이로 정의된다는 사실을 활용한다.

$F_V(x)$를 V의 분포 함수라고 하자. 균등 난수 $g \sim U(0, 1)$을 역함수 $F_V^{-1}(g)$에 투입해서, 분포 V를 띠는 난수를 얻을 수 있다.

변환 과정을 적용하는 데 요구되는 필수조건은 역함수의 형태가 존재하거나 적어도 역함수의 근삿값이 있어야 한다는 것이다. 역함수의 값이 근사된 경우라면 난수의 질은 얼마나 정확하게 근사됐는지에 따라 결정된다.

X를 분포 함수 F(x)를 띠는 연속 임의 변수라고 하자. 분포 함수 F의 p 분위수를 고려한다면, 역함수 $F^{-1}(p)$는 분포 함수 F(x)가 p와 같거나 큰 조건에서 x의 최솟값이 된다. 즉, $F^{-1}(p) = \min\{x \mid F(x) \geq p\}$이다.

U를 구간 [0, 1]에서 균등하게 분포된 임의의 변수라고 하자. 균등 분포 임의 변수 U를 역함수에 투입한 $F^{-1}(U)$를 X라고 정의하고, X는 분포 함수 F(x)를 띠는 원하는 분포를 갖게 된다. 이 책에서 이 이론을 증명하지는 않지만, 모든 수리통계학 고전서에서는 해당 증명을 다루고 있으므로 한 권을 선택해 읽어보기를 추천한다.

연습을 위해 아주 단순한 이산 분포인 베르누이^{Bernoulli} 분포로 시작해보자. 균등 분포를 따르는 난수를 파라미터 π로 형태가 결정되는 베르누이 분포($X \sim B(\pi)$)로 전환하는 것은 간단하다. R을 사용해 $\pi = 0.2$일 때 다음과 같은 결과가 나온다.

```
u <- runif(100, 0, 1)
ifelse(u <= 0.2, 0, 1)
##   [1] 1 0 0 0 1 1 1 1 1 1 1 1 1 1 1 1 1 1 1 1 1 1 1 1 1 1 1 1 1 1 1 1 0 1 1 1
1 1 1 1
##  [36] 0 1 1 1 1 1 0 0 1 1 1 1 1 1 0 1 1 0 1 1 1 1 1 1 0 0 0 1
0 1 1 0 0
##  [71] 1 1 1 0 1 1 0 1 1 1 1 1 1 1 1 1 1 1 0 1 1 1 0 1 1 1 1 1 1 1
```

생성된 난수를 어떻게 그래픽으로 보여줄 것인가를 생각해보자. 다음 그림에서 0.554의 값을 갖는 난수는 균등 분포 U(0, 1)에서 추출됐다. 기준인 0.2보다 크기 때문에 1로 예측된다.

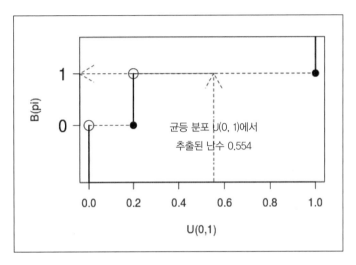

그림 4.6 균등 분포 U(0, 1)에서 베르누이 분포 B(π = 0.2)로 전환되어, 0.2보다 작은 균등 난수의 경우 역함수 $F^{-1}(U)$는 0이 되고 0.2보다 크면 1이 된다.

다음 예는 연속 분포인 지수 분포의 생성을 보여준다.

지수 분포는 $\lambda > 0$인 $F(x) = 1 - e^{-\lambda x}$으로 나타나고, 역함수 $F^{-1}(u)$는 다음과 같이 결정된다.

$$u = 1 - e^{-\lambda x} \Leftrightarrow e^{-\lambda x} = 1 - u \Leftrightarrow -\lambda x = \log(1 - u) \Leftrightarrow x = -\frac{1}{\lambda}\log(1 - u)$$

$U \sim U(0, 1) \Leftrightarrow 1 - U \sim U(0, 1)$이므로 분포 F(X)에서 $X = -\frac{1}{\lambda}\log(U)$가 성립된다.

그래픽으로 나타내면 다음 화면과 같다.

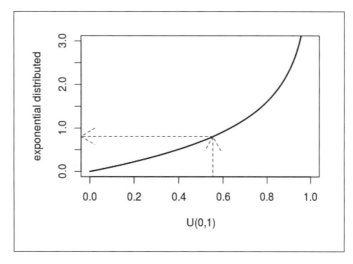

그림 4.7 균등 분포에서 지수 분포로의 난수 전환

그림 4.7에서 보면 지수 분포된 값들이 대부분 작기 때문에 빈도를 보여주는 지수 분포는 오른쪽으로 기울어진^{right-skewed} 형태로 나타날 것이다. 이전 예에서 사용했듯이 0.554의 경우, 지수 함수를 이용한 예측값은 약 0.807에 해당된다.

R로 다시 돌아가 보자. 역함수 변환과 함수 `runif()`로 역지수함수를 이용해서 지수로 분포된 난수를 시뮬레이션할 수 있다. 그림 4.8은 역함수 변환 방식을 사용해 파라미터 λ 값에 따라 변하는 시뮬레이션된 지수 분포를 보여준다.

```
library("MASS")
invExp <- function(n, lambda = 1) {
  u <- runif(n)
  x <- -(1/lambda) * log(u)
  return(x)
}
```

```
lambda <- c(0.5, 1, 2, 5)
par(mar = c(3,3,3,0), mfrow = c(2, 2))
for (l in lambda) {
  sample <- invExp(10000, l)
  truehist(sample, nbins = 20, col = "limegreen",
           main = paste("lambda =", l), xlab = "")
  curve(dexp(x, l), from = 1e-10, add = TRUE)
}
```

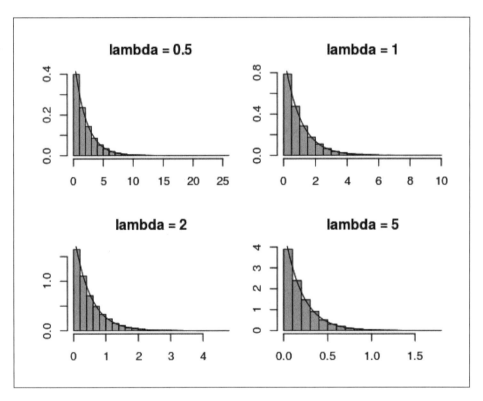

그림 4.8 역함수 변환 방법을 이용한 지수 분포를 따르는 난수 시뮬레이션

역분포 함수가 알려져 있는 경우에는 역함수 변환 방법을 매우 쉽게 적용할 수 있음을 알 수 있다. 그러나 $F^{-1}(u)$는 분석적으로 계산하기가 어렵거나 때로는 불가능할 수도 있다. 정규 분포의 역함수는 정확하게 알려져 있지 않아서 근삿값을 사용해야 하며, 근사법은 다차항 모델에 맞춰서 실행된다. 베타 분포 등 여러 다른 분포의 경우, 추후에 설명할 기각법rejection method 같은 다양한 방법들이 사용된다.

에일리어스 방법 또는 대체법

에일리어스 방법alias method을 사용하면 범주형 변수를 시뮬레이션할 수 있다.

아마도 여러분은 R에서 주어진 확률로 이산형 난수를 시뮬레이션하기 위해 함수 sample 을 사용할지도 모르겠다. 다음은 sample()을 사용한 예다.

```
sample(1:3, 10, replace = TRUE, prob = c(3/7,1/7,3/7))
## [1] 3 3 1 3 1 3 1 3 3 3
```

하지만 중요한 sample() 함수 뒤에 숨어 있는 알고리즘은 어떻게 작동하는가?

기본적으로는 $1 \leq i \leq n$이면서 특정 확률 함수 $P(X = x_i) = p_i$로 이산형(단변량) 난수를 시뮬레이션하는 데 에일리어스 방법(Walker, 1977)을 사용할 수 있다.

에일리어스 방법의 기본 규칙은 n은 각기 다른 카테고리의 개수로 높이가 $1/n$이며 폭이 n인 직사각형으로부터 난수를 추출한다는 점이다.

확률이 각각 3/7, 1/3, 3/7이었던 1부터 3까지에서 나온 이산값discrete value을 시뮬레이션했던 이전 예제를 그림 4.9의 왼쪽 그림처럼 시각화해보자. 이렇게 생성된 막대 차트를 직사각형으로 재정렬하는 데 소위 셋업setup 방법이 사용되는데, 좋은 소식은 이 방식은 언제나 가능하다는 것이다.

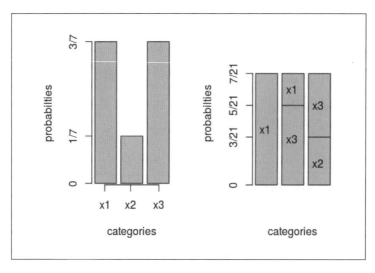

그림 4.9 왼쪽은 3개의 카테고리 확률이며, 오른쪽은 직사각형 형태로 전환된 상태

이번 예에서는 3개의 확률이 직사각형 형태로 재배열됐다.

그림 4.9의 오른쪽에서 보여주는 직사각형은 x축 방향으로 두 카테고리가 두 번씩 나타난다. 예컨대 두 번째 바에서는 x_1과 x_3이 같이 쌓여 있는데, 해당 영역의 대체 값은 x_3에 해당되며 에일리어스 값$^{alias\ value}$이라고 한다.

다음 표에서는 해당되는 에일리어스 값$_{(ri)}$을 보여준다.

i	xi	pi	ai	ri
1	x1	3/7	x1	1
2	x3	3/7	x1	5/7
3	x2	1/7	x3	3/7

난수를 생성하기 위해 다음과 같은 알고리즘이 사용될 것이다.

- 균등 분포 U ~ U(0, 1)에서 독립적으로 추출된 2개의 난수 u_1과 u_2를 시뮬레이션한다.

- $z = \lceil nu_1 \rceil$로 설정한다.
- u_2가 에일리어스 값보다 적은 경우($u_2 \leq r_z$) x_z를 반환하고, 그렇지 않으면 a_z를 반환한다.

다시 예제로 돌아가자. 먼저 $U(0, 1)$로부터 난수를 추출하고, 추출된 수가 0.1이라고 상상해보자. $Z = \lceil 3 \cdot 0.1 \rceil = 1$로 계산되고, 1은 첫 번째 빈bin을 의미하므로 x_1을 선택한다. $U(1, 0)$에서 추출된 다음 수를 0.5라고 가정하면, $z = 2$가 된다. 그리고 나서 $U(0, 1)$ 분포에서 또 다른 난수 u_2를 추출하고, 추출된 난수가 0.2라고 하자. u_2인 0.2는 u_1에서 구한 $z = 2$인 에일리어스 값 r_2인 5/7보다 작기($u_2 \leq r_i$) 때문에 x_2 값을 선택한다.

에일리어스 방법이 매우 간단한 예제를 통해 소개됐지만, 여러 개의 범주를 가진 이산 형태의 값들을 시뮬레이션하는 데 에일리어스 방법을 적용하는 것은 좋은 선택이다.

로그 선형 모델을 이용한 테이블상의 빈도수 추정

만약 테이블의 셀값들이 서로 독립적이거나 오차는 있긴 하지만 셀의 기댓값이 필요하다면 고급 독립성 테스트를 위해 테이블에 있는 값들을 시뮬레이션해야 한다.

독립성 테스트의 현실적인 예에 주목해보자. 우량계에 특정 시즌 24시간 동안 측정된 강우량 데이터가 담긴 다음과 같은 테이블을 사용한다.

	Spring	Summer	Autumn	Winter	Sum
30	275	302	357	198	1132
60	56	20	43	37	156
125	52	29	53	44	178
250	65	17	52	69	203
500	37	15	54	58	164
1000	23	5	50	42	120
Sum	508	388	609	448	1953

독립성 검증을 위한 피어슨 χ^2 테스트를 위해 셀의 가장자리 값들을 곱하고 테이블의 전체 빈도수로 나누어 기대 셀값을 추정한다. 첫 번째 셀의 경우, 기댓값은 $\dfrac{1132 \cdot 508}{1953} =$ 294.45가 된다.

그러나 셀 기댓값은 로그 선형 모델로도 추정할 수 있다. 이 방식은 독립성 테스트뿐만 아니라 통계적 노출 제어statistical disclosure control 연구 분야에서 빈도수를 추정하는 데 유용하지만, 추정되는 빈도수가 적은 경우 프라이버시를 침해할 소지가 있다.

빈도인 셀의 기댓값을 추정하기 위해 로그 선형 모델을 사용할 때, 횟수의 분포 모양을 가정하는 것은 중요하다. 각 셀에 나타나는 빈도의 분포 형태를 푸아송Poisson 분포라고 가정하면 일반적으로 합리적이라 볼 수 있다.

핵심은 특정 셀의 발생 확률이며, 회귀 모델에서 로짓logit 링크 함수로 셀의 발생 확률을 모델링할 수 있다.

$$\text{logit}\,p = \log o = \log \frac{p}{1-p} = \beta_0 + \beta_1 x_1 + \beta_2 x_2 + \cdots + \beta_k x_k$$

셀들의 개수는 k가 되고, o는 오즈비odds를 나타낸다.

위의 식을 변형해 다음을 도출한다.

$$e^{\text{logit}\,p} = o = \frac{p}{1-p} = e^{\beta_0 + \beta_1 x_1 + \beta_2 x_2 + \cdots + \beta_k x_k} = e^{\beta_0} e^{\beta_1 x_1} e^{\beta_2 x_2} \ldots e^{\beta_k x_k}$$

로짓 함수의 역함수는 로지스틱logistic 함수다. $\text{logit}(\pi) = z$라면, $\pi = \dfrac{e^z}{1+e^z}$이다.

강우량 정보를 보여주는 2차원 테이블을 사용해 예제에 대해 다소 긴 R 코드를 다음과 같이 투입해보자.

```
x <- data.frame("spring" = c(275,56,52,65,37,23),
                "summer" = c(302,20,29,17,15,5),
                "autumn" = c(375,43,53,52,54,50),
                "winter" = c(198,37,44,69,58,42))
```

다음 각각의 셀값을 로그 선형 모델로 추정한다.

```
xx <- expand.grid(rownames(x), colnames(x)) # 모든 조합
x1 <- xx[,1]
x2 <- xx[,2]
y <- as.vector(t(prop.table(x))) # 셀(cell) 확률
form <- y ~ x1:x2  # 모델
mod <- glm(form, family="poisson") # 추정
pred <- (predict(mod))   # 예측
pred <- exp(pred)/(1+exp(pred))   # 로지스틱 함수로 계산
round(matrix(pred, ncol=4, byrow=TRUE) * sum(x)) # 테이블
##       [,1] [,2] [,3] [,4]
## [1,]  241  262  302  180
## [2,]   54   20   42   36
## [3,]   51   29   52   43
## [4,]   63   17   51   67
## [5,]   36   15   53   56
## [6,]   23    5   49   41
```

여기서 나온 기댓값들은 이제 독립성 테스트 (π) = z에 투입할 수 있다.

기각 샘플링

정규 분포의 역함수를 모를 때 정규 분포에서 나온 난수를 어떻게 시뮬레이션할 것인가? 정규 분포가 아닌 베타 분포에서 나온 난수를 어떻게 시뮬레이션할 것인가? 밀도 함수가 알려져 있는 분포에서 나온 난수를 어떻게 시뮬레이션할 것인가?

질문들에 대해 답을 하자면, 거의 모든 형태의 분산에서 나온 난수를 시뮬레이션하기 위한 직관적이면서도 간단하고 강력한 방법인 기각 샘플링rejection sampling을 사용하는 것이라고 말할 수 있다. 기각 샘플링은 역함수 변환에서 적용됐던 분포 함수보다는 분포 밀도에 기반한다. 해당 방법의 기본 내용은 시뮬레이션하기 쉬운 분포에서 난수를 추출해서 특정

수락 조건을 기준으로 해당 수를 받아들이거나 기각하는 방식이다.

밀도 함수 f(x)를 갖는 난수를 생성했고 g(x) = ah(x) ≥ f(x)인 조건을 만족시키는 밀도 함수(제안 밀도^{proposal density}) h(x)가 존재한다면, 다음 알고리즘은 밀도 함수 f(x)를 갖는 난수를 시뮬레이션한다.

1. 독립적인 임의의 변수 $z_i \sim h$와 $u_i \sim U(0, 1)$을 생성한다.

2. $ui \le \dfrac{f(z_i)}{g(z_i)} = \alpha(z_i)$라면 $x_i = z_i$를 수락하고 적용한다.

3. 그렇지 않으면 다시 1단계로 돌아간다.

위와 같은 일반 개념은 정규 분포로 추출된 값을 시뮬레이션함으로써 실행 중에 나타난다.

정규 분포에서 나온 난수 시뮬레이션

기각 샘플링의 첫 번째 예제로 기각 샘플링을 이용해 정규 분포로부터 나온 난수를 시뮬레이션한다.

쉽게 시뮬레이션할 수 있는 제안 분포^{proposal distribution}[1]로 코시^{Cauchy} 확률 분포를 취한다. 코시 확률 분포 함수의 역함수는 근사하지 않고도 분석적으로 나타낼 수 있다.

N(0, 1) 정규 분포에서 나온 난수를 시뮬레이션하려고 한다. 표준 정규 분포의 확률 밀도 함수는 $f(x) = \dfrac{1}{\sqrt{2\pi}} e^{-\frac{1}{2}x^2}$이며, 코시 분포의 확률 밀도 함수는 $h(x) = \dfrac{1}{\pi} \cdot \dfrac{1}{1+x^2}$이 된다.

f(x)보다 제안 분포를 크게 하는 a의 값을 다음과 같이 구할 수 있다.

$$a = \sup_{x \in \mathbb{R}} \frac{f(x)}{h(x)} = \sqrt{\frac{2\pi}{e}} \approx 1.52$$

---

1 제안 분포: 샘플링이 어려운 분포에 대해 샘플을 효율적으로 생성하는 데 기준이 되는 이론적 분포 – 옮긴이

표준 정규 분포 밀도와 코시 분포 밀도의 비율로 계산되는 수용 확률은 다음과 같다.

$$\alpha(z) = \frac{f(z)}{a \cdot h(z)} = \frac{\frac{1}{\sqrt{2\pi}}e^{-\frac{1}{2}z^2}}{\sqrt{\frac{2\pi}{e}}\frac{1}{\pi}\frac{1}{1+z^2}} = \frac{\sqrt{e}}{2}(1+z^2)e^{-\frac{1}{2}z^2}$$

그래픽으로 나타내도록 코시 분포와 정규 분포의 이론값들을 다음과 같이 계산한다.

```
x <- seq(-5, 5, length = 200)
dc <- dcauchy(x, location = 0, scale = 1)
dn <- dnorm(x, mean = 0, sd = 1)
```

추정된 밀도를 플로팅해서 두 분포의 밀도를 비교하는 것은 다음의 코딩으로 실행되고, 결과는 그림 4.10에서 나타난다.

```
par(mfrow=c(1,2))
plot(x, dn, type="l")
lines(x, dc, col="blue", lty=2)
legend("topright", col=c("black", "blue"), lty=c(1,2), legend =
c("normal", "Cauchy"), cex=0.5)
plot(x, dn/dc, type="l")
```

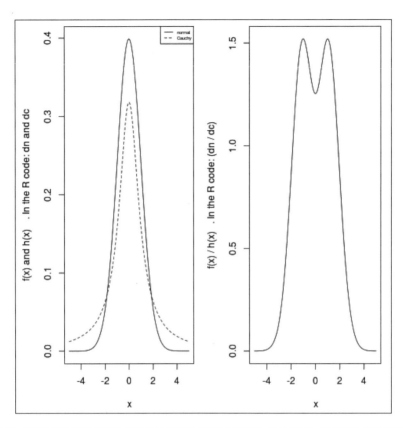

그림 4.10 왼쪽은 표준 정규 분포와 표준 코시 분포의 밀도를 보여준다. 코시 분포는 더 넓지만 정규 분포를 완전히 커버하지 못한다. 오른쪽은 코시 분포 밀도 대비 정규 분포 밀도의 비율을 보여준다. 가장 높은 비율은 1 주변에 있다.

앞에서 공식으로 구한 파라미터 a의 최적값을 결정해보자. 최적값은 어떠한 x의 경우라도 $a \cdot h(x)$가 정규 분포 밀도 f(x)를 완전히 커버하는 데 필요한 최솟값이다.

```
foo <- function(x) dnorm(x)/dcauchy(x)
opt <- optimize(foo, c(0, 4), maximum=TRUE)
a <- opt$objective
a
## [1] 1.520347
ah <- a * dc
```

어떤 x와 h(x)라 하더라도 정규 분포 밀도뿐만 아니라 코시 분포 밀도도 a · h(x) 아래에 있는 것으로 확인된다. 그림 4.11을 참조하자.

```
plot(x, dn, type="l", ylim=c(0,0.5), lwd=2)
lines(x, dc, col="blue", lty=2)
lines(x, ah, col="blue", lty=2, lwd=2)
legend("topright", col=c("black", "blue", "blue"), lty=c(1,2,2),
lwd=c(1,1,2), legend = c("normal", "Cauchy", "a * Cauchy"), cex=0.5)
```

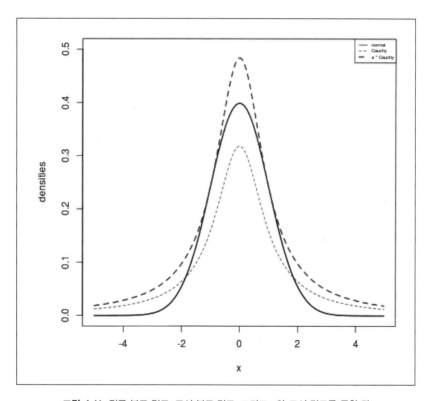

그림 4.11 정규 분포 밀도, 코시 분포 밀도, 그리고 a와 코시 밀도를 곱한 값

a · h(x)와 정규 분포 밀도의 차이는 다음과 같이 그릴 수 있다.

```
plot(x, dn, type="l", ylim=c(0,0.5), lwd=2)
polygon(x, dn, col="gray")
polygon(c(x, rev(x)), c(dn, rev(ah)), col="blue")
```

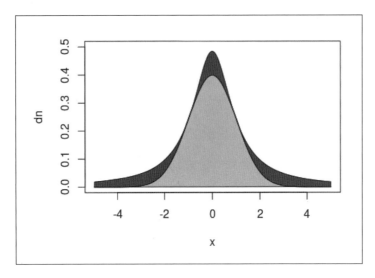

그림 4.12 a · h(x)와 정규 분포 밀도의 차이

기각 샘플링과 수용 확률을 다음과 같이 function으로 코딩한다.

```
alpha <- function(x){
    dnorm(x)/(1.520347 * dcauchy(x))
}


rejectionNorm <- function(n) {
    x <- rcauchy(10000,0,1)
```

```
    u <- runif(10000)
    return(na.omit(ifelse(u <= alpha(x), x, NA)))
}
```

이제 기각 샘플링을 사용해 정규 분포에서 나온 난수를 시뮬레이션할 수 있게 됐다. 히스
토그램으로 데이터에서 나온 해당 실증 분포를 보여주며, 또한 이론적 밀도 곡선을 그림
4.13에 더해준다.

```
set.seed(123)
x <- rejectionNorm(10000)
hist(x, prob=TRUE)
curve(dnorm(x), lty = 1, lwd = 2, add = TRUE)
```

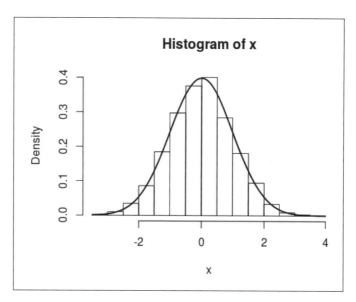

그림 4.13 기각 샘플링을 이용해 구한 표준 정규 분포로부터 나온 시뮬레이션 값들의 히스토그램. 히스토그램상
의 곡선은 이론적 밀도를 보여준다.

베타 분포에서 나온 난수 시뮬레이션

앞에서는 정규 분포에서 나온 값들을 시뮬레이션하는 데 기각법을 어떻게 사용하는지 소개했다. 좀 더 나아가 기각법이 다른 형태의 분포에서 어떻게 작동하는가라는 질문이 가능하며, 그 답은 간단하다. 이전과 동일하다. 두 가지 이슈가 충족되는 제안 분포를 사용할 것이다.

- 수용 확률이 높아야 한다. 낮은 수락률에서 상당히 좋은 결과들이 종종 나올 수 있기 때문이다. 이전 절에서만큼은 이번 이슈가 심각한 문제는 아니며, 제안 분포에서 나온 난수를 시뮬레이션하는 데 많은 시간이 걸리지 않는다는 점도 알아두자.
- 제안 분포 밀도에 a를 곱한 값이 밀도 함수 f(x)의 전체 범위를 커버해야 한다.

베타 분포 Beta(2, 2)를 따르는 변수 Z는 [0, 1] 구간에서 $f(z) = 6z(1 - z)$ 밀도를 갖는 임의 변수라고 가정하자.

다음 그림에서 보여주듯이, 제안 밀도로서 균등 분포 U(0, 1)을 (항상) 사용할 수 있다.

```
curve(dbeta(x, shape1 = 2, shape2 = 2), from = 0, to = 1,
  xlab = "", ylab = "", main = "")
## a * h(x):
abline(h = 1.5, lty = 2)
```

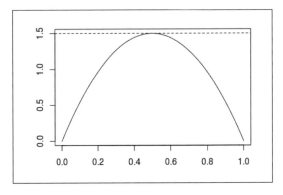

그림 4.14 베타 분포 Beta(2, 2)의 밀도 함수인 f(x)는 실선으로 표시되어 있고, a · h(x)는 균등 분포에 a를 곱했으며 점선으로 표시했다.

베타 분포 Beta(2, 2)에서 나온 Z 변수가 밀도 f(x) 형태로 분포되고 U는 구간 [0, 1]에서 밀도 h(x) 형태로 균등하게 분포된다면 $f(z) = 6z(1 - z) \leq \frac{3}{2}h(z) = \frac{3}{2} =: g(z)$이다. 따라서 수용 확률은 $\alpha(z) = f(z)/g(z) = 6z(1 - z)\frac{2}{3} = 4z(1 - z)$로 계산된다.

```
rsBeta <- function(n) {
  z <- runif(n)
  u <- runif(n)
  ind <- (u <= 4 * z * (1 - z))
  return(z[ind])
}
set.seed(123)
sample1 <- rsBeta(10000)
acceptS <- length(sample1) / 10000
acceptS
## [1] 0.6716
```

해당 결과를 플로팅하도록 함수를 정의한다.

```
library(MASS)
plot1 <- function(s, shape1=2, shape2=2){
  truehist(s, h = 0.1, xlim = c(0, 1), #ylim = c(0,2),
           col="white", main = "", xlab = "")
  curve(dbeta(x, shape1 = shape1, shape2 = shape2),
        from = 0, to = 1, add = TRUE)
  d <- density(s, from = 0, to = 1, adjust = 2,
               kernel = "gaussian")
  lines(d$x, d$y, lty = 2)
  legend("topright",
         legend = c("true density", "density of simulated values"),
         col = c(1, 1), lty = c(1, 2), cex = 0.6)
}
```

이 코드는 그림 4.15의 결과를 보여준다. 기각 샘플링 방식을 사용해 베타 분포 Beta(2, 2)의 난수들을 시뮬레이션한 결과다.

```
plot1(sample1) ## 아래에서 보여주듯이 히스토그램과 곡선 생성
```

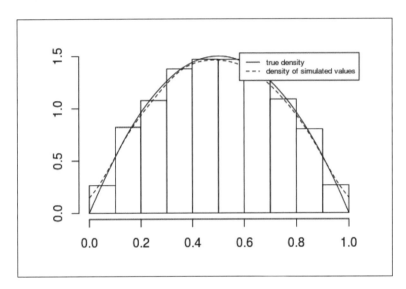

그림 4.15 기각 샘플링을 사용해 베타 분포 Beta(2, 2)의 시뮬레이션된 값으로 만든 히스토그램

앞의 예에서 수락률이 그다지 나쁘지 않다는 사실을 알 수 있으며, 심지어는 가장 간단한 제안 분포를 취했는데도 말이다.

특정 분포상의 임의 구간에서 구한 난수를 시뮬레이션해서 앞의 예를 확장할 수 있다. 이러한 목적을 위해 상한선 a를 계산할 필요가 있다. 베타 분포의 파라미터인 $\alpha = 2.5$ 그리고 $\beta = 6.5$인 경우, 다음 코딩은 해당 목적에 맞게 실행된다.

```
rsBeta2 <- function(n, shape1=2.5, shape2=6.5){
    a <- optimize(f=function(x){dbeta(x,shape1,shape2)},
            interval=c(0,1), maximum=TRUE)$objective
    z <- runif(n)
    u <- runif(n, max=a)
    ind <- (u <= dbeta(z,shape1,shape2))
    return(z[ind])
}
sample2 <- rsBeta2(10000)
```

절단 분포

역분포 함수가 알려져 있거나 역분포 함수를 근사할 수 있는 경우로 다시 돌아가자.

[a, b] 구간 내에서 난수를 생성하도록 기각법을 사용하면 해당 구간 밖에 있는 모든 숫자는 버리게 된다. 하지만 이 방식은 수락되거나 기각돼야 하는 값의 전체 범위에 비해 난수를 생성하는 구간이 적다면 매우 비효율적이다. 따라서 기각값들을 피하면서 구간에 있는 값만을 어떻게 시뮬레이션할 것인가라는 고민에 빠질 수밖에 없다.

기각법보다 더 빠른 방법은 역함수 변환 방법이다. X는 누적 확률 분포 F를 따르고, Y는 구간 [a, b]에 제한된 분포라고 하자. 이 조건에서 Y의 분포 함수 G는 다음과 같다.

$$G(y) = \begin{cases} 0, & y < a \\ \dfrac{F(y) - F(a)}{F(b) - F(a)}, & a \leq y < b \\ 1, & y \geq b \end{cases}$$

따라서 $y = F^{-1}(F(a) + U(F(b) - F(a)))$는 분포 함수 G(y)를 따르는 난수다.

한 가지 예로서 코시 분포를 살펴보자. 구간 [4, 5]에 있는 값들만을 취하려고 한다. 기각법으로 해당 값들의 비율만큼 기각하고, 구간 내에 있는 10개의 값을 시뮬레이션하도록 다음과 같이 코딩한다.

```
# 기각 확률
(1- (pcauchy(5) - pcauchy(4))) * 100
## [1] 98.48538
v <- rcauchy(1000)
v <- v[v >= 4 & v <= 5]
v
##  [1] 4.598988 4.117381 4.902618 4.933402 4.453769 4.630756 4.693866
##  [8] 4.785372 4.768864 4.274614 4.471191 4.340737 4.641484 4.059680
## [15] 4.639054 4.135258
v[1:10]
##  [1] 4.598988 4.117381 4.902618 4.933402 4.453769 4.630756 4.693866
##  [8] 4.785372 4.768864 4.274614
```

역함수 변환 방법을 이용해 다음과 같은 결과를 얻는다.

```
Fa <- pcauchy(4)
Fb <- pcauchy(5)
u <- runif(10, min = 0, max = Fb - Fa)
qcauchy(Fa + u)
##  [1] 4.575576 4.607166 4.717217 4.151208 4.672747 4.582442 4.914843
##  [8] 4.774956 4.962344 4.038282
```

이 방식은 특히 대규모의 시뮬레이션을 실행할 때 계산 시간이 상당히 절약된다.

메트로폴리스-헤이스팅스 알고리즘

앞서 논의한 거의 모든 방법은 분포 함수의 역함수가 알려져 있거나 수치적 결합으로 결정되는 경우 역함수 변환 방식이나 기각 샘플링과 함께 작동된다. 이러한 방법들은 독립적이며 동일하게 분포$^{i.i.d.}$된 난수가 시뮬레이션됐다는 공통점이 있다.

앞에서 논의한 방법들과 마찬가지로 이번 방법의 주요 목표는 이론적 분포로부터 나온 무작위 수들을 시뮬레이션하는 것이다. **마르코프 체인 몬테카를로**MCMC, Markov Chain Monte Carlo 방법을 사용하면 독립적이며 연속된 확률 분포i.i.d.를 띠는 난수를 시뮬레이션할 수는 없지만, 마르코프 체인의 성격을 가진 상관성 높은 변수에 대해 시뮬레이션이 가능해진다. 실제로 i.i.d. 가정 위배는 어려운 문제를 해결하기 위해 종종 고려돼야 한다. 다음은 마르코프 체인 몬테카를로MCMC 샘플링에서 가장 일반적인 방식인 메트로폴리스-헤이스팅스Metropolis-Hastings 알고리즘에 대해 자세히 논의한다.

마르코프 체인에 관한 몇 가지 사실

마르코프 체인의 기본 표기법과 이론은 메트로폴리스-헤이스팅스와 다음 절에서 다룰 깁스Gibbs 샘플링을 이해하는 데 도움이 된다.

마르코프 체인 $\{X^{(t)}\}$는 의존성을 띠는 임의 변수들 $X^{(0)}$, $X^{(1)}$, $X^{(2)}$, ..., $X^{(t)}$의 수열이고, $X^{(0)}$, ..., $X^{(t-1)}$라는 조건이 주어진 상태에서 $\{X^{(t)}\}$의 확률 분포는 한 시점 이전 상태 $X^{(t-1)}$에만 달려 있다. 이러한 조건부 확률을 전이 커널transition kernel 또는 마르코프 커널Markov Kernel이라 부르며, 다음과 같이 표시된다.

$$K: X^{(t+1)} \mid X^{(0)}, X^{(1)}, ..., X^{(t)} \sim K(X^{(t)}, X^{(t+1)})$$

하나의 예로, 간단한 랜덤 워크 마르코프 체인의 경우 다음 관계식이 적용된다.

$X^{(t+1)} = X^{(t)} + \epsilon_t$이며, 오류 항은 $X^{(t)}$로부터 독립이다.

```
## 간단한 랜덤 워크 마르코프 체인:
n <- 10; set.seed(123)
x <- numeric(n)
for(i in 2:n){
  x[i] <- x[i-1] + rnorm(1)
}
x
## [1]  0.0000000 -0.1488433 -0.2237392 0.4429488 0.3460754
2.4281334
## [7]  2.2873937  3.4153892  2.2176013 3.1395324
```

마르코프 커널 $K(X^{(t)}, X^{(t+1)})$은 여기서 정규 분포 $N(X^{(t)}, 1)$ 밀도에 해당하므로 다음 코드는 이전 코드들과 동일한 결과를 제시한다.

```
set.seed(123)
x <- numeric(n)
for(i in 2:n){
  x[i] <- rnorm(1, mean = x[i-1])
}
x
##  [1]  0.0000000 -0.1488433 -0.2237392  0.4429488  0.3460754
2.4281334
##  [7]  2.2873937  3.4153892  2.2176013  3.1395324
```

마르코프 커널을 공식화할 수 있다. 앞의 예제에서 마르코프 커널로 나타난 형태는 정의된 마르코프 체인과 동등하다는 사실을 알 수 있다. 또한 다음 상태(값)는 이전 상태(값)에만 의존함이 관찰된다.

만약 $X^{(t)} \sim f$이면 $X^{(t+1)} \sim f$라는 조건을 갖는 확률 함수가 존재할 때 정상(안정)적인stationary 확률 과정이 확보된다.

정상 과정stationary process이 존재한다는 차원에서 관측 기간이 길기만 하다면 초깃값으로부터 독립적인 정상 분포에서 나온 샘플이 생성된다. 추후에 발생하는 정상 분포 생성 전의 초기 과정을 번인burn-in 단계라고 부르며, 몬테카를로 마르코프 체인이 정상 분포에서 나온 값을 생성하는 데 필요한 시간을 의미하기 때문에 번인 단계에 속하는 초깃값들은 제거돼야 한다. 번인 단계에 대한 자세한 내용은 추후에 다시 다룬다.

또한 각각의 위치region는 정의된 위치에 주어진 양의 확률로 도달할 수 있다. 그리고 무한대의 가상 마르코프 체인으로 어떠한 지점이라도 다시 도달할 수 있다. 이번 장의 첫 번째 절에 나온 진성 난수 예제와 술집에서 집으로 돌아가는 술주정뱅이의 예를 비교해보자. 술주정뱅이는 높은 확률로 술집으로 되돌아가게 될 것이다.

추가로 t 시점 X 변수인 $X^{(t)}$의 제한 분포$^{\text{limit distribution}}$는 에르고딕^{ergodicity} 함수[2]다. 이 분포의 속성은 광범위한 영향을 끼친다. K는 정상 분포$^{\text{stationary distribution}}$를 따르는 에르고딕 마르코프 체인을 생성하는 마르코프 체인이라고 하자. 그렇게 하면 통합 함수 h는 다음과 같이 평균을 취하게 된다.

$$\frac{1}{T}\sum_{t=1}^{T} h\left(X^{(t)}\right) \to \mathbb{E}_f[h(X)]$$

위의 공식이 갖는 의미로서 에르고딕[3] 정리에 따라 대수의 법칙과 MCMC 방법이 모두 적용된다. 하나의 체인은 기댓값 $\mathbb{E}_f[h(X)]$으로 수렴하지 못할 수도 있지만, 마르코프 체인을 생성하는 작업을 독립적으로 반복하면 대수의 법칙이 작동된다는 뜻이다. 이는 표준 이론과 동등하다.

지금부터 MCMC 방법의 수렴 이론을 계속해서 논의하지는 않겠지만, 체인이 반복적으로 발생하는 한 MCMC가 수렴한다는 기존 논문에서 나온 결과들을 활용한다. 이 부분에 관해 추후에 다룰 질문은 얼마나 빨리 MCMC가 수렴할 것인가다. 즉, MCMC는 수렴하는 데 종종 오랜 시간이 소요되기 때문에 수렴 속도를 평가할 필요가 있다.

기각 샘플링의 경우와 마찬가지로, MCMC 방법의 목적은 목표 밀도 f에서 나온 샘플을 생성하는 방법을 찾는 것이다. 그러나 앞서 언급했듯이, MCMC 방법에는 약점이 있다. 다음 번의 시뮬레이션 값이 그 전 값에 영향을 받기 때문에 독립적이며 분산이 동일하게 분포$^{\text{i.i.d.}}$ 됐다는 가정에 위배된다는 사실이다. 즉, 샘플링된 데이터들 사이에 상관성이 존재한다. 또한 오랜 시간 동안 시뮬레이션된 값은 원하는 분포를 따르지 않는다. 즉, 초기 샘플들은 매우 다른 분포를 따를 수 있다. 알고리즘 시작점이 저밀도 구간에 있다면 특히 문제가 된다. 따라서 초기 샘플 수 1000개 정도를 버리는 번인$^{\text{burn-in}}$ 기간이 반드시 필요하다.

---

2 정상 과정이 충분히 긴 경우 시간적 평균과 통계적 평균이 동일해지는 함수. 상태가 반복되며 비주기성을 띠는 상태가 에르고딕 상태이기 때문이다. - 옮긴이

3 에르고딕 이론: 충분한 시간이 경과하면 통계적 시간 평균은 공간 평균과 동일하다는 주장(참조: https://en.wikipedia.org/wiki/Ergodic_theory) - 옮긴이

그러면 왜 우리는 메트로폴리스-헤이스팅스ᴹᴴ 같은 방법을 사용해야 하는가?

대부분의 간단한 기각 샘플링 방법은 차원의 수가 증가하면서 기각 확률이 기하급수적으로 증가하는 '차원의 저주'를 겪기 때문이다. 메트로폴리스-헤이스팅스ᴹᴴ 방법과 기타 MCMC 방법은 어느 정도 이 문제에서 자유롭기 때문에, 충분히 사용할 수 있는 해결책으로 여겨진다. 결과적으로 MCMC 방법은 고차원 통계 모델용 샘플을 생성할 수 있는 몇 안되는 방법이며, 게다가 메트로폴리스-헤이스팅스ᴹᴴ 알고리즘은 알고리즘을 세우기 힘든 조건에서도 작동된다.

시뮬레이션된 난수로 구성된 수열을 나눔으로써thinning 자기상관성을 줄일 수 있다는 점을 알아두자. 번인 단계가 끝나면 가령 매번 10번째로 시뮬레이션된 값 또는 비슷한 값으로 나눈다는 뜻이며, 매우 많은 수의 샘플이 필요하다는 의미이기도 하다.

기본 MH 알고리즘은 메트로폴리스와 그의 동료들이 1953년에 소개했고, 앞에서 설명한 버전은 1970년 헤이스팅스가 일반화한 알고리즘에 기반한다.

헤이스팅스의 알고리즘은 일반적으로 다음과 같이 설명된다.

- 현재 상태 X_t에서 다음 상태를 생성하는 방법을 구체화한다.
- 제안 분포에서 생성된 후보 지점 Y가 있다.
- 후보 지점이 수락되면 -->로 표시된 체인은 한 시점 이후(t + 1)의 상태 Y로 이동한다.
- 후보 지점이 수락되지 않으면 체인은 현 상태로 유지된다.
- 요구되는 조건은 다음과 같다.
  - 상태 이동 가능성irreducibility: 현재 상태에서 다른 상태로 이동할 가능성이 0이 아님
  - 반복 발생: 다시 돌아올 때까지 예상되는 시간이 유한함
  - 반복의 비주기성

정상 분포 f를 갖는 마르코프 커널 K를 통해 t = 0, 1, ...인 마르코프 체인 $\{X^{(t)}\}$가 생성되어 $\{X^{(t)}\}$의 제한 분포는 정상 분포 f와 동일해진다. 어려운 점은 커널 K를 찾아내는 것이다.

실무적으로 시뮬레이션하기 쉬운 조건부 확률 밀도 q(y|x)와 관련된 밀도를 f라고 하자. 조건부 확률 밀도 q로부터 비율 $f(Y)/q(Y|X)$는 알려져 있으며 q(.|X)는 f를 커버하기에 충분히 큰 변동성을 갖는다는 점을 숙지하고 있어야 한다.

각각의 조건부 밀도 q의 경우 정상 분포 f를 띠는 메트로폴리스-헤이스팅스[MH] 커널이 생성될 수 있다는 점이 항상 성립한다.

MH 알고리즘은 다음과 같은 과정을 거친다(이 부분에 대해서는 Robert & Casella(2010)를 참조할 것을 권한다).

1. 제안 분포 $q(\cdot|X_t)$를 선택한다.
2. 제안 분포 q에서부터 x_0을 생성하고 t = 0으로 설정한다.
3. 적어도 체인이 정상 분포로 수렴할 때까지 다음을 반복한다.
    1. 제안 분포 $q(\cdot|x_t)$로부터 y를 추출하고,
    2. 균등 분포 U(0, 1)에서 u를 추출해서,
    3. 다음과 같이 구분하고,

$$x^{(t+1)} = \begin{cases} y_t & \rho(x^{(t)}, y_t) \text{의 확률} \\ x^{(t)} & 1 - \rho(x^{(t)}, y_t) \text{의 확률} \end{cases}$$

4. 추가로 다음 조건을 만든다.

$$\rho(X, Y) = \min\left\{\frac{f(Y)}{f(X)}\frac{q(X|Y)}{q(Y|X)}, 1\right\}$$

5. t = t + 1

이번에는 MH 알고리즘으로 레일리[Rayleigh] 확률 분포로부터 추출된 난수를 시뮬레이션하는 예를 살펴보자(Rizzo(2007)에서도 확인 가능하다).

레일리 분포는 수명을 모델링하는 데 사용된다. 분포의 밀도 함수는 다음과 같이 구한다.

$$f(x) = \frac{x}{\sigma^2}e^{x^2/(2\sigma^2)}, \quad x \geq 0, \sigma > 0$$

제안 분포로 카이스퀘어(χ^2) 분포를 택한다. 카이스퀘어 분포는 레일리 분포만큼 한쪽으로 치우친 모양이다. 다음 순서는 R에서 할 수 있는 실행 방법을 소개한다.

1. 카이스퀘어 $\chi^2(X)$의 밀도를 제안 분포 $g(\cdot|X_t)$로 취한다.
2. $\chi^2(1)$에서 x_0을 생성하고 $t = 1$을 투입해 x[1] 결과를 저장한다.
3. $i = 2, ..., N$을 반복한다.
    1. $\chi^2(df = X_t) = \chi^2(df = x[i - 1])$에서 나온 y를 시뮬레이션하고,
    2. 균등 분포 $u \sim U(0, 1)$에서 나온 난수를 추출해서,
    3. x[i - 1]을 사용해 4단계에서 제시되는 식을 계산한다.
    4. $r(x_t, y) = \frac{f(y)}{f(x_t)} \frac{g(x_t|y)}{g(y|x_t)}$
    5. f는 파라미터 σ, 점 Y에서 추정된 카이스퀘어 $\chi^2(df = X_t)$의 밀도 $q(Y, X_t)$, 그리고 x_t에서 추정된 밀도 $q(X_t, Y)$로 구성된 레일리 분포의 밀도 함수다.
    6. $u \leq r(x_t, y)$라면 y는 수락되고 $x_{t+1} = y$로 설정된다. 그렇지 않은 경우 $x_{t+1} = x_t$가 적용되고, x[i]에 x_{t+1}을 저장한다.
    7. $t = t + 1$

추가로 다음 식이 성립한다(Rizzo, 2007).

$$r(x_t, y) = \frac{f(y)g(x_t|y)}{f(x_t)g(y|x_t)} = \frac{ye^{-y^2/2\sigma^2}}{x_te^{-x_t^2/2\sigma^2}} \times \frac{\Gamma(x_t/2)2^{x_t/2}x_t^{y_t/2-1}e^{-x_t/2}}{\Gamma(y/2)2^{y/2}y^{x_t/2-1}e^{-y/2}}$$

위의 관계식은 더욱 간단해질 수 있다. 추가로 레일리 분포와 카이스퀘어(χ^2) 분포의 밀도를 별도로 분석해 예를 더욱 단순화한다. Rizzo(2007)에서도 확인할 수 있다. 다음 R 코드로 레일리 분포 밀도를 계산한다.

```
f <- function(x, sigma){
  if(any(x < 0)) return(0)
  stopifnot(sigma > 0)
  return((x / sigma^2) * exp(-x^2 / (2*sigma^2)))
}
```

다음 시뮬레이션에서 레일리(④)는 제안 분포를 통해 샘플링된다.

```
i <- 2
xt <- x[i-1] <- rchisq(1, 1)
y <- rchisq(1, df=xt)
```

그리고 모든 y에 대해 $r(x_{i-1}, y)$를 계산한다. 다음 함수로 모든 내용을 정리한다.

```
rrai <- function(n = 10000, burnin = 1000, thin = 10, sigma = 4,
verbose = TRUE){
## 레일리 밀도
f <- function(x, sigma){
  if(any(x < 0)) return(0)
  stopifnot(sigma > 0)
  return((x / sigma^2) * exp(-x^2 / (2*sigma^2)))
}
x <- numeric(n)
x[1] <- rchisq(1, df=1)
k <- 0; u <- runif(n)
for(i in 2:n){
  xt <- x[i-1]
  y <- rchisq(1, df=xt)
  num <- f(y, sigma) * dchisq(xt, df=y)
  den <- f(xt, sigma) * dchisq(y, df=xt)
  if(u[i] <= num/den){
    x[i] <- y
  } else {
    x[i] <- xt
    k <- k + 1 # y는 기각
  }
}
if(verbose) cat("acceptance rate:", (k-burnin)/n/thin, "\n")
## 번인 단계:
if(burnin > 1) x <- x[(burnin+1):length(x)]
```

```
## 분리(thining):
  return(x[seq(1, length(x), thin)])
}

r <- rrai(n = 10000, thin = 1, burnin = 1)
## 수락률: 0.4045
r <- rrai(n = 10000, thin = 10, burnin = 1000)
## 수락률: 0.02982
length(r)
## [1] 900
```

초깃값들을 분리^{thinning}하지 않고 번인 구간을 뛰어넘으면 수락률이 약 40% 정도가 되지만, 나누는 크기를 thin=10으로 설정하고 번인 단계를 충분히 거치면 수락률이 약 3% 정도 됨이 확인된다. 따라서 분리와 번인 구간을 생략하면 수락률이 고평가된다.

확률 과정의 현실화로 생성된 샘플을 살펴보기 위해, 다각선으로 해당 인덱스에 따라 난수를 플로팅할 수 있다(qplot은 ggplot의 줄임말임을 알아두자). 그림 4.16은 인덱스인 샘플 생성의 수열(x-axis)에 따라 변하는 시뮬레이션된 난수(y-axis)를 보여준다.

```
library(ggplot2)
qplot(1:length(r), r, geom="line", xlab="", ylab="random numbers from
Rayleigh(4)")
```

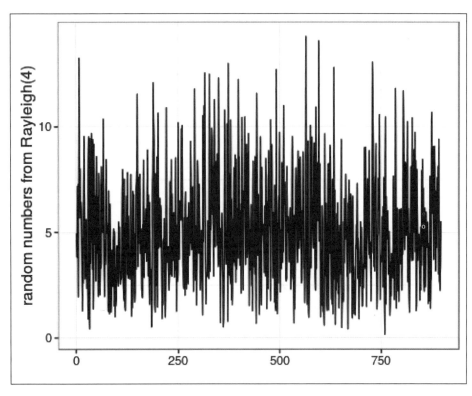

그림 4.16 인덱스를 기준으로 MH 알고리즘으로 시뮬레이션된 난숫값. 번인 단계는 포함되지 않았으며 자기상관을 없애기 위해 분리(thinning)를 적용했다.

시뮬레이션된 난수가 레일리 분포를 따르는지 평가하기 위해 해당 난수를 분포도상의 이론적 위치와 비교하고, 이를 위해 QQ 플롯을 사용한다. 만약 점이 선을 따라서 발생한다면, 시뮬레이션된 샘플은 레일리 분포에서 추출됐다고 생각할 수 있다. 그림 4.17의 플롯은 이 경우에 해당된다. 그림을 생성하기 위해 레일리 분포의 실증값뿐만 아니라 이론적 분위수를 계산하고 플로팅한다.

```
a <- ppoints(length(r))
sigma <- 4
```

```
QR <- sigma * sqrt (-2 * log (1-a)) # 레일리 분위수
Q <- quantile(r, a)
qqplot(QR, Q, main = "", xlab = "Rayleigh quantile", ylab = "sample
quantile")
```

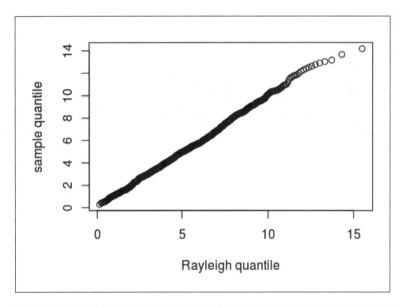

그림 4.17 Q-Q 플롯. MH 알고리즘으로 시뮬레이션된 샘플의 값과 레일리 분포의 이론값 비교

이 예제를 통해 MH 알고리즘이 어떻게 작동하는지 알 수 있다. Rizzo(2007)의 예와 유사
한 예제를 선택한 이유는 교수 방법적 가치 때문이다. 이러한 목적을 위해 기각 샘플링 방
법을 사용하면 기각률 측면에서 좀 더 저렴할 수 있고 독립성과 동일한 분산i.i.d. 특성을 갖
는 샘플에 좀 더 장점이 많다는 점도 염두에 두자.

메트로폴리스 샘플링

메트로폴리스Metropolis 샘플링은 대칭되는 분포의 특수 케이스를 다루기 때문에 기초 알고리즘의 간단 버전이라 볼 수 있다.

대칭 분포 $q(X|Y) = q(Y|X)$를 고려한다면, 수용 확률은 비율 $f(Y_t)/f(X_t)$에 따라 달라진다.

이번 절에서는 간소화된 버전에 기반한 MH 방법의 주요 기능을 다시 이해할 수 있는 기회를 갖는다.

다음은 새로운 값 y_t를 샘플링하고 비율 $f(y_t)/f(x_t)$에 근거해서 해당 값을 수락할지 여부를 결정한다.

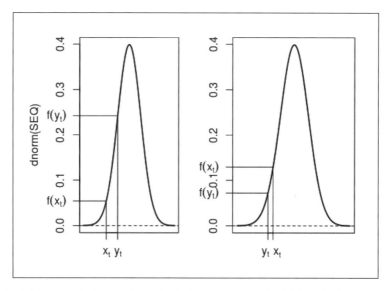

그림 4.18 제안 분포로부터 나온 새 값 y_t를 시뮬레이션하고, 수용 확률을 $q(X|Y)$와 $q(Y|X)$ 모두 동일하게 해서 계산한다. 왼쪽은 비율 $f(y_t)/f(x_t)$가 1보다 크기 때문에 확률 1로 새로운 값 y_t를 수락한다. 오른쪽은 비율 $f(y_t)/f(x_t)$가 0.56이며 0.56의 확률로 새로운 값을 수락한다.

다음에 소개할 두 예제는 각각 대칭 분포를 취한다. 먼저 MH 알고리즘으로 베타 분포에서 나온 난수를 시뮬레이션한다(앞에서 이미 기각법으로 시뮬레이션했었다). 시뮬레이션하기 위해 고려되는 밀도 함수는 베타 분포 B(2, 2)와 베타 분포 B(1, 2)이다. 제안 밀도 q의 후보 함수는 균등 분포 U(0, 1)이며, 이번 알고리즘은 시뮬레이션될 값의 개수 n, 번인 단계인 burnin, 데이터 분리인 thin, 후보 분포인 cand, 대상 분포인 target, 모양 파라미터 1인 shape1, 모양 파라미터 2인 shape2 등의 파라미터를 코드에 넣어서 실행한다.

```
mh <- function(n=10000, burnin=1000, thin=10, cand=runif,
        target=dbeta, shape1=2, shape2=2){
    if(burnin >= n){
        stop("burnin is larger than the number of simulations")
    }
    x <- rep(cand(1), n) # 초기화
    for(i in 2:n){
        y <- cand(1)
        rho <- target(y,shape1,shape2)/
                    target(x[i-1], shape1, shape2)
        x[i] <- x[i-1] + (y - x[i-1]) * (runif(1) < rho)
    }
  # 번인 단계
    x <- x[(burnin+1):n]
  return(x[seq(1, length(x), thin)])
}
```

2개의 베타 분포에서 나온 시뮬레이션된 난수의 밀도는 그림 4.19에서 플로팅했다.

```
par(mfrow=c(1,2))
plot(density(mh()), main = "", xlab = "")
plot(density(mh(shape1=1)), main = "", xlab = "")
```

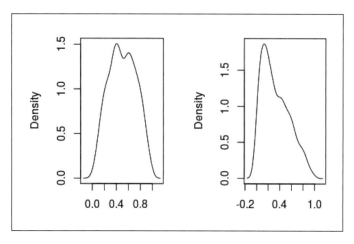

그림 4.19 베타 함수 Beta(2, 2)와 Beta(1, 2)로부터 시뮬레이션된 난수

앞에서 사용한 함수를 이용해 다른 분포의 난수를 시뮬레이션하는 것은 어렵지 않다. 이제는 감마 분포 G(2, 4)에서 나온 난수를 시뮬레이션해보자. 밀도 q의 후보 분포는 정규 분포 N(1, 2)이다.

```
rgamma <- mh(cand = rnorm, target = dgamma)
```

MH 알고리즘에 따라 주어진 모든 예는 기각법으로 쉽게 구현할 수 있고, 독립성과 동일한 분산$^{i.i.d.}$의 특성을 갖지 않는 샘플의 단점을 기각 샘플링으로 극복할 수 있기 때문에 기각 샘플링으로 알고리즘을 만들어야 한다. 우리는 MH 알고리즘이 어떻게 작동하는지 보여주기 위해 두 가지 예를 취했다.

더욱 복잡한 문제에 대해 MH 알고리즘을 구현하는 것은 어렵기도 하고 문제마다 다르며, 이 책의 범위를 넘어선다. 기초적인 이해를 위해 Gelman et al.(2013)과 Robert & Casella(2010)를 참조하고, MH 알고리즘의 특정 문제를 기반으로 한 구현법을 자세히 살펴보면 좋다.

깁스 샘플링

깁스^{Gibbs} 샘플링 방법 또한 몬테카를로 마르코프 체인의 한 종류에 속한다. 처음에 물리학자인 깁스의 이름을 따 명명된 이 알고리즘은 S. Geman & D. Geman(1984)에서 소개됐다. 모든 값이 수락되는 1단계 MH 알고리즘으로 볼 수 있다. 깁스 샘플링 방식은 대규모 변수와 모수로부터 샘플을 추출하는 데 완벽하게 사용된다.

동기 부여를 위해 간단한 2단계 깁스 샘플링 방식으로 시작한다.

2단계 깁스 샘플링 기법

결합 확률 분포 $p(X, Y)$와 조건부 분포 $p_{Y|X}$와 $p_{X|Y}$를 갖는 임의의 변수 X와 Y의 경우, 마르코프 체인 (X_t, Y_t)를 시뮬레이션하기 위해 2단계 깁스 샘플링 방법을 다음과 같이 적용한다.

- x_0을 고정하고,
- $t = 1, 2, \ldots$에 대해 다음과 같이 추출한다.
  - $y_t \sim p_{Y|X}(\cdot \,|\, x_{t-1})$
  - $x_t \sim p_{X|Y}(\cdot \,|\, y_{t-1})$

조건부 분포로부터 샘플이 추출된다고 가정한다.

이변량 정규 분포의 경우 다음과 같다.

$$(X, Y) \sim N_2 \left((0,0)^t, \begin{pmatrix} 1 & \rho \\ \rho & 1 \end{pmatrix} \right)$$

x_t로 결정되는 깁스 샘플링은 다음과 같다.

$$y_{t+1}|x_t \sim N(\rho x_t, 1 - \rho^2)$$
$$x_{t+1}|y_t \sim N(\rho y_{t+1}, 1 - \rho^2)$$

다음 식이 성립한다(이번에 증명을 제시하지는 않는다).

$$X_{t+1} \mid X_t \sim N(\rho^2 x_t,\, 1 - \rho^4)$$

$X_{t+1} \mid X_0 \sim N(\rho^{2t} x_0,\, 1 - \rho^{4t})$의 재귀 반복 이후, t가 무한대일 때 마르코프 체인은 정규 분포 $N(0, 1)$로 수렴한다.

앞에서 설명한 대로 이변량 정규 분포를 시뮬레이션하도록 2단계 깁스 샘플링을 위한 코드를 작성해보자. 번인 단계의 필요성을 확인하기 위해, 낮은 밀도 지역에서 시작되는 좋지 않은 출발을 한다. 그림 4.20에 나타나는 왼쪽 그래프를 자세히 살펴보자. 자기상관을 줄이기 위해 분리법thinning이 적용됐고, 다음 값이 이전 값에 의해 결정되는 자기상관은 그림 4.20의 중간 플롯에서 나타난다.

```r
gibbs_bivariate <- function(n = 1000, rho = 0.9, start = 0,
burnin = 100, thin = 1){
  x <- y <- numeric(n)
    s <- 1 - rho^2
    x[1] <- start # 번인 효과를 보여주기 위해
    for(t in 1:(n-1)){
       y[t+1] <- rnorm(1, rho*x[t], s)
       x[t+1] <- rnorm(1, rho*y[t+1], s)
    }
    s <- seq(burnin+1, n, thin)
    return(cbind(x[s], y[s]))
}
par(mfrow=c(1,3))
set.seed(123)
## 나쁜 시작:
b0 <- gibbs_bivariate(n=200, start = 30, burnin=0)
## 결과 플로팅
plot(b0, type="o", xlab="x", ylab="y", main="burnin 0",
        cex.main=1.3, cex.lab=1.3)
set.seed(123)
plot(b0[20:200,], type="o", xlab="x", ylab="y", main="burnin 20",
        cex.main=1.3, cex.lab=1.3, col=grey(20:200/200))
```

```
set.seed(123)
plot(b0[20:200,], pch=20, xlab="x", ylab="y", main="burnin 20",
        cex.main=1.3, cex.lab=1.3)
```

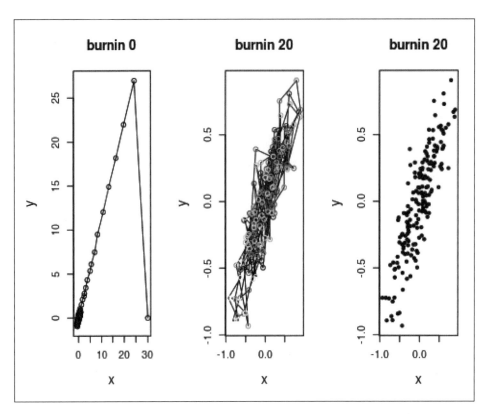

그림 4.20 깁스 샘플링으로 시뮬레이션된 이변량 정규 분포된 데이터. 왼쪽 그래프는 시뮬레이션된 모든 난수들이다. 가운데는 번인 단계 이후의 시뮬레이션된 난수들이며, 데이터 포인트들의 자기상관을 보여준다. 오른쪽은 번인 단계 후 시뮬레이션된 모든 난수들이다.

다단계 깁스 샘플링

다단계 깁스 샘플링 기법을 설명하기 위해 사용되는 기호들을 간단히 소개한다. $\mathbf{X} = (X_1, \dots, X_p)$를 $i = 1, \dots, p$일 때 $X_i \mid x_1, x_2, \dots, x_{i-1}, x_{i+1}, \dots, x_p \sim f_i(x_i \mid x_1, x_2, \dots, x_{i-1}, x_{i+1})$

인 조건부 밀도 함수 f_p를 따르는 X_i의 1차원 또는 다차원 원소라고 하자.

$X^{(t)}$를 $X^{(t+1)}$로 전환하도록 다단계 깁스 샘플링을 다음과 같이 나타낼 수 있다.

$t = 1, 2, \ldots$회 반복하면서 $x^{(t)} = (x_1^{(t)}, \ldots, x_p^{(t)})$인 조건에서 다음을 시뮬레이션한다.

$$1. \ X_1^{(t+1)} \sim f_1(x_1 \,|\, x_2^{(t)}, \ldots, x_p^{(t)})$$
$$2. \ X_2^{(t+1)} \sim f_2(x_2 \,|\, x_1^{(t)}, x_3^{(t)}, \ldots, x_p^{(t)})$$
$$3. \ X_p^{(t+1)} \sim f_p(x_p \,|\, x_1^{(t)}, \ldots, x_{p-1}^{(t)})$$

선형 회귀에 적용

깁스 샘플링 기법은 회귀 분석에서 회귀식의 모수를 찾는 데 흔히 사용된다. 회귀 분석에서 깁스 샘플링의 기본 원리를 보여주는 간단한 예제는 다음과 같다.

각각의 데이터 쌍 $(x_1, y_1), (x_2, y_2), \ldots, (x_n, y_n)$은 선형 모델 $y_i = \alpha + \beta x_i + \epsilon_i$에서 관계가 정의되고, 여기서 α와 β는 알려지지 않기 때문에 추정돼야 하며, $\epsilon \sim N(0, \sigma^2)$이다. 즉, 해당 조건에서 밀도 함수는

$$f(y_i \,|\, \alpha, \beta, x_i, \sigma^2) = \frac{1}{\sqrt{2\pi\sigma^2}} \exp\left(\frac{1}{2\sigma^2}(y_i - \alpha - \beta x_i)^2 \right)$$

다음과 같이 도출된 우도^{likelihood}로부터

$$L(\alpha, \beta, \sigma^2) = \prod_{i=1}^{n} f(y_i \,|\, \alpha, \beta, x_i, \sigma^2) =$$
$$\prod_{i=1}^{n} \frac{1}{\sqrt{2\pi\sigma^2}} \exp\left(\frac{1}{2\sigma^2}(y_i - \alpha - \beta x_i)^2 \right)$$

추정된 모수의 조건부 분포는 다음과 같다(증명은 제시하지 않음).

$$\alpha|\beta, \sigma^2, \mathbf{x}, \mathbf{y} \sim N\left(\overline{y} - \beta\overline{x}, \frac{\sigma^2}{n}\right) \beta|\alpha, \sigma^2, \mathbf{x}, \mathbf{y} \sim N\left(\left(\sum_{i=1}^{n} x_i y_i - \alpha n\overline{x}\right)/\sum_{i=1}^{n} x_i^2, \frac{\sigma^2}{\sum_{i=1}^{n} x_i^2}\right)$$

$$\sigma^2|\alpha, \beta, \mathbf{x}, \mathbf{y} \sim \text{Gamma}\left(\frac{4}{(n-1)^2}, \frac{4}{(\sum_{i=1}^{n}(y_i - \alpha - \beta x_i)^2)^2}\right)$$

단순 회귀 문제에 대한 코드는 다음과 같으며, 파라미터인 alpha, beta, tau는 초깃값을 정의한다.

```
lreg <- function(y, x, time, alpha = 0, beta = -2, tau = 1,
burnin = 0, thin = 1){
    n <- length(y)
    ## 변수를 정의하는 알파(alpha), 베타(beta), 타우(tau)
    res <- matrix(, ncol=3, nrow=time)
    for(i in 1:time){
        alpha <- rnorm(1, mean(y)  -beta * mean(x), 1 / (n *tau))
        m <- (sum(x * y) - alpha * n * mean(x)) / sum(x**2)
        s <- 1 / (tau * sum(x**2))
        beta <- rnorm(1, m, s)
        w <- y - alpha - beta * x
        tau <- rgamma(1, ((n / 2) + 1), (sum(w**2) / 2))
        res[i,] <- c(alpha, beta, tau)
    }
    s <- seq(1, length((burnin + 1):nrow(res)), thin)
    res <- res[((burnin+1):nrow(res))[s], ]
    res <- data.frame(res)
    colnames(res) <- c("alpha", "beta", "tau")
    return(res)
}
```

교수 방법적으로 매우 적합하므로 Robert & Casella(2010)에서 사용된 비슷한 예제를 사용했다. 그림 4.21은 패키지 MASS의 데이터 Cars93을 사용한 깁스 샘플링 결과를 보여준다. 실무적으로 100번 이상의 반복을 하고, 번인 단계를 건너뛴다. 또한 모수 추정치의 자기상관을 낮추기 위해서 다시 분리법[thinning]을 적용한다. 그림 4.21에 나타나는 선들이 어두울수록 반복이 더 많다는 것을 의미하고, 나쁘게 시작했지만 머지않아 진한 검은색 선으로 그어놓은 해[solution]에 수렴한다.

```
data(Cars93, package = "MASS")
set.seed(123)
time <- 100
res <- lreg(Cars93$Price, Cars93$Horsepower, time = time)
par(mar = c(4,4,0.1,0.1))
plot(Cars93$Horsepower, Cars93$Price, pch=20, xlab = "Horsepower",
ylab = "Price", type = "n")
range <- 1 - sqrt(1:time/time)
range <- range + 0.1
#range <- range/sum(2*range)
for(i in 1:time){
    abline(a = res[i, 1], b = res[i, 2], col=gray(range[i]))#sqrt
(1-i/size)))
}
abline(a = res[i, 1], b = res[i, 2], col="red", lty=2,lwd=3)#sqrt
(1-i/size)))
points(Cars93$Horsepower, Cars93$Price, pch=20)
```

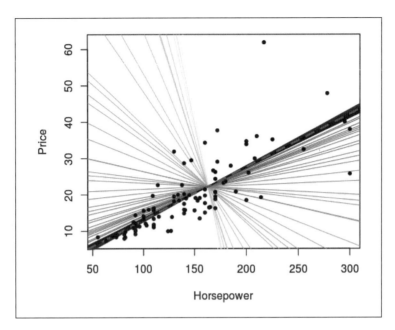

그림 4.21 나쁘게 시작한 t = 1, ..., 100의 회귀 적합성. 진한 색의 선일수록 t는 크고, 점선 i는 100번의 적합성 작업 반복 후에 찾은 해다.

MCMC 샘플 진단

수렴 과정의 모니터링은 다음과 같은 상황에서 중요하다.

- 생성된 일부 체인이 대상 분포로 수렴하지 않는 경우
- 충분한 반복 횟수가 알려지지 않은 경우
- 번인 샘플의 길이가 알려지지 않은 경우
- 간단한 체인을 조사해서 느린 수렴을 포착하지 못하는 경우

여러 개의 병렬 체인을 검사하면, 느리게 발생되는 수렴은 더욱 명료하게 관찰된다.

일반적으로 다음 진단들은 유용하다.

- 인덱스 1에서 시뮬레이션된 난수의 길이를 의미하는 T까지 시뮬레이션된 값을

플로팅한다. 이 작업은 번인 시간과 가능 수렴 정보를 제시한다. 만약 시뮬레이션 된 수열 또는 체인이 수렴되지 않는다면 체인의 길이를 늘려야 하며, 이는 더 많은 난수를 시뮬레이션해야 한다는 뜻이다.

- 앞에서 제시한 내용을 여러 번 반복하라. 번인 시간에 대한 더 높은 확신을 가질 수 있다.

- 한 시점 늦게 시뮬레이션된 난수와 해당 시점에서 시뮬레이션된 난수의 상관관계를 측정하는 **자기상관 함수**ACF, autocorrelation function를 사용해 자기상관 플롯을 만들어라. ACF의 느린 감소는 느린 수렴을 의미하고, 높은 값은 자기상관을 나타낸다. 이는 독립된 하위 샘플을 찾는 데 사용될 수 있다. 즉, 자기상관이 있다면 시뮬레이션된 체인에 대해 분리법thinning을 적용한다.

- 가능하다면 매우 높은 T배(예를 들어, 5~20번 정도)로 몬테카를로 마르코프 체인 알고리즘을 독립적으로 실행한다. 이러한 작업은 수렴 가능성을 높여준다.

- 수렴의 단일 지표를 위해 겔먼–루빈Gelman-Rubin 방법(R. Gelman A., 1992)을 사용할 수 있다. 이 방법은 단변량univariate 요약 통계의 분산에 대해 생성된 여러 체인들의 특성 비교를 기반으로 하며, 이를 위해 수열 내(W) 분산과 수열 간(B) 분산이 필요하다. 수열 간 분산은 $B = \frac{1}{k-1}\sum_{i=1}^{k}\sum_{j=1}^{n}(\bar{\phi}_i - \bar{\phi})^2$으로 표시되고, 해당 식에서 $\bar{\phi}_i = \frac{1}{n}\sum_{j=1}^{n}\phi_{ij}$이며 $\bar{\phi} = \frac{1}{nk}\sum_{i=1}^{k}\sum_{j=1}^{n}\phi_{ij}$이다. i번째 수열에서 샘플 분산은 $s_i^2 = \frac{1}{n}\sum_{j=1}^{n}(\phi_{ij} - \bar{\phi}_i)^2$이 된다.

- 샘플 내 분산의 통합 추정값pooled estimate은 다음과 같다.

$$W = \frac{1}{nk - k}\sum_{i=1}^{k}(n-1)s_i^2 = \frac{1}{k}\sum_{i=1}^{k}s_i^2$$

- 수열 간 및 수열 내 분산의 추정치를 결합해 상한선을 추정할 수 있다.

$$\hat{Var}(\phi) = \frac{n-1}{n}W + \frac{1}{n}B$$

- GB 통계량은 추정된 잠재 규모 감축량이다.

$$\sqrt{\hat{R}} = \sqrt{\frac{\text{V}\hat{a}\text{r}(\phi)}{\text{W}}}$$

- GB 통계량은 ϕ의 표준편차[SD]가 체인을 확장할 수 있는 요인을 측정한다.
- 체인의 길이가 무한대가 되면서 잠재 규모 감축 요인인 GB 통계량은 1로 감소하고, 체인이 대상 분포에 수렴하면 1에 가까워진다.

다시 R로 돌아가자. 회귀 분석에서 다뤘던 예제뿐만 아니라 이변량 깁스 샘플링 방법으로 시뮬레이션된 난수들에 대해 간단하게 진단했다. 추가로 회귀 문제를 위해 인덱스 대비 시뮬레이션된 값을 플로팅할 것이며, 그림 4.22를 참조하자. 시연한다는 차원에서 다시 나쁘게 시작해보자. 짧은 번인 단계와 빠른 수렴이 관찰된다. 관찰 결과의 높은 확신을 얻기 위해 다른 시드[seed]와 다른 시작값을 이용해 이번 예제를 다시 실행한다.

```
set.seed(123)
g <- lreg(Cars93$Price, Cars93$Horsepower, time = 500)
g1 <- cbind(g, "index" = 1:nrow(g))
g1 <- reshape2::melt(g1, id=c("index"))
ggplot(g1, aes(x = index, y = value)) + geom_line() + facet_
wrap(~variable, scales = "free_y")
```

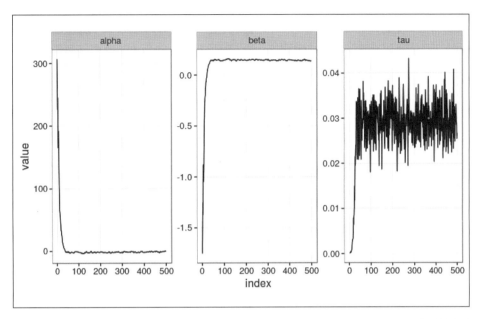

그림 4.22 데이터 Cars93을 사용해 3개의 모수를 추정하기 위해 수평축에 있는 인덱스 대비 깁스 샘플링에서 나온 값들을 시뮬레이션했다.

깁스 샘플링 기법이 시차 때문에 발생하는 자기상관의 문제점을 갖는 것으로 확인된다. 독립적이며 분산이 동일한[i.i.d.] 샘플에 가깝게 가려면, 약 15회 이상의 분리법[thinning]으로 처리해야 한다. 15배 또는 그 이상 더 많은 난수의 시뮬레이션이 필요하다는 뜻이다. 그림 4.23은 acf() 결과를 토대로 플로팅했다. 다음 그래프상에 있는 ACF 플롯은 자기상관 문제가 있음을 암시한다.

```
plot(acf(g))
```

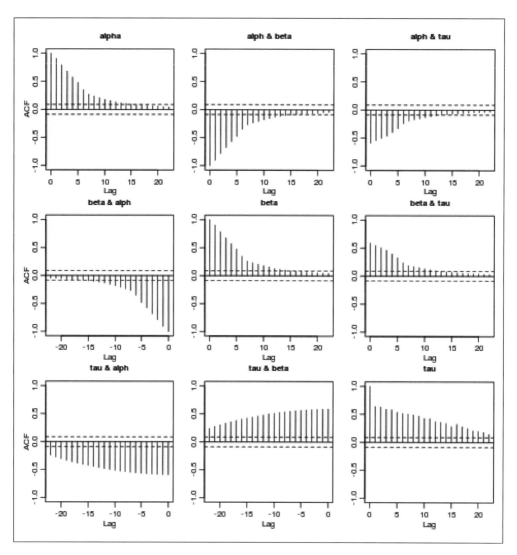

그림 4.23 alpha, beta, tau, 그리고 이 세 가지의 조합으로 그린 ACF 플롯

다음은 다른 시작점과 더 큰 수열을 갖는 M개의 체인(여기서 M = 5)을 실행한다. 기본 플로팅을 한 후에 브룩스와 겔먼(Brooks & Gelman, 1998)의 진단 플롯뿐만 아니라 겔먼-루빈 방법으로 객체를 쉽게 만들 수 있기 때문에, 패키지 coda를 이용해 체인들을 mcmc 객체로

변환한다. 다소 나쁜 출발을 시킬 수 있지만 반드시 필요하지는 않고 rnorm(1, 0, 1)로 시작하는 것이 더 좋을 수 있다. 하지만 시연 목적으로 번인 단계에 대해 더 살펴볼 것이다.

```
library("coda")
time <- 2000; M <- 5
set.seed(12345)
df <- lreg(Cars93$Price, Cars93$Horsepower, time = time)
for(i in 2:M){
  df <- rbind(df, lreg(Cars93$Price, Cars93$Horsepower, time = time))
}
df$M <- factor(rep(1:M, each = time))
df$index <- rep(1:time, M)
df <- reshape2::melt(df, id = c("M", "index"))
ggplot(df, aes(x = index, y = value, group = M, colour=M)) + geom_
line(alpha = 0.5) + facet_wrap(~variable, scales = "free_y")
```

그림 4.24는 5개의 독립적으로 추출된 체인의 결과를 보여준다. 번인 단계는 짧아 보인다.

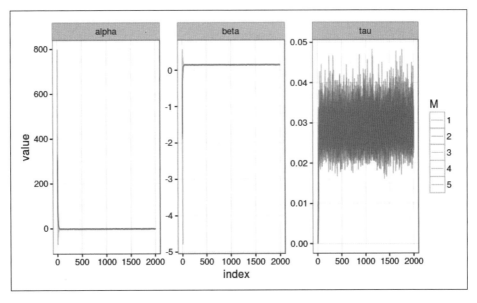

그림 4.24 깁스 샘플링을 사용해 회귀식 세 모수를 규명하기 위해 여러 번 샘플링된 임의의 값들

```
## Brooke-Gelman
gl <- list()
M <- 15
set.seed(12345)
for(i in 1:M){
  gl[[i]] <- lreg(Cars93$Price, Cars93$Horsepower, time = time)
}
gl <- lapply(gl, function(x) mcmc(as.matrix(x)))
## summary(g)를 확인하자(여기서는 결과를 보여주지 않음).
gelman.diag(gl, autoburnin = FALSE)

## 잠재 규모 감축 요인:
##
##        Point est. Upper C.I.
## alpha        1.07       1.07
## beta         1.07       1.07
## tau          1.00       1.00
##
## 다변량 psrf
```

위의 결과는 수렴 여부를 보여주는 잠재 규모 감축 요인potential scale reduction factor 중간값과 97.5% 백분위수를 제시한다. 이제는 브룩스와 겔먼(Brooks & Gelman, 1998)이 제안한 다변량 잠재 규모 감축 요인을 얻을 것이다. 함수 gelman.plot은 반복 횟수가 증가함에 따라 겔먼과 루빈의 감축 요인이 변화하고 있음을 보여준다. autoburnin이 TRUE로 설정되면 시뮬레이션된 난수의 첫 번째 절반이 제거된다.

```
gelman.plot(gl, autoburnin = FALSE)
```

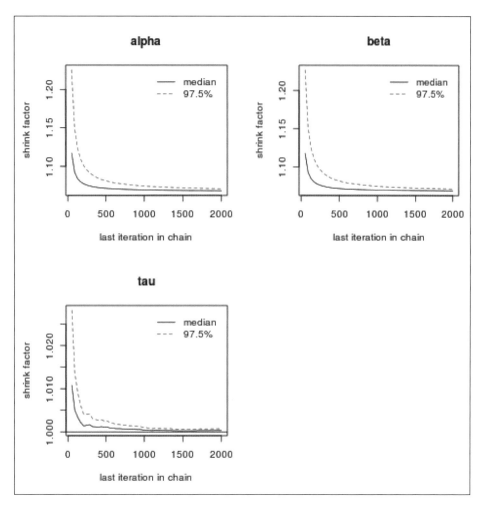

그림 4.25 반복 횟수 증가에 따른 감축 요인의 변화

그림 4.25는 gelman.plot의 결과다. 많은 반복을 통해 감축 요인은 거의 1로 수렴된다. 이는 번인이 오랫동안 유지돼야 한다는 뜻이기도 하다.

이러한 모든 사실을 바탕으로 좋은 체인은 다음과 같다는 결론을 내릴 수 있다.

```
burnin <- 1000
time <- burnin + time * 20
g <- lreg(Cars93$Price, Cars93$Horsepower, time = time, burnin =
burnin, thin = 20)
```

▌ 난수 테스트

이전 절들에서 여러 방법을 통해 난수를 시뮬레이션했다. 대부분의 난수 생성 테스트는 균일하게 분산된 난수를 시뮬레이션하도록 되어 있는 기본 난수 생성기가 그에 맞게 잘 작동하는지 확인한다.

이번 장의 도입부에서는 1단위 지연이 있는 수열 또는 3차원 플롯에서는 2단위 지연이 있는 수열을 시뮬레이션해서 생성한 난수들의 수열을 나타내는 3차원 플롯을 이미 살펴봤다.

일반적으로 여러 테스트로 구성된 종합적 테스트 툴을 기반으로 난수 생성기의 정상적인 작동 여부가 실험된다. 난수 생성기 테스트 툴은 수학자이자 컴퓨터 과학자인 조지 마사 글리아[George Marsaglia]가 개발했으며, 사람들은 보통 다이하더[dieharder]라고 부른다. 그가 만든 테스트는 http://www.phy.duke.edu/~rgb/General/dieharder.php에서 업데이트되고 있으며, R 패키지 RDieHarder 리눅스 버전은 CRAN에서 내려받을 수 있다.

예를 들어, 큰 간격을 두는 점들 사이에 있는 공간이 점근적이며 지수적으로 분포되어 있는지 테스트하는 생일 간격[birthday spacing] 테스트가 있다. 생일의 역설에 기반한 이름이다. 주차장 테스트는 100×100 정사각형에 무작위로 원을 위치시키는데, 다른 원과 겹치지 않는 경우 원이 성공적으로 위치한다고 본다. 12,000개의 원이 생성되면, 성공적으로 위치한 원의 수는 특정 정규 분포를 따르게 된다. 최소 거리 테스트는 $10,000 \times 10,000$ 정사각형에 무작위로 8,000개의 점을 배치하며, 두 점 간의 최소제곱 거리는 특정 평균값을 가지면서 지수 분포하게 된다. 임의의 구^{sphere} 테스트는 입방체에 있는 점들을 임의로 선택해서 특정 구를 만들고, 그렇게 만든 구의 부피는 특정 평균값을 가지면서 기하급수 분포가 나타나야 한다. 압착^{squeeze} 실험 결과는 특정 분포를 따라야 한다. 테스트의 합을 겹치면 특정 평균 및 분산으로 된 정규 분포가 발생해야 한다. 간격에 대한 빈도는 특정 분포를 따라야 한다는 등이다.

거의 모든 테스트는 공통적으로 결괏값이 특정 분포를 따르기 때문에 기본 아이디어는 동일하다.

귀무가설은 다음과 같다.

$$H_0 : u_i \overset{i.i.d.}{\sim} U$$

즉, 시뮬레이션된 난수는 균등 분포에서 추출됐으며 동일한 분산과 독립성을 유지하는 i.i.d. 속성을 갖는다.

난수 평가: 테스트 예제

앞에서 제시된 테스트는 난수 생성기의 일반적인 테스트이며, 횟수 분포에 기반한다.

반지름이 1인 big_circle이라 불리는 원 위에서 생성된 난수를 이용하면 반지름이 r인 많은 원을 정의할 수 있다. 다음 함수 결과는 big_circle 안에 있는 어떤 원에 점들이 놓여 있는지를 알려주는 논리 벡터다.

```
circle <- function(x, r=0.05){
    repeat{
        x1 <- runif(1,-1,1)
        x2 <- runif(1,-1,1)
        if( sqrt(x1^2 + x2^2) <= (1 - r) ) break
    }
    inCircle <- ((x[,1] - x1)^2 + (x[,2] - x2)^2) <= r^2
    return(inCircle)
}
```

어떤 원에 있는 점들의 수는 평균이 r^2인 푸아송 분포를 띤다. 따라서 각 원에 있는 점들의 수를 카운트하고, 카운트된 수에 대해 테스트를 한다.

다음 그림은 시각적으로 원의 절단면을 설명한다.

```
set.seed(123)
## 가능한 반지름 취함
x <- matrix(runif(10000, -1, 1), ncol=2)
## 반지름에 제곱
r2 <- rowSums(x^2)
## r2가 1보다 작도록 유지
x1 <- x[r2 <= 1, ]
par(mar = c(2,2,0.1,0.1))
plot(data.frame(x1), pch=20)
for(k in 1:8) points(data.frame(x1[circle(x1, 0.2),]), col=k, pch=20)
```

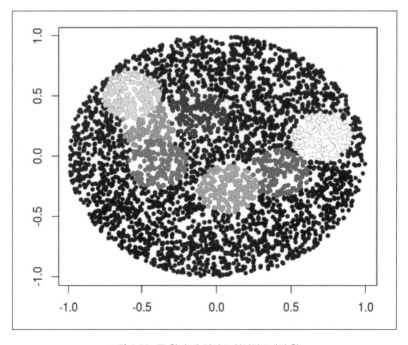

그림 4.26 큰 원 속에 임의로 위치된 8개의 원

2,000번 반복하고 각 원에 포함되어 있는 점들의 개수를 카운트한다.

```
set.seed(123)
z <- replicate(2000, sum(circle(x1)))
```

테이블상에서 처리되는 결과는 다음 값과 같다.

```
TAB <- table(z)
TAB
## z
##    2    3    4    5    6    7    8    9   10   11   12   13   14   15   16   17
18   19
##    4   20   40   81  115  190  233  278  253  220  195  152   91   53   43   19
11    2
```

이번 시뮬레이션에서는 1개의 특정 원 안에 단 하나의 관측값이 존재하기도 하지만, 대부분의 원에는 9 내지 10개의 값이 포함되므로 최빈값은 9이며 중간값은 다음과 같다.

```
laeken::weightedMedian(as.numeric(names(TAB)), as.numeric(TAB))
## [1] 10
```

그러나 분산은 클 수 있기 때문에, 극한값들이 우연히 일어난 결과인지를 테스트할 것이며, 관찰된 값은 시각적으로 푸아송 분포가 이론적으로 제시하는 빈도와 비교한다. 해당 결과는 그림 4.27에서처럼 좋아 보인다.

```
lambda <- nrow(x1) * 0.05^2
PROB <- dpois(as.numeric(names(TAB)), lambda)
b <- barplot(TAB / length(z))
points(b, PROB, col="red", pch=16)
```

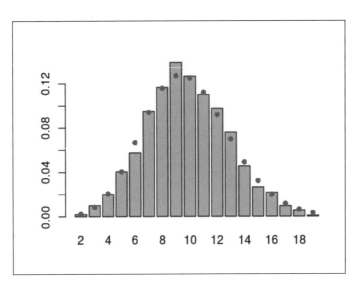

그림 4.27 푸아송 분포의 이론값을 표시하는 점과 관측 빈도를 나타내는 바차트

이제 6개의 구간으로 줄여서, 구간에 시뮬레이션된 값을 할당한다.

```
#  구간 만들기
QP <- qpois(seq(0,1,by=1/6), lambda)
QP
## [1]    0    7    8   10   11   13 Inf
## 해당 구간별 빈도수
TAB1 <- table(cut(z, QP, include.lowest=TRUE))
TAB1
##
##   [0,7]   (7,8]   (8,10]  (10,11]  (11,13]  (13,Inf]
##     450     233      531      220      347       219
```

모집단의 특징을 알지 못할 뿐만 아니라 시뮬레이션으로 만든 하나의 샘플만 있기 때문에, 불확실성을 반드시 고려해서 통계 테스트를 해야 하며, 이를 위해 카이스퀘어(χ^2) 적합성 테스트를 실시한다. 그리고 나서 이론적 분위수와 구간폭을 계산해서, 각 구간에 속하게 될 확률을 정확하게 구한다.

```
## 푸아송 파라미터 람다를 이용한 이론적 분위수 계산
ppois(QP, lambda)
## [1] 5.235307e-05 2.333321e-01 3.490914e-01 6.008619e-01 7.128626e-01
## [6] 8.746304e-01 1.000000e+00
## 0은 맨 왼쪽에 존재한다.
QP1 <- QP
QP1[1] <- -1
## 각 구간별 확률:
PROB1 <- diff(ppois(QP1, lambda))
PROB1
## [1] 0.2333321 0.1157593 0.2517704 0.1120008 0.1617678 0.1253696
## 적합성 테스트:
chisq.test(TAB1, p=PROB1)
##
## 주어진 확률의 카이스퀘어 테스트
##
## data: TAB1
## X-squared = 7.8928, df = 5, p-value = 0.1622
```

기각 영역에 있지 않으므로 반지름이 r^2인 원 안에 있는 점의 수는 푸아송 분포를 띤다는 귀무가설이 기각되지는 않는다. 따라서 메르센 트위스터 난수 생성기는 이번 테스트를 통과했다.

▍요약

과학에서 특히 정량 분석은 모든 결과가 재현 가능해야 한다. 재현 가능성은 의사난수 생성기에 시드를 설정함으로써 가능해진다. 두 번째이자 첫 번째와 마찬가지로 중요한 내용은 균등 분포로부터 나온 난수를 시뮬레이션하는 데 가장 잘 작동할 수 있는 난수 생성기를 준비하는 것이며, R의 기본 난수 생성기인 메르센 트위스터 기반 알고리즘은 꽤 잘 작동한다. 메르센 트위스터 알고리즘으로 발생시킨 난수는 자동상관되지 않으며, 매우 긴 수열의 주기를 갖는다. 그렇지 않으면 결과에 편향이 발생해서 신뢰할 수 없다.

균등 분포로 나온 균일 난수를 기반으로 다른 형태의 분포에서 발생한 난수를 시뮬레이션할 수 있다. 주요 방법은 역함수 변환 방법과 기각 샘플링이다. 특히 독립적이며 동일하게 분포된[i.i.d.] 난수를 생성하는 기각 샘플링은 광범위하게 사용된다.

매우 구체적인 작업을 처리하기 위해 때로는 i.i.d. 가정이 거부돼야 하는데, 몇몇 방법들이 다변수 분포를 시뮬레이션하는 해결책으로 사용된다. 메트로폴리스-헤이스팅스[MH] 알고리즘 변형 형태의 기본 모델과 독립 모델, 그리고 최종적으로는 깁스 샘플링을 해결책으로 제시했다. 깁스 샘플링의 기각률은 기각 샘플링 방법의 기각률보다 낮다. 분리[thinning]와 번인[burn-in] 단계를 거치지 않는 경우 깁스 방법의 기각률은 제로다. 회귀 분석의 긴 예제를 통해 시뮬레이션 체인의 질을 살펴봤으며, 최종 결론은 분리와 긴 번인 단계가 자기상관을 줄이는 데 반드시 필요하다는 점이다. 이로 인해 깁스 샘플링으로 61,000개의 난수를 시뮬레이션해서 단 3,000개만을 유효하게 지킬 수 있었다.

난수 생성기를 평가하기 위한 테스트를 소개했다. 더 많은 테스트를 제시하는 것은 이 책의 범위를 넘어서지만, 대부분의 테스트는 같은 구조로 작동되는데, 난수를 카운트하거나 측정해서 결과가 특정 분포를 따르는지 검증하는 것이다.

대부분의 후속 장에서는 난수 생성기의 질이 중요하다. 리샘플링 방법, 몬테카를로 최적화, 또는 몬테카를로 테스트 등 앞으로 소개할 방법들은 난수 생성기를 사용하고 특정 분포에서 발생된 난수들을 시뮬레이션하게 될 것이다.

▌ 참고문헌

- Box, G.E.P., and M.E. Muller. 1958. "A Note on the Generation of Normal Random Deviates," *Annals of Mathematical Statistics* 29: 610-11.

- Brooks, S.P., and A. Gelman. 1998. "General Methods for Monitoring Convergence of Iterative Simulations," *Journal of Computational and Graphical Statistics* 7 (4): 434−55.

- Gelman, A., J.B. Carlin, H.S. Stern, D.B. Dunson, A. Vehtari, and D.B. Rubin. 2013. *Bayesian Data Analysis, Third Edition*. Chapman & Hall/CRC Texts in Statistical Science. Taylor & Francis.

- Gelman, Rubin, A. 1992. "Inference from Iterative Simulation Using Multiple Sequences," *Statistical Science* 7 (4). *Institute of Mathematical Statistics*: 457−72.

- Geman, S., and D. and Geman. 1984. "Stochastic Relaxation, Gibbs Distributions, and the Bayesian Restoration of Images," *IEEE Trans. Pattern Anal. Mach. Intell* 6 (6): 721−41.

- Hastings, W.K. 1970. "Monte Carlo Sampling Methods Using Markov Chains and Their Applications," *Biometrika* 57 (1): 97−109.

- Knuth, D.E. 1998. *The Art of Computer Programming, Volume 2: Seminumerical Algorithms*. Addison-Weley, third edition.

- Matsumoto, M., and T. Nishimura. 1998. "Mersenne Twister: A 623-Dimensionally Equidistributed Uniform Pseudo-Random Number Generator," *ACM Transactions on Modeling and Computer Simulation* 8 (1): 3−30.

- Metropolis, N., A. W. Rosenbluth, M. N. Rosenbluth, A. H. Teller, and E. Teller. 1953. "Equation of state calculations by fast computing machines," *J. Chem. Phys* 21: 1087−92.

- Reeds, J., S. Hubert, and M. Abrahams. 1982−4AD. *C Implementation of SuperDuper*. University of California at Berkeley.

- Rizzo, M.L. 2007. *Statistical Computing with R*. Chapman & Hall/CRC the R Series. Taylor & Francis. http://books.google.at/books?id= BaHhdqOugjsC.

- Robert, C., and G. Casella. 2010, *Introducing Monte Carlo Methods with R*, New York: Springer.

- Walker, A.J. 1977. "An Efficient Method for Generating Discrete Random

Variables with General Distributions," *ACM Transactions on Mathematical Software* 3 (3): 253–56.

05

최적화 문제를 위한
몬테카를로 기법

4장 '난수 시뮬레이션'에서는 베타 분포 함수의 극한값을 찾을 때뿐만 아니라 코시^{Cauchy} 밀도 대비 정규 밀도 비율의 최댓값을 찾는 데 함수 최적화가 적용됐다. 5장에서는 주로 2차원 문제에 집중하겠지만 다차원 문제로 확장될 수 있음을 알아두자. 최적화 방법이 어떻게 작동하는지 그 느낌을 전하기 위해 오스트리아 알프스에서 벌어진 이야기로 시작한다.

이 글을 썼을 때는 갑자기 안개가 낀 날씨를 맞이한 오스트리아를 방문한 호주 출신의 어떤 남자에 대한 시나리오를 상상했다. 오스트리아에서는 캥거루가 오직 동물원에만 존재하며 오스트리아의 70%는 알프스를 포함해서 산으로 덮여 있다. 호주인에게는 지도도, 커뮤니케이션할 수 있는 방법도, 그리고 가이드도 없었기 때문에 오스트리아 산에 대한 사전 정보 없이 산을 오르기 시작한다고 가정한다. 이 산들은 3차원의 복잡하면서 비오목한 함수로 나타난다. 호주 사람은 비엔나 공항에 도착했지만 안개가 자욱한 날씨 때문에 산을 볼 수가 없다. 그의 목표는 오스트리아에 있는 가장 높은 산 정상으로 올라가는 것이다(3,799미터, 그림 5.1 참조).

그림 5.1 구글맵(Google Maps)은 알프스 산맥의 입체적 형상을 보여준다. 가장 높은 곳은 그로스글로크너(Grossglockner) 산이며, 붉은 표시로 시각 처리되어 있다.

가장 높은 위치를 찾기 위해 어떤 옵션을 사용해야 하는가?

- **첫 번째 전략**(어디로도 갈 수 없는 가장 가파른 기울기 선택): 호주인은 칼로리 측정 시계를 이용해 50칼로리를 태울 때까지 가장 가파른 방향을 따라간다. 그 후 추가 50칼로리를 소모할 때까지 현재 지점에서 가장 가파른 방향을 다시 따라간다. 이 전략을 사용해 그는 1,132미터 높이에 있는 호헤 반트^{Hohe Wand}라는 산에서 등정을 마치거나, 심지어는 해발 약 200미터 높이에 있는 작은 언덕 정상에 도달하게 된다. 확실히, 이번 최적화 방법이 성공적인 것은 아니었다. 그는 국지적 최고봉에 갇혔다. 간단하면서 전통적인 최적화 방법의 대부분은 비슷한 방식으로 이 수준에서 끝나버린다. 도달한 각 지점에서 가장 가파른 경로의 방향이 선택되고, 걸어

가는 거리는 주로 해당 지점의 기울기에 따라 결정된다.

- **두 번째 전략**(처음에는 좋은 시도, 결국은 실패): 그는 안개가 사라질 때까지 기다린다. 슈니베르크Schneeberg 산은 공항에서부터 그가 볼 수 있는 가장 높은 지점이다. 물론 그는 최정상에 도착할 수 있다는 믿음으로 슈니베르크 산(2,076미터)을 오를 것이다. 일반적인 트래킹을 하면 그 산이 오스트리아에서 가장 높은 산과는 많이 떨어져 있다는 사실을 발견하지 못할 것이다. 정상에서는 너무 지쳐서 전체를 둘러보지 못하며, 그는 오스트리아에서 가장 높은 정상에 있다고 믿을 것이다. 첫 번째 전략보다 더 높은 수준에 이르렀지만, 여전히 국지적 최정상 함정에 빠졌고 오스트리아에서 가장 높은 정상을 정복하겠다는 목표에는 전혀 다가가지 못한다. (보통 숫자와 함수의 현실에서는 가능하지 않지만) 이번 최적화 방법은 하나의 경로/단계를 택함으로써 슈니베르크 정상에 도달하는 데 어느 정도는 정교했음이 틀림없다. 보통은 하나의 경로/단계만 취해서 국지적 최적값을 찾는 것이 가능하지 않을 수도 있다. 그러나 또 다른 종류의 최적화 알고리즘은 다음에서 보게 되는 것처럼 로컬 최적값의 한계를 뛰어넘기도 한다.

- **세 번째 전략**(아이언맨 마법사): 호주 등산객은 매우 강해서 슈니베르크를 비롯한 어떤 산이든 오르는 데 지치지 않는다. 슈니베르크의 정상에서 그로서 프리엘Großer Priel(2,515미터)이라는 더 높은 산을 보게 되고, 또 그 산의 정상에서 약 70킬로미터 떨어진 곳에 다흐슈타인Dachstein(2,995미터)이라는 더 높은 산이 있다는 사실을 알게 된다. 다흐슈타인에서 자신의 목표에 도달했다고 확신하는데, 지구의 곡률 때문에 더 높은 지점을 보지 못한 것이다. 비슷한 크기의 산들이 티롤Tirol 지역에 있는 훨씬 높은 산들의 광경을 차단할 것이다. 그는 언어적인 측면에서는 목표 달성에 거의 성공했다. 오스트리아에서 가장 높은 산은 아니지만 북오스트리아 연방지역에서 가장 높은 산에 도달했기 때문이다. 다시 로컬 최적화에 갇혀버렸다. 이번 최적화 방법은 로컬 최적화 한계를 여러 번 뛰어넘었기 때문에 이미 엄청나게 정교하다. 대부분의 최적화 방법은 국지적 최댓값의 한계를 뛰어넘지 못할 것이며, 한 스텝과 경로에 의존해서는 국지적 최정상에도 이르지 못할 수 있다. 더

욱 현실적인 옵션은 다음과 같다. 최댓값에 이르는 가장 가파른 경로를 따라가면서, 국지적 최댓값은 다른 방향으로 올라가기 위해 반드시 내려가야 하는 최소한의 위치를 찾음으로써 기각할 수 있다(위상학적 알고리즘(Bertrand, 2005) 참조).

- **네 번째 전략**(스타트렉): 가령 1,000개의 점으로 이뤄진 지도를 이용해 도보로 해당 지점에 도달할 수 있는 경험 많은 등반가라고 가정한다. 별로 가능성은 없지만, 다흐슈타인에 있는 더 높은 정상에 이 방법을 사용해 도달할 수 있다. 어쨌든 그 정상들 중에서 가장 높다는 곳을 입증하기 위해 지도상에 있는 모든 점에 도달하는 데만 반년 정도가 필요하고, 해당 전략으로 산을 오르는 데만 몇 개월을 보낼 것이다. 이 최적화 방법은 매우 많은 점이 선택되고 등정으로는 도달하지 못하지만, 순간이동이 가능할 때 가장 잘 작동이 될 것이다. 그렇지 않으면, 1,000개의 점들 중 가장 높은 점을 찾아내기에는 너무나 많은 시간이 걸릴 것이다.

- **다섯 번째 전략**(스페이스볼): 임의로 1,000개의 점을 선택하는 비슷한 전략이다. 가장 높은 지점에 도달할 가능성은 이전 전략과 동일하다. 하지만 최정상을 찾는다는 임무를 위해 내년에 돌아와서 다시 1,000개의 지점을 선택하면 네 번째 전략보다는 더 높은 정상에 이를 수 있을 것이다. 만약 새롭게 추출되는 점들에 대해 첫 번째에 뽑힌 점들 중 가장 높은 지점을 기준 조건으로 한다면 훨씬 더 효과적일 것이며, 이를 시공간을 넘어서는 스페이스볼 프린세스Spaceballs Princess 전략이라고 한다.

- **여섯 번째 전략**(병 돌리기): 호주 등산가는 각 지점에서 병 돌리기를 하는 것이 가장 좋다고 생각한다. 그래서 병을 돌려서 멈출 때까지 기다리고 무작위로 선택된 방향이 고도상 위로 올라간다면 선택하기로 한다. 등정 초반에는 온전한 힘을 갖고 있어서 임의로 선택된 방향의 긴 경로를 취할 수 있지만, 점점 피곤해지기 때문에 병 돌리기를 계속할수록 걸어갈 수 있는 경로도 짧아진다고 가정한다. 아마도 이 전략으로 공항 남쪽에 있는 가까운 산인 소넨베르크Sonnenberg(484미터)에 도착할 수도 있고, 남동쪽에 있는 칼렌베르크Kahlenberg(447미터) 또는 랙스Rax(2,007미터)에 도착할 가능성도 존재한다.

- **일곱 번째 전략**(행운의 술 취한 선원): 비엔나 공항에서 지역 산책로 거리만큼 약간 떨어진 곳에서 가장 좋은 몇몇 방향을 정할 수 있는데, 그의 방법은 임의로 방향을 선택해서 최적의 거리에 공항에서 웨이터가 서빙해준 반 리터짜리 맥주병에 남은 내용물 두 배를 곱하는 방식이다. 매번 이 방법을 반복한다. 각도의 선택 또한 얼마나 많은 맥주를 마셨는지 어디서 마셨는지와 같이 목적지를 찾아 가야 하는 것과는 전혀 다른 요인들을 사용한다. 아마도 많은 시간이 소비되겠지만, 맥주량이 잘 선택되기만 한다면 지역 최대치에 갇히지 않을 수도 있다. 물론 매우 힘든 방법이며 오스트리아 최정상인 그로스글로크너(3,798미터)에 도달하지는 못하겠지만, 파라미터가 잘 선택되기만 한다면 기회가 없는 것도 아니다.

계속해서 더 많은 시나리오를 소개할 수 있지만, 최적화만 다루는 책이 아니기에 여기서 멈추는 대신 앞에서 언급된 시나리오에 유사점이 있는지 찾아본다. 오스트리아 산들이 오목한 것과는 거리가 멀어서 호주인이 풀어야 할 최적화 문제는 매우 복잡하다는 점을 알아두자. 오목 또는 볼록한 지형에서 최적점을 찾아야 하는 경우 그 문제해결은 어렵지 않다는 점과 호주인이 풀어야 할 문제는 위도, 경도, 높이라는 3차원 표면상에서 최적을 찾는 것임을 주목하자. 통계에서는 차원 수가 많은 고차원 문제가 종종 발생한다.

위의 시나리오를 면밀히 살펴보면 첫 번째부터 네 번째 시나리오를 전통적 최적화 방법인 결정론적 규칙이라는 공통 주제로 묶을 수 있다. 각 시나리오는 비엔나 공항에서 출발해서 결국 각 방법별로 동일한 하나의 정상에 도달한다. 시나리오 5~7은 그런 점에서 다르다. 경로의 각도와 길이가 고정되어 있지 않고 웨이터라는 외부 요소에 크게 의존하며, 이를 감안해서 확률론적 무작위 규칙성을 공통 분모로 갖고 있으며, 확률적 몬테카를로 최적화라는 주제로 묶을 수 있다.

확률론적 방법을 논의하기 전에 고전적 방식을 간단히 다뤄보자.

수치 최적화

함수 f(x), 다른 말로 g(x) = 0인 내재적 방정식의 최댓값과 최솟값 같은 극한값을 찾는 것이 이번 절의 목표다. 따라서 최적화 문제 max h(x)에 집중한다. 즉, 다음이 성립되는 $\mathbf{x}_0 \in \mathbb{R}^n$을 찾는 것이 목표다.

- $f(\mathbf{x}_0) \leq f(\mathbf{x})$, $\forall \mathbf{x} \in \mathbb{R}^n$(글로벌 최댓값)
- $f(\mathbf{x}_0) \geq f(\mathbf{x})$, $\forall \mathbf{x} \in \mathbb{R}^n$(글로벌 최솟값)

앞에서 이미 말했듯이, 기본적으로 복잡한 최적화 문제를 해결하는 두 가지 접근법이 있다.

- 순수 결정론적 접근법
- 확률적 접근법

결정론적이라는 것은 무작위성을 포함하지 않고 최대치를 달성하기 위해 엄격한 규칙을 따르는 패턴을 말한다. 결정론적 기반에서 얻을 수 있는 해는 볼록성convexity과 평탄성smoothness 같은 목적 함수 h의 분석적 속성에 달려 있는 반면, 확률적 기반의 접근법은 좀 더 범용성이 좋아서 다양한 조건에서 적용될 수 있다.

향후 제시될 예제에 적용하기 위해 이번에 제시되는 함수를 사용할 것이며, 해당 예제에서 최솟값을 찾는 데 필요한 함수다. 수정된 2D 로젠브록Rosenbrock 함수(mountains)의 최적점은 (1, 1)에 있다고 가정한다.

```
mountains <- function(v) {
  (1 - v[1])^2 + 100 * (v[2] - v[1]*v[1])^2 +
  0.3*(0.2 - 2*v[2])^2 + 100 * (v[1] - v[2]*v[2])^2 -
  0.5*(v[1]^2 +5*v[2]^2)
}[1]
```

---

[1] 이 코드를 R에 복사해서 붙여넣기 하면 에러가 발생할 수 있다. 붙여넣은 후에 코드를 한 줄로 정렬해주거나, 이 책의 깃허브에서 코드를 내려받아 사용하면 정상적으로 작동한다. – 옮긴이

등고선 플롯은 2개의 변수로 구성된 함수의 등일선 또는 등거리라고도 알려진 등고선을 곡선으로 보여준다. 동일한 등고선상의 점들은 동일한 값을 갖는다. 앞에서 만든 함수 mountains로 그린 등고선 플롯은 그림 5.2에 나타난다(뉴턴-라프슨Newton-Raphson 방법을 적용해서 찾은 해가 시각화됐다).

경사 상승/하강 탐색 방법

경사 하강법gradient descent method은 제약되지 않은 비선형 함수 최적점을 구하기 위한 1차 미분 최적화 방법이다. 함수 최대화의 경우 경사 상승법gradient ascent method이라 하고, 최소화는 경사 하강법이라 부른다. 교육 목적상 경사 상승/하강법을 먼저 소개한 이후에, 더 강력한 방법을 가지고 계속 진행할 것이다.

가장 가파른 하강 경로를 탐색하는 것은 각 단계에서 나타나는 경사 방향의 확장이라 볼 수 있으며, 기본적으로 가장 가파른 계단이라 불리는 최적 계단optimum step을 선택하는 것이다.

목표는 함수의 최댓값과 최솟값을 찾는 것이다. 초기화를 위해 시작점을 선택해야 한다. 시작점뿐만 아니라 다음 단계에 도달할 지점에 대해서도 도함수를 계산한다. 현재의 점에서부터 파라미터인 계단 크기의 거리로 미분된 함수의 경사 방향에 따라 새로운 점이 선택된다.

설명한 경사 방법이 함수 mountains에 적용되면 완전히 실패한 결과로 나오기 때문에 이번 방법의 실행 결과를 보여주지 않지만, R 패키지 animation으로 구현되는 더욱 간단한 예를 참고해보자. 이번 방법이 성공적으로 작동하는 매우 간단한 모습은 다음과 같다.

```
library("animation")
grad.desc()²
```

앞에서 소개한 간단한 방법이 실패한 함수를 다음 코드를 실행해서 확인할 수 있다.

```
ani.options(nmax = 70)
par(mar = c(4, 4, 2, 0.1))
f2 = function(x, y) sin(1/2 * x^2 - 1/4 * y^2 + 3) * cos(2 * x + 1 -
  exp(y))
grad.desc(f2, c(-2, -2, 2, 2), c(-1, 0.5), gamma = 0.3, tol = 1e-04)
```

뉴턴-라프슨 방법

뉴턴-라프슨NR, Newton-Raphson 방법은 가장 유명한 결정론적 최적화 방법이다. 각 지점에서 만들어낸 첫 번째 도함수는 다음 점으로 이동하는 선을 결정하고, 두 번째 도함수는 선의 방향을 선택하는 데 사용된다. 더 정확하게 말하자면 NR 방법은 다음과 같이 현재의 점에서 다음 점으로 연결되는 재귀적 방식에 기반한다.

$$x_{i+1} = x_i - \left[\frac{\delta^2 f}{\delta x \delta x^T}(x_i)\right]^{-1} \frac{\delta f}{\delta x}(x_i)$$

첫 번째 도함수의 행렬을 경사도라고 하고, 두 번째 도함수의 행렬은 헤세Hessian 행렬로 알려져 있다. 이 방법은 시작값이 결정적 역할을 한다.

R에서 함수 nlm으로 뉴턴 방식 알고리즘을 실행할 수 있다. 첫 번째 함수 인자는 최소화될 함수다. 다음 예에서 앞에서 제시한 함수 mountains를 적용하고 처음 10단계에서 나

---

2 원문에서는 추가 코드를 제공하지 않았지만,
```
x<-grad.desc()
x$par
x$perspe(col="green", phi=40)
```
을 추가로 코딩해서 최적점이 제시되는 것을 시각화해보자. – 옮긴이

타날 각각의 해를 저장해 그림 5.2와 같이 시각화한다. 처음에는 어느 정도 나쁘게 시작함으로써 알고리즘이 어떻게 지역 최솟값에 도달하는지 살펴볼 수 있다.

```r
n <- 300
## 그리드 정의하기
x <- seq(-1, 2, length.out = n)
y <- seq(-1, 2, length.out = n)
## 각 그리드 포인트 평가
z <- mountains(expand.grid(x, y))
## 등고선 플롯
par(mar = c(4,4,0.5,0.5))
contour(x, y,  matrix(log10(z$Var1), length(x)),
        xlab = "x", ylab = "y", nlevels = 20)
## matrix(log10(z), length(x))에서 경고: NaNs 생성
## 시작점
sta <- c(0.5,-1)
points(sta[1], sta[2], cex = 2, pch = 20)
## 각 20단계의 해
sol <- matrix(, ncol=2, nrow = 21)
sol[1, ] <- sta
for(i in 2:20){
    sol[i, ] <- nlm(mountains, sta, iterlim = i)$est
}
## 최적 해
sol[21, ] <- nlm(mountains, sta)$est
points(sol[21, 1], sol[21, 2], cex = 3, col = "red", pch = 20)
## 경로 시각화
lines(sol, pch=3, type="o")
## 더욱 좋은 출발(점선)
sta <- c(0,-1)
for(i in 2:20){
    sol[i, ] <- nlm(mountains, sta, iterlim = i)$est
}
```

```
sol[1, ] <- sta
sol[21, ] <- nlm(mountains, sta)$est
points(sta[1], sta[2], cex = 2, pch = 20)
points(sol[21, 1], sol[21, 2], cex = 3, col = "red", pch = 20)
lines(sol, pch=3, type="o")[3]
```

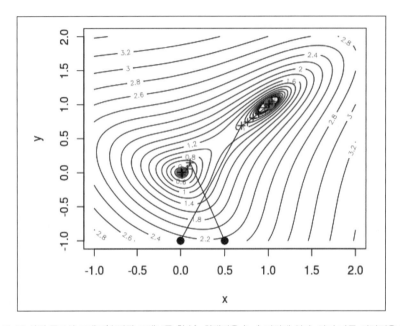

그림 5.2 두 산의 등고선 그래프(수정된 로젠브록 함수). 최댓값은 (1, 1) 지점에 있다. 각기 다른 시작점을 갖는 빨간색으로 채워진 2개의 해가 있으며, 뉴턴-라프슨 해의 각 단계는 + 기호 및 경로로 표시된다. 시작값은 그래프 하단에 검은색 원으로 그려져 있다(컬러 이미지 p. 470).

---

3 이 코드는 길기 때문에 이 책의 깃허브에서 코드를 내려받아 사용하면 된다. 하지만 오리지널 코드를 사용하면 다음과 같은 에러가 반복될 수도 있다.

```
Error in contour.default(x, y, matrix(log10(z), length(x)), xlab = "x",  :
  no proper 'z' matrix specified
```

에러가 발생할 경우, 오리지널 코드의 9번째 줄을 다음과 같이 변경하면(z 대신 z$Var1으로 대체)

```
contour(x, y, matrix(log10(z$Var1), length(x)),
xlab = "x", ylab = "y", nlevels = 20)
```

그림 5.2와 동일한 결과를 눈으로 확인할 수 있다. - 옮긴이

2차원의 예에서 뉴턴-라프슨 경사도 방법은 선택된 출발점이 지나치게 나쁘지 않다면 잘 작동한다.

이미 언급했듯이, 뉴턴-라프슨 방법은 결정론적이다. 즉, 동일한 시작값은 항상 동일한 해에 도달한다.

함수가 볼록하거나 오목하다면 전체 최적점은 매우 빠르고 쉽게 찾을 수 있다. 하지만 최적화할 함수가 볼록하지도 오목하지도 않고 몇 가지 지역 최적점이 존재한다면, 뉴턴-라프슨 방법은 아마도 국지적인 최적값만을 찾게 될 가능성이 높다.

범용성을 가진 최적화 방법들

R에서 일반적으로 나타나는 국지적 최적화 문제를 해결하는 표준 함수는 optim이며, 몇 가지 방법이 실행된다.

- **넬더-미드**Nelder-Mead **방법**(Nelder & Mead, 1965): 비교적 느린 R의 디폴트(또는 기본적으로 적용되는) 방법이다. 미분할 수 없는 함수에서 비교적 잘 작동한다.

- **BFGS 방법**: 준 뉴턴 방법이며, 특히 헤세 행렬이 유효하지 않거나 매번 반복적으로 계산하기에 (시간적으로) 비용이 너무 높을 경우 사용하기 좋다. 넬더와 미드(1965)가 제시한 방법으로 잘못된 계단step 크기에 대해 상대적으로 강력하다.

- **CG 방법**(Fletcher & Reeves, 1964): 선형의 해를 구하는 공역 기울기conjugate gradient 방법으로, 바로 앞의 BFGS 방법보다는 일반적으로 취약하지만 계산하는 데는 좀 더 효율적이므로 큰 규모의 문제에 사용된다.

- **L-BFGS-B 방법**(Byrd, Nocedal & Zhu, 1995): 각 변수의 범위 제약 조건을 감안한다. 물론 시작값은 범위 제한점을 만족시켜야 한다.

- **SANN 방법**(Belisle, 1995): 시뮬레이션 어닐링annealing[4]을 이용해 최적값을 찾는다. 수용 확률을 찾도록 메트로폴리스Metropolis 함수를 사용한다. 범용성을 띠는 방법

---

4 전체 최적점의 근사치를 찾기 위한 확률적 접근 방식 – 옮긴이

은 아니며 상대적으로 느리지만 아주 거친 표면에 좋은 해를 찾는 데 매우 유용하다.

소개한 방법들을 함수 mountains에 적용할 것이다. 문제에서 알고리즘이 어떻게 작동하는지 확인하기 위해 각 단계마다 해를 저장하는 명령어 for 루프가 필요하다는 점을 알아두자. 그림 5.3에서 볼 수 있듯이 지역적 또는 전체적 최댓값 도달 여부는 초깃값에 의해 상당히 결정되지만, (1, 1)에 있는 전체 최적점에 정확히는 아니지만 거의 도달하고 있으며 연산 시간에서만 차이가 난다.

```r
## optim 함수의 모든 방법 정리
optims <- function(x, meth = "Nelder-Mead", start = c(0.5, -1)){
  sol <- matrix(, ncol = 2, nrow = 21)
  sol[1, ] <- start
  for(i in 2:20){
    sol[i, ] <- optim(start, mountains, method = meth,
                      control = list(maxit=i))$par
  }
  sol[21,] <- optim(start, mountains)$par
  points(start[1], start[2], pch=20, cex = 2)
  points(sol[21, ], sol[21, ], pch = 20, col = "red", cex = 3)
  lines(sol[, 1], sol[, 2], type = "o", pch = 3)
}
## 방법별 플롯 라인
par(mar=c(4,4,0.5,0.5))
contour(x, y, matrix(log10(z$Var1), length(x)), xlab = "x", ylab =
"y", nlevels = 20)
optims()    # 넬더-미드 방법
optims("BFGS")
optims("CG")
optims("L-BFGS-B")
optims("SANN")
optims("Brent")
optims(start = c(1.5,0.5))
```

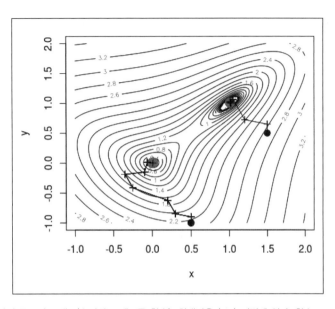

그림 5.3 두 산의 등고선 그래프(수정된 로젠브록 함수). 최댓값은 (1, 1) 지점에 있다. 함수 optim으로 지원되는 방법은 시작점이 (0.5, −1)인 경우 국지적 최솟값에 수렴하나, 시작점이 (1.5, 0.5)인 경우 위에서 나타나는 경로로 전체 최적값에 모두 도달한다. 해의 각 단계는 시작점(검은색으로 채워진 원)에서부터 최종해(빨간색으로 채워진 원)까지 이어진 하나의 선으로 표시된다(컬러 이미지 p. 470).

R 패키지인 nloptr(Johnson, 2014) 및 optimx(Nach & Varadhan, 2005)도 유용하게 쓸 수 있다는 점을 알아두자. 마지막으로, R 패키지 ROI(Hornik, Meyer, & Theussl, 2013)는 문제를 해결해야 하는 사람에게 인터페이스를 제공하며, R에서 최적화 문제를 다루도록 정교하게 만들어진 최적화 인프라로 구성되어 있다.

▌ 확률적 최적화 다루기

결정론적 최적화와의 차이는 확률적 최적화를 사용하면 같은 시작값을 가진 다른 해를 찾을 수 있다는 점이다. 이러한 접근법은 국지적 최적화에 빠지지 않게 해준다.

간편한 절차(스타트렉, 스페이스볼, 스페이스볼 프린세스)

5장 도입부에서 언급했듯이 원칙적으로 f의 전체 분포를 커버하는 지도상의 정교한 그리드는 각 그리드상의 점들을 평가하는 데 사용된다(스타트렉 방식). 최댓값과 최솟값을 갖는 그리드 좌표는 최적점의 근사적 해를 제시한다. 다양한 문제를 처리하는 그리드 기반 결정론적 솔루션은 예를 들어 이상치 발견을 위한 스타헬—도너호Stahel-Donoho 추정량(Stahel, 1981a; Stahel, 1981b)과 그리드 기반 예측 방식을 사용해 데이터의 주성분을 찾는 래스터raster(컴퓨터 화면의 주사선) 검색(Croux, Filzmoser, & Oliveira, 2007) 등이 있다.

결정론적 접근법에서부터 임의성을 포함하는 확률적 접근법으로 옮기기 위해, f(스페이스볼)의 전체 분포상에서 존재하는 점들을 샘플링한다. 하나의 점을 선택할 확률이 전체 공간상에서 동일할 경우, A라는 해를 찾아낼 확률은 결정론적 접근법과 동일하다.

이러한 접근 방식은 저차원적 문제에는 좋은 결과를 가져올 수 있지만, 고차원 문제에 대한 좋은 해를 계산해내기에는 너무 느리다. 당연하게도 해당 방법을 점들을 추출해서 이 점들의 값에 따라 결정되는 다음 점들을 추출하는 순차적 점추출 방식으로 수정할 수 있다. 2차원상에서 최대화는 높은 점 주변에서 더 많은 데이터 점이 선택될 수 있음을 의미한다. 우리는 이 편향을 고려하지 않을 것이지만, 일련의 점들을 선택하고 제일 높은 점을 표시해둘 것이다. 선택된 각각의 점에 대해 함수 f를 계산하면 최댓값은 거의 극한값이 될 것이다. 만약 f를 간략하게 축약한다면, 균등 분포로부터 m개의 관측값을 추출해서 다음과 같이 시뮬레이션한다.

$$f_m^* = \max(f(u_1), \ldots, f(u_m))$$

은

$$\max_{x \in \mathbb{R}} f(\mathbf{x})$$

의 근사적 해가 된다.

빨간색으로 표시된 최댓값은 이변량 균등 분포인 −2와 5 사이에서 1,500개의 관측치를 추출해 평가한 결과와 함께 나타난다(그림 5.4 참조).

```
## 그리드 정의하기
n <- 1500
set.seed(1234567)
x1 <- runif(n, min = -2, max = 5)
y1 <- runif(n, min = -2, max = 5)
z1 <- matrix(, ncol = n, nrow = n)
## 각 그리드 포인트 평가
for(i in 1:n){
  for(j in 1:n){
     z1[i,j] <- mountains(c(x1[i], y1[j]))
  }
}
## 최적점 결정
w <- which(z1 == min(z1), arr.ind=TRUE)
## plot results
par(mar=c(4,4,0.5,0.5))
contour(x, y, matrix(log10(z$Var1), length(x)), xlab = "x", ylab =
"y", nlevels = 20)
## matrix(log10(z), length(x))에서 경고: NaNs 생성
points(x1[w[1]], y1[w[2]], pch = 20, col = "red", cex = 3)
points(x1, y1, pch=3)
```

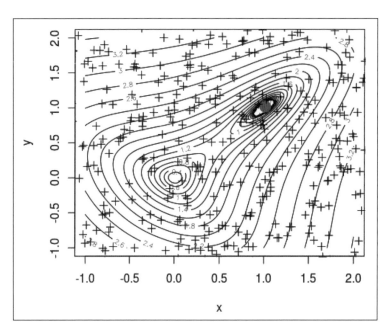

그림 5.4 스페이스볼 해를 보여주는 두 산의 등고선 그래프(수정된 로젠브록 함수)(컬러 이미지 p. 471)

물론 스페이스볼 접근법은 너무 단순화된 측면이 있고, 앞에서 해당 방법의 개선을 이미 언급했음을 기억하자. 이번에는 스페이스볼 프린세스 방법을 이용해 더 나은 해를 찾도록 그 방법을 반복해보자. 아이디어는 다음과 같다.

1. 무작위로 점들을 추출하고, 점들을 이용해 함숫값들을 계산해서, 가장 높은 값을 갖는 점들을 선택한다.
2. 여러 적합한 지점에서 반복하고, 정규 분포에서 나온 값들을 추출해서, 다시 적합한 점들을 선택한다.

다차원 함수 최적화에 사용되는 패키지 RCEIM(Krone-Martins, 2014)으로 스페이스볼 프린세스 방법이 구현된다. 이 방법은 최적화할 다차원 함수에 대해 강력한 조건들을 요구하지 않으면서 복수의 최적점을 갖는 2개의 산 문제에 쉽게 적용할 수 있다. 함수로부터 바로 나온 모든 해를 저장하고 알고리즘의 각 단계별 최적점들을 보여준다. 그림 5.5의 플롯은 초기 단계 연회색에서 20번째 단계 최적점인 검은색까지의 점들을 모두 보여준다. 각 단계에서 최고의 해는 붉은색 + 기호로 표시하며, 이들은 모두 최적점 근처에 위치한다. 최종해는 큰 붉은색 원으로 표시된다.

```
library("RCEIM")
set.seed(123)
sol <- best <- list()
## 각 단계 해 저장
for(i in 2:20){
  a <- ceimOpt(mountains, nParam = 2, maxIter = i)
  sol[[i]] <- a$EliteMembers
  best[[i]] <- a$BestMember
}
## 각 단계 결과 플로팅
par(mar=c(4,4,0.5,0.5))
contour(x, y,  matrix(log10(z$Var1), length(x)), xlab = "x", ylab =
"y", nlevels = 20)
## matrix(log10(z), length(x))에서 경고: NaNs 생성
greys <- grey(rev(2:20 / 20 - 0.099))
for(i in 2:20){
  points(sol[[i]][,1], sol[[i]][,2], col = greys[i])
  points(best[[i]][1], best[[i]][2], col = "red", pch = 3)
}
points(best[[i]][1], best[[i]][2], col = "red", pch = 20, cex = 3)
```

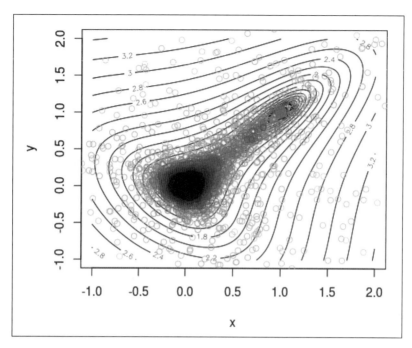

그림 5.5 두 산의 등고선 그래프(수정된 로젠브록 함수 정의). 동일한 시작값들을 갖는 2개의 해를 보여주지만, 랜덤 워크 메트로폴리스–헤이스팅스 해의 각 단계는 첫 번째 해에 대해서는 채워진 원으로, 두 번째 해에 대해서는 + 기호로 표시된다(컬러 이미지 p. 471).

이번과 같이 단순한 방식은 좀 더 높은 고차원에서는 비효율적일 수 있지만, 이와는 반대로 특히 목적 함수가 매우 복잡할 경우 이번 방법을 응용할 수 있는 범위가 매우 넓다는 사실이 명확해졌다.

메트로폴리스–헤이스팅스 분석 기법 다시 보기

간단한 확률적 탐색 알고리즘인 몬테카를로 메트로폴리스–헤이스팅스 알고리즘을 사용해 수열 $\theta_{j+1} = \theta_j + \epsilon_j$를 생성하고 주어진 파라미터 θ_j와 θ_{j+1}로 분포 함수 f를 추정한다. θ_{j+1}에서 추정값이 더 높다면 수락하기 위해 진행할 것이며, 그렇지 않다면 이동하지 않는다. ϵ은 변하는 분산을 가진 정규 분포에서 나온 것이며, 수열이 길수록 분산은 적어진다.

2차원 예제(mountains)에서, 랜덤 워크 메트로폴리스–헤이스팅스류의 알고리즘은 다음과 같은 수열 $\mathbf{x}_t = (x_t, y_t)$(여기서 $t = 1, 2, \dots$)에 대해 $\epsilon_t \sim \text{MVN}(0, \sigma_i)$이며, 다시 σ_i는 t가 커지면서 줄어드는 성격을 띠는 $\mathbf{x}^{(t+1)} = \mathbf{x}^{(t)} + \epsilon_t$ 수열로 정의된다.

다음 코드는 2차원상의 최적화 문제를 풀기 위해 랜덤 워크 메트로폴리스–헤이스팅스 알고리즘을 구현하는 방법이다.

```
## 간단한 랜덤 워크 메트로폴리스 헤이스팅스:
rmh <- function(n = 20, start = c(0,-0.5), stepmult = 10){
  x <- matrix(, ncol = 2, nrow = n)
  x[1, ] <- start
  sol <- mountains(start)
  for(i in 2:n){
    x[i, ] <- x[i-1, ] + rmvnorm(1, mean = c(0, 0),
                            sigma = stepmult * diag(2) / n)
    solnew <- mountains(x[i, ])
    # 더 나은 해만 수락:
    if(solnew > sol) x[i, ] <- x[i-1, ]
    if(solnew < sol) sol <- solnew
  }
  return(x)
}
```

동일 시작점에서 두 가지 걸음 경로를 취해보자.

```
library("mvtnorm")
set.seed(12345)
n <- 200
x1 <- rmh(n, start = c(1.5,0))
x2 <- rmh(n, start = c(1.5,0))
```

다시 알고리즘의 각 단계별로 해를 시각화한다. 그림 5.6에서 같은 시작점을 갖지만 한 번

은 국지적 최솟값에 빠졌던 알고리즘이 다음번에는 최적의 해를 찾는 데 성공했음을 알
수 있다.

```
par(mar=c(4,4,0.5,0.5))
contour(x, y,  matrix(log10(z$Var1), length(x)), xlab = "x", ylab =
"y", nlevels = 20)
## matrix(log10(z), length(x))에서 경고: NaNs 생성
points(x1[1, 1], x1[1, 2], pch = 4, cex = 3)
points(x2[n, 1], x2[n, 2], pch = 20, col = "red", cex = 3)
points(x1[n, 1], x1[n, 2], pch = 20, col = "red", cex = 3)
lines(x1[, 1], x1[, 2], type = "o", pch = 3)
lines(x2[, 1], x2[, 2], type = "o", col = "blue", lty = 2)
```

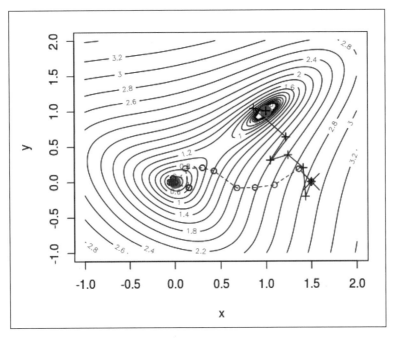

그림 5.6 두 산의 등고선 그래프(수정된 로젠브록 함수). 동일한 시작값을 갖는 2개의 해가 표시되며, 랜덤 워크 메
트로폴리스-헤이스팅스 해의 각 단계는 첫 번째 해는 원으로, 두 번째 해는 + 기호로 표시된다(컬러 이미지 p. 472).

218

경사 기반 확률 최적화

앞에서 설명했던 술 취한 선원의 시나리오를 생각해보자. 경사^{gradient} 기반 알고리즘의 방향과 계단의 크기$^{step\ size}$는 무작위성을 이용해 수정될 수 있음을 주목했다.

확률적 경사 하강법의 경우 수열 $\theta_{j+1} = \theta_j + \alpha_j \nabla f(\theta_j)$(여기서 $\alpha_j > 0$)인 뉴턴-라프슨 방법을 기반으로 하여 한 단위의 원에 균등하게 분포된 임의의 오차 ζ_j, ζ_j를 계산한다.

이전 공식에서 경사는 중앙미분계수 $\nabla h(\theta_j) = \frac{f(\theta_j + \beta_j \zeta_j) - f(\theta_j - \beta_j \zeta_j)}{2\beta_j} \zeta_j$ 를 고려해서 수정되며, 여기서 β_j는 양의 실수로 구성된 수열이다. 중앙미분계수는 국지적 도함수의 근삿값이다.

β_j와 α_j의 크기에 따라 변하는 임의의 방향이 매번 선택되기 때문에 $\theta_{j+1} = \theta_j + \frac{\alpha_j}{2\beta_j} \delta f(\theta_j, \beta_j, \zeta_j)\zeta_j$ 인 새로운 값 θ_{j+1}들은 정확히 θ_j의 가장 가파른 상승 방향에 있는 것은 아니다. 그러한 방향들은 $f(\theta_j + \beta_j \zeta_j) - f(\theta_j - \beta_j \zeta_j)$가 큰 경우에 선호된다.

수렴을 달성하려면 다음을 주목해야 한다(이번에 증명은 제시하지 않는다).

- 결정 수열 α_j(여기서 $j = 1, 2, ...$)는 양적으로^{positive} 단조롭게 증가하는 수들을 포함한다.
- $\Sigma \alpha_j$는 발산해야 한다.
- $\Sigma(\alpha_j/\beta_j)^2$은 수렴해야 한다.

무작위로 방향을 선택함으로써 확률적 경사법은 국지적 최적화 덫에 걸리지 않고 피할 수 있다. 알고리즘의 성능은 α와 β의 선택에 달려 있으나, 두 파라미터를 모두 선택하는 것은 실무적으로 매우 어렵고 거의 풀기 어려운 작업이다.

다음 코드는 앞에서 설명한 확률적 경사법을 구현한다. α와 β의 수열의 파라미터뿐만 아니라 시작값 모두 함수의 파라미터로서 포함된다.

```
stoGrad <- function(start = c(0, -0.5), j = 1500, p = 0.1){
  theta <- matrix(start, ncol=2)
  diff <- iter <- 1
```

```
  alpha <- sapply(1:100, function(x) 1 / (j+1) )
  beta  <- sapply(1:100, function(x) 1 / (j+1)^(p) )
  while( diff > 10^-5 & !is.nan(diff) & !is.na(diff) ){
    zeta <- rnorm(2)
    zeta <- zeta / sqrt(t(zeta) %*% zeta)
    grad <- alpha[iter] * zeta * (mountains(theta[iter, ] +
beta[iter] * zeta) - mountains(theta[iter, ] - beta[iter]
* zeta)) / beta[iter]
    theta <- rbind(theta, theta[iter, ] - grad)
    diff <- sqrt(t(grad) %*% grad )
    iter <- iter + 1
  }
  list(theta = theta[1:(iter-1), ], diff = diff, iter = iter-1)
}
```

다음 플롯(그림 5.7)은 확률적 경사법의 해를 제시한다. 단순한 2차원 예라도, 수렴을 달성하고 좋은 해를 찾기 위해 반드시 필요한 훌륭한 α_i와 β_i 수열을 선택하는 데 어느 정도의 시간이 걸렸다.

```
set.seed(123)
s1 <- stoGrad()
par(mar=c(4,4,0.5,0.5))
contour(x, y, matrix(log10(z$Var1), length(x)), xlab = "x", ylab =
"y", nlevels = 20)
## matrix(log10(z), length(x))에서 경고: NaNs 생성
plotLine <- function(x, ...){
  lines(x$theta[,1], x$theta[,2], type = "o", ...)
  points(x$theta[x$iter, 1], x$theta[x$iter, 1], pch = 20, col =
"red", cex = 3)
}
plotLine(s1, pch = 3)
points(0, -0.5, pch = 20, cex = 1.5)
plotLine(stoGrad(), col = "blue", pch = 4)
plotLine(stoGrad(start = c(1.5, 0)), pch = 3, lty = 2)
```

```
plotLine(stoGrad(start = c(1.5, 0)), col = "blue", pch = 4, lty = 2)
points(1.5, 0, pch = 20, cex = 1.5)
```

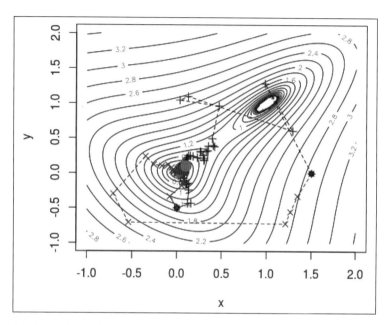

그림 5.7 두 산의 등고선 그래프(수정된 로젠브록 함수). 4개의 해가 제시되는데, 그중 2개씩은 각각 동일한 시작 값을 갖는다. 해를 구하는 각 단계가 시각화되며, 시작점은 검은색으로 채워진 원이고 최종해는 빨간색 원으로 표시된다(컬러 이미지 p. 472).

구현되는 확률적 경사법은 파라미터 j와 p에 대해 민감하다. 파라미터 p를 좀 더 높은 값으로 수정하면 더 나은 결과를 얻을 수 있는 것으로 보인다(그림 5.8 참조).

```
set.seed(123)
s1 <- stoGrad(p = 2.5)
par(mar=c(4,4,0.5,0.5))
contour(x, y, matrix(log10(z$Var1), length(x)), xlab = "x", ylab =
"y", nlevels = 20)
## matrix(log10(z), length(x))에서 경고: NaNs 생성
```

```
plotLine <- function(x, ...){
  lines(x$theta[,1], x$theta[,2], type = "o", ...)
  points(x$theta[x$iter, 1], x$theta[x$iter, 1], pch = 20, col =
"red", cex = 3)
}
plotLine(s1, pch = 3)
points(0, -0.5, pch = 20, cex = 1.5)
plotLine(stoGrad(p = 2.5), col = "blue", pch = 4)
plotLine(stoGrad(start = c(1.5, 0), j=1500, p=2.5), pch = 3, lty = 2)
plotLine(stoGrad(start = c(1.5, 0), j=1500, p=2.5), col = "blue", pch
= 4, lty = 2)
points(1.5, 0, pch = 20, cex = 1.5)
```

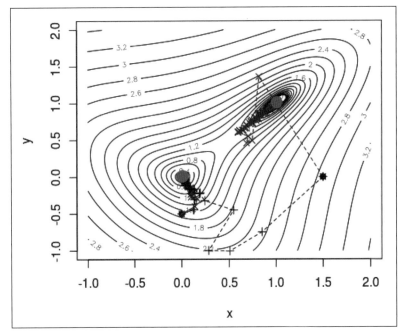

그림 5.8 두 산의 등고선 그래프(수정된 로젠브록 함수). 4개의 해 중에서 2개는 각각 동일한 시작값을 가지며, 해를 구하는 각 단계가 시각화됐다. 시작점은 검은색으로 채워진 원이며, 최종해는 빨간색 원이다(컬러 이미지 p. 473).

222

패키지 nloptr(Johnson, 2014)은 비선형적으로 제약을 받는 전역 최적화를 위한 알고리즘인 ISRES^improved stochastic ranking evolution strategy를 갖고 있다(Runarsson & Yao, 2005).

```
library("nloptr")
set.seed(123)
## 수정된 함수 파라미터가 있는 mountains 함수
mountains1 <-
function(x) ((1 - x[1])^2 + 100 * (x[2] - x[1]*x[1])^2 +
    0.3*(0.2 - 2*x[2])^2 + 100 * (x[1] - x[2]*x[2])^2 -
    0.5*(x[1]^2 +5*x[2]^2))
x0 <- c(0.5, -1)
lb <- c(-3, -3)
ub <- c(3, 3)
sol <- matrix(, ncol=2,nrow=21)
## 각 단계 해
for(i in 1:20){
   sol[i, ] <- isres(x0 = x0, fn = mountains1, lower = lb, upper = ub,
maxeval = i)$par
}
par(mar=c(4,4,0.5,0.5))
contour(x, y, matrix(log10(z$Var1), length(x)), xlab = "x", ylab =
"y", nlevels = 20)
## 시작
points(sol[1, 1], sol[1, 2], pch = 20, cex = 2)
## 최적치 찾기
sol[21,] <- isres(x0 = x0, fn = mountains1, lower = lb, upper = ub)
$par
points(sol[21, 1], sol[21, 2], pch = 20, col = "red", cex = 3)
## 최적치로 다가가기
lines(sol[,1], sol[,2], type = "o", pch = 3)
```

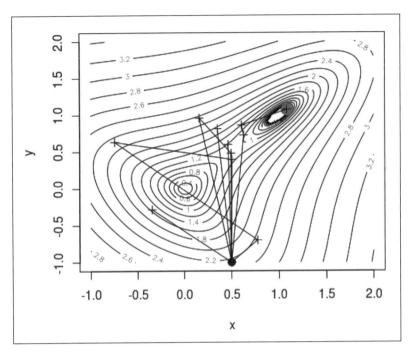

그림 5.9 두 산의 등고선 그래프(수정된 로젠브록 함수). ISRES 알고리즘 구현으로 해의 각 단계가 시각화된다. 시작점은 검은색으로 채워진 원이며, 최종해는 빨간색으로 채워진 원이다(컬러 이미지 p. 473).

▌요약

이 책에 제시된 모든 방법을 이용하면 어떤 문제라도 최고의 최적화 도구를 찾을 수 있을 것이다. 최적화 도구를 선택하는 데 있어, 최적화해야 할 함수의 형태뿐만 아니라 주어진 문제가 지닌 차원과 복잡성 또한 중요한 역할을 한다.

수치 최적화 방법을 이번 장에서 소개했지만, 그중에서도 최적화 문제 해결을 위한 확률론적 방법에 대해 특히 중요하게 다뤘다. 전통적인 수치 최적화 방법의 장점은 계산상 효율적이며 최적값에 좀 더 빨리 도달할 수 있다는 점이다. R 함수 optim은 이런 목적의 많은 도구를 제공하며, 패키지 optimx 및 ROI는 최적화 도구의 마감재 역할을 한다.

그러나 범용성을 띠는 수치 최적화 방법으로 찾아낸 최적점은 최적화해야 할 함수가 볼록 또는 오목하지 않으면 전역 최적점과 일치하지 않을 수밖에 없다. 술 취한 선원 방식 같은 확률적 경사법은 국지적 극한값에 빠질 가능성을 피할 수 있지만, 어떤 경우에도 심지어는 시작점이 같더라도 재실행할 때마다 또 다른 경로를 찾게 될 것이다. 확률적 경사법의 결과는 다양한 파라미터에 달려 있으며, 이 방법의 주요 단점은 좋은 파라미터들을 찾으려고 노력해야 한다는 데 있다. 확률적 경사법은 잘 선택된 여러 파라미터들만으로 좋은 해를 찾을 수 있지만, 그렇지 않은 경우 국지적 극한값이 최적점으로 선택될 수도 있기 때문이다.

스페이스볼이나 스페이스볼 프린세스 접근법 같은 아주 간단한 방법으로 국지적 극한에 갇히는 것을 피할 수 있다. 하지만 높은 차원의 문제에서 좋은 해를 찾아내는 데 드는 비용이 상당할 수 있음을 염두에 두자. 그럼에도 불구하고 최적화돼야 할 함수들이 다수의 국지적 극한값을 갖는다면 두 가지 접근법은 좋은 해를 얻을 수 있는 유일한 대안이 된다. 호주인이 안개 속에서 오스트리아의 가장 높은 산을 찾고 싶을 때 직면해야 했던 문제들을 생각해보라. 스페이스볼 프린세스 전략을 위해 패키지 RCEIM으로 실행하는 것이 그로스글로크너의 정상을 찾을 가능성이 가장 높고, 그 밖의 해결책은 국지적 극한에 빠질 가능성이 매우 높다.

또한 메트로폴리스–헤이스팅스 접근법을 쉽게 구현할 수 있음을 다뤘고, 2개의 산 문제에 대해서도 빠른 시간 안에 좋은 결과를 얻었다.

▌ 참고문헌

- Belisle, C.J.P. 1995. "Convergence Theorems for a Class of Simulated Annealing Algorithms on Rd," *J. Applied Probability* 29: 885–95

- Bertrand, G. 2005. "On Topological Watersheds," *Journal of Mathematical Imaging and Vision* 22 (2-3): 217–30

- Byrd, R.H., J. Nocedal, and C. Zhu. 1995. "A Limited Memory Algorithm for Bound Constrained Optimization," *SIAM J. Scientific Computing* 16: 1190–1208

- Croux, C., P. Filzmoser, and M. Oliveira. 2007. "Algorithms for Projection–Pursuit Robust Principal Component Analysis," *Chemometrics and Intelligent Laboratory Systems* 87: 218–25

- Fletscher, R., and C.M. Reeves. 1964. "Function Minimization by Conjugate Gradients," *Computer Journal* 7: 148–54

- Hornik, K., D. Meyer, and S. Theussl. 2013. *ROI: R Optimization Infrastructure*, https://CRAN.R-project.org/package=ROI

- Johnson, S.G. 2014. *Improved Stochastic Ranking Evolution Strategy*, https://CRAN.R-project.org/package=nloptr

- Krone-Martins, A. 2014. *RCEIM: RCEIM - R Cross Entropy Inspired Method for Optimization*, https://CRAN.R-project.org/package=RCEIM

- Nach, J.C., and R. Varadhan. 2005. "Unifying Optimization Algorithms to Aid Software System Users: Optimx," *Journal of Statistical Software* 43 (9). IEEE: 1–14

- Nelder, J.A., and R. Mead. 1965. "A Simplex Method for Function Minimization," *The Computer Journal* 7 (4). Oxford University Press: 308–13

- Runarsson, T.P., and X. Yao. 2005. "Search Biases in Constrained Evolutionary Optimization," *Systems, Man, and Cybernetics, Part C: Applications and Reviews, IEEE Transactions* on 35 (2). IEEE: 233–43

- Stahel, W.A. 1981a. *Breakdown of Covariance Estimators. Research Report* 31

- 1981b. "Robuste Schätzungen. Infinitesimale Optimalität Und Schätzungen von Kovarianzmatrizen," *PhD thesis, Swiss Federal Institute of Technology* (ETH)

06

시뮬레이션으로 보는
확률 이론

"신은 주사위를 던지지 않는다."

— 알베르트 아인슈타인(Albert Einstein)

6장에서는 확률 이론과 수리통계학의 다양한 측면을 보여주기 위해 시뮬레이션 실험을 한다. 시뮬레이션이 기초 이론들을 쉽게 이해하는 데 도움이 된다는 사실을 알게 되고 대수의 (약)법칙, 특히 중심극한정리를 자세히 다룰 것이다. 중심극한정리는 통계에서 가장 중요한 내용이기 때문에 자세히 다룰 가치가 있다. 우선, 잘 알려진 기본적인 내용을 소개한다.

확률 이론의 기본적인 내용

확률 이론은 수학의 한 분야이며, 샘플에서 모집단을 추론하는 기초를 형성한다. 분석 통계 분야와 함께, 확률 이론은 무작위 사건을 기술하기 위해 확률론적 영역에서 사용한다. 확률 모델링은 실제 무작위 프로세스(예를 들면, 경제 예측)의 모델링과 분석을 위해 임의 성randomness과 그 법칙인 확률적 개념을 사용한다. 관련된 여러 표기법과 기본 개념을 알아보자.

임의 과정 또는 임의 실험은 무한히 반복되면서 잘 정의된 가능한 결과물의 집합을 만들어가는 절차다. 예를 들어, 주사위를 던지는 것은 무작위(임의) 실험이다.

결과의 집합은 $\Omega = \{..., \omega, ...\}$로 표시된다. 해당 집합은 임의 실험에서 발생 가능한 모든 결과를 의미한다. 주사위를 던져서 나오는 결과를 예로 들면 $\Omega = \{1, ..., 6\}$으로 표시한다.

임의 변수 x = $\{X_1, ..., X_k\}$는 여러 다른 값들의 집합이며, 각각의 값은 연관된 확률을 갖는다.

임의 실험의 결과는 임의 변수가 되고, 주사위 짝수의 집합이 임의 변수의 좋은 예다.

사건 A: 실험 결과 x는 특정 속성 A를 갖는다. 따라서 사건들은 전체 결과 Ω의 하위 집합이다. 주사위 예제에서 짝수를 던지는 사건 A는 $\{2, 4, 6\}$을 의미한다.

확률 P(A)는 특정 이벤트 A가 발생할 확률이다. 사건 A의 경우, '동전의 앞면'이 나오는 확률은 $P(A) = \dfrac{1}{2}$이다.

확률 분포

확률 분포는 이 책에서 빈번하게 사용되기 때문에 확률 분포에 대해 간단하게 이야기를 하려고 한다. 이론적 확률 분포는 기술통계descriptive statistics 및 수리통계학에서 다음과 같은 이유로 중요하다.

- 기술통계로 실증적으로 관측된 빈도 분포를 기술하는 것과 같이 함수를 근사할 수 있다.
- 수리통계로 특정 실험 결과의 확률을 결정할 수 있다.

중요한 이론적 분포의 예로는 이항 분포, 푸아송 분포, 초기하 분포, 균등 분포, 지수 분포, 정규 분포, 카이스퀘어(χ^2) 분포, t 분포 등을 들 수 있다.

이산 확률 분포

가령 오스트리아 인구 구조에서 기혼인지 미혼인지 여부는 이산 확률 분포로 정의한다. 이산 분포는 일반적으로 매우 중요하며 이후의 장들에서 필요하기 때문에 자세히 살펴볼 필요가 있다.

각 기본 사건 j와 해당 사건의 확률 P_j가 주어진 함수를 관측된 분포의 확률 함수라고 부르며, 다음과 같이 정의된다.

- $\Omega_X = \mathbb{Z}$는 정수인 x의 범위를 정한다.
- $P(\{j\}) = P(X = j) = p_j$
- $j \in \Omega_X$인 경우 $p_j \geq 0$
- $\Sigma_{j \in \Omega_x} p_j = 1 \Rightarrow P(\Omega_X) = 1$

분포 함수는 $x \leq j$인 경우의 실험 확률을 결정하고 다음과 같이 관계를 나타낸다.

- $j \in \Omega_X$인 경우 $F_j = P(x \leq j)$
- $F_j = \Sigma_{i \leq j} p_i$

이산 확률 분포의 한 예로서 이항 분포Binomial distribution를 사용한다.

베르누이Bernoulli 모델은 다음 조건을 가진 일련의 베르누이 실험 결과로 이뤄진 수열로 구성된다(n = 1인 이항 분포).

- 각 시도에서 단지 두 가지 결과(사건), 즉 A와 $\overline{A}$(= A가 아닌 결과, 여집합)가 가능

하다.

- A와 $\overline{A}$의 확률은 모든 실험인 $P(A) = p$와 $P(\overline{A}) = 1 - p$에서 사용되는 변하지 않는 상수constant다. 서로 독립적인 개별 실험을 n회 반복하고, 빈도 $h_n(A)$는 $h_n(A) \in \{0, 1, ..., n\}$을 의미한다.

이항 분포 $B(n, p)$에서는 사건 A가 n회 반복되어 정확히 x번 발생하는 확률을 다음과 같이 도출한다.

사건 A는 첫 번째 x번의 실험에서 $\underbrace{A, A, ..., A}_{x번}, \underbrace{\overline{A}, \overline{A}, ..., \overline{A}}_{(n-x)번}$ 만큼 발생하므로, 독립적인 실험들로 구성된 수열의 확률은 $p^x(1 - p)^{n-x}$이다.

모든 가능한 케이스 $\binom{n}{x}$를 고려해서 다음과 같이 사건 A가 발생할 수 있는 확률을 계산한다.

$$P(h_n(A) = x) = \binom{n}{x}p^x(1 - p)^{n-x}$$

여기서 $\binom{n}{x} = \dfrac{n!}{(n-x)!x!}$은 이항계수Binomial coefficient다.

연속 확률 분포

함수 $a \mapsto F(a) = P(x \leq a)$를 x에 대한 확률 분포 함수라 부르며, $F(a)$는 $x \leq a$를 관찰할 확률이다. 또한 $F(x)$의 경우 다음이 성립한다.

- $\Omega_x = R$
- $0 \leq F(x) \leq 1$
- $F(x)$는 단조롭게 증가하고, $x_1 \leq x_2$인 경우 $F(x_1) \leq F(x_2)$를 따른다.

분포 함수의 도함수 $f(x) = F'(x)$는 x의 분포 밀도라고 한다. $f(x) \geq 0$이고 $\int_{-\infty}^{\infty} f(x)dx = 1$이 성립한다.

연속 확률 분포의 대표로서 흔히 정규 분포를 언급한다. 정규 분포는 수리통계학에서 가장 중요한 분포다. 많은 기술 분야 및 생물학 분야 데이터들이 실제로 정규 분포를 따르지는 않으나, 추정하는 모수는 정규 분포를 따른다. 정규 분포는 많은 추정 방식과 테스트 방법의 기초가 된다.

▌ 복권 당첨

지난 7개월 동안 당첨된 영국의 복권 번호를 살펴보자. 인터넷으로부터 얻을 수 있는 몇 가지 방법이 있다.

```
library("RCurl")
URL <- "https://www.national-lottery.co.uk/results/euromillions/draw-
history/csv"
lotto <- read.csv(textConnection(getURL(URL)))¹
```

해당 데이터 세트의 구조는 다음과 같다.[2]

```
str(lotto)
## 'data.frame':    52 obs. of 10 variables:
##   $ DrawDate          : Factor w/ 52 levels "01-Apr-2016",..: 24
18 12 6 49 45 37 33 25 21 ...
##   $ Ball.1            : int 7 2 32 8 4 10 17 11 13 1 ...
##   $ Ball.2            : int 15 26 34 23 5 17 26 14 14 5 ...
##   $ Ball.3            : int 28 27 40 24 25 31 32 15 32 9 ...
##   $ Ball.4            : int 31 40 45 34 28 32 34 27 37 22 ...
```

---

1 이 코드를 실행하면 원하는 데이터를 불러오는 데 다음과 같은 에러가 발생할 수 있다.

```
Error in function (type, msg, asError = TRUE)  :
  error:14077410:SSL routines:SSL23_GET_SERVER_HELLO:sslv3 alert handshake failure
```

쉬운 방법으로 해당 웹사이트에 접속해서 csv 파일을 본인의 다운로드 폴더에 저장하고 저장된 파일을 다음과 같은 코드로 불러오는 방법을 이용할 수 있다.

```
lotto <- read.csv("C:/Users/Downloads/euromillions-draw-history.csv")
```

– 옮긴이

2 다운받은 데이터의 시점에 따라 결과는 다를 수 있음을 기억하자. – 옮긴이

```
## $ Ball.5             : int  42 49 48 38 43 42 43 44 48 38 ...
## $ Lucky.Star.1       : int  10 5 1 3 6 2 2 2 1 2 ...
## $ Lucky.Star.2       : int  11 10 10 7 11 5 10 7 7 10 ...
## $ UK.Millionaire.Maker: Factor w/ 52 levels
"BDM196361","BDN010072",..: 50 47 45 43 32 38 35 31 26 22 ...
## $ DrawNumber         : int  902 901 900 899 898 897 896 895 894
893 ...
```

당첨 숫자로 어떤 숫자가 더 자주 나오는지 살펴보자. 그림 6.1은 당첨 숫자의 빈도를 보여주는 막대차트다.

```
numbers <- unlist(c(lotto[,2:5]))
library("ggplot2")
qplot(factor(numbers), xlab = "Gewinnzahlen") +
  theme_bw() +
  theme(axis.text.x=element_text(angle=90)) +
  scale_y_continuous(breaks=0:10)
```

통계 교육을 받지 않은 사람이라면 다음번 추첨에 숫자 5, 6, 10, 32, 43이 선택될 확률이 더 높다고 믿고 선택할 것이다. 과거에 더 자주 뽑혔으니 미래에도 더 자주 뽑힐 것이라는 논리다. 혹은 지금까지 거의 뽑히지 않은 숫자들이 반드시 나올 것이라고 주장하며 해당 숫자들을 선택함으로써 반대로 행동하는 사람들도 있을 것이다.

확률 이론의 기초를 약간 아는 사람이라면 뽑힌 당첨 번호의 빈도와 관련해서 균등 분포 uniform distribution를 생각할 것이다. 그러나 그림 6.1을 보면 균등하게 분포됐다고 믿을 수 있겠는가? 영국 복권에서 번호 하나가 뽑힐 확률이 1/50임을 믿을 수 있겠는가?

결코 믿지 않을 것이다! 사실 추첨 횟수가 너무 적다. 그러나 추첨 횟수가 더 증가한다면 이 주장을 믿을 수 있겠는가?

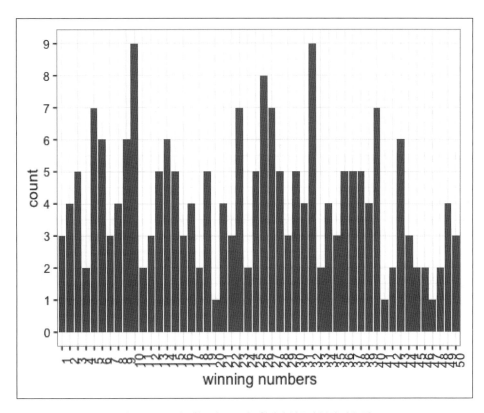

그림 6.1 2015년 11월부터 2016년 5월까지 영국의 복권 번호 빈도

곧 답하게 될 몇 가지 질문을 공식화해보자.

- 특정 번호가 당첨 번호가 될 확률의 결과가 달라지는 것을 보았다. 이러한 확률 차이는 샘플 크기에 달려 있는가?
- 샘플 크기가 1000개일 때 번호 1번을 뽑을 확률은 얼마나 클 것인가? 1/50로 수렴할 것인가?
- 만약 n → ∞라면, P(A = 1)의 값은 얼마인가?
- 무작위성은 어떤 법칙에든 적용되는가? 임의 변수의 어떤 법칙이 성립될 수 있는가?

- 결론을 도출하기에 충분히 큰 실험 횟수는 몇 번인가?

▌ 대수의 약법칙

앞의 질문들은 극한정리로 연결해준다. 가장 중요한 극한정리는 대수의 약법칙weak law of large number, 글리벤코(Glivenko, 1933)와 칸텔리(Cantelli, 1933)의 정리, 그리고 중심극한정리다.

먼저 대수의 약법칙을 살펴보자. 약한 수의 강법칙은 수학적으로 더욱 정교하지만, 거의 같은 내용을 이야기한다.

대수의 약법칙은 매우 직관적인 개념이다. 자코브 베르누이Jakob Bernoulli는 그가 발표한 지 20년이 지난 1713년이 되어서야 황금정리golden theorem라고 생각하게 됐다. 하지만 이 법칙을 좀 더 자세히 살펴보면, 수리통계학의 세계로 뛰어들게 된다.

대수의 약법칙은 게임 베팅, 재정 평가, 보험 등에 적용되며, 통계학의 기초를 구축한다. 데이터 과학자들은 그 점을 알고 있어야 한다. 대수의 약법칙과 중심극한정리를 이해함으로써, 수리통계의 기초를 이해할 수 있다.

황제펭귄과 여러분의 상사

남극에 있는 황제펭귄 집단 전체를 고려하자(황제펭귄을 작품의 길이로 대체할 수도 있다). 황제펭귄 신장의 기댓값은 모집단에서 나온 황제펭귄의 키를 산술평균한 값이다.

직장 상사가 이 예상값을 맞추는 작업을 여러분에게 맡겼다고 해보자. 한 가지 해결 방법으로 남극에 있는 황제펭귄 각각의 키를 측정하면 될 것이다. 하지만 이 작업은 너무 많은 시간이 소요된다. 대안은 무작위로 전체 황제펭귄 중 일부를 선택하는 것이다.

그림 6.2 남극의 황제펭귄

그래서 황제펭귄 n마리의 키에 대한 무작위 임의 변수 $X_1, ..., X_n$을 측정한다. 산술평균은 $\overline{X}_n = \dfrac{X_1 + \cdots + X_n}{n}$으로 정의된다. $X_1, ..., X_n$은 서로 독립적이며 분포가 동일한 임의의 변수[i.i.d.]다.

모집단에서 n마리의 황제펭귄을 선택하고 복잡한 샘플링 디자인을 적용하지 않고, 간단한 임의 샘플링을 사용해 샘플을 추출한다고 가정한다. 따라서 각 황제펭귄은 모집단에서 동일한 확률로 추출된다고 볼 수 있다. 결괏값은 황제펭귄 모집단 키 예상치다. 기댓값은 전체 모집단의 평균이며, 샘플 평균은 임의로 추출된 샘플 황제펭귄들의 신장 평균임을 알아두자. 기댓값은 수치이며, 샘플 평균은 샘플이 임의로 추출됐기 때문에 임의의 변수가 된다. 추정 결과는 n마리의 황제펭귄을 재추출할 때마다 달라질 것이다.

모집단 황제펭귄의 신장 X의 평균으로 기댓값 추정을 여러분의 상사에게 제공할 수 있다. 만약 n이 무한대로 간다면, 추정값은 기댓값에 가까워질 것이다.

그러나 '가깝다'라는 건 어떤 의미인가? 어떤 기준으로 가깝다고 말할 수 있는가? 가까운 것이 정말로 사실인가?

좀 더 큰 그림을 그려보자. 흥미로운 질문은 좀 더 큰 임의 변수가 있어서 임의 변수의 크기를 계속해서 증가시킬 때 무엇이 발생하는지를 물어보는 것이다.

만약에 샘플의 수가 무한대라면 무엇이 발생하는가? 극한정리는 그 증거를 제공하며, 활용 가능한 임의 변수가 많을 때 어떤 일이 발생하는지에 대한 답을 준다.

이 책에서는 수학적 증명 없이 시뮬레이션 방식으로 대수의 법칙 특성을 자세히 설명할 것이다.

임의 변수의 극한과 수렴

3장 '연필 기반 이론과 데이터 기반 전산 솔루션의 불일치'에서 결정론적 수열의 수렴을 정의했다. 그러나 무작위 변수가 수렴한다는 건 어떤 의미인가? 각각의 임의 변수는 한 분포에서 (무작위로) 추출되므로 임의 변수라고 본다. 궁극적으로, 난수 수열 또는 확률 분포 수열이 특정 수로 수렴되고 그림 6.3에서 수렴되는 것을 보여준다. 샘플이 크면 클수록 분포는 좁아진다.

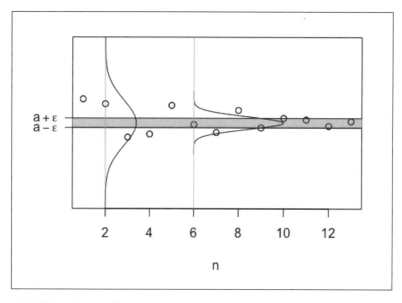

그림 6.3 특정 샘플 크기를 초과하면 분포는 a 주변 ε-bound 범위 내에 있게 된다. 분포 밀도 함수 아래에 있는 흰색 면이 보일 확률은 n이 커질 경우 0으로 수렴하게 된다.

n이 증가함에 따라 분포가 점점 더 좁아지기 때문에, 결국 분포는 범위 내로 들어간다. 다르게 말하자면, 확률 분포의 영역은 $[a + \epsilon; a - \epsilon]$으로 정의되고 간격을 벗어나는 확률은 0으로 수렴한다.

수학적으로는 임의 변수 X_n의 수열이 수렴한다는 뜻이며, X_n의 거의 모든 확률 밀도는 a 근처로 충분히 집중된다. $\epsilon > 0$인 경우,

$$\lim_{n \to \infty} P(|X_n - a| \geq \epsilon) = 0)$$

n이 무한대로 될 때 임의적인 수들이 해당 간격을 벗어날 확률은 적어져서 이 확률의 극한값은 0이며, 수열 X_n은 확률적으로 a에 수렴한다.

샘플 평균의 수렴: 대수의 약법칙

기댓값과 평균의 분산을 더 자세히 살펴보자. 다음과 같은 간단한 식이 있다.

$$E(\overline{X}_n) = \frac{E(X_1) + E(X_2) + \cdots + E(X_n)}{n} = \frac{n\mu}{n} = \mu$$

난수의 예상값은 정확히 난수의 기댓값이므로 다음과 같다.

$$Var(\overline{X}_n) = \frac{n\sigma^2}{n^2} = \frac{\sigma^2}{n}$$

샘플의 크기가 클수록 추정치의 분산은 작아지고 불확실성도 줄어든다.

체비쇼프^{Chebyshev}의 불균형(Saw, Yang, & Mo, 1984)이 다음과 같이 적용된다.

$$P(|\overline{X}_n - \mu| \geq \epsilon) \leq \frac{Var(\overline{X}_n)}{\epsilon^2} = \frac{\sigma^2}{n\epsilon^2}$$

$\overline{X}_n$은 확률적으로 μ에 수렴한다($\epsilon > 0$: $P(|\overline{X}_n - \mu| \geq \epsilon) \leq \frac{\sigma^2}{n\epsilon^2} \to 0$).

따라서 대수의 법칙은 샘플 평균이 진정한 평균으로 수렴함을 의미하지만, 그 방법은 확

률 방식이다.

시뮬레이션으로 대수의 약법칙 확인하기

가장 단순한 시뮬레이션인 동전 던지기를 생각해보자. 동전 던지기를 몇 번 반복하고 동전 앞면으로 떨어질 확률이 대략 0.5이며, 다음번의 동전 던지기 결과가 앞의 결과에 영향을 받지 않는 독립성이 관찰되면, 동전 모양은 공평하다는 데 동의할 것이다. 다시 말해, 사건 A의 확률이 1/2 또는 P(A) = 0.5가 되는지 여부를 평가할 때 이항 분포로 나타낼 수 있다.

$$B(A = \text{'head'}, size = 1, p(A) = 0.5) = 0.5$$

R에서는 두 가지 결과를 갖는 사건의 확률을 함수 dbinom으로 계산할 수 있다.

```
dbinom(x = 0, size = 1, prob = 0.5)
## [1] 0.5
```

동전 던지기를 n번 시뮬레이션하고 결과를 평가한다면, R에서는 동전 던지기 시뮬레이션을 위해 함수 sample 또는 rbinom을 사용할 수 있다.

```
sample(c("head", "tail"), size = 1)
## [1] "head"
# alternative:
rbinom(n = 1, size = 1, prob = 0.5)
## [1] 0
```

동전 던지기 n번의 시도 후 앞면이 나올 확률을 계산하는 함수와 그 확률의 절대 오차를 계산한다. 이번 실험의 장점은 우리가 P(A) = 0.5라는 진실을 알고 있다는 점이다. 하지만 현실에서 진실을 알고 있는 경우는 별로 없다.

```
simCoin <- function(n, p = 0.5, repl = 1){
  stopifnot(n > 0 | !is.vector(n) | p < 0 | p > 0 | !is.vector(repl))
  ## 시뮬레이션을 위한 함수
```

```
  r <- function(){
    res <- rbinom(n, 1, p)
    tosses <- 1:n
    pA <- cumsum(res) / 1:n
    abserror <- abs(pA - p)
    return(data.frame(res = res, tosses = tosses, pA = pA,
    abserror = abserror))
  }
  ## 시뮬레이션
  df <- r()
  if(repl > 1){
    for(i in 2:repl){
      df <- rbind(df, r())
    }
  }
  ## 반환
  df$repl <- rep(1:repl, each = n)
  ll <- list(res = df$res, tosses = df$tosses, pA = df$pA,
             absfehler = df$abserror, repl = as.factor(df$repl))
  class(ll) <- "Coin"
  return(ll)
}
## 출력
print.Coin <- function(x, ..., s = NULL){
  if(!is.null(s)){
  cat("After", s, "random draws: the estimated P(A) =", x$pA[s],
"\nand the absolute error", x$absfehler[s], "\n")
  } else {
    m <- max(x$tosses)
  cat("After", m, "random draws: the estimated P(A) =", x$pA[m],
"\nand the absolute error", x$absfehler[m], "\n")
  }
}
The first n = 10 tosses of the coin:
```

```
## 재현 가능성
set.seed(1234)
# 10회 던지기
simCoin(10)
## 10회 던진 후, 추정되는 확률 P(A) = 0.7
## 절대 오류(standard error) 0.2
```

위의 결과처럼 동전 던지기를 단지 10번만 시도하면 예측되는 확률의 오류가 커질 수밖에 없다. 샘플의 크기 n을 조정해 더 많이 던지면 오류는 작아진다.

```
set.seed(1234)
sim <- simCoin(5000)
print(sim, s=100)
## 100회 던진 후, 추정되는 확률 P(A) = 0.45
## 절대 오류 0.05
print(sim, s=1000)
## 1000회 던진 후, 추정되는 확률 P(A) = 0.518
## 절대 오류 0.018
print(sim, s=5000)
## 5000회 던진 후, 추정되는 확률 P(A) = 0.5014
## 절대 오류 0.0014
```

위에서 살펴봤듯이 샘플의 크기 n이 클수록 전체 동전을 던진 수에 대비해서 앞면이 나온 비율의 추정값과 참값은 점점 가까워진다.

결과를 시각화함으로써 더 많은 지식을 습득할 수 있다. 우선 함수 plot을 정의해보자.

```
plot.Coin <- function(x, y, ...){
  df <- data.frame(res = x$res, tosses = x$tosses, pA = x$pA,
  repl=x$repl)
  if(length(unique(df$repl)) == 1){
    ggplot(df, aes(x=tosses, y=pA)) +
     geom_line() + geom_abline(intercept = 0.5) + ylim(c(0,1)) +
```

```
      theme(legend.position="none")
  } else if(length(unique(df$repl)) > 10){
    gg <- ggplot(df, aes(x=tosses, y=pA, group=repl)) +
      geom_line() + geom_abline(intercept = 0.5) + ylim(c(0,1))
    ## 중간(media) 선 및 신뢰구간 표시
    dfwide <- reshape2::dcast(df, tosses ~ repl, value.var="pA")
    dfwide <- dfwide[, 2:ncol(dfwide)]
    med <- apply(dfwide, 1, median)
    q025 <- apply(dfwide, 1, quantile, 0.025)
    q975 <- apply(dfwide, 1, quantile, 0.975)
    stat <- data.frame(med=med, q025=q025, q975=q975,
                       n=1:max(x$tosses),
                       repl=max(as.numeric(df$repl)))
    gg +
      geom_line(data=stat, aes(x = n, y = med), colour = "red",
        size=1) +
      geom_line(data=stat, aes(x = n, y = q025), colour = "orange",
        size=0.7) +
      geom_line(data=stat, aes(x = n, y = q975), colour = "orange",
        size=0.7) +
      theme(legend.position="none")
  } else {
   ggplot(df, aes(x=tosses, y=pA, colour = repl)) +
      geom_line() + geom_abline(intercept = 0.5) + ylim(c(0,1))
  }
}
```

그림 6.4에서는 동전을 총 5,000회 던졌고, 던진 총 횟수로 앞면이 나온 횟수를 나누어서 구한 확률을 선으로 플로팅했다. 던진 횟수가 이산 형태이기 때문에 그려진 선이 정확하다고 볼 수 없지만, 그림 6.4와 같이 부드러운 형태를 나타내기 때문에 그 점에 대해서는 지나치게 비판적이지 않으려고 한다.

```
Library(ggplot2)
plot(sim)
```

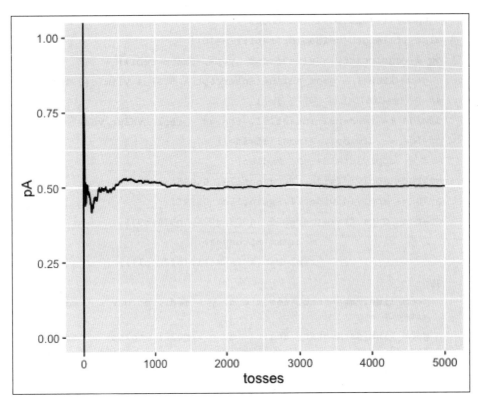

그림 6.4 동전 던지기. 동전을 던진 횟수와 관찰된 확률의 관계

다음을 알 수 있다.

- 명확하게도 관찰된 확률은 기댓값에 수렴한다.
- 단계 n에서 n = n + 1로 이동하면서 관측된 확률의 변화는 n이 클수록 작아진다. 이것은 분명하다. 5번 던진 후에 앞면이 두 번 나온다고 한다면(P(A) = 2/5), 다음 던지기에서 관찰되는 확률은 P(A) = 3/6 = 1/2 또는 P(A) = 2/6 = 1/3이 될 것이다. 만약 동전을 1000번 던졌다면 또 다시 던지는 동전으로 관측된 확률은 거의 바뀌지 않는다.

대수의 법칙이 작동됐음을 직관적으로 알 수 있다. 첫 번째 실험에서는 동전을 5,000번 던지는 실험을 10번 반복하고, 그 결과를 그림 6.5에서 보여준다.

```
set.seed(1234)
sim <- simCoin(n = 5000, repl = 10)
plot(sim)
```

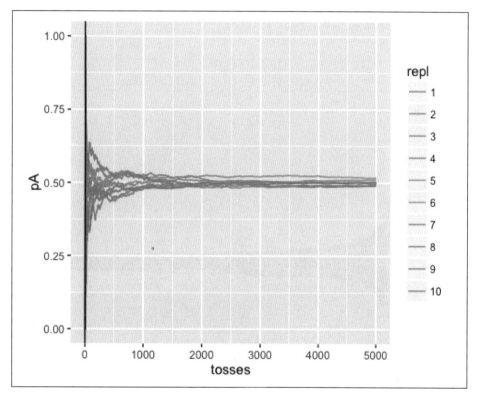

그림 6.5 동전 던지기. 던진 횟수별 관찰된 확률. 5,000번 동전 던지기를 10번 반복한다.

5,000번의 동전 던지기를 시뮬레이션해서 나온 모든 라인이 1/2로 정확히 수렴하는 것은 아니다. 뭔가 잘못됐나? 전혀 그렇지 않다. 한 번의 시뮬레이션에서 동전 던지기를 5,000번만 시행했기 때문에 그렇게 나타난 것이다. 시뮬레이션을 더 자주 반복하고 꼬리 부분

에 있는 좌표상의 특정 위치뿐만 아니라 중간값을 취할 때 대수의 법칙이 정확히 작동하는 것으로 나타난다. 평균적으로 곡선들이 1/2로 수렴하고, 곡선들이 동일한 수의 동전을 던진 위치에서 나타나는 좌표상의 구간은 샘플의 크기가 커지면서 작아질 수밖에 없다.

시뮬레이션을 1,000번 반복하자. 동전을 반복적으로 5,000번 던지는 것을 1,000회 반복한다. 해당 결과는 그림 6.6에서 나타난다.[3]

```
sim <- simCoin(n = 5000, repl = 1000)
plot(sim)
```

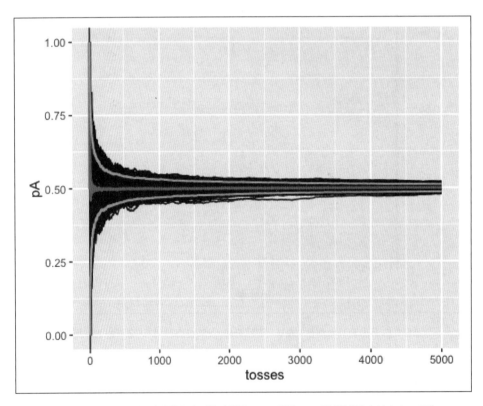

그림 6.6 동전 던지기. 던진 횟수별 관찰된 확률. 5,000번씩 1,000회 반복(컬러 이미지 p. 474)

---

3 그림 6.6을 컴퓨터가 만들어내기까지 걸리는 시간은 CPU의 처리 속도에 따라 크게 달라질 수 있다. 기다리지 않고 중단하려고 한다면, 콘솔 창 우측 상단에 나오는 빨간색 점을 클릭하면 연산이 중단된다. – 옮긴이

무엇을 알 수 있는가?

- 실험을 무한적으로 하지 않는다 하더라도 대수의 약법칙이 작동됨을 알 수 있다. 평균선은 곧 1/2로 수렴된다(난수 생성기가 잘 작동했음을 관찰했다).

- 샘플 크기가 증가함에 따라 확률의 분산되는 정도는 감소하나, 샘플 크기에 따라 분산되는 정도가 선형적으로 감소하지는 않는다. 샘플 크기를 두 배로 늘린다고 해서 1/2의 배수로 불확실성이 줄어드는 것은 아니다. 분산된 정도를 표준화한 표준편차는 n제곱근으로 줄어든다.

그림 6.6에서 각각의 n에 대해 1,000개의 결과를 투입했고 모든 던진 횟수에 대해 평균을 구했다(중간값을 빨간색 선으로 표시). 또한 2.5와 97.5 백분위수를 계산해서 오렌지색으로 선을 그어 표시한다. 예상 확률 1/2 부근에서 선들이 퍼지는 정도가 감소한다는 정보를 제공한다.

이미 언급했듯이, 컴퓨터로 무작위 실험을 무한정 수행할 수는 없다. 샘플 크기가 증가함에 따라 분산이 줄어드는 것은 예를 들어 이론적 이항 분포 B(n, p = 0.5)로 나타낼 수 있다. 동전 던지는 횟수가 서로 다른 n의 경우 그림 6.7에서 다음과 같은 분포로 나타난다.

```
plotbinomcoin <- function(n){
  plot(0:n/n, dbinom(0:n, n, 0.5), type = "h",
      xlab = paste("relative frequencies (n =", n,")"),
      ylab = "p")
}
par(mar = c(4,4,0.5,0.5), mfrow = c(4,2))
plotbinomcoin(10)
plotbinomcoin(20)
plotbinomcoin(40)
plotbinomcoin(80)
plotbinomcoin(160)
plotbinomcoin(320)
plotbinomcoin(5000)
plotbinomcoin(10000)
```

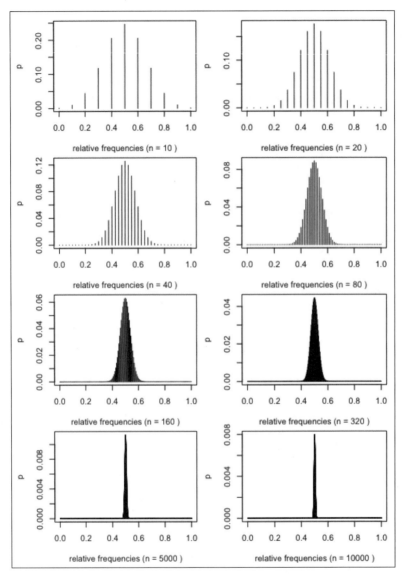

그림 6.7 동전 던지기 시각화와 대수의 법칙: n이 클수록 값 1/2 주변에서 분포가 좁아진다.

그림 6.7은 무엇을 보여주는가? 왼쪽 상단의 그래픽에서는 10회 동전 던지기의 이론적 확률이 시각화됐다. 예를 들어, 동전을 10번 던져서 두 번의 앞면이 나오는 확률은 약 0.05

이다. n이 점점 커지면서 기댓값이 관측될 확률의 편차가 $\epsilon > 0$인 작은 관측 확률의 편차보다 커질 가능성이 더욱 없어진다는 것을 보여준다. 그림 6.7의 상단 부분 그래픽에서, 샘플 크기를 늘림으로써 분포가 줄어듦을 알 수 있다.

$E(|X_i|) < \infty$인 임의 변수 X_1, X_2, X_3 등의 수열이 갖는 모든 양의 값에 대해 n을 무한대로 늘리면 결국 이론값 ϵ: $\lim_{n \to \infty} P(|\overline{X}_n - \mu| > \epsilon) = 0$으로 수렴되는 대수의 약법칙이 성립한다.

▌ 중심극한정리

고전적인 샘플링 이론은 다음의 기본 정리에 기초한다.

 어떤 모집단의 분포가 유한의 분산을 가질 때, 무작위 샘플로 구한 산술평균의 분포는 샘플의 크기가 충분히 크다면 대략적으로 정규성을 띤다.

교재에서 측정 이론에 근거한 고급 수학을 사용하는 중심극한정리의 증명은 대개 3~6페이지 정도 할애되고 있다. 이번에는 수학적 증명 과정을 실행하기보다는 시뮬레이션 방식의 증명을 통해 중심극한정리를 이해하고 동시에 통계의 기본을 이해할 수 있다.

다음과 같은 설정이 필요하다.

- 모집단으로부터 샘플을 추출한다. 이는 모집단을 안다는 것을 의미한다. 현실에서는 이 경우가 해당되지 않지만, 분산이 무한하지 않은 한 모집단은 어떤 형태의 분포를 가질 수 있음을 말한다.
- 모집단으로부터 많은 샘플을 추출한다. 실제로는 오직 하나의 샘플을 추출하지만, 시뮬레이션 목적으로 많은 샘플을 추출할 수 있다고 가정한다.

정의된 모집단(pop = TRUE)과 모집단에서 추출된 샘플의 산술평균의 분산을 살펴볼 목적으로 다음에 제시되는 함수를 정의한다. 코드의 첫 번째 4분의 1에서 정규 분포가 사용되고, 그 후에는 기하분포 및 균등 분포, 그리고 코드의 마지막 부분은 베타 분포가 사용됨을 알려둔다.

```r
cltSim <- function (n = 1, reps = 10000, nclass = 16, pop = TRUE,
estimator = mean) {
    old.par <- par(oma = c(0, 0, 1.5, 0), mfrow = c(2, 2),
    mar = c(4,4,2,0.5))
    on.exit(par(old.par))
    ## 정규 분포:
    norm.mat <- matrix(rnorm(n * reps), ncol = n)
    norm.mean <- apply(norm.mat, 1, estimator)
    x <- seq(min(norm.mean), max(norm.mean), length = 50)
    normmax <- max(dnorm(x, mean(norm.mean), sd(norm.mean)))
    tmp.hist <- hist(norm.mean, plot = FALSE, prob = TRUE,
    nclass = nclass)
    normmax <- max(tmp.hist$density, normmax) * 1.05
    hist(norm.mean, main = "normal", xlab = "x", col = "skyblue",
        prob = TRUE, ylim = c(0, normmax), nclass = nclass)
    lines(x, dnorm(x, mean(norm.mean), sd(norm.mean)))
    ## 기하 분포:
    exp.mat <- matrix(rexp(n * reps, 1/3), ncol = n)
    exp.mean <- apply(exp.mat, 1, estimator)
    x <- seq(min(exp.mean), max(exp.mean), length = 50)
    expmax <- max(dnorm(x, mean(exp.mean), sd(exp.mean)))
    tmp.hist <- hist(exp.mean, plot = FALSE, prob = TRUE,
    nclass = nclass)
    expmax <- max(tmp.hist$density, expmax) * 1.05
    hist(exp.mean, main = "exponential", xlab = "x", col = "skyblue",
        prob = TRUE, ylim = c(0, expmax), nclass = nclass)
    if(pop) lines(x, dexp(x, 1/3)) else lines(x, dnorm(x, mean(
exp.mean), sd(exp.mean)))
    ## 균등 분포:
    unif.mat <- matrix(runif(n * reps), ncol = n)
    unif.mean <- apply(unif.mat, 1, estimator)
```

```
    x <- seq(min(unif.mean), max(unif.mean), length = 50)
    unimax <- max(dnorm(x, mean(unif.mean), sd(unif.mean)))
    tmp.hist <- hist(unif.mean, plot = FALSE, prob = TRUE,
nclass = nclass)
    unimax <- max(tmp.hist$density, unimax) * 1.05
    hist(unif.mean, main = "uniform", xlab = "x", col = "skyblue",
        prob = TRUE, ylim = c(0, unimax), nclass = nclass)
    if(pop) lines(x, dunif(x)) else lines(x, dnorm(x, mean(
unif.mean), sd(unif.mean)))
    ## 베타 분포:
    beta.mat <- matrix(rbeta(n * reps, 0.35, 0.25), ncol = n)
    beta.mean <- apply(beta.mat, 1, estimator)
    x <- seq(min(beta.mean), max(beta.mean), length = 50)
    betamax <- max(dnorm(x, mean(beta.mean), sd(beta.mean)))
    tmp.hist <- hist(beta.mean, plot = FALSE, prob = TRUE,
nclass = nclass)
    betamax <- max(tmp.hist$density, betamax)
    hist(beta.mean, main = "Beta", xlab = "x", col = "skyblue",
        prob = TRUE, ylim = c(0, betamax), nclass = nclass)
    if(pop){
      lines(x, dbeta(x, 0.35, 0.25))
      mtext(paste("Populations"), outer = TRUE, cex = 1.2)
    } else {
      lines(x, dnorm(x, mean(beta.mean), sd(beta.mean)))
      mtext(paste("sample size =", n), outer = TRUE, cex = 1.2)
    }
}
```

그림 6.8을 보면 선택한 모집단의 분포가 선으로 그어져 있으며, 선은 모집단 각각의 히스토그램에 대해 현실화[realization]한 모습이다.

```
cltSim()
```

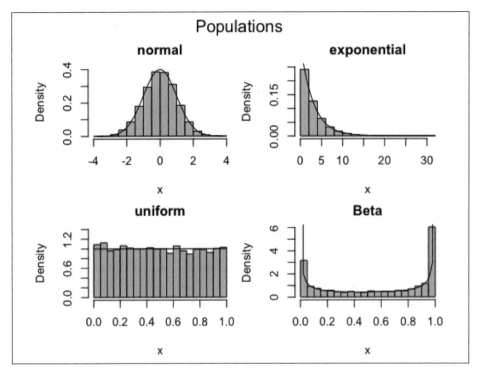

그림 6.8 다른 모수(선)의 밀도 및 모집단(히스토그램) 표시

각각 다른 형태의 모집단에서 샘플 크기가 2인 10,000개의 샘플을 추출한다. 각 샘플에 대해 산술평균을 계산해서 10,000개의 샘플 평균을 얻는다. 샘플 평균의 분포는 그림 6.9와 같이 시각적으로 처리했으며, 나타나는 선들은 이론적인 정규 분포에 해당하고 히스토그램은 샘플 평균의 분포를 보여준다.

```
cltSim(2, pop = FALSE)
```

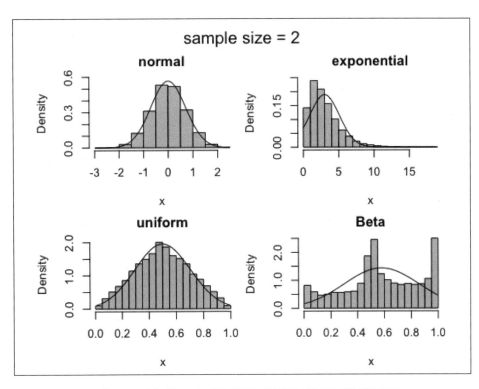

그림 6.9 크기가 2인 10,000개의 샘플로 계산된 10,000개의 샘플 평균 분포

샘플 크기가 2인 경우 샘플 평균이 표준 정규 분포된 모집단으로부터 추출된 샘플을 제외하고는 정규성을 띠면서 분포되지는 않았다. 베타 분포에 관한 샘플 평균의 분포는 3개의 최빈도를 가진 모습이다. 이 부분은 쉽게 설명된다. 크기 n = 2인 샘플이 베타 분포로부터 반복적으로 추출되어 평균을 구하고 그려진다는 것을 기억해야 한다(그림 6.9. 오른쪽 아래 그래픽 참조). 2개의 작은 값, 2개의 큰 값, 그리고 하나는 크고 하나는 작은 값이 추출될 확률이 높아서, 크기 2인 샘플의 산술평균은 양쪽 꼬리와 샘플 평균 분포의 중심에 있을 가능성이 높게 나타난다. 이번 예에서 보여주는 대로 중심극한정리가 실패하면 고전적 방식으로는 유효한 추론 통계가 되지 않을 수도 있다.

샘플 크기를 2에서 10으로 늘리면 무엇이 바뀌는가? 결과는 그림 6.10과 같다. 지수 분포된 모집단을 제외하고, 샘플 평균은 정규성에 가까운 모습을 갖는다.

```
cltSim(10, pop = FALSE)
```

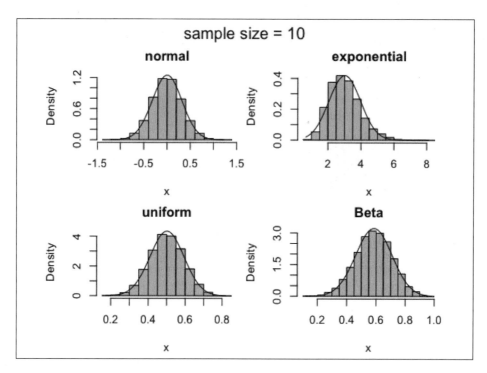

그림 6.10 크기가 10인 10,000개의 샘플로부터 계산한 10,000개의 샘플 평균 분포

만약 샘플의 관측값을 30으로 해서 계산하면 샘플 평균의 네 가지 모든 분포는 거의 정규 분포로 변환됐음을 쉽게 관측할 수 있을 것이다. 게다가 모집단의 분산이 유한한 경우 샘플 크기가 충분히 크면 샘플 평균들은 모집단이 어떻게 생겼는지에 관계없이 대략적인 정규성을 띄며, 이게 바로 중심극한정리 때문이다.

물론 현실에서는 특성이 알려지지 않은 모집단에서 10,000개의 샘플이 아니라 하나의 샘플을 추출할 것이다. 그러나 샘플의 크기가 충분히 큰 경우(예: n = 50), 샘플 평균 같은 추정값의 특징에 관해 알 수 있다. 중심극한정리의 타당성은 통계적으로 매우 광범위한 영향을 미치며, 거의 모든 고전적 테스트는 해당 정리를 기반으로 한다고 해도 과언이 아니다. 심지어 샘플 평균의 고전적 신뢰구간을 받아들여서, 샘플 평균들이 정규 분포를 띤다고 알고 있기 때문에 추정된 모수에서 나온 신뢰구간은 대칭이 된다.

거의 모든 추정값, 심지어는 중앙값 같은 비모수 통계에도 적용되며, 추가로 그림 6.11을 참조하기 바란다. 또한 샘플의 중간값들도 샘플 크기가 충분히 크다면 대략적으로 정규 분포한다.

```
cltSim(n = 100, pop = FALSE, estimator = median)
```

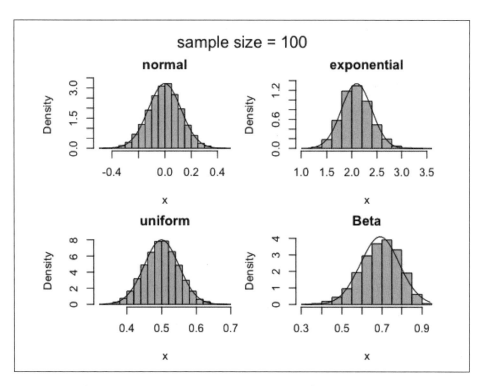

그림 6.11 크기가 10인 10,000개의 샘플로부터 계산된 10,000개의 샘플 중간값 분포

▋ 추정량의 속성

이후의 장들에서는 편향 또는 점근적 비편향성 같은 명칭들이 반복적으로 사용될 것이다. 이 표현은 추정 모델의 속성을 묘사하는 데 사용되며, 해당 용어들을 이번 절에서 간단하게 설명한다.

가정: 샘플 요소 X_i의 분포는 알려지지 않은 모수 θ(세타)를 갖는다. 샘플값으로부터 모수를 근사적으로 추정하는 함수 t는 다음과 같다.

$$\hat{\theta} = t(x_1, \ldots, x_n)$$

일반적으로 샘플 함수 $t = t(x_1, \ldots, x_n)$을 **통계량**statistics으로 표시한다. 모수 추정의 경우 추정에 대한 함수를 말할 때 간단하게 **추정량** $t$estimator t라고 한다. 추정량 $T = t(X_1, \ldots, X_n)$의 현실화 형태인 $t = t(x_1, \ldots, x_n)$을 **추정**estimation이라고 부른다.

갖고 있는 샘플에 따라 점추정값point estimate이 달라질 수 있다. 예를 들어, 유한한 모집단으로부터 1,000명을 추출해서 그들의 소득에 대해 물었다면, 그들의 평균 소득은 다른 1,000명의 평균 소득과는 다를 것이다. 현실적으로는, 계산된 점추정은 결과의 정확성이 고려될 경우에만 유용하다.

결국 점추정 하나만으로는 정확성에 대한 어떠한 정보도 줄 수 없기 때문에, 점추정의 불확실성을 보여주는 구간 추정이 반드시 필요하다.

추정량의 속성

좋은 추정량이란 무엇인가?

예를 들어 반복적으로 추출된 샘플의 경우 그 샘플의 추정값은 진정한 모수의 중앙 어딘가에서 편향 없이 퍼져 있는 모습이 바람직하며, 이를 불편성unbiasedness이라고 한다.

다음 용어는 추정량의 속성을 정의한다.

- **비편향성 또는 불편성**: $E(\hat{\theta}) = \theta$

- **일관성**: $T_n \rightarrow \theta$(샘플 크기를 늘리면 추정량은 모집단의 모수에 더 가까워진다.)
- **효율성**: 분산이 최소인 불편 추정량

분포의 모수와 관련된 유용한 추정량을 찾는 데는 여러 가지 방법이 있으며, 그중에서 **최대 우도법**$^{\text{maximum likelihood}}$이 가장 중요하다.

그 밖의 중요한 용어는 다음과 같다.

- **편향성**: $\text{Bias}_\theta = E(\hat{\theta}) - \theta$
- **점근적 불편성 또는 비편향성**: $\lim\limits_{n \to \infty} E(\hat{\theta}) = \theta$
- **평균제곱오차**$^{\text{MSE, mean squared error}}$: $MSE = E([\hat{\theta} - \theta]^2)$ 또는 $MSE = var(\hat{\theta}) + \text{Bias}_\theta^2$

따라서 편향^{bias}이 없다면 평균제곱오차 MSE는 추정된 통계량의 분산 정도로 감소한다. 이 경우 MSE와 분산은 동등해진다.

이론적으로 모두 훌륭한 이야기지만, 다음과 같은 현실적인 질문을 던질 수 있다. 진정한 모수를 알지 못하는데 편향을 어떻게 추정하는가? 현실에서는 모수가 알려지지 않았을 때 점근적 비편향성을 어떻게 평가할 수 있는가?

일부 추정량의 경우 이 모든 질문에 대해 미적분으로 대답해왔지만, 시뮬레이션으로도 해당 질문에 답할 수 있다. 다른 말로 하자면, 샘플이 간단하게 임의 샘플링될 때 추정량의 속성은 모델 기반 시뮬레이션으로 평가하며, 샘플을 복잡한 디자인으로 추출한 경우 디자인 기반 시뮬레이션으로 평가한다는 점을 기억해두자(10장 '복합 데이터로 하는 시뮬레이션' 참조).

신뢰구간

신뢰구간은 점추정의 신뢰성을 보여주기 위해 일반적으로 점추정과 함께 사용된다. 예를 들어, 신뢰구간은 조사에서 나온 추정치들이 얼마나 신뢰할 만한지 보여준다. 1,000명의 응답자로 구성된 간단한 임의 샘플링 조사에서 직원들의 시간당 평균 임금은 31유로였으며, 모집단 소득의 99% 신뢰구간은 25~37유로로 추정됐다. 그러나 소득에는 마이너스가 없기 때문에 유권자의 투표 의도와 같이, 신뢰구간의 형태가 항상 균형을 이루지는 않는다. 이 책에서는 이러한 특수 케이스를 다루지는 않지만, 좀 더 자세한 내용을 위해 흐론 등의 연구(Hron, Templ, & Filzmoser, 2013)를 참조하길 바란다.

관측된 데이터로부터 모수 θ의 추정구간 하한선과 상한선을 추정할 수 있다. 모수는 알려 지지 않지만 고정된다. 그러나 추정구간은 샘플 관측치에 달려 있기 때문에 무작위적이다. 보통은 모수가 구간에 포함되지만 항상 그런 것은 아니다. 계산 공식은 유의수준 0.05인 모든 샘플의 $100(1 - \alpha) = 95\%$ 구간 안에 모수 θ가 존재한다는 것과 같은 내용이다. 유의 수준이 낮아서 넓어진 범위는 추정되는 신뢰구간이 더 넓어진다는 뜻이다.

핵심은 $100(1 - \alpha)$ 백분율 범위에서 신뢰구간의 한계점을 나타내는 2개의 추정치 U와 O 를 찾는 것이다.

$$P(U \leq \theta \leq O) = 1 - \alpha$$

신뢰구간의 공식은 모수 θ의 분산이 알려졌는지 여부에 따라 달라진다. 작은 샘플의 경우, 표준 정규 분포 대신에 t 분포를 통한 신뢰구간으로 평가해야 한다. 그러나 샘플 크기가 충분히 크다면, t 분포는 정규 분포와 거의 동일해진다.

추가 설명: 샘플 평균의 분포를 찾기 위해 정규 분포 대신에 t 분포를 사용하는 것은 '스튜 던트Student'라는 가명으로 「바이오메트리카Biometrika」에 발표된 윌리엄 실리 고셋William Sealy Goset의 1908년 논문(Gosset, 1908)에서 소개됐다. 고셋은 아일랜드 더블린에 있는 기네스 맥주업체의 화학부서에서 일했다. 화학 측정과 일반적인 측정 방식은 매우 비쌌기 때문 에, 매우 적은 샘플을 다뤄야 했다. 기네스 사는 원료의 질을 테스트하기 위해 t 테스트를 사용하고 있다는 사실을 경쟁자들이 모르길 바랐을 뿐만 아니라, 기네스의 경영진들은 고 셋이 더 좋은 맥주를 제조하는 데 최선을 다해야지, 훗날 이름 붙여진 t 분산에 대한 광범 위한 연구에 시간을 할애하는 걸 원치 않았을지도 모를 일이다. 어쨌든 고셋은 '스튜던트' 라는 익명으로 논문을 출판했고, 그 논문은 통계에서 가장 중요한 논문 중 하나가 된다.

알 수 없는 표준편차의 경우, 샘플 평균의 신뢰구간은 $[\bar{x} - t_{\alpha/2;n-1} * \frac{\sigma}{\sqrt{n}}, \bar{x} + t_{\alpha/2;n-1} * \frac{\sigma}{\sqrt{n}}]$이고, 여기서 α는 유의수준, σ는 표준편차, n은 샘플의 크기다. 중심극

한정리를 이용해 말하면 대칭이 있는 신뢰구간과 대략적인 정규 분포가 나타나지만, 여기서는 t 분포가 사용된다.

간단한 실험을 해보자. 데이터 Prestige에 있는 소득 변수를 사용하고 산술평균과 신뢰구간을 추정한다.

```
library("car")
data("Prestige")
m <- mean(Prestige$income)
m
## [1] 6797.902
p <- dim(Prestige)[1]
se <- sd(Prestige$income) / sqrt(p)
tval <- qt(0.975, df = p - 1)
cat(paste("KI: [", round(m - tval * se, 2), ",", round(m + tval * se,
2), "]"))
## KI: [ 5963.92 , 7631.88 ]
```

신뢰구간 설명으로 돌아가 보자. $\exp(1)$ 분포로부터 관측값 n = 50인 10개의 샘플을 추출한다. 지수 분포 밀도는 $f(x) = \lambda e^{-\lambda x}$ 공식으로 나온다. 각 샘플은 모집단 평균(μ)에 대해 다른 추정값과 다른 구간으로 이어진다. 얼마나 많은 구간이 μ가 1인 참값을 포함하는가? 그림 6.12에서 알 수 있다.

```
set.seed(11112)
alpha <- 0.05
normval <- qnorm(1 - alpha/2)
numsamp <- 50; numsim <- 10
normmat <- matrix(0, nrow = numsim, ncol = 2)
y <- 1:numsim; ymat <- rbind(y, y)
for (i in 1:numsim) {
  samp <- rexp(numsamp)       # 임의 지숫값 생성
  sampmean <- mean(samp)
```

```
  sampse <- sqrt(var(samp) / numsamp)
  normmat[i, ] <- c(sampmean - normval * sampse, sampmean + normval
* sampse)
}
matplot(t(normmat), ymat , pch = " ", yaxt = "n", ylab = "",
xlab="confidence intervals") # 빈 플롯
matlines(t(normmat), ymat, lty = rep(1, numsim), col = 1)
abline(v = 1)
```

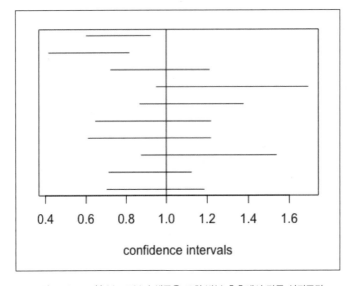

그림 6.12 exp(1) 분포로부터 샘플을 10회 반복 추출해서 만든 신뢰구간

추정된 신뢰구간 중에서 단지 8개가 수직선으로 표시된 참된 모집단 모수를 포함하는 것이 관찰된다. 그렇다면 신뢰구간은 적절하게 지정되지 않음을 의미하는가? 전혀 그렇지 않다.

절차를 반복적으로 더욱 자주 수행해야 한다면, 유의수준 $\alpha = 0.05$에서 평균 100개 중 95개의 구간은 $\mu = 1$이라는 참값을 포함한다.

강건 추정량 고찰

이번에는 모든 값이 정확하게 측정됐지만 큰 값이 추정량 분산을 크게 확대해서 추정량을 왜곡할 수 있는 케이스를 논의한다.

실제로 추정 작업을 하다 보면, 적은 분산을 갖지만 편향된 추정치를 제공하는 방법을 택할 것이냐 아니면 큰 분포를 갖지만 편향되지 않은 예측치를 제공하는 방법을 선택할 것이냐 하는 문제에 종종 놓이게 된다.

그림 6.13은 그 문제점을 보여주는 좋은 예다. 바이어스^{Bias}라고 불리는 사수 B는 타깃의 중간 아래에 매번 사격을 한다. 중간에 가깝지만 한쪽으로 편향되어 있고 과녁지에 찍힌 총알의 분산은 적다. 파란색으로 표시된 다른 사수 S는 편향 없이 발사했고 평균으로 보면 중심에 모이지만 분산이 크다. 분산이 크면서 편향이 없거나 분산이 적으면서 편향이 있는 전략 중 어느 것을 선택하겠는가?

예를 들어, 오스트리아 특정 지역들의 실업률을 비교하는데 추정치의 분산이 매우 커서 지역별 실업률 신뢰구간이 겹친다면 지역의 실업률 순위를 매기는 것이 불가능할 수도 있다. 이러한 경우에, 분산이 적으면서 전체적으로 편향되는 강건 추정량$^{robust\ estimator}$이 방향적으로는 편향성을 띠지만 순위를 결정한다는 차원에서 선호된다.

편향되거나 또는 편향되지 않은 추정치가 선호되는지 평가할 때는 앞에서 설명한 MSE가 고려돼야 하며, 항상 분산과 편향 사이에 발생하는 상쇄 효과를 염두에 두자.

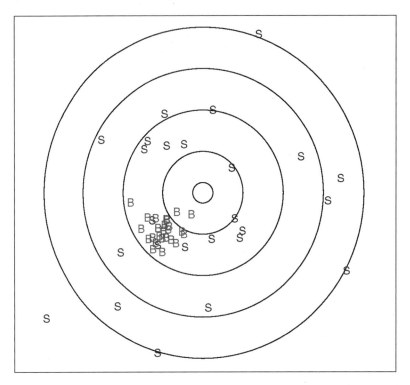

그림 6.13 전략이 다른 두 명의 사수. 파란색: 편향 없는 사수 S, 빨간색: 편향 있는 사수 B(컬러 이미지 p. 474)

▍요약

6장에서는 데이터 과학자들이 확률에 접근하는 방법을 소개했다. 확률 개념에 대해 수학적 방식으로 접근하지는 않지만, 샘플을 다룰 때 가장 중요한 이론인 대수의 법칙과 중심극한정리를 통해 시뮬레이션으로 보여줬다.

평균의 수렴이라는 개념을 동전 던지기로 설명했다. 동전 던지기는 통계에서 아주 기본적인 내용이다. 샘플링 프레임으로 어떤 사람을 선택할지 여부도 생각해볼 수 있다. 이항 분포뿐만 아니라 푸아송 분포도 마찬가지로 활용할 수 있고, 이번 장에서는 이항 분포를 소개했다.

대수의 법칙과 중심극한정리라는 두 개념 모두 고전 통계에서는 그야말로 핵심인 신뢰구간으로 연계된다. 신뢰구간 개념은 중심극한정리가 성립하는 한 여전히 유효하다.

또한 이 장의 내용으로 추정량의 속성을 다뤘다. 편향, 불편성, 점근적 불편성 등을 소개했으며, 이러한 용어들은 이후의 장들에서 활용된다. 모집단의 모수가 알려지지 않았기 때문에 불편성인지 편향인지를 결정하는 문제를 논의했으며, 실제 데이터가 지닌 편향과 분산에 따라 추정량을 추정하는 목적을 갖고 그에 맞는 시뮬레이션 실험에 집중하는 방법을 다루는 10장에서 다시 참조할 내용들이다.

고전적 방법으로 신뢰구간을 추정하는 방법을 소개했지만, 다음 장에서는 이를 넘어선다. 분산 추정과 신뢰구간 추정을 위해 리샘플링 방법을 사용하게 될 것이다. 데이터 기반 접근 방식은 실무자와 데이터 과학자들이 사용하는 데 매우 유연하고 적합하다고 나타날 것이다.

▍참고문헌

- Gosset, W.S. 1908. "The Probable Error of a Mean", *Biometrika* 6 (1): 1–25

- Hron, K., M. Templ, and P. Filzmoser. 2013. "Estimation of a Proportion in Survey Sampling Using the Logratio Approach", *Metrika* 76 (6): 799–818

- Venn, J. 1880. "On the Diagrammatic and Mechanical Representation of Propositions and Reasonings", *The London, Edinburgh and Dublin Philosophical Magazine and Journal of Science* 10 (58): 1–18

07

리샘플링 방법

"친구여! 이론은 모두 회색이라네, 인생의 황금 나무는 초록이라네."
– 요한 볼프강 폰 괴테, 파우스트(Johann Wolfgang von Goethe, Faust)

수학으로 가득 찬 고전적 통계 추론은 많은 사람들이 이해하기 어렵다. 게다가 분석적 방법으로 간단한 추정치의 속성을 표현하는 것도 매우 어렵고 복잡하며, 때로는 불가능하기도 하다.

신뢰구간을 추정하거나 통계적 테스트를 수행하는 경우, 고전 통계를 적용할 때 분포에 대한 기본 요건인 테스트 통계량의 분포를 반드시 가정해야 한다. 모수 θ(그리고 점추정 $\hat{\theta}$)의 고전적 신뢰구간을 추정하는 수학 공식은 종종 복잡하기도 하고, 심지어는 불가능할 수도 있다. 매우 간단한 산술평균뿐만 아니라 중간값, 그리고 10%에서 단절된 평균, 후버 평균 Huber-mean, 강건 MM 회귀계수의 신뢰구간과 복잡한 샘플링 디자인을 통해 얻은 데이터에서 나온 지니계수^{Gini} 분산 등을 밝히려고 한다고 생각해보자. 여러분은 신뢰구간의 수학적 공식이나 근사치를 알고 있는가?

리샘플링 방법을 사용해 모수 $\hat{\theta}$을 추론하는 절차는 산술평균을 구하는 절차만큼이나 간단하다. 수학적으로 복잡한 추정치 $\hat{\theta}$이라 하더라도 리샘플링 방법을 사용하면 통계적 추론은 간단해진다.

리샘플링 방법을 통계적 추론과 관련된 거의 모든 문제에 적용할 수 있으며, 점추정치의 속성을 매우 복잡한 추정량에서부터 상대적으로 간단하게 추정할 수 있다.

일반적으로 리샘플링 방법은 계산 집약적이어서 1980년대 이후부터 개발되어 강력한 컴퓨터를 통해 성공적으로 실행되고 있다.

리샘플링 방법이 아직도 고전적인 추론에서 거의 사용되지 않는 이유를 추측할 수는 있는데, 한 가지 이유는 많은 통계학자가 수학 지향적이며 많은 사람이 프로그래밍에는 정통하지 않기 때문일 것이다.

데이터 과학이 대중화되면서 이 또한 변하고 있다. 어떤 경우든, 데이터 지향 리샘플링 방법을 사용해 추론하는 것은 데이터 과학자들에게 잘 맞는다. 수학 및 통계와 관련된 강력한 기술은 필요하지 않지만 프로그래밍 기술 및 전산 능력은 중요하기 때문이다. 리샘플링 방법으로 데이터 과학자들은 통계적 불확실성과 관련된 거의 모든 작업을 해결할 수 있는 매우 강력한 방법을 보유하게 된 것이다.

이 책의 다음 부분은 리샘플링에 기반한 매우 강력한 방법에 대해 설명하지 않지만, 부트스트랩을 다루는 책들(Efron & Tibshirani, 1993; Shao & Tu, 1995; Davison & Hinkley, 1997; Chernick, 1999; Hjorth, 1994; Mammen, 1992; Politis, Romano, & Wolf, 1999; Good, 1993; Westfall & Young, 1993)로부터 영감을 받았다.

▎부트스트랩

부트스트랩은 추정치의 불확실성을 표현하는 데 효과적이며, 관심 있는 추정 통계량의 분산을 추정하는 데 가장 인기 있는 리샘플링 방법이다. 하지만 부트스트랩이라고 불리는 이유는 무엇일까? 높은 부츠의 가장 위에는 탭, 루프 또는 핸들이 있는 경우가 있으며 이를 부트스트랩이라고 부른다(그림 7.1 참조).

그림 7.1

이 부트스트랩으로 부츠를 당길 수 있다. 그러나 이 용어에는 더 많은 의미가 있다. 19세기에 사용됐던 관용구로 '자신의 부트스트랩으로 자신을 끌어당기는 것'은 불가능한 일을 의미했다.

"머피 씨가 자신의 부트스트랩으로 컴벌랜드강이나 헛간의 울타리를 넘어갈 수 있을지도 모르지."(Freeman, 2009) 불가능한 일을 할 수 있을 것으로 생각하게끔 하는 작업이 바로 통계에서 사용되는 부트스트랩이다. 이번 장에서는 우리들의 부츠인 샘플 데이터로 추정하기 위해 부트스트랩을 사용하는 방법을 배운다.

다음 절에서는 수학적 해와 비교해서 부트스트랩으로 동일한 결과를 얻는 흥미로운 예제를 소개한다. 다음으로 부트스트랩의 기본 개념을 설명하고 부트스트랩으로 통계적 추론과 관련된 불가능한 일을 왜 할 수 있는가에 대해 답한다. 이후로 R을 사용해 부트스트랩의 실제 적용에 대해 자세히 논한다.

예를 시작하기 전에 부트스트랩 접근법의 진실을 잘 보여주는 유명한 인용문을 다시 되새겨보려고 한다.

> "통계는 적용할 수 있는 많은 용도가 있지만 놀랍게도 효과적으로 처리할 수 있는 실무자가 적은 분야다. 통계 지식으로 가는 전통적인 길은 대부분 수학이라는 무서운 벽으로 막혀 있다. 우리의 접근 방식은 그 벽을 피하는 것이다. 부트스트랩은 수식 없이 많은 실제 통계적 질문에 답을 할 수 있는 통계적 추론의 컴퓨터 기반 방법이다."
>
> – 브래들리 에프론(Bradley Efron)

오즈비에 관한 흥미로운 예제

잭나이프와 부트스트랩을 설명하는 최초의 책(Efron & Tibshirani, 1993)에서 저자들은 흥미로운 예를 하나 제시했다. 해당 예제는 탁월한 방식으로 특정 리샘플링 방법인 부트스트랩의 장점을 보여주기 때문에, 몇 가지 용어와 코드, 주석과 함께 이번 예제를 사용한다. 이번 예제는 샘플링 방식이 아닌 고전적 방식으로도 동일한 결과를 얻었기 때문에 리샘플링 방법에 대한 신뢰성을 준다.

1987년 1월 27일 『뉴욕 타임스』 첫 페이지 헤드라인에 아스피린 복용으로 심장마비 위험이 줄어든다는 기사가 실렸다. 실험 참가자들이 위약 여부를 알지 못하는 양맹 실험double-blind trial으로 나온 결과는 다음 표와 같다(Efron & Tibshirani(1993)도 참고하면 된다).

	심장마비	복용자
아스피린	104	11037
위약	189	11034

두 구성요소의 오즈비$^{odds\ ratio}$는 다음과 같다.

$$(104/11{,}037)/(189/11{,}034) = 0.55$$

신문 헤드라인은 아마도 다음과 같았을 것이다. "아스피린을 정기적으로 복용하는 사람들이 복용하지 않는 사람들에 비해 심장마비에 걸릴 확률은 55% 수준이다."

통계 담당자로서 실제 모집단의 모수 θ를 추정하려고 한다. 물론 추정값 $\hat{\theta}$은 모수 θ의 점추정이기 때문에 단지 추정값 $\hat{\theta}$에만 관심을 두지 않으며, 만약 연구를 다시 해서 새로운 데이터를 수집해야 한다면 0.55와는 다른 결과를 갖게 될 것이다.

통계적 추론을 하는 우리는 $\hat{\theta}$ = 0.55의 정확성/변동성/불확실성에 관심이 있다.

그러나 추정값 $\hat{\theta}$의 신뢰구간을 어떻게 계산할까?

	심장마비	복용자
아스피린	a	b
위약	c	d

오즈비는 $\hat{\theta}_{or}$ = (a/b)/(c/d) = (a × d)/(b × c)로 계산한다. 위키피디아나 관련 연구를 살펴보면, $\log(\hat{\theta}_{or})$의 95% 신뢰구간은 다음과 같이 계산된다는 사실을 알 수 있다.

$$\log\hat{\theta}_{or} \pm 1.96 \times \sqrt{1/a + 1/b + 1/c + 1/d}$$

오즈비 추정치 $\hat{\theta}_{or}$와 그 신뢰구간을 그들의 지수를 이용해 역환$^{back-transform}$해야 한다. 수학적 방식으로 구하는 이번 구간에서는 95% 확률로 실제 모수를 커버한다.

```
dat <- matrix(c(104,11037,189,11034),2,2, byrow=TRUE)
dat
##        [,1]    [,2]
## [1,]  104  11037
## [2,]  189  11034
library("vcd")
## 신뢰구간
confint(oddsratio(dat, log=FALSE))
##         2.5 %      97.5 %
## / 0.4324132 0.6998549
```

아직 다음 질문에 대해 답이 되지 않고 있다.

- 신뢰구간을 추정하는 공식이 잘 작동된다는 것을 어떻게 알 수 있는가? 이 공식이 유효하다는 증거를 어디서 찾을 수 있는가?
- 신뢰구간에 대한 더 나은 수학적 추정이 존재하는가?
- 신뢰구간을 결정하기 위한 더 간단한 방법이 있는가?

첫 번째 질문은 일부 문헌을 검색함으로써 답할 수 있다. 오즈비 신뢰구간을 추정하는 분석적 표현은 근삿값으로 나타내는 것으로 나온다. 문헌을 보면 오즈비의 신뢰구간을 추정하는 20개의 다른 공식이 있음을 알 수 있다. 어떤 경우에는 다른 공식에서 더 좋은 결과가 나오기도 한다. 이해하는 데 많은 시간이 걸릴 것이고 여전히 어떤 공식을 취해야 하는지 결정을 내리기가 어려울 수 있다. 하지만 "신뢰구간을 결정하기 위한 간단한 방법이 있는가?"라는 질문에 대답할 수 있기 때문에 걱정할 필요가 없다. 이 질문에 리샘플링 방법과 부트스트랩 방법을 사용할 수 있기 때문에 "예!"라고 명확하게 대답해도 된다.

아스피린 예제에 사용된 부트스트랩은 다음과 같이 구성된다.

첫 번째 그룹은 104개의 1과 11,037에서 104를 차감한 개수만큼의 0으로, 두 번째 그룹은 189개의 1과 11,034에서 189개를 차감한 만큼의 0으로 인코딩한다.

부트스트랩 샘플: 샘플을 추출하고 추출된 샘플을 다시 집어넣는 복원replacement하는 방법으로 첫 번째 그룹은 11,037개의 샘플 그룹에서, 또한 같은 조건으로 두 번째 그룹은 11,034개의 샘플 그룹에서 추출한다.

부트 스트랩 복제: 오즈비의 $\hat{\theta}_{or}$에 대한 부트스트랩 복제는 다음과 같다.

$$\theta^*_{or} = \frac{\text{첫 번째 그룹 1의 비율}}{\text{두 번째 그룹 1의 비율}}$$

부트스트랩 샘플을 추출해 부트스트랩 복제를 계산하는 프로세스를 반복한다. 예를 들어 10,000번을 반복해서 10,000회의 부트스트랩 복제를 하고, 반복 복제를 통해 나온 분포의 0.025와 0.975의 위치에서 95% 신뢰구간이 결정된다.

다음 코드를 사용해 R을 가지고 실제로 수행할 수 있다. 샘플 함수에 있는 prob 파라미터를 적용해 아스피린 예제를 좀 더 효과적으로 구현할 수 있다는 사실을 알아두자. TRUE(심장마비)와 FALSE(비심장마비)로 구성된 전체 벡터의 초기 내용을 설정한다.

```
## 오리지널 조사 데이터
s1 <- rep(c(TRUE, FALSE), times = c(104, 11037))
s2 <- rep(c(TRUE, FALSE), times = c(189, 11034))
## 부트스트랩 샘플 추출 및 부트스트랩 복제 값 추정 함수
boot_aspirin <- function(s1, s2){
  ## 오즈비
  sum(sample(s1, replace = TRUE)) / sum(sample(s2, replace = TRUE))
}
## 10,000번 추출 및 복제
boot_repl <- replicate(10000, boot_aspirin(s1, s2))
## 신뢰구간
quantile(boot_repl, c(0.025, 0.975))
##      2.5%      97.5%
## 0.4312796 0.6964336
```

이 예제의 경우 부트스트랩으로 구한 신뢰구간은 이전에 수학적 방법으로 추정한 구간과 매우 가깝다. 부트스트랩을 사용한 신뢰구간의 추정은 패턴 없는 좋은 난수가 선택됐다는 가정만을 제외하고 어떠한 전제 조건과 가정을 갖지 않는 데이터 기반이며, 수학적 지식 없이 매우 직관적인 방식으로 처리됐다.

부트스트랩이 작동하는 이유

부트스트랩을 자세히 설명하기 전에 부트스트랩이 지닌 철학적 개념을 살펴보려고 한다. 부트스트랩이 통계적 추론을 하는 데 왜 유효한 방법인지 이해하는 것은 중요하다. 부트스트랩의 철학적 원리에 대한 질문과 설명 없이도 신뢰하는 독자라면 이번 절을 건너뛰어도 된다.

다음은 부트스트랩에 대한 전형적인 질문이다(출처: http://stats.stackexchange.com/).

> "저는 최근 프로젝트의 신뢰구간을 예측하기 위해 부트스트랩을 사용했죠. 통계 지식이 별로 없는 분이 저에게 와서 왜 부트스트랩이 작동되는 건지 물어왔습니다. 같은 샘플을 반복해서 리샘플링하는 것이 어떻게 해서 좋은 결과를 내는 건지 말이죠. 어떻게 사용해야 하는지 이해하는 데 많은 시간이 걸렸지만, 아직도 왜 부트스트랩이 작동하는지 이해하지 못하고 있다는 사실을 깨달았어요."

추정량 $\hat{\theta}$은 임의의 변수 X_1, X_2, ..., X_n의 함수라서 확률 분포와 n으로 결정되는 샘플 분포 그리고 분포 함수 F를 갖는다는 것을 알아두자. 다음으로 실제 발생할 수 있는 케이스를 살펴보고 실증적 샘플 **x**를 고려한다. i = 1, ..., n인 X_i 관측 벡터로 샘플값들이 형성되고, **x**는 모집단으로부터 나온 샘플을 말한다.

여러분은 모집단에 대해 질문을 하고 싶겠지만, 전체 모집단을 모르기 때문에 그렇게 할 수는 없다. 이 경우 샘플을 가져와서 샘플에 대해 질문하는 편이 낫다. 따라서 기본적인 가정은 우리는 단지 **x**라는 하나의 벡터를 갖고 있다는 것이다. 간단하게 진행하도록 여러 값이 들어 있는 벡터 하나로 작업하지만 다차원 형태의 데이터 **X**에도 이 가정은 유지된다는 점을 알아두자. 하나의 실증 데이터로 모집단의 모수 $\theta = f(\mathbf{x})$를 추정할 때, 보통은 해당 추정값의 불확실성(변동성)에 대해 알지 못한다. 그러나 동일한 모집단에서 나온 $\mathbf{x}_2$라는 또 다른 두 번째 샘플 데이터를 다뤄야 한다면, 그 결과 추정치 $\hat{\theta}_2 = f(\mathbf{x}_2)$는 기존 추정치 $\hat{\theta}$과는 다를 것이다. 즉, 샘플이 제시하는 답이 모집단에 가깝다고 얼마나 확신할 수 있는가?

이 질문에 대해 답변하는 방법은 네 가지가 있지만, 모든 방법이 실제로 가능한 것은 아니다. 효과적으로 이해할 수 있도록 기업에서 정기적으로 발생할 수 있는 상황에 따라 네 가지 접근법 모두를 설명한다. 지위가 가장 높은 빅보스, 그 아래 빅보스 2, 회계 담당자, 방법론 부서장, 그리고 데이터 과학자가 미팅을 한다고 가정하자.

- 모든 정보 얻기(빅보스 접근법)

  빅보스는 불행하게도 통계에 대해 전혀 모른다. 모수의 변동성이 쉽게 표현되지 않아서 화가 난 그는 붉게 상기된 얼굴로, 주먹을 테이블에 내려친다. "그러면 모집단 전체를 알아보자구"라고 외친다. 사회경제적 집단처럼 모집단이 유한한 상황에서 물론 회계 담당자는 변동성 추정치를 빅보스에게 제시하지 못하지만, 전체 모집단에 관한 필요 정보를 수집하는 데 투입되는 비용이 수백만 달러라는 추정치는 알려준다. 모집단이 무제한인 경우, 수집 비용 또한 무한대가 될 수 있다. 빅보스는 자신의 생각이 최상이 아님을 깨닫고, 부하직원들로부터 해법을 찾기 위해 회의 테이블을 둘러본다.

- 반복적으로 정보 얻기(빅보스 2 접근법)

  빅보스의 제안은 실패했지만, 두 번째 빅보스는 자신의 뛰어난 아이디어를 말할 준비가 되어 있다고 생각한다. 확신에 찬 그는 얼굴에 웃음을 띠고 말한다. "그러면 설문조사를 반복해서, 여러 데이터를 다루도록 합시다! 그런 다음 추정값을 평가하고 결과를 믿을 정도가 된다면 그때 보고하도록 하죠."

  이 제안에 대해 추가적인 코멘트를 한다. "여러분이 모집단을 알지 못한다면, 모집단의 불확실성에 대해 배울 수 있는 방법은 모집단에서 계속해서 여러 차례 샘플을 추출해서, 각 샘플에 대해 알려고 하는 통곗값을 얻기 위해 각 샘플에 동일한 추정량을 적용하면 되죠. 그러면 샘플의 답변이 얼마나 달라지는지 알게 되겠죠."

회계 담당자가 k번의 설문조사를 해서 k개의 데이터 세트를 얻는다면, 그 비용은 k배만큼 높아질 것이라는 주장 앞에서 두 번째 빅보스의 미소는 얼어붙는다. 그가 제안한 방법은 경제성이 없어서 모두들 수학자만 쳐다본다. 수학자가 그들의 마지막 희망이라고 생각한다. 그래서 심지어 천재 수학자가 하는 말을 확실히 이해하지 못할 것이라는 사실을 알지만, 그가 해결책을 줄 것이라는 기대감에 모두 수학자를 주시한다.

$$((1 - 2\hat{p}) z_{\alpha/2}^2/2n \pm z_{\alpha/2} \sqrt{\hat{p}(1 - \hat{p})/n = z_{\alpha/2}^2/4n^2})/(1 + z_{\alpha/2}^2/n)$$

- 수학자의 접근법

수학자는 다음과 같이 말한다. "예를 들어, 여러분이 추정하려는 통계량이 대략 정규 분포하는지 t 분포하는지 결정한다고 가정해봅시다. 몇 가지 수학을 사용해 관심 있는 모수의 신뢰구간을 계산할 수 있을 겁니다." 빅보스들은 가정이라는 것에 대해 불편함을 느끼지만, 수학자가 해결책을 얻기 위해 어떻게 처리하는지를 확실히 알고 있을 것이라 생각한다. 복잡한 추정치의 변동성을 나타낼 수 있을 것이라는 수학자의 말에 보스들은 해결책을 얻었다는 생각에 기뻐할 뿐이다. 하지만 수학자는 다음과 같은 말을 추가한다. "조사 및 개발에는 5개월이 필요하며 현재는 이 일에 필요한 어떤 자원도 갖고 있지 않죠. 즉시 수학자를 추가로 고용해야 합니다." 물론 회계 담당자는 머리를 흔들면서 추가 직원 채용 가능성을 거부한다. 올해 예산에 이 부분이 전혀 고려되어 있지 않기 때문이다. 빅보스들은 의자에 털썩 주저앉고 말았고 우울한 목소리로 해당 이슈를 다룰 태스크 포스팀을 만들겠다고 말한다. 따라서 해결책을 찾아낼 것이라는 희망이 없다. 무력감에 비전을 상실한 빅보스가 이 회의를 끝내려 할 때...

- 컴퓨터 직무(데이터 과학자 접근법)

... 데이터 과학자가 목소리를 가다듬고, 손을 들어 불쑥 끼어들어서는 "여러분이 얻고 싶은 어떤 추정값 해결법을 몇 초면 만들 수 있습니다."라고 말한다. 빅

보스가 눈썹을 치켜세우고, 두 번째 빅보스는 데이터 과학자가 신입이라서 현실을 모르고 떠드는 소리라고 생각하고 따분한 표정으로 쳐다본다. 회계 담당자는 젊은 컴퓨터 담당자를 신뢰하지 않고, 수학자는 자신이야말로 이 문제를 해결할 수 있는 유일한 사람이라 생각해서 데이터 과학자를 연민의 표정으로 쳐다본다. 데이터 과학자는 다음과 같이 말한다. "수학자가 가정하고 싶어 하는 모수의 분포를 가정하는 것에 만족스럽지 않다고 합시다. 남은 선택은 여러분이 갖고 있는 샘플에서 정보를 찾는 것이죠. 앞에서 두 번째 빅보스가 제안했던 모집단에서 새로운 샘플을 다루는 방법의 대안으로, 갖고 있는 샘플만을 이용해 그 샘플에서 반복적으로 샘플링을 하는 것입니다. '복원replacement'이 가능한 샘플링은 샘플을 모집단과 같이 다루고 그 모양을 반영하는 방식으로 샘플링하는 편한 방법이죠. 이게 합리적이라는 데 동의하시나요? 이미 수집해서 보유하고 있는 샘플은 실제로 모집단이 가질 수 있는 형태에 대한 최상의 정보입니다. 무작위로 선택된다면, 샘플이 추출된 모집단과 상당히 비슷할 것이라고 동의하실 겁니다. 결과적으로 여러분의 샘플도 마찬가지겠죠. 기본 샘플 데이터에서 많은 수의 데이터 세트를 샘플링하고 데이터 세트의 통곗값을 계산해보는 거죠. 따라서 통곗값의 분포를 갖게 됩니다. 이러한 분포는 추정값 변동성을 나타내죠. 그냥 컴퓨터가 하도록 두면 됩니다."

말문을 잃은 보스들은 여전히 열린 입을 닫지 못하고 있다. 빠르고 고품질의 해결책을 얻을 수 있다는 것에 대해 그저 행복해 보인다.

이제부터 빅보스들은 데이터 과학자와 정기적으로 상의해 데이터 분석 문제에 대한 솔루션을 찾게 될 것이다. 데이터 과학자는 조직에서 꼭 필요한 영웅이 되고 조직은 그의 일에 의존하게 된다.

부트스트랩 자세히 살펴보기

기본은 확률 분포 F로부터 크기 n인 샘플을 무작위로 추출한다는 것이다. 추출된 각각의 데이터는 1/n의 확률로 샘플에 포함된다. 다시 말해, 무작위 샘플은 모집단에서 추출된 $i = 1, \ldots, n$인 $x_i \sim F(\text{i.i.d.})$로 발생한다.

$X_1, X_2, \ldots$를 확률 분포 $F(X)$를 따르는 임의의 변수라 하고, $\hat{f}(x) = \frac{1}{n}\sum_{i=1}^{n} I_{(-\infty, x]}(x_i)$(여기서 I는 표시 함수indicator function다)로 정의된 샘플 분포의 실현값 $\mathbf{x} = (x1, \ldots, x_n)$을 생성하기 위해 실증적 확률 함수를 사용한다.

글리벤코–칸텔리(Glivenko-Cantelli, 1933)의 정리에 따라 $\| \hat{F} - F \|_\infty = \sup_{x \in \mathbb{R}} |\hat{F}(x) - F(x)| \to 0$이 된다. 즉, 부트스트랩 샘플 분포는 거의 확실하게 실제 확률 분포로 수렴한다. 수렴 과정이 작동되는 이유는 다음과 같다.

- 부트스트랩 샘플의 경우 관측치 선택 확률은 여전히 1/N이다.
- 대수의 강법칙 $P\left(\lim_{n \to \infty} \hat{X}_n^* = \mu \right) = 1$이 존재한다.
- 부트스트랩 샘플이 모집단을 모방한다는 중심극한정리가 존재한다.

부트스트랩 샘플은 관측값 크기가 n으로 샘플 크기는 모두 동일하다. 여기서 가능한 질문은 "부트스트랩 샘플 크기를 다르게 하지 않는 이유는 무엇인가?"이다. 대답은 쉽다. 대부분의 통곗값과 추정값은 샘플의 크기에 영향을 받는다. 부트스트랩 분포는 새로운 샘플이 기존 샘플의 크기보다 적을 때보다 관측값이 좀 더 넓게 퍼지며, 반대의 경우는 분포가 덜 퍼지게 되어 추정되는 편차가 과대 또는 과소 추정으로 연결될 수 있다.

부트스트랩 샘플이 실제 확률 분포에 수렴한다는 증거는 측정 이론으로 많이 축적시켰으며, 여러 연구(예: Shao & Tu, 1995)를 보면 알 수 있다. 이 책에서는 증명을 되풀이하지 않지만, 증명에서 나온 증거들을 사용한다. 입증된 정리를 신뢰하면서 적용 부분에 좀 더 집중할 것이다.

플러그인 원칙

부트스트랩은 플러그인 원칙plug-in principle에 기반한다. 무언가가 알려지지 않은 경우, 알려지지 않은 부분에 대해 추정치로 대입하는 원칙이며, 통계에서 익숙한 접근 방식이다. 예를 들어, 4장 '난수 시뮬레이션'에서 진정한 분산을 몰랐기 때문에 신뢰구간 추정을 위해 이론이 아닌 실증적 표준편차를 투입했다. 그러나 분산은 신뢰구간을 구하기 위한 공식에 여전히 포함되어 있다. 부트스트랩과 관련해서는 한 발 더 나아간다. 단일 모수의 추정치를 대입하는 대신, 전체 분포의 추정치를 대입한다(Hesterberg, 2015).

플러그인 원칙에 따라 $\theta = t(F)$를 실증적 분포 $\hat{f}$의 분포 함수 $\hat{\theta} = t(\hat{F})$으로 대체한다. 참고로 $\theta = t(\mathbf{X})$ 대신의 분포 함수로 모수 θ를 쓰기도 하며, 실증적 분포 함수 $t(F)$로 모수를 계산할 수 있다고 가정한다. 플러그인 원칙을 자세히 다루는 다음 절에서는 부트스트랩 방식을 사용해 표준오차 및 편향을 추정할 것이다.

▌ 부트스트랩으로 표준오차 추정

이제는 실제로 활용할 수 있는 R을 기반으로 부트스트랩에 대해 자세히 설명한다. 표준오차 추정에 초점을 맞추기 전에 구체적으로 몇 가지 정의를 제시한다.

7가지 숫자로 된 다음과 같은 간단한 예제를 생각해보자. 약간의 샘플을 사용해 R에서 활용할 수 있는 부트스트랩을 설명하며, 이번 예제에서 구하려는 추정량은 산술평균이다.

```
x <- c(5, 7, 8, 2, 15, 12, 3)
```

부트스트랩 샘플을 정의하자. **부트스트랩 샘플**bootstrap sample은 무작위 샘플이다.

$\mathbf{x}^* = (x_1^*, \dots, x_n^*)$는 $\mathbf{x} = (x_1, \dots, x_n)$으로부터 뽑은 샘플을 다시 넣고 복원할 수 있는 방식으로 추출한 방식이며, 부트스트랩 샘플을 다음과 같이 만든다.

```
## 재현성을 위해 seed 사용
set.seed (123)
## 복원 방식 부트스트랩 샘플
s1 <- sample(x, replace = TRUE)
s1
## [1]  8 12  8  3  3  5  2
```

해당 부트스트랩 샘플은 7과 15를 포함하지 않지만 3과 8은 두 번씩 들어가 있다. 복원할 수 있는 방식으로 샘플링을 했기 때문에 가능한 결과이며, 하나의 숫자를 추출한다면 그 숫자는 대체될 수 있으므로 다음번에 나올 숫자는 다시 c(5, 7, 8, 2, 15, 12, 3) 중 하나다.

물론 부트스트랩 샘플을 얻기 위해 작업을 반복하고, 기존 부트스트랩 샘플과는 다를 확률이 매우 높다.

```
s2 <- sample(x, replace = TRUE)
s2
## [1]   3   2   2   3   2  15  15
```

주어진 샘플의 산술평균은 다음과 같다.

```
mean(x)
## [1] 7.428571
```

$\hat{\theta} = t(\mathbf{x})$의 **부트스트랩 복제**$^{\text{bootstrap replicate}}$는 $\hat{\theta}^* = t(\mathbf{x}^*)$로 표시된다. $t(\mathbf{x})$는 산술평균 $\bar{\mathbf{x}}$라 하면, 부트스트랩 복제 $t(\mathbf{x}^*)$는 부트스트랩 샘플의 산술평균 $\bar{\mathbf{x}}^* = \frac{1}{n}\sum_{i=1}^{n} X_i^*$이다.

추출된 부트스트랩 샘플의 부트스트랩 복제 통계량인 산술평균은 다음과 같다.

```
mean(s1)
## [1] 5.857143
mean(s2)
## [1] 6
```

R 패키지 car에서 나온 Prestige라는 큰 샘플 데이터를 준비하자. 한 변수는 수입^{income}과 관련된다. 다시 부트스트랩 샘플을 가져와서 부트스트랩 복제 통계량을 추정하자.

먼저 샘플에서 나온 관심 있는 통계량을 살펴보자. 관심 있는 통계량은 산술평균이라고 하자.

```
library("car")
data("Prestige")
mean(Prestige$income)
## [1] 6797.902
```

부트스트랩 복제의 산술평균은 다음과 같다.

```
set.seed(123)
mean(sample(Prestige$income, replace = TRUE))
## [1] 6393.882
```

이전 코드를 반복해서 또 다른 결과를 얻을 수 있다(시드seed 없음).

```
mean(sample(Prestige$income, replace = TRUE))
## [1] 6662.529
```

핵심은 관심 있는 통곗값의 변동성을 표현하는 방법이다. 신뢰구간을 논하기 전에 추정량의 표준오차를 어떻게 추정하는지 설명한다. 모수의 표준오차를 추정하는 부트스트랩 알고리즘은 다음과 같다.

1. x의 독립적인 부트스트랩 샘플인 $\mathbf{x}^{*1}$, $\mathbf{x}^{*2}$, ..., $\mathbf{x}^{*R}$을 선택한다.
2. 각 부트스트랩 샘플의 부트스트랩 복제 통곗값을 계산한다.

$$\hat{\theta}^*(r) = f(\mathbf{x}^{*r}),\ r = 1,\ 2,\ ...,\ R$$

3. 복제 통곗값들의 표준편차를 기반으로 한 표준오차 se_F를 추정한다.
4. $\hat{\theta}^*(\cdot) = \Sigma_{r=1}^{R}\hat{\theta}^*(r)/R$인 $\widehat{se}_R = \left\{ \sum_{r=1}^{R} [\theta^*(r) - \theta^*(\cdot)]^2/(R-1) \right\}^{1/2}$ 이 되고,
5. $\lim_{R \to \infty} \widehat{se}_R = se_F$를 적용한다.

부트스트랩의 원래 정의에 따라 비모수 부트스트랩 그림이 Efron & Tibshirani(1993)에 제시되어 있다. 여기서는 한 단계 더 나아가서, 그림 7.2에서와 같이 표준오차를 추정하

기 위한 부트스트랩을 보여준다.

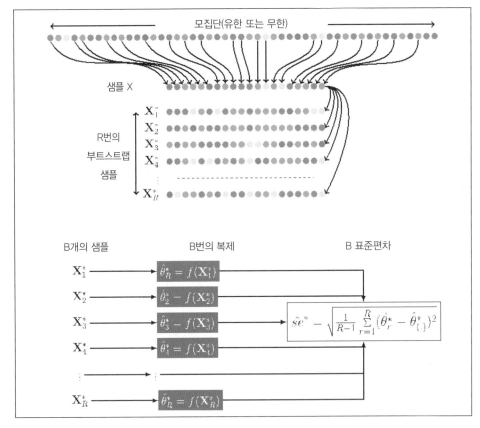

그림 7.2 에프론(Efron)의 정의에 따른 통계량 θ = f(x)의 표준오차를 추정하는 부트스트랩 알고리즘. 파라미터 R은 부트스트랩 복제 횟수를 나타낸다.

그림 7.2의 상단에는 전체 모집단이 제시되어 있다. 해당 모집단은 알려지지 않았지만, 모집단으로부터 크기 n인 하나의 샘플 $\mathbf{x}$를 추출했다. 이 샘플에서 복원 가능한 방식의 부트스트랩 샘플을 추출한다. 결국 샘플 크기 n의 부트스트랩 샘플들을 추출했다. 이 부트스트랩 샘플 $\mathbf{x}_1^*$, ..., $\mathbf{x}_R^*$에서 부트스트랩 복제 통계량 $\hat{\theta}_1^*$, ..., $\hat{\theta}_R^*$가 추정되며, 부트스트랩 복제 통계량으로부터 표준오차 $\hat{se}^*$를 추정할 수 있다.

안정되고 좋은 결과를 얻으려면 특정한 수의 부트스트랩 복제가 필요하다. 이 과정은 항상 데이터가 갖는 문제와 데이터의 분포에 큰 영향을 준다. 기본적으로 부트스트랩을 25번 정도 복제를 반복할 때 동일한 결과가 나오기 때문에 안정된 결과를 얻을 수 있으며, 50번 반복은 매우 안정적인 표준오차를 얻을 수 있다. 종종 100회 반복이 선택되기도 하며, 200번을 넘어서는 반복은 더 이상의 이익을 내기 힘들다. 그렇다면 예를 들어 50번 복제 반복으로 표준오차를 추정하는 데 충분한지 확인할 수 있는가? R = 50으로 해서 부트스트랩을 몇 번 돌리고 결괏값이 얼마나 차이 나는지 평가한다. 그 차이가 비교적 크다면, 복제 반복 횟수를 더 올리자.

가령 신뢰구간 또는 모델 기반 결과 등 다른 추정치가 관심 대상인 경우, 일반적으로 더 많은 복제가 필요하다. 신뢰구간을 추정하는 경우 5,000번 이상의 반복이 유용하며, '부트스트랩으로 구하는 신뢰구간' 절에서 자세히 다룬다.

부트스트랩을 이용한 복잡 추정의 예

표준오차를 수학적 방식으로 표현하는 것은 간단한 추정치라고 해도 상당히 어렵다. 강건한 상관계수 표준오차의 예를 보여줄 것이다. 강건한 상관관계 측정값은 MCD^{Minimum} Covariance Determinant 알고리즘으로 찾아낼 수 있다(Rousseeuw & Driessen, 1998). 다소 복잡한 추정량이기 때문에 수학적 공식을 사용해 표준오차를 추정하기란 매우 힘든 일이다. 대신에 부트스트랩을 사용해 산술평균 표준오차를 추정하는 편이 간단하다는 사실을 배우게 될 것이다.

R에서 MCD 기반 상관관계는 다음과 같이 계산한다. 단순화를 위해 income과 prestige 사이의 강건한 상관관계를 추정한다.

```
library("robustbase")
## 데이터
df <- Prestige[, c("income", "prestige")]
## 강건 MCD 기반 공분산
```

```
covMcd(df, cor=TRUE)$cor
##                income   prestige
## income     1.0000000 0.8240127
## prestige 0.8240127 1.0000000
```

상관계수의 표준오차를 어떻게 추정하느냐는 매우 적절한 질문을 할 수 있고, 추가로 다음과 같은 질문도 가능하다.

- 고전적인 피어슨^{Pearson} 상관계수의 표준오차를 수학적으로 추정하는 방법을 알고 있는가? 그렇다면 상관계수의 표준오차 수식을 알고 있는가?
- 데이터가 다변량 정규 분포를 따르지 않는가?
- 적절한 분석적 근삿값을 제공할 수 있는가?
- 이 예에서 근삿값을 계산할 수 있는가?
- MCD 기반 상관계수의 근삿값을 알고 있는가?

대답은 아마도 다음과 같을 것이다.

- 예, 구글이나 좋은 책에서 검색해서 찾을 수 있죠.
- 아니요, 정규 분포된 데이터의 추정치만 있다고 가정합니다.
- 아니요, 하지만 아마도 누군가가 이 문제를 처리했으리라 생각해요.
- 예! 부트스트랩으로 쉽게 알 수 있어요.

그럼 한번 해보자. 함수 sample()을 사용해 데이터 Prestige를 복원 가능 방식으로 샘플링하고 함수 covMcd를 사용해 MCD 기반 상관관계를 추정한다. 이를 200번 반복하고 표준오차를 추정한다.

```
set.seed(1234) ## 재현성을 위한 seed
## 부트스트랩으로 구한 표준오차
sd(replicate(200,
        covMcd(df[sample(rownames(df), replace=TRUE), ],
                cor=TRUE)$cor[1,2]))
## [1] 0.09270074
```

비슷한 방식으로 함수 boot를 사용할 수 있다. 표준오차 결과는 매우 유사하다는 사실을 알게 된다. 함수 boot의 기본 내용은 부트스트랩 샘플이 어떻게 표집되는지 보여주는 것이다. 해당 작업은 데이터와 관련된 함수 인자를 가진 function과 복원 가능 방식으로 샘플링된 인덱스 function을 직접 만들어서 처리한다.

```
library("boot")
## boot를 이용한 부트스트래핑 함수
cr <- function(d, w) covMcd(d[w, ], cor=TRUE)$cor[1,2]
## boot 함수 적용
boot(data=df, statistic=cr, R=200)
##
## ORDINARY NONPARAMETRIC BOOTSTRAP
##
##
## Call:
## boot(data = df, statistic = cr, R = 200)
##
##
## Bootstrap Statistics :
##       original        bias    std. error
## t1* 0.8240127 -0.001434576    0.088415
```

▌ 모수 부트스트랩

일반적으로 말하면 적절하게 구체화한 모델을 갖고 있을 때, 모델로부터 시뮬레이션하는 것은 종종 비모수 부트스트랩보다 요구되는 반복 횟수가 적어도 신뢰할 만한 추정값을 제공한다. 하지만 모수 모델이 잘못 지정되면, 해는 잘못된 분포로 수렴된다. 따라서 모수 부트스트랩을 사용할 때, 가정은 반드시 유지돼야 한다.

해당 방법의 속성을 보여주도록 모수 부트스트랩의 응용법을 소개하려고 한다. 패키지 car

에서 제공되는 데이터 Prestige에 있는 income과 prestige라는 2개의 변수가 이변량
정규 분포^{bivariate normal distribution}로부터 나온 것임을 결론 내릴 수 있는 정보가 있다고 가정
하자. 실증 데이터로부터 평균과 공분산을 추정하고 상응하는 파라미터들을 갖는 이론적
정규 분포로부터 추출한다.

```
## 다변량 정규 분포에서 난수를 추출하는 데 필요한 MASS 라이브러리
library("MASS")
## 데이터로부터 구한 파라미터(income과 prestige)
m1 <- colMeans(df)
m2 <- cov(df)
## 관측량
n <- dim(df)[1]
## 모수 부트스트랩
parboot <- replicate(200,  covMcd(mvrnorm(n, mu=m1, Sigma=m2),
cor=TRUE)$cor[1,2])
## 표준오차
sd(parboot)
## [1] 0.08318432
```

비모수 부트스트랩의 계산 시간과 비교해서 계산 속도를 보고 싶다면, 반복 횟수를 증가
시키고 상관관계의 고전 추정치를 사용한다.

```
## 모수 부트스트랩
system.time(sd(replicate(5000,
        cor(mvrnorm(n, mu=m1, Sigma=m2))[1,2])))
##    user  system elapsed
##   0.663   0.017   0.681
## 비모수 부트스트랩
system.time(sd(replicate(5000,
        cor(df[sample(rownames(df),  replace=TRUE), ])[1,2])))
##    user  system elapsed
##   0.925   0.020   0.945
```

이번 예제에서는 모수와 비모수 부트스트랩 간의 계산 시간 차이가 크게 다르지 않다는 사실을 알 수 있다. 하지만 연구문헌에 따르면 결과의 안정성에 대해서는 차이가 있는 것으로 알려져 있다. 잘 정의된 모델의 경우 모수 부트스트랩은 적은 샘플 크기에도 표준오차의 안정적 결과를 제공한다. 그러나 이것은 보통의 경우에 사실이 아니며, 이번 예제에서도 사실은 아니다. 상관관계를 50번 반복(R = 50)해서 구하고 이 작업을 20번 반복해서 표준오차의 구간을 추정하면 그 범위는 다음과 같다.

```
## 모수 부트스트랩
range(replicate(20, sd(replicate(50,
                        cor(mvrnorm(n, mu=m1, Sigma=m2))[1,2]))))
## [1] 0.04194079 0.06062707
## 비모수 부트스트랩
range(replicate(20, sd(replicate(50,
        cor(df[sample(rownames(df), replace=TRUE), ])[1,2]))))
## [1] 0.03479239 0.05161005
```

표준오차가 약간 다르게 나왔음이 확인된다.

마지막으로, 비모수와 모수 부트스트랩에서 나온 결과를 비교해보자. 1,000개의 부트스트랩 샘플을 추출한다.

```
## 모수 부트스트랩
pboot <-replicate(1000,
    cor(mvrnorm(n, mu=m1, Sigma=m2))[1,2])
## 비모수 부트스트랩
npboot <- replicate(1000,
    cor(df[sample(rownames(df),
    replace=TRUE), ])[1,2])
mi <- min(pboot, npboot)
ma <- max(pboot, npboot)
```

시각적 차이점은 부트스트랩 복제 분산을 히스토그램으로 나타낸 그림 7.3에서 확인할 수 있다.

```
par(mfrow=c(1,2), pty="s")
hist(npboot,
    main="non-parametric",
    xlab="1000 bootstrap replicates",
    xlim=c(mi,ma), breaks = 25)
hist(pboot,
    main="parametric",
    xlab="1000 bootstap replicates",
    xlim=c(mi,ma), breaks = 25)
```

비교는 위의 코드에서 생성된 그림 7.3에서 나타난다. 이번 경우 두 결과는 매우 유사하다.

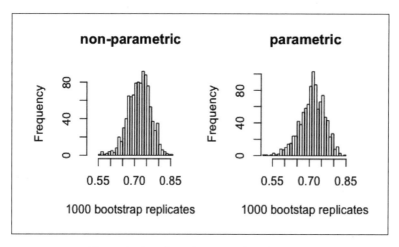

그림 7.3 비모수 그리고 모수 부트스트랩 복제의 분산 비교

그림 7.3에서 보면 비모수와 모수 부트스트랩 간에 부트스트랩 복제 분포의 차이가 그리 크지 않은 것으로 보인다.

▌ 부트스트랩으로 편향 추정하기

앞에서 표준오차는 추정량 $\hat{\theta}$의 정확성 측정 도구로 사용됐다. 이제 추정하려는 모집단의 모수 θ와 추정량 $\hat{\theta}$의 차이인 편향에 대해 살펴보려고 한다. 즉, 추정량 $\hat{\theta}$의 체계적 왜곡을 살펴본다.

데이터에서 편향이 발생하는 이유는 다양하다. 데이터 등록자의 체계적인 오류, 빈약한 샘플링 디자인, 보고되지 않은 중요한 변수, 이상치, 복합 샘플링 디자인으로 표집된 샘플 평균의 강건 추정치 등이 이유가 될 수 있다.

추정량 $\hat{\theta} = f(\mathbf{x})$에서 발생하는 편향은 모집단의 실제 모수로부터 발생하는 편차이며, 식으로 나타내면 $\theta = bias_\theta = E(\hat{\theta}) - \theta$이다. 모수 θ는 일반적으로 알 수 없기 때문에 편향은 보통 리샘플링을 통해 표현될 뿐이다. 다음에서는 수학적 편향에 집중하고 데이터를 수집하는 과정에서 발생하는 시스템적 편향 등은 고려하지 않는다.

편향 추정을 위해 독립적인 부트스트랩 샘플 $\mathbf{x}^{*1}$, $\mathbf{x}^{*2}$, ..., $\mathbf{x}^{*R}$을 추출하고 부트스트랩 복제 추정량을 추정한다(Efron & Tibshirani, 1993). $\hat{\theta}^*_{(\cdot)} = \sum_{r=1}^R \hat{\theta}^*_r / R = \sum_{r=1}^R f(\mathbf{x}^*_r)/R$로 구한 $E_{\hat{F}}[f(\mathbf{x})]$와 $t(\hat{F})$을 통한 $t(F)$ 등 부트스트랩 복제 추정량의 도움으로 부트스트랩 복제 추정값 $\hat{\theta}^*_r = f(\mathbf{x}^*_r)$을 근사할 수 있다.

편향에 대한 부트스트랩 추정값은 부트스트랩 복제에 기반한다.

$$\widehat{bias}_R = \hat{\theta}^*_{(\cdot)} - t(\hat{F})$$

다시 데이터 Prestige에 있는 income 변수를 선택한다. 추정해야 할 모집단의 모수는 추정된 표준편차인 $\hat{s}$과 산술평균인 $\bar{x}$로 구성된 변화계수 $v = \frac{\hat{s}}{\bar{x}}$이다. R에서는 다음과 같이 처리한다.

```
x <- Prestige[, "income"]
v <- function(x) sd(x) / mean(x)
v(x)
## [1] 0.624593
```

1,000개의 변화계수 부트스트랩 샘플을 쉽게 추출할 수 있으며, 부트스트랩 복제값을 갖고 계산하는 것은 쉽다.

```
vboot <- replicate(1000, v(sample(x, replace = TRUE)))
```

편향은 모수라고 여길 수 있는 부트스트랩 복제 추정값의 평균과 Prestige에 있는 102개의 해당 샘플의 추정값으로 구한다.

```
vbias <- mean(vboot) - v(x)
vbias
## [1] -0.01215573
```

편향이 보정된 추정량은 다음과 같이 구한다.

```
v(x) - vbias
## [1] 0.6367488
```

 TIP 통계량이 편향되어 있다는 사실을 알고 있으면 일을 좀 더 적절히 처리할 수 있다.

부트스트랩으로 구하는 신뢰구간

신뢰구간은 불확실성 구간을 표현하는 매우 유용한 방법이며, 6장 '시뮬레이션으로 보는 확률 이론'에서 폭넓게 논의됐다. 고전적인 방식으로 복잡한 추정량의 신뢰구간을 예측하는 것이 쉬운 일은 아니며, 앞에서 살펴본 것처럼 부트스트랩을 사용하면 훨씬 쉽다.

신뢰구간을 추정하는 가장 쉬운 방법은 신뢰구간용 수학적 공식에 부트스트랩으로 구한 표준오차의 추정치를 집어넣는 것이다. 그러나 이것이 최고의 방법은 아니라는 사실을 곧 깨닫게 될 것이다.

6장 '시뮬레이션으로 보는 확률 이론'에서 이미 설명했듯이 산술평균 또는 전체 추정량 신뢰구간의 고전적 추정치는 다음과 같다.

$$\hat{\theta} \pm t_{n-1;\frac{\alpha}{2}} \cdot \hat{se}$$

이제는 고전적 표준오차 $\hat{se}$을 부트스트랩 표준오차 $\hat{se}^*$로 사용한다.

앞에서 사용한 예를 사용해, 다음과 같이 신뢰구간을 결정할 수 있다.

```
cat("CI(e): [", v(x) - vbias - qt(0.975, length(x)-1) * sd(vboot), ",
", v(x) - vbias + qt(0.975, length(x)-1) * sd(vboot), " ]\n")
## CI(e): [ 0.5059086 , 0.7675889 ]
```

편향성 보정에서 알 수 있듯이 신뢰구간은 항상 대칭이다. 그러나 부트스트랩의 큰 장점 중 하나는 구간이 대칭이 아닐 수도 있다는 사실을 보여주는 데 있다. 비율 추정치를 생각해보자. 예를 들어, 전체 선거 투표자 중 작은 정당에 투표할 비율은 전체 투표자의 약 1.5%가 된다고 하자. 고전적인 방법이나 부트스트랩 신뢰구간 추정 방식을 적용하면 대칭인 신뢰구간 왼쪽은 음수가 될 가능성이 있다. 음수 투표는 실제로 불가능하기 때문에 좀 더 신뢰할 수 있는 방법을 채택해야 한다.

추정량의 부트스트랩 분포가 대칭일 경우 백분위수로 된 신뢰구간이 종종 사용된다. 부트스트랩 신뢰구간의 에프론 백분위 방식이 가장 인기가 있으며, 부트스트랩 복제 추정량의 횟수가 많을 때 신뢰구간으로서 훌륭한 속성을 갖게 된다.

표준오차에 대한 고전적 추정치를 부트스트랩으로 얻은 추정치로 대체하는 대신, 부트스트랩 분포의 하위와 상위 백분윗값이 적용된다.

부트스트랩을 사용해 백분위 신뢰구간을 적용하는 에프론의 방법은 다음과 같다.

$$(\hat{\theta}_{lo}, \hat{\theta}_{up}) = (\hat{\theta}^*_{(\frac{\alpha}{2})}, \hat{\theta}^*_{(1-\frac{\alpha}{2})})$$

예를 들어 R = 1000으로 선택하고 유의수준을 $\alpha = 0.05$로 하면, 백분위 신뢰구간은 1,000개의 부트스트랩 복제 추정량 $\hat{\theta}^*_{(r)}$ 중에서 25번째 그리고 975번째 값 $(\hat{\theta}^*_{(0.025)}, \hat{\theta}^*_{(0.975)})$로

결정된다.

앞에서 사용한 예제의 신뢰구간은 다음과 같이 결정된다.

```
cat("CI(p): [", quantile(vboot, 0.025), ", ", quantile(vboot, 0.975),
" ]\n")
## CI(p): [ 0.4816879 , 0.7349403 ]
```

홀^{Hall}의 신뢰구간 방법 같은 에프론 접근 방식의 변형 형태도 있다.

```
cat("CI(h): [", 2*v(x) - quantile(vboot, 0.975), ", ", 2*v(x) -
quantile(vboot, 0.025), " ]\n")
## CI(h): [ 0.5142458 ,  0.7674982   ]
```

부트스트랩 **편향이 보정된 알파**$^{BCa, Bias Corrected alpha}$ 신뢰구간(Efron, 1987)은 $\hat{\theta}$보다 작은 부트스트랩 분포의 일부인 다른 종류의 편향 추정치를 활용한다.

편향이 보정된 BC_α 방법의 신뢰구간도 백분위를 기반으로 한다. 백분위수는 두 가지 수치로 결정되는데, 가속도^{acceleration} $\hat{a}$와 편향 보정$^{bias correction}$ $\hat{z}_0$이며, 이 두 가지를 고려한 BC_α 신뢰구간은 다음과 같다.

$$BC_\alpha: (\theta_{lo}, \theta_{up}) = (\theta^*_{(\alpha_1)}, \theta^*_{(\alpha_2)})$$

여기서

$$\alpha_1 = \Phi\left(\hat{z}_0 + \frac{\hat{z}_0 + z_{(\alpha/2)}}{1 - \hat{a}(\hat{z}_0 + z_{(\alpha/2)})}\right)$$

$$\alpha_2 = \Phi\left(\hat{z}_0 + \frac{\hat{z}_0 + z_{(1-\alpha/2)}}{1 - \hat{a}(\hat{z}_0 + z_{(1-\alpha/2)})}\right)$$

$\Phi(.)$는 표준 정규 분포의 누적 분포 함수를 나타내고, $z_{(\alpha/2)}$는 표준 정규 분포의 $\frac{\alpha}{2}$ 백분위 지점에 위치한다. 만약 $\hat{a} = \hat{z}_0 = 0$이라면 BC_α 방법은 백분위법과 동일해진다.

편향 보정 $\hat{z}_0$ 결정: 편향 보정 $\hat{z}_0$ 값은 부트스트랩 복제 횟수이며, 모수 θ의 고전적 추정

치인 $\hat{\theta}$보다 작다. 즉,

$$\bar{z}_0 = \phi^{-1}\left(\frac{\#\{\hat{\theta}_{(r)}^* < \hat{\theta}\}}{R}\right)$$

가속도 $\hat{a}$ 결정: 가속도 $\hat{a}$을 결정하는 가장 간단한 방법은 잭나이프 추정치인 잭나이프값 jackknife value을 찾는 것이다(이 방법의 자세한 내용은 다음 절에서 확인할 수 있다). $\mathbf{x}_{(i)}$는 $\mathbf{x}_i$번째 값만 갖지 않는 오리지널 샘플을 가리키며, $\hat{\theta}_{(i)} = f(\mathbf{x}_{(i)})$와 $\hat{\theta}_{(\cdot)} = \frac{1}{n}\sum_{i=1}^{n}\hat{\theta}_{(i)}$라고 할 때, 가속도는 다음과 같이 결정된다.

$$\hat{a} = \frac{\sum_{i=1}^{n}(\theta_{(\cdot)} - \theta_{(i)})^3}{6\{\sum_{i=1}^{n}(\theta_{(\cdot)} - \theta_{(i)})^2\}^{3/2}}$$

이 방법의 단점은 최소 천 번 이상 많은 반복이 요구된다는 점이다.

백분위 방법으로 구한 신뢰구간과 편향 보정 BC_α 방법의 신뢰구간을 비교하고, 시뮬레이션된 간단한 데이터를 사용해 앞에서 언급된 다른 방법들과도 비교한다.

```
## 엉망인 데이터(10개의 이상치)
x <- c(rnorm(100), rnorm(10,10))
## 비모수 부트스트랩 복제 값
mb <- replicate(10000, mean(sample(x, replace=TRUE)))
## 백분위 방법
cat("\nCI(perc): [", quantile(mb, 0.025), ", ", quantile(mb, 0.975), "
]\n")
##
## CI(perc): [ 0.4515313 ,  1.568372 ]
## 편향 보정 BCa 방법
library("bootstrap")
b <- bcanon(x, 10000, mean, alpha=c(0.025,0.975))
cat("\nCI(BCa): [", b$confpoints[1,2], ", ", b$confpoints[2,2], " ]\n")
##
## CI(BCa): [ 0.5125295 ,  1.659545 ]
```

언급된 모든 방법의 신뢰구간을 그래픽으로 비교한다(그림 7.4 참조).

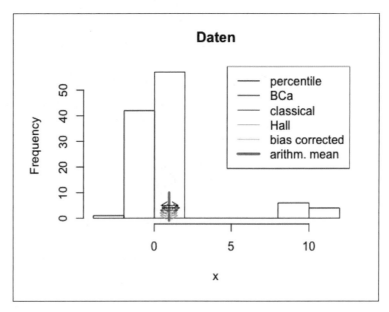

그림 7.4 신뢰구간의 비교

그림 7.4에 제시된 데이터의 전체 분포를 보는 것은 좋지만 신뢰구간의 화살표 범위를 자세히 살펴봐야 한다. 그림 7.5에서 확대된 영역을 보여준다.

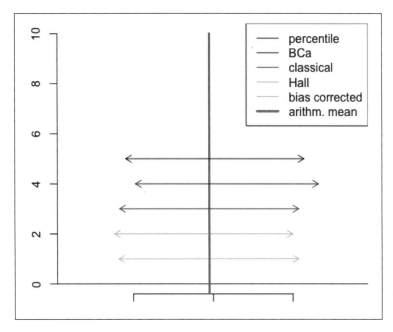

그림 7.5 신뢰구간의 비교: 확대된 영역

많은 이상치를 가진 극단적인 예제의 경우에도 차이점은 그다지 두드러지지 않으며, 다른 분포에서도 마찬가지다. 부트스트랩 복제 횟수뿐만 아니라 관심을 갖는 모수와 샘플 크기 등으로 신뢰구간은 결정된다. 이전 예제에서 나온 산술평균의 문제점과 같이 비곡선 추정량은 다음 절에서 보여줄 또 다른 리샘플링 방법인 잭나이프를 적용할 때 특히 더 큰 문제가 된다.

▌ 잭나이프

잭나이프는 부트스트랩과 마찬가지로 리샘플링 방법이며, 잭나이프는 추정량의 편향과 표준오차를 결정하는 데 사용된다. 새로운 샘플을 추출하지 않기 때문에 부트스트랩보다 간단하고 빠르며, 그 방식은 각각의 잭나이프 샘플에서는 오리지널 샘플로부터 나온 값한 개를 제거한 채로 추정한다.

잭나이프 방법은 원래 크누이(Quenouille, 1949)에 의해 제안됐고, 거의 한 세기가 지나서 존 터키(John Tukey, 1958)는 편향을 줄여서 분산을 추정하는 데 잭나이프를 어떻게 사용해야 하는지 소개함으로써 잭나이프 사용법을 확장했다. 포켓 나이프처럼 이 기술은 사용하기 쉽고 계산 속도가 빠른 상태에서 다양한 문제를 해결할 수 있는 '빠르고 더러운' 도구로 봤기 때문에 '잭나이프'라는 이름을 달았다. 간단하고 빠른 계산 때문에 과거에는 아주 대중적이었지만, 일반적으로 부트스트랩보다 낮은 수준의 결과 때문에 드물지만 특별한 경우에 한정되어 사용된다.

$\hat{\theta} = f(\mathbf{x})$를 주어진 샘플에 근거해서 찾아낸 모집단의 모수에 대한 추정량이라고 하자. 고전적인 잭나이프의 표준 절차에서는 n 대신에 n − 1 관측값을 사용해 관심 있는 모수를 추정한다.

$\mathbf{x}_{(i)} = (x_1, x_2, ..., x_{i-1}, x_{i+1}, ..., x_n)$은 i번째 **잭나이프 샘플**jackknife sample을 나타낸다. $i \in$ {1, ..., n}으로부터 특정 관측값이 배제된 것으로, i번째 잭나이프 샘플은 i번째 관찰값이 없는 데이터다.

모수 θ의 i번째가 제거된 **잭나이프 복제**jackknife replication는 $\hat{\theta}_{(i)} = f(\mathbf{x}_{(i)})$로 표시된다.

잭나이프로 계산된 추정 편향은 $\widehat{Bias}_{jack} = (n-1)(\hat{\theta}_{(.)} - \hat{\theta})$으로 계산되고, 여기서 $\hat{\theta}_{(.)} = \frac{1}{n}\sum_{i=1}^{n}\hat{\theta}_{(i)}$이다.

추정된 잭나이프 표준오차는 $\widehat{se}_{jack} = \sqrt{\frac{n-1}{n}\sum_{i=1}^{n}\left(\hat{\theta}_{(i)} - \hat{\theta}_{(.)}\right)^2}$으로 구한다.

요인 $\frac{n-1}{n}$은 소위 인플레이션 요인inflation factor이라고 하는데, 잭나이프 추정량 $\hat{\theta}_{(.)} = \frac{1}{n}\sum_{i=1}^{n}\hat{\theta}_{(i)}$로부터 도출된 유클리드Euclidean 거리가 부트스트랩$((\hat{\theta}^*(r) - \hat{\theta}^*(.))^2)$의 경우에서 나타나는 거리보다 더 적기 때문에 인플레이션 요인이 필요하며, 전형적인 잭나이프 샘플이 전형적인 부트스트랩 샘플처럼 오리지널 샘플과 더욱 유사해진다. 인플레이션 요인의 정확한 형태인 $\frac{n-1}{n}$은 특별 케이스 $\hat{\theta} = \bar{x} - a$로부터 고정된다.

소위 의사 값pseudo-value은 전체 샘플 추정치와 부분 추정치의 차이로 계산된다. 그러한 의

사 값은 부분 추정값의 편향을 줄인다. 관심 있는 모수를 추정하기 위해 원래 값 대신에 의사 값을 사용하고, 모수의 표준오차를 추정하기 위해 의사 값의 표준편차를 사용한다. 의사 값을 사용하면 n개의 독립된 데이터 평균으로서 추정치를 찾을 수 있다고 가정하지만, 실제 응용에서는 이 가정이 해당되지 않는 경우가 종종 있다. 일반적으로 의사 값은 독립적이지 않다고 봐야 한다.

잭나이프 의사 값은 $\tilde{\theta}_i = n\hat{\theta} - (n-1)\hat{\theta}_{(i)}$로 생성된다.

잭나이프 의사 값을 사용해 추정된 표준오차는 다음과 같이 계산된다.

$$\widehat{se}_{jackPseudo} = \left\{ \frac{1}{(n-1)n} \sum_{i=1}^{n} (\tilde{\theta}_i - \tilde{\theta})^2 \right\}^{1/2}, \quad \tilde{\theta} = \frac{1}{n} \sum \tilde{\theta}_i$$

산술평균의 분산을 구하는 일반적 공식에 해당하므로 분모에 n을 더한다.

신뢰구간의 범위는 $t_{n-1;1-\frac{\alpha}{2}}$인 $\tilde{\theta} \pm t_{n-1;1-\frac{\alpha}{2}} \widehat{se}_{jack}$이며, 여기서 $t_{n-1;1-\frac{\alpha}{2}}$는 자유도가 n − 1인 분포의 $1 - \frac{\alpha}{2}$ 지점에 해당하는 t 값을 의미한다. 그러나 실무에서는 의사 값이 거의 사용되지 않는다는 점을 유의하자. 다음은 잭나이프 의사 값을 사용한 잭나이프와 고전적 잭나이프에서 나온 결과를 제시한다.

부트스트랩을 다루는 절에서 나온 마지막 예제로 R에서 제공되는 잭나이프에서 나온 추정치를 구해본다. 다시 약간의 관측값만을 갖는 간단한 데이터를 사용한다. 이번 데이터로 특히 중간값 같은 비모수 비곡선 통곗값을 추정할 때 나타나는 잭나이프의 문제점을 마주하게 될 것이다. 변화계수로 돌아가기 전에 다음 코드를 살펴보자.

```
## 간단한 데이터
x <- c(1,2,2,2,2,2,7,8,9,10)
## 아래는 변화계수임을 기억하자.
v <- function(x) sd(x)/mean(x)
## 초기화
n <- length(x)
```

```
vjack <- rep(0, n-1)
vpseudo <- rep(0, n)
## 하나의 관측값만 제거된 잭나이프
for(i in 1:n){
  vjack[i] <- v(x[-i])
}
## 잭나이프 의사 값
pseudo <- n * v(x) - (n-1)*vjack
## 의사 값 신뢰구간
cat("\nKI(pseudo): [", mean(pseudo) - qt(0.975, n-1) * sd(pseudo)/n,
", ", mean(pseudo) + qt(0.975, n-1) * sd(pseudo)/n, " ]\n")
##
## KI(pseudo): [ 0.6639477 ,   0.8618599 ]
## 고전적인 잭나이프 신뢰구간
se2 <- sqrt(((n-1)/n) * sum((vjack - mean(vjack))^2))
jbias <- (n-1) * (mean(vjack) - v(x))
cat("\nKI(jse): [", v(x) - jbias - qt(0.975, n-1) * se2 , ", ", v(x)
- jbias + qt(0.975, n-1) * se2, " ]\n")
##
## KI(jse): [ 0.4499772 ,   1.07583 ]
```

이번 예제에서는 매우 작은 샘플을 사용하므로 자연스럽게 신뢰구간이 커질 수밖에 없기 때문에 잭나이프 의사 값을 사용함으로써 신뢰구간을 실제보다 적게 추정할 수 있다는 점을 알게 된다. 비교를 위해 더 넓은 신뢰구간을 제시하는 이번 장 전반부에서 다뤘던 부트스트랩 결과를 제시한다.

```
quantile(replicate(10000, v(sample(x, replace = TRUE))), c(0.025, 0.975))
##      2.5%       97.5%
## 0.4977611 0.9860133
```

잭나이프의 단점

잭나이프(추후 다른 종류의 잭나이프를 알아볼 것이다)는 편향과 표준오차의 훌륭한 근삿값을 찾기 위한 매우 간단한 절차다. 그러나 잭나이프는 특히 부드럽지 않은 비곡선 추정량non-smooth estimator에 대해서는 종종 진정한 표준오차로 수렴하지 않는다는 문제점이 있다. 잭나이프가 모수의 변화를 어떻게 과소평가하는지 확인하기 위해 다음과 같은 극단적인 예를 제시한다. 앞에서와 같이 간단한 데이터를 사용하지만, 변화계수 대신에 중간값 같은 비곡선 추정량을 예측한다.

```
## 샘플 추정값
median(x)
## [1] 2
## 비모수 부트스트랩
qu <- quantile(replicate(10000,
        median(sample(x, replace = TRUE))),
      c(0.025, 0.975))
cat("\nCI(boot): [", qu[1], ", ", qu[2], " ]\n")
##
## CI(boot): [ 2 , 8 ]
## 잭나이프
n <- length(x)
jack <- rep(0, n-1)
pseudo <- rep(0, n)
for(i in 1:n){
  jack[i] <- median(x[-i])
}
## 잭나이프 의사 값 방식
pseudo <- n * median(x) - (n-1)*jack
cat("\nCI(pseudo): [", mean(pseudo) - qt(0.975, n-1) * sd(pseudo)/n,
", ", mean(pseudo) + qt(0.975, n-1) * sd(pseudo)/n, " ]\n")
##
## CI(pseudo): [ 2 , 2 ]
## 고전적인 잭나이프
```

```
se2 <- sqrt(((n-1)/n) * sum((jack - mean(jack))^2))
jbias <- (n-1) * (mean(jack) - median(x))
cat("\nCI(jse): [", median(x) - jbias - qt(0.975, n-1) * se2 , ", ",
median(x) - jbias - qt(0.975, n-1) * se2, " ]\n")
##
## CI(jse): [ 2 , 2 ]
```

잭나이프 방식은 신뢰구간을 완전히 과소평가하는 것으로 확인했다(길이가 0이었다). 사용된 간단 데이터에는 2가 너무 많아서, 값 하나를 제거해도 중간값은 여전히 2이다. 따라서 잭나이프에 의해 추정된 신뢰구간은 모든 잭나이프의 반복이 2를 갖기 때문에 그 길이는 0이 된다. 물론 극단적인 경우지만, 이번 예는 실제로 잭나이프를 사용할 조건을 알아야 한다는 사실을 보여준다. 특히 중간값 같은 비곡선 추정치의 경우, 잭나이프는 추정량의 변동성을 과소평가할 수 있다.

관측치 d개가 제거된 잭나이프

앞서 살펴본 고전적 잭나이프는 특히 중간값 같은 비모수 비곡선 통곗값을 추정할 때 개선될 수 있다. 한 번에 하나씩 제거하는 원칙은 관측치 d개를 제거하는 원칙으로 대체한다. 여기서 $n = d \cdot r$이며, r은 정수다. d개가 제거된 잭나이프delete-d jackknife로 구하는 표준오차 공식은 $\theta_{(.)} = \frac{1}{\binom{n}{d}} \sum \theta_{(s)}$인 $\sqrt{\frac{r}{\binom{n}{d}} \sum (\theta_{(s)} - \theta_{(.)})^2}$이며 복원 없이 추출된 관측값 수열 x_1, x_2, ..., x_n에서 추출된 크기 $n - d$를 갖는 모든 하위 데이터 세트 s의 합을 의미한다. 흔히 d는 $\sqrt{n} < d < n$에 있는 정수로 선택된다.

그러나 관측치 d개가 제거된 잭나이프 방식은 하나의 관측값만 제거된leave-one-out estimates n개의 추정치를 계산하는 대신 관측치 d개를 제거한 $\binom{n}{d}$ 추정치를 계산해야 하기 때문에 매우 큰 수가 되어서 종종 계산상 불가능할 수도 있다는 단점을 갖는다.

관측치 2개가 제거된 잭나이프delete-2 jacknife 방식의 작업을 생각해보자. 목표는 이번 케이스 $\binom{n}{2}$에서 $\binom{n}{d}$ 조합의 행렬을 만드는 것이며, d개가 제거된 잭나이프 방식과 같다. 다시 앞의 예에서 나온 중간값을 추정하려고 한다.

```
## 모든 조합
co <- combn(10, 2)
## 전체 45개 중에서 처음 여섯 열
co[, 1:6]
##      [,1] [,2] [,3] [,4] [,5] [,6]
## [1,]    1    1    1    1    1    1
## [2,]    2    3    4    5    6    7
## 관측치 2개 제거 잭나이프 반복
jack_d <- apply(co, 2, function(i) median(x[-i]))
## 표준오차
n <- length(x)
r <- 2 / n
## n/2 (n over 2)
nd <- choose(n, 2)
## 인플레이션 요인
fac <- r / nd
m <- mean(jack_d)
## 표준오차
se_d <- sqrt(fac * sum((jack_d - m)^2))
## 신뢰구간
cat("\nKI(jse): [", median(x)  - qt(0.975, n-1) * se_d , ", ",
median(x) + qt(0.975, n-1) * se_d, " ]\n")
##
## KI(jse): [ 0.8077385 ,  3.192262  ]
```

관측치 2개가 제거된 잭나이프로 구한 신뢰구간은 합리적으로 보인다. 그러나 일반적으로는 d개의 관측치를 제거한 잭나이프 방식이 효율적이지 않다. 우리는 매우 적은 데이터를 조사했다. 가령 45개의 관측치에 d가 10인 경우 샘플이 만들 수 있는 가능 조합의 개수를 계산하면, 다음과 같은 잭나이프 샘플의 수를 얻게 된다.

```
choose(45, 10)
## [1] 3190187286
```

더 큰 샘플이라면 개수가 얼마나 증가하는지 상상할 수 있을 것이다. 따라서 관측치 d개가 제거된 잭나이프 대신에 부트스트랩을 적용하는 것이 훨씬 좋다.

부트스트랩 후 잭나이프

이번 절에서는 부트스트랩으로 얻은 표준오차의 변동성을 추정하는 방법을 설명한다. 다른 말로 하자면, 부트스트랩을 사용해 이미 변동성(예: 표준오차)을 추정했지만 이제는 추정된 변동성의 불확실성에 관심이 있다. $\hat{\theta}^*_{(\cdot)} = \Sigma^R_{r=1}\hat{\theta}^*_{(r)}/R$인 $\hat{se}_R = \left\{ \sum\limits^R_{r=1} [\theta^*_{(r)} - \theta^*_{(\cdot)}]^2/(R-1) \right\}^{1/2}$를 부트스트랩으로 추정된 표준오차라고 하자.

이제는 부트스트랩 표준오차 $\hat{se}_R$ 추정의 불확실성에 관심을 둔다.

부트스트랩 후 잭나이프jackknife after bootstrap 방식은 부트스트랩 표준오차 $se(\hat{se}_R)$ 분산을 추정하는 방법이며, 쉽게 말해서 신뢰구간의 불확실성을 추정하는 방법이다. 이를 위해 또 다른 부트스트랩을 만들 수 있지만, 여기서는 R = 1,000으로 지정해서 관심 있는 점추정값의 분산을 추정하고 또 다른 1,000번의 반복으로 분산 추정량의 분산을 추정하면 부트스트랩 복제 추정값을 구할 수 있다는 뜻이다. 복제를 반복하는 횟수가 상당히 크다.

그러나 특별한 방식으로 부트스트랩 후 잭나이프 방식을 사용해 복제 수치를 크게 줄이는 테크닉이 있으며, 기본적으로 부트스트랩 샘플 정보만 사용되는 것을 보게 될 것이다.

표준오차의 잭나이프 추정량은 다음 두 단계를 기반으로 한다.

- i = 1, ..., n에 대해 i번째 값을 포함하지 않고 추정치 $\hat{s}_R$을 예측한다. 그 결과는 $\hat{se}_{R(i)}$이다.
- 부트스트랩 표준오차의 잭나이프 표준오차 $\hat{se}_{jack}(\hat{se}_R)$은 다음 식으로 정해진다.

$$\hat{se}_{wjack}(\hat{se}_R) = \left\{ \frac{n-1}{n} \sum_{i=1}^{n} (\tilde{se}_{R(i)} - \tilde{se}_{R(.)})^2 \right\}^{1/2} \quad , \quad \tilde{se}_{R(.)} = \frac{1}{n} \sum_{i=1}^{n} \tilde{se}_{R(i)}$$

추정해야 할 나머진 부분은 $\hat{se}_{R(i)}$이다. 앞에서 언급한 것과 같이, 이번 추정은 각 i의 새로운 부트스트랩 샘플이 필요하다. 이것은 계산상 비싼 접근법이므로, 다음 트릭을 사용하자. i번째 값일 때 i번째 값을 포함하지 않는 부트스트랩 샘플을 찾을 가능성은 매우 높다. i번째 값을 포함하지 않는 부트스트랩 샘플 $\mathbf{x}^{*r}$들의 표준편차 $s(\mathbf{x}^{*r})$의 도움으로 $\hat{se}_{R(i)}$를 추정한다. 데이터 포인트 i를 포함하지 않는 부트스트랩 샘플의 인덱스를 C_i로 표시한다. 만약 전체 샘플이 있다면, 다음과 같이 표시된다.

$$\hat{se}_{R(i)} = \left[\sum_{r \in C_i} \frac{(s(\mathbf{x}^{*r}) - \bar{s}_i)^2}{R_i} \right]^{1/2} \quad , \quad \bar{S}_i = \sum_{r \in C_i} \frac{s(\mathbf{x}^{*r})}{R_i}$$

룰에 따라, 부트스트랩 표준오차에 대한 잭나이프 표준오차 $\hat{se}_{jack}(\hat{se}_R)$ 추정치의 경우, 전체적인 결과를 분석하기 위해 1,000회 이상의 복제가 필요하다. 복제 수가 1,000보다 작은 $R < 1000$인 경우 가중치를 두어야 한다. $\hat{se}_{R(i)} = w_i \hat{se}_{R(i)}$로 가중치를 두고, 부트스트랩 추정량을 구한 후 가중치가 매겨진 잭나이프 표준오차는 다음과 같이 정의된다.

$$\hat{se}_{wjack}(\hat{se}_R) = \left\{ \frac{n-1}{n} \sum_{i=1}^{n} (\tilde{se}_{R(i)} - \tilde{se}_{R(.)})^2 \right\}^{1/2} \quad , \quad \tilde{se}_{R(.)} = \frac{1}{n} \sum_{i=1}^{n} \tilde{se}_{R(i)}$$

가중치에 적합한 값은 다음과 같이 구해진다.

$$w_i = \frac{R_i}{\sum_{i=1}^{n} R_i / n} \quad , i = 1, \dots, n$$

부트스트랩 후의 잭나이프 플롯은 부트스트랩 출력 결과에서 나온 잭나이프 영향력을 계산하고 부트스트랩 플롯 후의 해당 잭나이프를 플로팅한다(Efron(1992)과 Davison & Hinkley(1997)를 참조하라). 어떤 관측값이 부트스트랩 복제 분포와 표준오차 $\hat{se}_R$에 가장 큰 영향을 주었는지 결정하기 위해 사용된다.

다시 데이터 Prestige의 소득 변수를 벡터화해보자. 함수 v를 변화계수의 추정으로 다시 표시한다. 함수 boot()를 사용할 수 있도록, 2개의 모수가 있는 함수를 작성한다.

```
data(Prestige, package = "car")
x <- Prestige$income
v <- function(x, indices){
  x <- x[indices]
  est <- sd(x)/mean(x)
  return(est)
}
```

부트스트랩 후의 잭나이프 플롯(그림 7.6)은 다음과 같이 생성된다.

```
library("boot")
bx <- boot(x, v, 2000)
## 그림 7.6
jack.after.boot(bx)
```

그림 7.6에서 관측치 2와 24는 변동계수의 추정에 가장 큰 영향을 미침을 알 수 있다.

데이터에서 볼 수 있듯이 이 두 가지 관찰값은 가장 큰 잭나이프 값을 갖는다. 점선으로 된 수평선들은 오리지널 데이터값에 기반해서 중앙화된 부트스트랩 분포의 백분위 위치 (0.05, 0.10, 0.16, 0.50, 0.84, 0.90, 0.95)를 표시한다. 이 선들에 연결된 점들은 개별적으로 관측되지 않은 부트스트랩을 이용해 추정된 백분위 위치를 표시한다. 특히 부트스트랩 복제 추정치의 백분위 범위는 2와 24를 포함했을 때와 비교해서 포함하지 않을 때 더욱 적어짐을 알 수 있다.

부트스트랩 후의 잭나이프 플롯으로는 이상치 진단 같은 일반적인 진단을 대신할 수 없다. 그러나 특정 값이 부트스트랩 복제값 분포에 미치는 영향을 표시할 수는 있다. 또한 이 방법은 악화된 모델을 탐지하도록 설계되지 않았으며, 어떤 관측치가 분산 추정에 가장 큰 영향을 미쳤는지를 나타내는 것일 뿐이다.

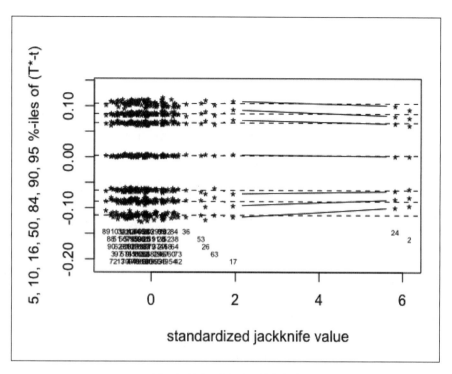

그림 7.6 신뢰구간의 비교: 확대된 영역

▌ 교차 검증

교차 검증은 잭나이프와 유사한 리샘플링 방식이다. 하지만 추론 통계를 하는 것이 아니라 예측 오류를 추정하는 것이 목표다.

교차 검증은 주로 방법 간 비교에 사용되거나 추정 모델에서 예측 오류가 가장 적은 모수의 최적값을 찾아낸다.

다음 절에서는 회귀 분석에 기반한 교차 검증에 대해 설명한다. 회귀 분석에 대해 들어본적이 없는 독자라면 회귀 분석을 다룬 기본서를 읽기를 추천하며, 이 책에서는 관련된 몇가지 내용만을 소개한다.

고전 선형 회귀 모델

한 개의 반응^{response} 변수와 한 개의 예측^{predictor} 변수를 갖는 가장 간단한 형태인 고전적 회귀 모델은 $i = 1, ..., n$인 $y_i = \beta_0 + \beta_1 x_i + \epsilon_i$로 나타난다. 행렬 표기법으로 표시하면 $\mathbf{y} = \mathbf{X}\boldsymbol{\beta} + \boldsymbol{\epsilon}$이며, 응답 변수 $\mathbf{y}$, 행렬 $\mathbf{X}$에서 관측값과 절편을 의미하는 데이터 세트 첫 번째 열의 수들로 구성된 벡터를 포함해서 $p + 1$개의 변수, 크기가 $p + 1$인 벡터 $\boldsymbol{\beta}$, 그리고 n개의 값을 갖는 오류 항인 $\boldsymbol{\epsilon}$으로 구성된다. 간단하게는 단 하나의 예측 변수만을 고려하지만, 가정과 뒤따르는 모든 내용이 공식화되고 다중 회귀 모델로 전환될 수 있음을 강조하고자 한다.

고전 선형 회귀 모델에는 다음과 같은 가정이 적용되어 있다.

- A1: 독립 변수 $\mathbf{X}$의 값은 임의가 아닌 고정된 변수들이다.
- A2: 계수 β_0와 β_1로 발생되는 종속 변수 $\mathbf{y}$의 값은 모집단의 모수들이다.
- A3: 오류 항 ϵ_i는 다음 속성을 갖는 임의의 변수다.
  - A3a: $E(\epsilon_i) = 0$, $i = 1, ..., n$
  - A3b: $\mathrm{var}(\epsilon_i) = \sigma_\epsilon^2$, $i = 1, ..., n$(동분산성)
  - A3c: $\mathrm{cov}(\epsilon_i, \epsilon_j) = 0$, $i = 1, ..., n$; $j = 1, ..., n$, $i \neq j$

효과적인 추론을 위해 오류 항 ϵ_i는 대략 정규성임을 가정한다.

모집단의 알려지지 않은 모수 $\beta_0, ..., \beta_k$들은 특정 샘플 n개의 관찰값에 근거해서 추정해야 한다. 그러므로 각각의 해 $\mathbf{b}$의 정규 방정식은 임의 관측치의 함수 $\mathbf{b} = g(\mathbf{y})$이다. 실증적으로 얻은 회귀계수 $\mathbf{b}$는 결과적으로 샘플마다 다르다. n개의 임의의 변수 $\mathbf{y}$의 선형 조합인 $\mathbf{b} = g(\mathbf{y})$도 임의의 변수다. $\hat{\boldsymbol{\beta}}$은 모수 $\boldsymbol{\beta}$에 대한 추정이다. 이 추정은 실제 샘플 회귀계수에 근거해서 실행되므로, $\mathbf{b}$는 추정량 $\hat{\boldsymbol{\beta}}$의 현실화된 값이다.

일반최소제곱법 문제 $\hat{\boldsymbol{\beta}} = (\mathbf{X}^T\mathbf{X})^{-1}\mathbf{X}^{-1}\mathbf{y}$의 해는 최소 분산 불편 선형 추정량이다. $\hat{\boldsymbol{\beta}}$의 신뢰구간과 예측구간은 수학적 방식으로 추정되거나 아니면 부트스트랩을 사용해 추정할 수 있다.

모델의 가정이 성립하는지 입증하기 위해 일반적으로 잔차 분석residual analysis이 사용된다. 잔차 ϵ_i의 분포를 보여주는 진단 플롯을 살펴보면서 선형 가정, 오류 항의 정규 분포 가정, 오류 항의 동분산성 가정, 그리고 오류 항의 독립성 가정을 평가한다. 이 책에서는 이 부분을 자세히 살펴보지 않지만, 대신에 교차 검증을 심도 있게 살펴본다.

교차 검증의 기본 개념

교차 검증의 개념은 예측 오류를 추정하는 것과 관련 있다. 원칙적으로 데이터 세트는 훈련 데이터와 테스트(실험) 데이터로 나뉜다. 훈련 데이터에 기반해서 모수가 추정되고, 테스트 데이터를 근거로 추정의 정확성을 평가한다.

이상적으로 훈련 데이터 세트는 현재의 데이터가 포함되며 테스트 데이터 세트는 새로운 데이터로 추정의 정확성을 결정한다. 종종 새로운 측정이 물리적 이유 또는 비용상의 이유로 실행되지 않기도 한다. 따라서 데이터 세트를 테스트용과 훈련용으로 나눈다.

교차 검증의 역사는 부트스트랩보다 훨씬 오래됐지만, 최근 들어서야 강력한 컴퓨터 계산 능력의 도움으로 좀 더 폭넓게 사용되고 있다.

간단한 2차원 데이터 세트를 기준으로 일반최소제곱 회귀 분석의 문제에 따라 교차 검증과 그 변형은 다음과 같이 설명된다.

그 시작점은 회귀 모델 $y_i = \beta_0 + \beta_1 \cdot x_i + \epsilon_i$(여기서 $i = 1, ..., n$)이며, 그림 7.7은 회귀선과 관련된 세 가지 추정치를 보여준다.

```
set.seed(12345)
## 데이터 생성
x1 <- runif(100, 0, pi)
s <- data.frame(x1 = x1, x2 = rnorm(100, 0, 0.1) + sin(x1))
## 그림 7.6에서 사용된 데이터 플로팅
plot(s, xlab = "x", ylab = "y")
## 단순 회귀 모델(simple model)
```

```
reg1 <- lm(s[, 2] ~ s[, 1], data = s)
abline(reg1, lwd = 2)
## 사인 모델(sinus model)
reg2 <- lm(s[, 2] ~ sin(s[, 1]), data = s)
f <- function(x, coef) coef[1] + coef[2] * sin(x)
ss <- seq (-0.02, 3.2, 0.01)
lines(ss, f (ss, coef(reg2)), lty = 2, col = "blue", lwd = 2)
## 가중 회귀 모델(locally reweighted regression)
reg3 <- lowess(x = s[, 1], y = s[, 2], f = 0.1)
lines (reg3, col = "red", lty = 3, lwd = 2)
## 그림 7.6의 범례
legend("bottom", col = c("black", "blue", "red"),
       lty = c(1, 2, 3), lwd = c(2, 2, 2),
       legend = c(expression(y = beta[0] + beta[1]*x),
                  expression(y = beta[0] + sin(x)),
                  "loess, 0.1"))
```

그림 7.7의 세 줄 중 어느 것이 가장 잘 들어맞는가? 물론 2차원 데이터 세트를 사용하는 것이라고 그림을 보고 간단히 선택할 수 있다. 그러나 더 많은 변수가 y를 예측하는 데 사용되면 데이터를 눈으로 보고는 더 이상 적합성을 평가할 수 없다. 이제부터는 교차 검증을 통해 모델의 적합성을 평가해야 한다. 지금부터는 얼마나 잘 데이터를 예측할 수 있는지에 관심을 둔다.

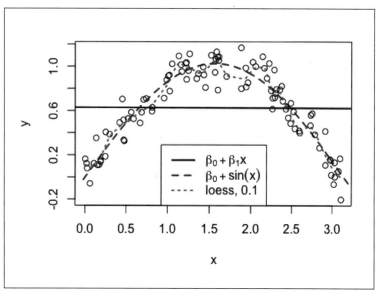

그림 7.7 세 가지 모델의 회귀선

고전적 교차 검증: 70/30 방법

훈련 데이터를 위해 앞에서 시뮬레이션한 전체 데이터의 70%를 사용한다. 이 70%는 무작위로 선택되고, 나머지 데이터는 테스트 데이터로 사용된다. 훈련 데이터를 바탕으로 앞에서 제안한 세 가지 방법을 적용하고 각각의 방법이 얼마나 잘 예측하는지에 관한 성능은 테스트 데이터로 평가한다.

다시 바로 앞에서 사용한 데이터를 살펴보자.

```
str(s)
## 'data.frame':    100 obs. of  2 variables:
##  $ x1: num  2.26 2.75 2.39 2.78 1.43 ...
##  $ x2: num  0.715 0.575 0.688 0.385 0.924 ...
```

무작위로 관측치의 70%인 70개의 데이터를 선택해 훈련 데이터로 활용한다.

```
## 훈련 데이터 인덱싱
training_ind <- sample(1:nrow(s), 70)
## 테스트 데이터 인덱싱
test_ind <- which(!(1:100 %in% training_ind))
```

모델은 훈련 데이터를 통해 추정된다. 함수 1m을 사용해 모델링을 할 수 있으며, 기본적으로 $\hat{\beta} = (\mathbf{X}^T\mathbf{X})^{-1}\mathbf{X}^{-1}\mathbf{y}$로 추정되지만 소위 QR 분해법이라고 불리는 방법을 사용해 수치적으로 안정적인 방식으로 모델링을 수행한다.

```
lm1 <- lm(s[training_ind, 2] ~ s[training_ind, 1], data = s)
```

간단한 OLS 모델인 $y_i = \beta_0 + \beta_1 x_i + \epsilon_i$(여기서 i는 데이터의 70%를 나타내는 n개의 훈련 데이터다)의 경우, 모델의 평가는 쉬우면서 $k \in n_{test}$인 $\hat{y}_k = \hat{\beta}_0 + \hat{\beta}_1 \cdot x_k$를 통해 기댓값을 추정해야 한다.

```
## 기댓값
f <- function(x) reg1$coef[1] + reg1$coef[2] * x
## 예측 오류, 기대 및 관측 테스트 데이터 합의 제곱
error <- sum((f(s[test_ind, 1]) - s[test_ind, 2])^2)
error
## [1] 4.514495
```

고전적 교차 검증의 원칙을 그림 7.8에서 시각적으로 설명한다.

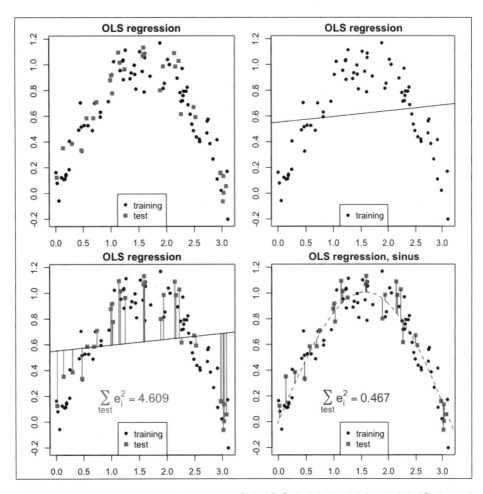

그림 7.8 단순 2차원 데이터로 설명되는 교차 검증. 검은색 점은 훈련 데이터를 나타내고, 빨간색 점은 테스트 데이터를 나타낸다(컬러 이미지 p. 475).

그림 7.8의 좌측 상단에서는 훈련(검은색 점) 데이터와 테스트(빨간색 점) 데이터의 구분을 보여주며, 데이터의 선택은 무작위로 수행됐다. 오른쪽 상단 플롯에는 훈련 데이터만을 이용해 도출한 OLS 회귀선이 있다. 검은색 실선으로 그어진 회귀선이 플롯에 있는 점들을 잘 대변하지 못함을 한눈으로 알 수 있을 정도로 적합성 측면에서 좋지 않다. 2차원으로 구성된 데이터가 곡선으로 관계를 보여주는 특별한 케이스에 속하기 때문에 선형 모델

의 적합성이 낮을 수밖에 없다. 일반적으로 회귀선 적합성을 평가하기 위해 훈련 데이터로 구한 모델에 테스트 데이터를 투입해서 계산한 예상값과 테스트 데이터 실제 관측값 사이의 거리를 제곱한 예측 오차를 고려하는데, 좌측 하단 플롯의 전통적 교차 검증값인 예측 오차는 4.609이다. 그림 7.7의 우측 하단에 보이는 포물선 모델의 예측값과 관찰된 거리는 훨씬 적고, 그 예측 오차는 0.467이다. 따라서 두 번째 포물선 모델이 첫 번째 선형모델보다 추정 능력이 높다.

물론 테스트 데이터와 훈련 데이터의 선택과 평가를 위해 가령 1,000번 정도는 반복돼야한다.

평가와 선택의 기본 원칙은 무작위로 훈련 데이터와 테스트 데이터로 나누고 오차제곱의합을 매번 평가하는 프로세스를 1,000회 반복하는 것이다. 테스트 데이터와 관련된 오차제곱의 합은 두 번째 곡선 모델(sinus)과 관련해서 다음과 같이 분포한다.

```
f <- function (x) reg2$coef[1] + reg2$coef[2] * sin(x)
error1 <- numeric(1000)
n <- nrow(s)
training_ind <- numeric(1000)
for (i in 1:1000){
  training_ind <- sample(1:n, 70)
  reg2 <- lm(s[training_ ind, 2] ~ sin(s[training_ind, 1]), data = s)
  error1[i] <- sum((f(s[-training_ind, 1]) - s[-training_ind, 2])^2)
}
summary (error1)
##    Min. 1st Qu.  Median   Mean 3rd Qu.   Max.
## 0.1927  0.3393  0.3869  0.3883  0.4308  0.5886
```

70% 훈련 데이터와 30% 테스트 데이터로 나누는 교차 검증 방법의 장점은 사용이 쉽고상대적으로 선택 방법이 간편하다는 점이다. 그러나 많은 데이터(30%)가 모델을 추정하는데 선택되지 않았다는 단점이 있다. 특히 교차 검증 방법을 데이터 수가 적은 케이스에 적용하면 문제가 될 수 있다.

LOO 교차 검증

이번에 소개할 내용은 잭나이프와 비슷하게 하나의 관측치가 최적화 피팅 단계에서 제거되고, 생략된 관측값에 근거해 모델을 평가하는 방법이다. 단일 관측값은 그림 7.9에서 보여주는 대로 전체 테스트 데이터를 대표한다.

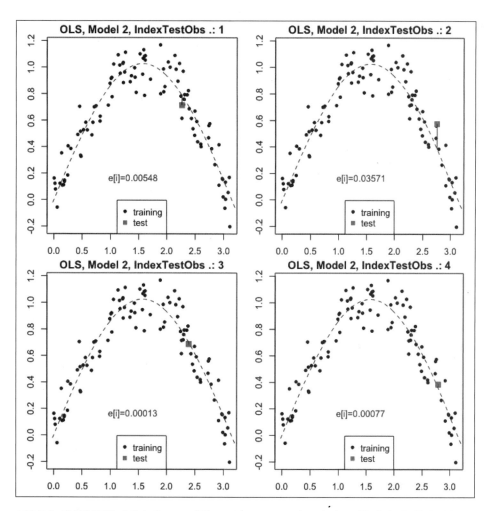

그림 7.9 단순한 2차원 데이터 세트로 보여주는 LOO(leave-one-out) 교차 검증. 검은색 점들은 훈련 데이터를, 빨간색 점들은 테스트 데이터를 나타낸다. 예측 오차 값은 플롯에 표시된다(컬러 이미지 p. 476).

그림 7.9는 그림 7.8과 비슷한 방식으로 구성됐다. 전체 관측값의 30%를 갖는 테스트 데이터 대신에, 테스트 데이터로 단 하나의 관측값만이 사용된다. 그림은 전체 100개의 테스트 케이스 중에서 첫 번째 4개의 테스트 케이스만을 보여준다. 우선 관찰값 1을 생략한 좌측 상단 모델은 나머지 $n-1$ 관측치를 기반으로 모델을 추정한다. 모델의 적합성을 테스트 데이터의 예측값과 관측된 테스트 데이터값의 차이에 제곱해서 평가한다. 좌측 상단 플롯에서 나타나듯이 관찰값 2를 생략하면 관측값 1, 3 또는 4를 제거한 것보다 더 큰 예측 오류를 갖는 것이 확인된다.

LOO$^{leave-one-out}$ 교차 검증의 전체 알고리즘은 다음과 같다.

1. 특정 번째 관측값이 없는 원본 데이터에서 $n-1$ 관측값을 선택한다.
2. $n-1$ 관측값을 기반으로 모델을 추정한다.
3. i번째 관측값의 예측 오차를 계산한다.
4. 각 관측값 $i \in \{1, ..., n\}$에 대해 반복 수행하고 평균 예측 오류를 보고한다.

다음 코드는 앞에서 사용했던 간단 모델의 평균 예측 오류를 보여준다.

```
n <- nrow(s)
error1 <- numeric(n)
for(i in 1:n){
  reg2 <- lm(x2 ~ x1, data = s[-i, ])
  error1[i] <- sum((f(s[i, 1]) - s[i, 2])^2)
}
mean(error1)
## [1] 0.1247593
```

k배 교차 검증

데이터를 무작위로 k 그룹으로 나누는 k배 교차 검증 알고리즘은 다음과 같이 요약할 수 있다.

1. 데이터를 k 그룹으로 임의 분할한다.
2. 훈련 데이터 j ∈ {1, ..., k}에서 j번째 그룹이 없는 관측치를 선택한다.
3. 선택된 관측치를 기반으로 모수를 추정하고 j번째 그룹을 테스트 데이터로 사용해 예측 오류를 평가한다.
4. 앞의 두 번째와 세 번째 단계를 j = 1, ..., k 그룹에 적용해 평균 예측 오차를 계산한다.

예측 오류가 대변하는 예측의 질을 측정하기 때문에 회귀 분석에서는 잔차제곱의 합을 취할 수 있으며, 그 값의 산술평균이 모델의 예측 오차가 된다.

k배 교차 검증은 패키지 cvTools를 사용하면 회귀 분석에서 잘 실행된다(Alfons, 2012). 다음 예제에서는 기본적으로 앞에서 소개한 4단계의 동일한 작업을 수행하고, 추가로 5배 교차 검증을 10번 반복해서 평균제곱오차를 보고한다.

```
library("cvTools")
fit <- lm(x2 ~ x1, data = s)
# 교차 검증 실행
cvFit(fit, data = s, y = s$x2, cost = mspe,
    K = 5, R = 10, seed = 1234)
## 5-fold CV results:
##          CV
## 0.1269221
```

패키지 cvTools는 가장 좋은 방법을 선택하는 데 편리하다. 데이터 Prestige로 돌아와서 몇몇 모델과 다른 회귀 방법을 k배 교차 검증에 적용해보자.

```
library("robustbase")
# 교차 검증 설정
folds <- cvFolds(nrow(coleman), K = 5, R = 10)
## 최소제곱법(LS) 모델과 강건(MM) 모델 비교
## LS 모델에 대해 교차 검증 실행
```

```
fitLm <- lm(prestige ~ ., data = Prestige)
cvFitLm <- cvLm(fitLm, cost = mspe,
    folds = folds)
fitLm2 <- lm(prestige ~ income:type + education + women, data =
Prestige)
cvFitLm2 <- cvLm(fitLm, cost = mspe,
    folds = folds)
```

MM 모델에 대해 교차 검증 실행

```
fitLmrob <- lmrob(prestige ~ ., data = Prestige)
cvFitLmrob <- cvLmrob(fitLmrob, cost = mspe,
    folds = folds)
fitLmrob2 <- lmrob(prestige ~ income:type + education + women, data =
Prestige)
cvFitLmrob2 <- cvLmrob(fitLmrob, cost = mspe,
    folds = folds)
```

lmrob.S(x, y, control = control, mf = mf)에서 경고: S 조정이 200단계에서
수렴되지 않았다.

교차 검증 결과의 비교

```
cvSelect(LS = cvFitLm, LS2 = cvFitLm2,
        MM = cvFitLmrob, MM2 = cvFitLmrob2)
##
## 5-fold CV results:
##    Fit       CV
## 1   LS 48.70221
## 2  LS2 48.70221
## 3   MM 46.74886
## 4  MM2 47.06232
##
## Best model:
##   CV
## "MM"
```

312

함수 cvFolds( )는 예측 오류를 추정하기 위해 유용한 파라미터와 여러 측정값을 활용한다. 추가로 응답 변수의 스케일이 달라지면 모델 간 비교가 불가능해지는데, 가령 log(y) ~ x1 + x2에 대해 y ~ x1 + x2 모델을 비교하는 것은 응답 변수의 다른 스케일 때문에 자동으로 다른 수준의 예측 오류로 발생하므로 의미가 없어진다. 그러나 예를 들어 log(y) ~ x1:x2와 log(y) ~ x1:x2 + log(x3)의 비교는 적절하다.

▌ 요약

추정치의 불확실성/변동성을 평가하는 통계적 추론은 일반적으로 고전적 통계 학습에서 어려운 부분이다. 그러나 데이터 과학자에게 적합한 데이터 기반 추론 방식인 리샘플링 방법을 사용하면 어렵다는 것은 사실이 아니다.

부트스트랩은 추정량의 분산을 찾아내는 일반적인 도구다. 부트스트랩을 통해 매우 복잡한 통계의 분산을 추정하는 것은 산술평균 같은 간단한 추정량의 분산을 추정하는 것만큼 간단하다.

또 다른 인기 있는 리샘플링 방법인 잭나이프 방법은 부트스트랩만큼 신뢰할 수 있는 수준은 아닌 것으로 보이며, 특히 부드럽지 않고 각진non-smooth 추정량에서는 더욱 낮다고 볼 수 있다. 그러나 잭나이프는 부트스트랩 분산 추정치의 분산을 평가하는 데 매우 유용한 도구이기 때문에, 이번 장에서 부트스트랩 후 잭나이프를 소개했다.

교차 검증은 잭나이프와 매우 비슷하지만 목표는 다르다. 교차 검증을 이용해 예측 오류를 찾고 나아가 모델들의 적합성을 비교하는 것이 핵심이다.

부트스트랩은 다음 장에서 실용적이며 더욱 복잡한 문제에 적용된다.

▌참고문헌

- Alfons, A. 2012. *CvTools: Cross-Validation Tools for Regression Models*. https://CRAN.R-project.org/package=cvTools.

- Chernick, M. R. 1999. *Bootstrap Methods: A Practitioner's Guide*. New York, NY: John Wiley.

- Davison, A. C., and D. V. Hinkley. 1997. *Bootstrap Methods and Their Application*. Cambridge: Cambridge University Press.

- Efron, B. 1987. "Better Bootstrap Confidence Intervals." *Journal of the American Statistical Association* 82: 171–85.

- Efron, B. 1992. "Jackknife-After-Bootstrap Standard Errors and Influence Functions (with Discussion)." *Journal of the Royal Statistical Society B* 54: 83–127.

- Efron, B., and R. J. Tibshirani. 1993. *An Introduction to the Bootstrap*. New York, NY: Chapman & Hall.

- Freeman, J. 2009. "Bootstraps and Baron Munchhausen." Boston.com.

- Good, P. 1993. *Permutation Tests*. New York: Springer Verlag.

- Hesterberg, T.C. 2015. "What Teachers Should Know About the Bootstrap: Resampling in the Undergraduate Statistics Curriculum." *The American Statistician* 69 (4): 371–86.

- Hjorth, J.S.U. 1994. *Computer Intensive Statistical Methods*. London: Chapman; Hall.

- Mammen, E. 1992. *When Does Bootstrap Work?* New York: Springer.

- Politis, D.N., J.P. Romano, and M. Wolf. 1999. *Subsampling*. New York: Springer.

- Quenouille, M.H. 1949. "Problems in Plane Sampling." *Ann. Math. Statist.* 20 (3). The Institute of Mathematical Statistics: 355–75.

- Rousseeuw, P.J., and K.van Driessen. 1998. "A Fast Algorithm for the Minimum Covariance Determinant Estimator." *Technometrics* 41: 212–23.

- Shao, J., and D. Tu. 1995. *The Jackknife and Bootstrap*. New York: Springer.

- Tukey, J. 1958. "Bias and Confidence in Not Quite Large Samples." *Ann. Math. Statist.* 29 (2). The Institute of Mathematical Statistics: 614−23.

- Westfall, P.H., and S.S. Young. 1993. *Resampling-Based Multiple Testing*. New York: John Wiley & Sons.

08

리샘플링 방법과
몬테카를로 테스트의 적용

이전 장에서는 간단하면서 다양한 예제를 통해 리샘플링 방법의 일반적인 개념을 설명했다. 8장에서는 가장 성공적인 리샘플링 방법인 부트스트랩으로 할 수 있는 더욱 복잡한 적용 사례를 살펴본다. 앞으로 소개할 예제들은 부트스트랩이 여러 종류의 복잡한 문제에 응용될 수 있음을 보여줄 뿐만 아니라 부트스트랩의 개념을 조절할 필요가 있음을 보여줄 것이다. 즉, 부트스트랩을 수정해서 사용하는 방법을 배우게 된다.

우선 회귀 분석에 적용되는 부트스트랩, 누락값을 대체하는 상황에서 사용할 수 있는 부트스트랩, 다음으로 시계열 분석 및 복잡한 설문조사 디자인에 적용할 수 있는 부트스트랩 방법을 살펴본다.

이후에는 리샘플링 테스트에 중점을 둔다. 각각의 통계 테스트가 몬테카를로 리샘플링 테스트로 실행될 수 있음을 보게 될 것이다. 이 방식은 통계량의 분포가 고전적 테스트처럼 고정되지 않는다는 장점이 있다.

▌ 회귀 분석에서의 부트스트랩

MCD 기반 상관계수의 표준오차 분산을 추정하기 위해 7장 '리샘플링 방법'에서 이미 살펴봤듯이, 리샘플링 방법은 복잡한 추정량의 분산을 추정하는 데 유일한 선택일 수 있다. 고전적인 **일반최소제곱**$^{OLS, ordinary least-squares}$ 회귀를 여러 합당한 이유로 사용하지 않게 되면 더욱 강건한 방법을 선택해 사용해야 하는 것은 분석에서 당연한 일이다.

부트스트랩을 사용해야 하는 동기

"회귀계수 분산에 대한 수학적 공식이 있음에도 불구하고, 해당 분산을 추정하기 위해 왜 부트스트랩이 필요한가?"라는 질문을 받을 수 있다. 대답은 간단하다. 일반최소제곱^{OLS} 알고리즘과 여러 가정을 만족시키는 경우에만 회귀계수 공식이 유효하기 때문이다.

실제로 종종 발생할 수 있는 문제를 가장 잘 보여줄 수 있게끔 인공적으로 만든 데이터를 사용해 회귀 분석 방법의 선택에 대해 고민해본다.

```
library("robustbase")
data("hbk")
## 데이터 구조
str(hbk)
## 'data.frame':    75 obs. of  4 variables:
##  $ X1: num  10.1 9.5 10.7 9.9 10.3 10.8 10.5 9.9 9.7 9.3 ...
##  $ X2: num  19.6 20.5 20.2 21.5 21.1 20.4 20.9 19.6 20.7 19.7 ...
##  $ X3: num  28.3 28.9 31 31.7 31.1 29.2 29.1 28.8 31 30.3 ...
##  $ Y : num  9.7 10.1 10.3 9.5 10 10 10.8 10.3 9.6 9.9 ...
```

하나의 응답 변수 Y와 나머지 변수들을 예측 변수로 하는 일반최소제곱^{OLS} 회귀식을 모델링한다.

```
lm_ols <- lm(Y ~ ., data = hbk)
## 분석 결과
summary(lm_ols)
##
## Call:
## lm(formula = Y ~ ., data = hbk)
##
## Residuals:
##     Min      1Q  Median      3Q     Max
## -9.3717 -0.7162 -0.0230  0.7083  4.5130
##
## Coefficients:
##              Estimate Std. Error t value Pr(>|t|)
## (Intercept)  -0.3875     0.4165   -0.930  0.35527
## X1            0.2392     0.2625    0.911  0.36521
## X2           -0.3345     0.1551   -2.158  0.03434 *
## X3            0.3833     0.1288    2.976  0.00399 **
## ---
## Signif. codes:  0 '***' 0.001 '**' 0.01 '*' 0.05 '.' 0.1 ' ' 1
##
## Residual standard error: 2.25 on 71 degrees of freedom
## Multiple R-squared:  0.6018, Adjusted R-squared:  0.585
## F-statistic: 35.77 on 3 and 71 DF,  p-value: 3.382e-14
```

결과의 모든 부분이 좋아 보인다. X2와 X3의 경우 회귀계수가 0일 것이라는 귀무가설을 기각할 수 있고 조절된 설명력(Adjusted R-squared)은 비교적 높아서 전체 모델이 통계적으로 의미가 있다.

이번에는 잔차 진단 플롯을 살펴보자(그림 8.1 참조).

```
plot(lm_ols, which = 3)
```

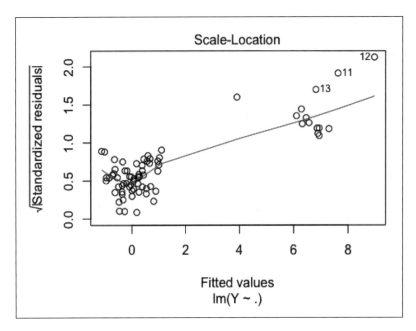

그림 8.1 잔차 진단 플롯. 예측값에 상응하는 표준화된 잔차의 절댓값에 제곱근을 취한 값

모든 점의 표준화된 잔차standardized residuals가 작아서 그림 8.1에서 보여주듯이 이상치가 발견되지 않는다. 예측 변숫값(수평축)이 큰 경우의 절대적 잔차는 나머지 경우의 잔차보다 약간 크게 나타나지만, 전반적으로 볼 때 좋은 모델로 보인다. 그러나 이것이 정말로 사실인가? 모델이 이미 이상치에 영향을 받아서 모델의 결과가 비정상을 감지할 수 없을 정도로 혼란스런 상태에 있는 것은 아닌가?

강건 MM 기반 회귀 분석(Maronna, Martin, & Yohai, 2006)을 실행해서 기존의 OLS 기반 결과와 비교해보자.

```
lm_rob <- lmrob(Y ~ ., data = hbk)
```

```
## 결과 출력
summary(lm_rob)
##
## Call:
## lmrob(formula = Y ~ ., data = hbk)
##  \--> method = "MM"
## Residuals:
##      Min       1Q   Median       3Q      Max
## -0.92734 -0.38644  0.05322  0.71808 10.80013
##
## Coefficients:
##             Estimate Std. Error t value Pr(>|t|)
## (Intercept) -0.18962    0.11674  -1.624   0.1088
## X1           0.08527    0.07329   1.164   0.2485
## X2           0.04101    0.02956   1.387   0.1697
## X3          -0.05371    0.03195  -1.681   0.0971 .
## ---
## Signif. codes:  0 '***' 0.001 '**' 0.01 '*' 0.05 '.' 0.1 ' ' 1
##
## Robust residual standard error: 0.7892
## Multiple R-squared:  0.03976,    Adjusted R-squared:  -0.0008186
## Convergence in 9 IRWLS iterations
##
## Robustness weights:
##  10 observations c(1,2,3,4,5,6,7,8,9,10)
##   are outliers with |weight| = 0 ( < 0.0013);
##  7 weights are ~= 1. The remaining 58 ones are summarized as
##    Min. 1st Qu. Median   Mean 3rd Qu.   Max.
##  0.8522  0.9268 0.9624 0.9532  0.9865 0.9986
## 결괏값 생략
```

조절된 설명력(Adjusted R-squared)은 이미 마이너스이며, p 값을 통해 모델에 있는 각 변수를 기각해야 하는 것으로 나타났다. 또한 그림 8.2에서처럼 진단 플롯의 잔차는 앞에서 보여준 플롯과는 전혀 다른 모습이다.

```
plot(lm_rob, which = 5)
```

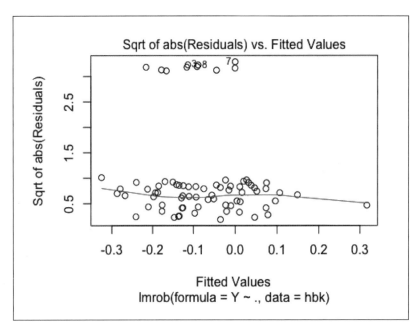

그림 8.2 잔차 진단 플롯. 강건 회귀 방법을 통해 구한 예측값에 상응하는 표준화된 잔차의 절댓값에 제곱근을 취한 값

그림 8.2에서 몇몇 이상치가 있음을 분명히 알 수 있으며, lm_rob 분석 결과 요약에서 X와 Y 사이에 의존성이 없다는 사실이 확인된다.

그림 8.3의 쌍별 산포도^{pairwise scatterplot}를 보면 강건 회귀 방법이 맞고 OLS 방식이 완전히 엉망임을 알 수 있다.

```
pairs(hbk, pch = 20, cex = 0.6)
```

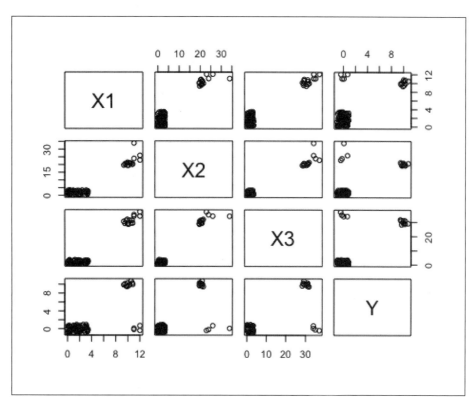

그림 8.3 데이터 hbk로 만든 쌍별 산포도

그림 8.3에서 각 변수들 간의 상관관계가 0임이 관찰되고, 몇몇 이상치가 존재하고 있음을 알 수 있다. 이러한 이상치는 모델을 심각하게 손상시키면서 OLS 모델에 영향을 미치고 동시에 설명력도 높이고 있어서, 실제로는 그렇지 않지만 X2와 X3 두 회귀계수를 통계적으로 중요하게 만들어버렸다.

고전적인 OLS 회귀 분석 방법은 수학 공식을 통해 회귀계수의 표준오차를 쉽게 추정할 수 있어서 잘 알려져 있지만, 훨씬 더 신뢰할 수 있는 강건 회귀 분석 방법의 공식은 잘 알려져 있지 않다. 부트스트랩은 데이터에 상응하는 표준오차를 추정할 수 있게 해준다. 부트스트랩으로 표준오차를 구하는 방식은 OLS 방법만큼 간단하다. 다시 말해, 부트스트랩 적용의 복잡성은 추정량의 복잡성과는 별개다.

가장 인기 있지만 종종 최악이 되는 방법

부트스트랩으로 회귀계수의 표준오차를 추정하는 두 가지 방법을 제시한다.

첫 번째는 전체 회귀 분석 사용빈도 중 아마도 95% 정도로 사용되어, 일반적이지만 신뢰구간을 과대평가하는 경향이 있는 방법이다. 추후에 해당 모델이 훌륭한 예측 능력을 가질 수 있는 좀 더 개선된 방법을 소개할 것이다. 그 첫 번째 방법은 전체 데이터로부터 부트스트랩 샘플을 추출한다.

회귀 모델 $y = X\beta + \epsilon$의 추정은 이번 절의 중심 내용이다. 따라서 이번에 사용하는 데이터 형태는 n개의 관측값에 절편 벡터를 포함한 p + 1개의 예측 변수 X를 갖는다. Z라 부르는 전체 데이터를 y와 X의 짝으로 나타내어 i = 1, ..., n인 $z_i = (y_i, x_{i1}, x_{i2}, ..., x_{ip+1})$로 표현된다.

Z에서 R개의 부트스트랩 샘플이 추출되고 각 부트스트랩 샘플별로 모델이 추정되어, 회귀계수 R개의 부트스트랩 추정값이 제시된다. 부트스트랩 분산을 통해 나온 신뢰구간은 예를 들어 에프론Efron의 백분위 방법으로 계산한다(7장 '리샘플링 방법' 참조).

다시 패키지 car에 있는 데이터 Prestige로 회귀 모델을 추정해보자.

```
prestige ~ log(income) + women + type
```

로그를 취한 수입income, 여성 재직자의 비율women, 그리고 직업 종류type(블루컬러, 화이트컬러, 전문직) 예측 변수를 이용해 종속 변수 prestige를 예측하려고 한다. 물론 더 좋은 모델이 있으나, 해당 방법의 문제점을 간단하게 설명하기 위해 간단한 예제를 사용한다는 점에 유의하자.

모델은 강건한 방법을 사용해 찾아낼 수 있다. 강건MM 회귀 분석을 위해 이미 훌륭한 방식으로 부트스트랩이 구현됐기 때문에, 또 다른 강건 회귀 분석법인 최소제거제곱회귀least trimmed squares regression(Rousseeuw & Leroy, 1987)를 선택한다. 다음과 같이 함수 ltsReg의 실행으로 표준오차는 약 2.36으로 추정되며, 추후의 사용을 위해 해당 값을 기억해두자.

```
data(Prestige, package = "car")
rob <- ltsReg(prestige ~ log(income) + women + type, data = Prestige)
summary(rob)
##
## Call:
## ltsReg.formula(formula = prestige ~ log(income) + women + type,
##     data = Prestige)
##
## Residuals (from reweighted LS):
##     Min     1Q  Median     3Q     Max
## -11.257  -3.562   0.000   4.252  12.927
##
## Coefficients:
##               Estimate Std. Error t value Pr(>|t|)
## Intercept   -186.19502   20.57510  -9.050 2.71e-14 ***
## log(income)   25.62408    2.36002  10.858  < 2e-16 ***
## women          0.17433    0.03364   5.182 1.34e-06 ***
## typeprof      13.48480    2.30026   5.862 7.42e-08 ***
## typewc         1.69518    1.96566   0.862    0.391
## ---
## Signif. codes:  0 '***' 0.001 '**' 0.01 '*' 0.05 '.' 0.1 ' ' 1
##
## Residual standard error: 6.467 on 90 degrees of freedom
## Multiple R-Squared: 0.8604,  Adjusted R-squared: 0.8542
## F-statistic: 138.7 on 4 and 90 DF,  p-value: < 2.2e-16
```

패키지 boot에서 제공되는 함수 boot를 사용하려면 패키지 boot가 다룰 수 있는 함수를 주의해서 준비해야 한다.

```
boot.lts <- function(x, indices){
  x <- x [indices,]
  model <- ltsReg(prestige ~ log(income) +
                  women + type, data = x)
  coefficients(model)
}
```

이 함수가 정의되면 투입하고자 하는 모든 내용을 함수 boot에 넣을 수 있다.

```
library("boot")
set.seed(123)
rob_boot <- boot(Prestige, boot.lts, 1000)
## 추정된 표준오차
rob_boot
##
## 일반 비모수 부트스트랩
##
##
## Call:
## boot(data = Prestige, statistic = boot.lts, R = 1000)
##
##
## Bootstrap Statistics :
##        original       bias      std. error
## t1* -188.9846989  -7.631124780  64.32621578
## t2*   25.9405809   0.882198382   7.37310316
## t3*    0.1789914  -0.001773418   0.07992569
## t4*   11.2511897   2.018062069   6.34813577
## t5*    1.5686363   0.919839439   3.94373349
```

log(income) 계수를 자세히 보자. 표준오차는 약 7.37이며, 앞에서 기억해두자고 한 함수 ltsReg에서 추정했던 표준오차는 2.36이었다.

그림 8.4를 보면 log(income)의 부트스트랩 복제 추정량 분포는 2개의 정상이 나타나는 분포 형태를 띠며, 불균형이 특히 분포의 우측 꼬리 부분에서 많이 나타난다.

```
hist(rob_boot$t[,2], 50, xlab = "bootstrap repl., log(income)", main
= "")
```

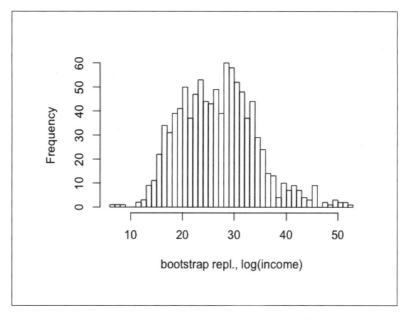

그림 8.4 변수 log(income) 회귀계수 부트스트랩 추정량 분포를 보여주는 히스토그램

또한 women 계수에 관한 부트스트랩 복제 추정량 분포 또한 그림 8.5에서 볼 수 있듯이 정규성을 띠는 것으로 보이지는 않는다.

```
hist(rob_boot$t[,3], 50, xlab = "bootstrap repl., women", main = "")
```

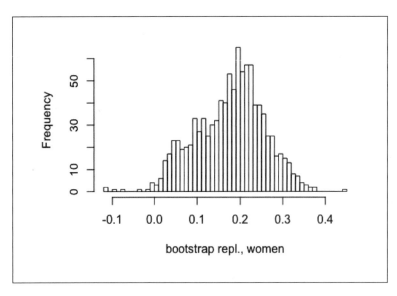

그림 8.5 변수 women 회귀계수 부트스트랩 추정량 분포를 보여주는 히스토그램

회귀계수의 신뢰구간을 추정하는 추가 계산을 할 수 있다. 함수 boot.ci로 편향이 보정된 신뢰구간, 에프론 백분위 방법으로 추정된 신뢰구간, 그리고 BC_α 방식으로 추정된 구간 등 여러 신뢰구간 추정 방식으로 예측한다. log(income) 계수의 결과는 다음과 같다.

```
boot.ci(rob_boot, index = 2,
        type = c("norm", "perc", "bca"))
## 부트스트랩 신뢰구간 계산
## 1000번의 부트스트랩 복제
##
## CALL :
## boot.ci(boot.out = rob_boot, type = c("norm", "perc", "bca"),
##     index = 2)
##
```

```
## Intervals :
## Level      Normal              Percentile              BCa
## 95%    (10.61, 39.51 )     (14.58, 43.66 )      (13.96, 41.85 )
## Calculations and Intervals on Original Scale
```

7장 '리샘플링 방법'에서 특정 관측값이 부트스트랩 분포의 범위^{quantiles}에 미치는 영향을 확인하기 위해 부트스트랩 후 잭나이프 플롯을 배웠다. 그림 8.6은 log(income) 계수와 women 변수의 계수를 보여주는 플롯이다.

```
par(mfrow = c(2,1), mar = c(4,4,2,0.5))
jack.after.boot(rob_boot, index = 2, main = 'log (income) coefficient')
jack.after.boot(rob_boot, index = 3, main = 'woman coefficient')
```

그림 8.6에 있는 2개의 플롯에서 관측치 58번과 99번이 부트스트랩 분포에 큰 영향을 미치고, 이 두 관측치를 배제할 때 분포가 더욱 커지는 것을 알 수 있다. 관측치 40번 같은 경우는 부트스트랩 분포에 큰 영향을 미치지만 해당 관측치를 제외하면 분포를 줄이게 된다.

회귀 환경에서 부트스트랩할 수 있는 좀 더 나은 방법을 제시한 후 다시 그림 8.6으로 돌아오기로 한다.

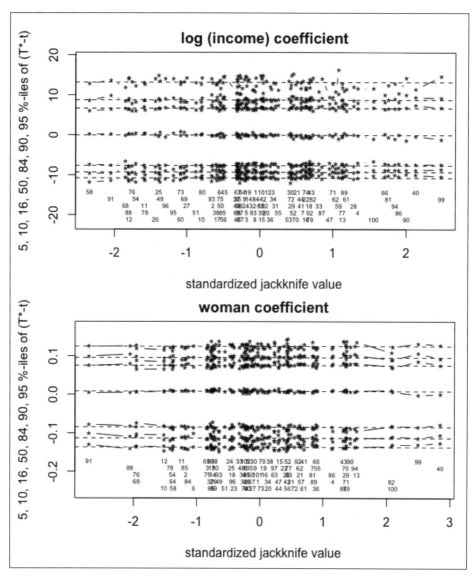

그림 8.6 log(income) 및 women 변수의 부트스트랩 후 잭나이프 플롯

330

잔차 부트스트랩

고전 회귀 분석에서 **X** 부분은 고정적이며 독립적이라고 여긴다. **Z**에서 직접 부트스트랩 샘플을 추출하는 대신 잔차로부터 추출해서 고정성과 독립성을 고려할 수 있으며, 이를 잔차 부트스트랩residual bootstrap이라고 한다.

부트스트랩 샘플을 얻기 위해, 부트스트랩 잔차에 기반한 임의 오차random error $\hat{\epsilon}$ 부분을 예측값 $\hat{y}$에 더한다.

추가하는 이유는 **y**는 $\hat{y} + \hat{\epsilon}$으로 재생산되기 때문이다.

이 개념을 2차원의 간단 데이터를 통해 쉽고 흥미롭게 이해해보자.

```
set.seed(12)
df <- data.frame(x = 1:7, y = 1:7 + rnorm(7))
```

다음 코드에서는 회귀선을 추정하고 데이터 포인트상에 해당 선을 그린다. 그런 다음 잔차 기반 부트스트랩 샘플을 추출해 예측값에 해당 잔차를 더한다. 즉, 새로운 예측값 $\hat{y}_1^* = \hat{y}$ + $\hat{\epsilon}^*$를 새로운 회귀선을 구하도록 기존 회귀식에 추가하는 값으로 활용한다.

```
par(mfrow = c(2,1), mar = c(4,4,1,0.3))
## 오리지널 데이터에 맞추기
lm_orig <- lm(y ~ x, data = df)
## plot original data
plot(y ~ x, data = df)
## 오리지널 데이터상에 회귀선 추가하기
abline(lm_orig)
## 오리지널 Y와 예측 Y 간 연결선을 보여준다.
segments(x0 = df$x, x1=df$x,
         y0=df$y, y1=lm_orig$fit)
## 예측 Y
points(df$x, lm_orig$fit, pch=20, col="red")
```

```r
legend("topleft", legend = c("y", expression(hat(y))),
       pch = c(1,20), col = c(1,2))
## 두 번째 플롯 --------------------
## 예측값 플로팅
plot(lm_orig$fit ~ df$x, col="red", pch = 20,
     ylab="y", xlab = "x")
## 샘플링된 잔차를 더해서 부트스트랩 샘플 구하기
y1 <- lm_orig$fit + sample(lm_orig$res, replace = TRUE)
## 새로운 부트스트랩 샘플
points(df$x, y1, col="blue", pch = 3)
## 오리지널 데이터에서 나온 예측값에 대한 새로운 부트스트랩 샘플
segments(x0 = df$x, x1 = df$x,
         y0 = lm_orig$fit, y1 = y1, col ="blue")
## 오리지널 데이터에서 나온 회귀선
abline(lm_orig)
## 부트스트랩 샘플에서 나온 회귀선
abline(lm(y1 ~ df$x), col = "blue", lty = 2)
legend("topleft", legend = c("original", "bootstrap repl. 1"), lty =
c(1,2), col = c(1,4))
```

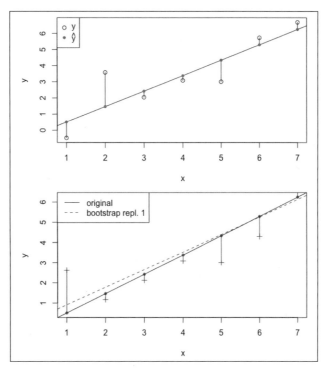

그림 8.7 위쪽 그림: 실제 값(둥근 원), 예측값(빨간색으로 채워진 원) 및 오리지널 데이터로 도출된 회귀선. 아래쪽 그림: 예측값(빨간색으로 채워진 원), $\hat{y} + \hat{\epsilon}$으로 대표되는 부트스트랩 샘플(+ 기호 표시), 그리고 오리지널 샘플에서 나온 회귀선(검은색 실선)과 부트스트랩 샘플에서 나온 회귀선(파란색 점선)(컬러 이미지 p. 477)

전통적인 회귀 분석 방법의 결과가 반복되지 않는, 새로운 부트스트랩 샘플은 그림 8.7에서와 같이 새로운 회귀선을 만든 것이 확인된다.

실제 케이스로 들어가 보자. 패키지 car에서 나온 데이터 Prestige를 이용해 최소제거제곱회귀를 통해 강건 회귀 모델 계수의 표준오차를 추정한다. 먼저 모델을 오리지널 데이터에 맞춘다.

```
Prestige <- na.omit(Prestige)
## 오리지널 데이터에 맞추기
rob2 <- ltsReg(prestige ~ log(income) + women + type,
               data = Prestige)
```

추후에 사용하도록 잔차와 예측값을 추출하고 행렬도 필요하다. 행렬 모델은 고정적이며 오리지널 샘플로 추정됨을 알아두자.

```
residuals <- residuals(rob2)
fit <- fitted(rob2)
## 행렬 모델 X 만들기
X <- model.matrix(rob2, Prestige)[, -1]
```

다시 부트스트랩 샘플을 생성할 boot 함수가 필요하다. 이번에는 잔차로부터 임의 추출된 수를 오리지널 데이터에서 나온 예측값에 더함으로써 부트스트랩 샘플을 만든다.

```
ltsBoot2 <- function(x, indices){
  y <- fit + residuals[indices]
  model <- ltsReg(y ~ X)
  coefficients(model)
}
```

마지막으로 잔차 기반 부트스트랩을 수행할 수 있다.

```
rob2_boot <- boot(Prestige, ltsBoot2, R = 2000)
## 결괏값
rob2_boot
##
## ORDINARY NONPARAMETRIC BOOTSTRAP
##
##
## Call:
## boot(data = Prestige, statistic = ltsBoot2, R = 2000)
##
##
## Bootstrap Statistics :
##         original      bias     std. error
```

```
## t1* -188.9846989   3.847338290  23.93016057
## t2*   25.9405809  -0.422141347   2.73913510
## t3*    0.1789914   0.001174141   0.04058027
## t4*   11.2511897   2.652930311   2.67849883
## t5*    1.5686363  -0.055049721   2.42259399
```

$\mathbf{Z}$로부터 직접 샘플링한 이전 방법에 비해 표준오차가 적다. 또한 log(income) 변수와 women 변수의 부트스트랩 복제 추정량의 분포는 거의 정규성을 띠며(그림 8.8 참조), 기존 방식보다 분포의 모양이 나아 보인다.

```
par(mfrow = c(1,2), mar = c(4,4,1,0.2))
hist(rob2_boot$t[,2], 50, xlab = "bootstrap repl., log(income)", main
= "")
hist(rob2_boot$t[,3], 50, xlab = "bootstrap repl., women", main = "")
```

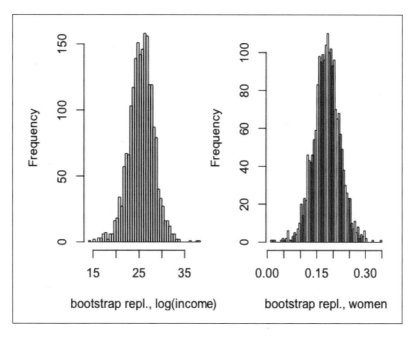

그림 8.8 왼쪽 log(income) 변수와 오른쪽 women 변수의 회귀계수 부트스트랩 분포 히스토그램

부트스트랩 후 잭나이프 플롯 또한 **Z**에서 직접 추출한 부트스트랩 방식보다 잔차 기반 부트스트랩 방식이 갖는 속성이 상대적으로 더 낮다는 사실을 확인해준다.

```
par(mfrow = c(2,1), mar = c(4,4,2,0.5))
jack.after.boot(rob2_boot, index = 2, main = 'log (income) coefficient')
jack.after.boot(rob2_boot, index = 3, main = 'woman coefficient')
```

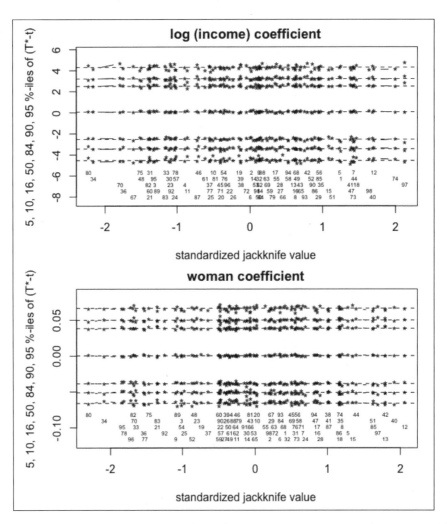

그림 8.9 잔차 기반 부트스트랩을 통해 얻은 log(income) 변수와 women 변수의 분포를 보여주는 부트스트랩 후 잭나이프 플롯

▎ 누락값을 포함한 적절한 분산 추정

실제로 누락값이 큰 문제가 되는 경우가 종종 있다. 일반적으로 추정을 하는 표준 절차에는 누락값을 다루는 개념이 디자인되어 있지 않다. 이번에는 추정치의 분산과 불확실성을 추정할 때 누락값을 적절히 다루는 방법을 설명한다.

설문조사에서 질문에 대해 응답이 없는 문항이나 측정 오류로 인해 데이터가 종종 다음과 같은 구조를 갖게 된다.

$$\mathbf{X} = \begin{pmatrix} x_{11} & \cdots & \cdots & x_{1p} \\ \vdots & \text{NA} & & \vdots \\ & & & \text{NA} \\ \vdots & & \text{NA} & \vdots \\ x_{n1} & \cdots & \cdots & x_{np} \end{pmatrix}$$

여기에는 n개의 관측값과 p개의 변수, 그리고 약간의 누락값(NA)이 포함되어 있다.

일반적으로는 데이터 분석에서 누락된 값을 포함하는 전체 관측치를 생략한다. 그러나 이런 방식은 샘플 크기를 감소시켜서 추정량의 분산을 증가시키기도 하고 누락값이 임의로 생략될 경우 누락이 공변량에 달려 있는 체계적 경우라면 편향된 추정을 야기한다.

이 문제를 해결하기 위해 누락된 값을 대체imputation하는 방법을 고려할 수 있다. 어떤 애플리케이션의 경우 대체 방법은 예측 오류를 최소화하는 방식으로 수행된다. 또 다른 애플리케이션의 경우 추정량의 분산이 적절한 방식으로 추정되는 것도 중요하다(Rubin, 1987). 예측 오류를 최소화하기 위해 대체한다면, 추정량의 분산이 과소평가될 수도 있을 것이다. 또한 누락값이 단일 방법으로 대체된다면, 고정값이 대체에 사용되어 대체의 변동성을 거부하기 때문에 분산이 과소평가될 수도 있다. 따라서 적절한 대체를 위해 다중 대체법이 일반적으로 적용된다. 확률적 대체 방법을 사용해 하나의 대체 값을 만드는 것이 아니라 여러 개를 만든다는 뜻이다. 결과적으로 여러 개의 데이터 세트가 생성되며, 각각의 데이터 세트는 한 그룹의 대체 값을 갖는다. 다수의 데이터 세트로부터 추정된 분산 각각에 적용된 규칙을 결합함으로써 추정량의 적절한 분산을 얻을 수 있다(Rubin, 1987).

그러나 여러분이 어떤 부서는 데이터 수집을 담당하고, 어떤 부서는 데이터 전처리를, 또 다른 부서는 분석과 출판을 담당하고 있는 회사에서 일한다고 가정하자. 만약 여러분이 데이터 전처리 부서에서 일하고 있는데, 누락값들이 있는 하나의 데이터 세트에서 나온 10개의 대체된 데이터 세트를 다른 부서로 보냈다면 받는 부서는 과연 즐거워할지 생각해볼 수 있다. 그 부서는 대체된 10개의 데이터 세트를 가지고 작업할 수 있다고 생각하는가? 이론적으로는 다중 대체가 매우 훌륭한 개념이지만 실제로는 종종 단일 대체만이 유일한 방법일 때도 많다. 하지만 단일 대체로 분산이 과소평가됐을 것이라고 알고 있는 대체된 데이터 세트를 보낼 때 여러분의 마음은 편할 것인가?

이 딜레마에서 벗어날 수 있는 한 가지 방법은 부트스트랩이나 잭나이프 같은 리샘플링 방법을 사용하는 것이다. 해당 방법은 2002년에 리틀Little과 루빈Rubin에 의해 이미 소개됐지만, 약간 잊힌 면이 있다. 그러나 실무적으로는 매우 유용하다.

$\mathbf{X}$를 p개의 변수와 누락값을 포함한 n개의 독립된 관측값 샘플이라고 하자. 모수 θ로부터 나온 점추정 $\hat{\theta}$을 중심으로 한 신뢰구간 추정은 다음과 같다. 추정 과정에서 오리지널 데이터가 아닌 부트스트랩 샘플로 대체한다는 점에 주목하자. 다시 말하지만 기본 철학은 오리지널 샘플이야말로 여러분이 가진 최고의 정보이며, 오리지널 샘플에서 나온 부트스트랩 샘플은 누락값과 관련된 모집단을 모방한다는 것이다.

다음 과정을 $r = 1, ..., R$로 반복한다.

1. 대체되지 않은non-imputed 오리지널 샘플 데이터 $\mathbf{X}$에서 부트스트랩 샘플 $\mathbf{X}_i^*$를 추출한다.
2. $\mathbf{X}_i^*$에 있는 누락값을 대체한다.

3. 모수 $\hat{\theta}_i^* = f(\mathbf{X}_i^*)$를 추정한다.

이러한 과정은 $\hat{\theta}_i^*$(여기서 i = 1, ..., R)에 대해 R번의 부트스트랩 복제 추정량을 내놓는다. 부트스트랩 복제 분산은 예를 들어 에프론의 백분위 방법을 사용함으로써 추정량 $\hat{\theta}$과 그 신뢰구간 또는 표준오차를 결정하는 데 사용된다(7장 '리샘플링 방법' 참조).

이제 실제로 이 작업을 해보자. 다음 예에서는 앞에서 언급한 부트스트랩을 적용해 누락값을 가진 데이터의 신뢰구간을 추정한다. 작업을 간소화하기 위해, 모수 θ는 한 변수의 산술평균이라 하자. 반복적으로 부트스트랩 샘플들을 샘플로부터 추출하고, 부트스트랩 샘플의 누락값을 대체해서, 마지막으로 산술평균을 부트스트랩 샘플을 이용해 추정한다. 직접 실험하기 위해 누락값이 있는 `sleep` 데이터를 사용한다.

```
library("VIM")
data("sleep")
```

누락값 구조를 먼저 분석해보자. 그림 8.9의 왼쪽 플롯은 `sleep` 데이터 각 변수에 있는 누락값의 개수를 보여주고, 오른쪽 플롯은 누락값의 패턴 구조를 보여준다.

```
aggr(sleep, numbers = TRUE, prop = FALSE, cex.axis = 0.75)
```

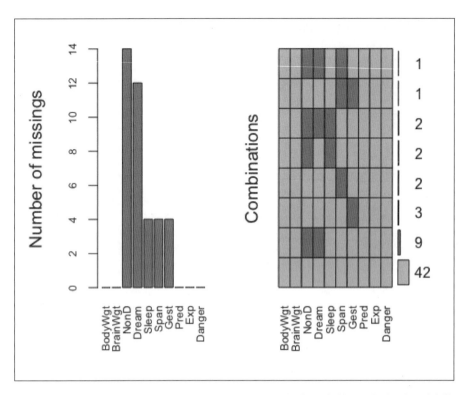

그림 8.10 데이터 sleep의 하나의 부트스트랩 샘플 누락값에 따른 간단한 통계. 왼쪽 그림: 변수당 누락값 횟수. 오른쪽 그림: 누락 패턴의 빈도(컬러 이미지 p. 478)

예를 들어, 42개의 관측치는 누락값이 없으며, 9개의 관측치는 3번째와 4번째 변수에서 누락값이 발생했다.

그림 8.11은 매트릭스플롯(Templ, Alfons, & Filzmoser, 2011)으로 변수 BrainWgt에 따라 정렬된 전체 데이터 매트릭스를 보여준다. 선이 어두울수록 데이터 매트릭스의 해당 값들이 높음을 의미한다. 매트릭스상의 빨간색 줄은 누락값에 해당한다. 그림 8.11에서 NonD, Dream, Sleep 변수에 있는 누락값 발생 가능성은 BrainWgt가 높을수록 높아지는 것을 알 수 있다.[1]

---

1 이 부분은 직접 R에서 실행해서 확인해야 그래프를 이해할 수 있다. – 옮긴이

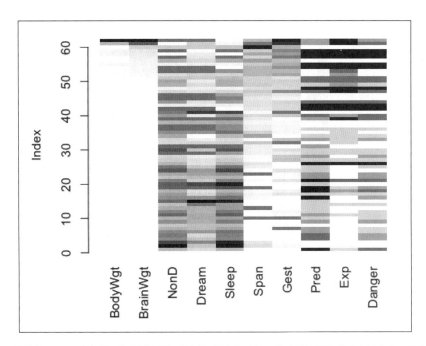

그림 8.11 sleep 데이터의 매트릭스플롯. 데이터는 변수 BrainWgt에 따라 분류됐다(컬러 이미지 p. 478).

```
par(mar = c(6,4,0.2,0.2))
matrixplot(sleep, sortby = "BrainWgt", interactive = FALSE)
```

부트스트랩 샘플링은 다시 집어넣는 복원 방식으로 리샘플링하기 때문에 비슷한 행태가 나타난다. 그림 8.12에서 누락값의 수가 약간 변했다. 누락 패턴에 따른 빈도도 다르다 (그림 8.12의 오른쪽 플롯 참조). 이번에는 누락이 없는 관측값이 42개가 아니라 단지 38개 관측에서만 아무런 누락값이 없다. 또한 NonD와 Dream의 경우 누락값 빈도는 앞에서 9개 대신에 11개가 됐으며, 자세한 정보를 얻기 위해 그림 8.10과 그림 8.12를 비교해보자.

```
set.seed(123)
sleep_boot1 <- sleep[sample(1:nrow(sleep), replace = TRUE), ]
aggr(sleep_boot1, numbers = TRUE, prop = FALSE,
     cex.axis = 0.75)
```

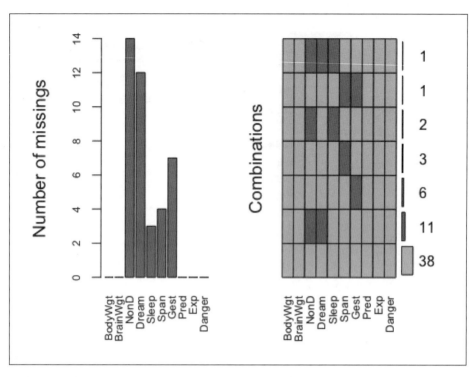

그림 8.12 데이터 sleep의 하나의 부트스트랩 샘플 누락값에 따른 간단한 통계. 왼쪽 그림: 변수당 누락값 횟수. 오른쪽 그림: 누락 패턴의 빈도(컬러 이미지 p. 479)

매트릭스플롯에서는 변수 NonD와 Dream 누락값 조합에서 좀 더 많은 누락값 패턴이 나타난다(그림 8.13 참조). 또한 변수 Gest의 누락 가능성은 BrainWgt가 작은 값에서 더 높다. 자세한 내용은 그림 8.13을 참조하자.

```
par(mar = c(6,4,0.2,0.2))
matrixplot(sleep_boot1, sortby = "BrainWgt")
```

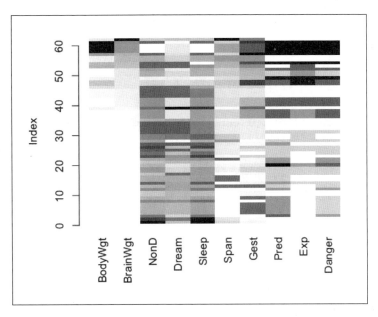

그림 8.13 데이터 sleep의 부트스트랩 샘플 매트릭스플롯. 변수 BrainWgt에 따른 데이터 분류(컬러 이미지 p. 479)

이 외에 많은 그림에서 부트스트랩 샘플 누락 구조와 오리지널 데이터 누락 구조 간의 차이점을 보여준다. 어느 샘플에서나 마찬가지로 누락되는 구조 변화를 확인하는 것이 중요한데, 부트스트랩으로 모집단 분포에서 발생할 수 있는 모든 상황을 모방하기 때문이다. 따라서 부트스트랩은 누락값을 갖는 데이터의 분산을 추정하는 유효한 방법인 것으로 보인다. 다음으로 실용적인 예를 소개한다. 이를 위해 누락값 없이 완전하게 관측된 데이터를 이용해 그중 몇 개의 관측값을 누락값으로 지정한다. 누락값은 고정값이라고 가정하는 경우 이번 시뮬레이션은 충분치 않다. 실제로는 하나의 누락값은 자신만의 분포를 띠기 때문에, 신뢰구간의 커버율을 확인함으로써 이를 해결할 수 있다. 좀 더 간단한 방식을 통해 부트스트랩이 어떻게 누락값을 갖는 데이터의 분산을 찾는 데 적용되는지 보여주고자 한다.

단일 대체 결과는 다음과 같다.

```
n <- nrow(sleep)
imputed <- kNN(sleep, imp_var = FALSE)
## 소유 시간 0.0347321초
ci_single <- quantile(replicate(10000, mean(imputed[sample(1:n,
replace = TRUE), "Sleep"])), c(0.025, 0.975))
ci_single
##      2.5%      97.5%
##  9.280565  11.579073
```

마지막으로, 제안된 부트스트랩 방식으로 신뢰구간을 추정한다. 여기서 부트스트랩 샘플은 대체되지 않은 데이터로부터 추출한다. 다음 코드들은 긴 연산 시간이 필요하다.

```
ci_boot <- quantile(replicate(10000, mean(kNN(sleep[sample(1:n,
replace = TRUE), ], imp_var = FALSE)$Sleep)), c(0.025, 0.975))
ci_boot
##      2.5%      97.5%
##  9.201613  11.658105
```

대체의 불확실성을 고려했기 때문에 해당 방식은 다소 넓은 신뢰구간을 생성한다.

물론 데이터가 누락값을 포함할 때 신뢰구간을 추정하기 위해 잭나이프 방식을 사용할 수 있다. 이 접근법은 부트스트랩 방식과 매우 유사하다.

$j = 1, ..., n$에 대해,

1. 잭나이프 샘플 $\mathbf{X}_{(i)}$를 대체한다.
2. 대체된 데이터 세트의 모수 θ를 추정한다.
3. 생성된 잭나이프 복제 분포로부터, 7장 '리샘플링 방법'에서 소개한 잭나이프 방법을 사용해 신뢰구간을 추정한다.

▌ 시계열 분석에서 부트스트랩하기

시계열 분석에서 부트스트랩하는 데는 흔히 두 가지 방법이 사용된다.

- 모델을 추정하고 모델의 잔차에서 추출하는 방법(잔차 부트스트랩으로 회귀 모델 부트스트랩을 알려준 지난 절의 두 번째 부분을 참조하자.)
- 이동 블록 부트스트랩moving blocks bootstrap 방법

이번에는 이동 블록 부트스트랩에 대해 자세히 설명한다. 기존 연구에서 흔히 적용되고 언급되는 방법이지만 성공 가능성이 제한적이기 때문에, 해당 방법의 한계를 보여주는 것이 이번 절의 목표다.

데이터를 블록화해서 블록 내에서 복원replacement 가능 샘플링을 처리한다는 것이 기본 아이디어이며, 해당 방법은 관측값 간의 관계를 완전히 무시하지 않는다. 관측값 간의 관계는 전형적으로 시계열 형태로 발생한다. 예를 들어 다음 값은 이전 값에 의존하는 것이며, 트렌드, 계절성, 주기성 등을 떠올려보면 좋다.

원칙적으로 시계열은 겹치지 않는 블록과 겹치는 블록으로 나눌 수 있다.

자기상관autocorrelation을 추정하기 위해 겹치는 이동 블록 부트스트랩을 소개할 것이다. 먼저 간단 데이터를 생성하자.

```
set.seed(123)
tseries <- rnorm(50)
## 자기상관 소개
tseries[-1] <- tseries[-1] + tseries[-50]
```

시계열은 다음 화면에 나오는 것과 같다.

```
plot(ts(tseries), ylab = "values")
```

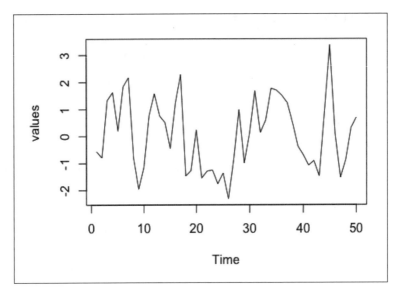

그림 8.14 시계열의 예

이동 블록 부트스트랩은 투입요소로서 데이터, 블록 크기 및 반복 횟수가 요구된다.

```
mbb <- function(x, R=1000, blocksize=6){
  ## 초기화
  nc <- length(x)
  lagCorMBB <- ct <- numeric(R)
  seriesBl <- numeric(nc)
  ## 블록 부트스트랩을 옮기기 위한 함수
  corT <- function(x=tseries, N=nc, bl=blocksize){
    ## N과 bl로 블록 설정
    for(i in 1:ceiling(N/bl)) {
      ## 블록의 endpoint
        endpoint <- sample(bl:N, size=1)
        ## 블록을 합침, 부트스트랩 샘플
        seriesBl[(i-1)*bl+1:bl] <- x[endpoint-(bl:1)+1]
    }
```

```
    seriesBl <- seriesBl[1:N]
    ## 자기상관
    a <- cor(seriesBl[-1],seriesBl[-N])
    return(a)
  }
  ct <- replicate(R, corT(x))
  return(ct)
}
```

이제 시계열에 이번 함수를 적용한다.

```
mb <- mbb(x=tseries, R=10000)
## 첫 번째 10번의 부트스트랩 복제
mb[1:10]
##  [1] 0.2899296 0.1966638 0.0771300 0.4065762 0.2561444 0.4276909
0.4419033
##  [8] 0.2332383 0.3501899 0.2468474
## 부트스트랩 복제 값 평균으로부터 나온 자기상관 계수
mean(mb)
## [1] 0.3410245
```

시계열의 패턴이 노이즈가 아니라면 이동 블록 부트스트랩 복제의 산술평균이 원본 데이터 자체의 점추정보다 적은 것이 자연스럽다. 그 이유는 시계열을 새로운 블록으로 분할하면서 일부 자기상관을 잃어버리기 때문이다. 비교를 위해 데이터의 (한 시점 차이 나는) 자기상관(lag 1)을 살펴보자.

```
acf(tseries)$acf[2]
## [1] 0.4302483
```

그러나 어떤 경우든 자기상관계수 95% 수준의 신뢰구간을 추정하는 데 관심이 많으므로, 구간을 제시할 수도 있다.

```
qu_mbb <- quantile(mb, c(0.025,0.975))
cat("CI(mbb) : [", round(qu_mbb[1], 2), ",", round(qu_mbb[2], 2), "]")
## CI(mbb) : [ 0.12 , 0.57 ]
```

비교를 위해 자기상관계수의 신뢰구간을 추정하는 패키지 forecast가 제공하는 기본 방법(Hyndman & Khandakar, 2008)은 다음과 같은 신뢰구간을 제시한다.

```
library("forecast")
ac <- taperedacf(tseries)
cat("CI(classical) : [", round(ac$lower[1], 2), ",",
round(ac$upper[1], 2), "]")
## CI(classical) : [ -0.02 , 0.43 ]
```

이동 블록 부트스트랩을 구현하는 방법을 살펴봤지만 해당 방법이 어떤 상황에서 적절하게 작동하지 않는지는 설명하지 않았다. 블록을 자르거나 재결합시키는 것은 자동으로 트렌드를 파괴해 시계열이 안정적이지 못할 때 신뢰할 수 없는 결과를 초래할 수도 있다. 따라서 이동 블록 부트스트랩을 적용하기 전에, 먼저 시계열에서 트렌드를 제거해야 한다. 또한 이동 블록 부트스트랩은 한 시점(lag 1) 전의 자기상관(AR 1)처럼 간단한 시계열 모델에만 작동되므로, 후속 시점값이 한 시점 전의 관측값에만 의존한다고 가정한다. ARIMA 같은 좀 더 복잡한 경우에 해당되면 이동 블록 부트스트랩은 유효한 추론 통곗값을 제공하지 못할 수도 있다.

▌ 복합 샘플링 디자인에서 사용되는 부트스트랩

지금까지 샘플들이 완전히 임의로 추출된 경우의 적용 방법을 살펴봤다. 그러나 유한한 모집단의 정보가 거의 없거나 데이터의 수집이 매우 복합적인 설문조사 디자인에 의존할 때는 앞에서 소개한 적용 방법이 적합하지 않을 수 있다. 물론 모집단 정보는 수집 비용이 최소화되도록 샘플링하는 것이 중요하다. 즉, 비즈니스 통계의 한 예로서 중소기업들이 많이 존재하지만 대기업은 많지 않은 오스트리아의 상황을 생각해보면 좋다. 좀 더 정확한 추정을 위해 모든 대기업은 샘플로서 필요하지만(개별 대기업 선택 확률 100%), 특정 소기업이 샘플로 선택될 확률은 매우 낮다. 복합적인 설문조사 디자인은 최소 비용으로 좋은 샘플을 추출할 수 있게 도와준다.

복합적 설문조사 샘플링에서 크기가 n인 샘플을 모으기 위해 크기 N인 모집단으로부터 샘플에 포함될 수 있는 알려진 확률 π_i(여기서 i = 1, ..., N)로 개별 대상이 샘플링된다. 포함 확률은 구획화된 모집단의 층별로 다를 수 있고 샘플링 프레임에 있는 개별 조사 대상마다 다를 수 있다.

전체 모집단의 경우, $T_y = \sum_{i=1}^{N} y_i$의 비편향 추정량은 개별 조사 대상 i가 샘플링될 경우 $S_i = 1$이 되고 그렇지 않으면 $S_i = 0$으로 $\hat{T}_y = \sum_{i:S_i=1} = 1 \frac{1}{\pi_i} y_i$이다.

보통 모집단은 계층 k에서 추출된 n_k(여기서 k = 1, ..., K)개의 관측치를 갖는 K개의 계층으로 나누어진다. 부트스트랩 샘플은 k번째 층에서 복원 가능 방식으로 n_k개의 관측값을 리샘플링해서 만든다. 이와 같이 관측치들이 개별적이라기보다는 군집 형태로 추출되어 샘플이 되는 경우, 가령 가계household 샘플을 추출해 각 가계별 구성원들에 대한 정보를 수집한다면, 부트스트랩은 개인보다는 군집 형태로 리샘플링하게 된다. 이런 군집 형태의 리샘플링을 나이브 부트스트랩naive bootstrap이라고 부르며, 여러 저자들이 나이브 방법의 한계를 논의했다(Rao & Wu, 1988; Deville & Särndal, 1992; Deville, Särndal, & Sautory, 1993).

디자인 가중치 $d_i = 1/\pi_i$인 $\hat{Y}_d = \sum_{i:S_i=1} d_i y_i$를 추정할 때, 모집단의 몇몇 특징들을 알게 된다. 예를 들어, 샘플 변수 **x**로부터 모집단의 합인 $X = \sum_{i=1}^{N} x_i$와 $\sum_{i:S_i} = 1 d_i x_i \neq \mathbf{x}$를 알게 된다. 또한 $\hat{y}_w = \sum_{i:S_i} = 1 w_i y_i$, $\sum_{i:S_i} = 1 w_i x_i = X$, $\sum_{i:S_i} = 1 w_i = N$ 공식을 통해 새로운 가중치 w_i를 찾을 수 있다. 만약 더욱 많은 제한점이 있고 알려진 모집단의 특징들이 존재하는 경우 그리고 데이터가 군집 구조를 갖는다면 가중치를 찾아가는 과정은 더욱 복잡해진다.

부트스트랩은 모집단에서 샘플이 선택된 방식과 동일한 방식으로 샘플 데이터로부터 리샘플링해서 계층 추출법, 군집법, 그리고 케이스별 가중치 같은 복잡한 샘플링 디자인에 적용할 수 있다. 그러나 앞서 언급했듯이 보정이 필요하다.

이번에는 아주 단순한 데이터에서 발생하는 문제점 한 가지를 소개하려고 한다. 다음의 간단한 샘플 데이터 세트를 생각해보자.

```
x <- data.frame("location" = rep("Asten", 8),
        "income" = c(2000,2500,2000,2500,1000,1500,2000,2500),
        "weight" = c(1000,500,1000,500,1500,1000,1000,2000))
x
##    location income weight
## 1    Asten    2000   1000
## 2    Asten    2500    500
## 3    Asten    2000   1000
## 4    Asten    2500    500
## 5    Asten    1000   1500
## 6    Asten    1500   1000
## 7    Asten    2000   1000
## 8    Asten    2500   2000
```

아스턴Asten시에 거주하는 8명의 소득 샘플과 샘플링 가중치를 살펴본다. 샘플링 가중치는 이미 보정돼서 첫 번째 관측값은 모집단 1000개에 해당하는 관측을 의미하고, 두 번째 관측값은 모집단 500개에 해당하는 관측값을 의미하므로, 결국 아스턴시의 총 인구는 8500명이라고 가정한다.

```
sum(x$weight)
## [1] 8500
```

호르위츠 톰슨Horwitz Thompson 추정 가중치가 적용된 합계인 모든 아스턴시 사람의 추정 총소득은 다음과 같다.

```
sum(x$income * x$weight)
## [1] 16500000
```

다음과 같이 하나의 부트스트랩 샘플을 추출한다.

```
set.seed(123)
y <- x[sample(1:8, replace = TRUE), ] # 부트스트랩 샘플
y
##       location income weight
## 3       Asten    2000   1000
## 7       Asten    2000   1000
## 4       Asten    2500    500
## 8       Asten    2500   2000
## 8.1     Asten    2500   2000
## 1       Asten    2000   1000
## 5       Asten    1000   1500
## 8.2     Asten    2500   2000
```

부트스트랩 샘플을 이용해 구한 아스턴시에 사는 사람들의 예상 총 수입은 다음과 같다.

```
# 보정되지 않은 추정
sum(y$income * y$weight)
## [1] 23750000
```

원래 샘플에 비해 소득 수준이 많이 높지 않은가? N = 8500이라는 총 인구 조건이 위배됐기 때문에 자연스럽게 총 소득 추정이 왜곡된 상태다. 부트스트랩 샘플의 경우 아스턴시 총 인구 수는 다음과 같다.

```
sum(y$weight)
## [1] 11000
```

이 결과는 8500과 명료하게 다르며, 추정된 수입이 첫 번째 부트스트랩 샘플에서 왜 크게 과대평가됐는지 정확히 이해할 수 있다.

8500명의 사람들이 아스턴시에 살고 있으며 11000명이 아니라는 사실을 알기 때문에, 원

래 인구 정보를 사용해 해당 인구 정보에 따라 부트스트랩 샘플을 보정할 것이다. 이번 경우는 각 가중치weight 변수에 상수인 8500/11000을 곱해준다.

```
constant <- sum(x$weight) / sum(y$weight)
## 보정된 추정
sum(y$x * y$w * constant)
## [1] 0
```

이 예제는 간단하면서도 모집단의 알려진 특성에 따라 샘플이 보정된 흔치 않은 케이스다. 하지만 이번 예제를 통해 부트스트랩 샘플을 보정해야 하는 필요성을 배우게 됐다. 표준오차 추정을 위한 리샘플링 방법인 나이브 부트스트랩 알고리즘을 다음과 같이 만든다는 것을 기억하자.

1. $\mathbf{x}$로부터 R개의 독립적인 부트스트랩 샘플 $\mathbf{x}_1^*$, $\mathbf{x}_2^*$, ..., $\mathbf{x}_R^*$을 선택한다.
2. 각 부트스트랩 샘플에 대해 부트스트랩 추정량을 구한다.
3. $\hat{\theta}^*(r) = s(\mathbf{x}_r^*)$, r = 1, 2, ..., R
4. $\hat{\theta}_{(\cdot)}^* = \sum_{r=1}^{R} \hat{\theta}_r^*/R$인 R번의 부트스트랩 복제 추정량의 표준편차 $\hat{se}_R = \{[\sum_{r=1}^{R}[\hat{\theta}_r^* - \hat{\theta}_{(\cdot)}^*]^2/(R-1)\}^{1/2}$을 이용해 표준오차 $\hat{se}_{\hat{\theta}}$을 추정한다.

부트스트랩 샘플을 보정하는 작업은 위에서 제시된 나이브 부트스트랩 1단계와 2단계 사이에 추가해야 한다.

우선 가중치가 가능한 한 덜 변하는 지점에서 샘플링 가중치를 보정하면 부트스트랩 샘플에 대해 모집단의 알려진 특성에 정확히 맞출 수 있다. 즉, 샘플링 가중치를 1에 근접하는 g 가중치에 곱한다. g 가중치에 대해서는 반복 비례 맞춤 같은 랭킹ranking 방법이나 최소제곱회귀법으로 추정한다.

보정된 부트스트랩을 다음과 같은 복잡한 데이터에 적용한다. 다음 예는 소득과 생활환경을 보여주는 **유럽연합 통계**EU-SILC, European Union Statistics on Income and Living Conditions Survey에서 위험에 처한 빈곤율을 추정하는 방법에 관한 것이다.

위험에 처한 빈곤율^{ARPR, at-risk-of-poverty rate}은 가계 소득이 가난 기준선 아래인 사람의 비율로 정의된다. 가난의 기준선은 전체 인구의 중앙 소득을 기준으로 60% 수준에 해당된다.

따라서 빈곤율은 다음과 같이 정의한다.

모집단의 동등화 가계 소득이 X_U일 때 $ARPT = P(x_U < 0.6 \cdot med\ (x_U)) = F(0.6)$이 되며, F_U는 소득의 분포 함수다.

빈곤율을 추정하기 위해서는 샘플링 가중치를 고려한다. 먼저 빈곤 기준치를 다음과 같이 추정한다.

위험에 처한 빈곤율인 $ARPR = 0.6 \cdot wmed(\mathbf{x})$에서 $\mathbf{x}$는 샘플에서 나온 동등화된 가계 소득이고, wmed는 가중치가 적용된 중앙값이며, $wmed(x)$는 $i = argmin_i\{\frac{w_i}{\sum_{i=1}^{n} w_i} < p\}$에서 i가 홀수인 경우 $wmed(x) = x_i$로 정의되는 반면, i가 짝수라면 $wmed(x) = \frac{x_i + x_{i+1}}{2}$로 정의된다.

빈곤율은 인덱스 $\mathbf{y} = (y_1, ..., y_n)$의 도움으로 추정된다.

$$y_i = \begin{cases} 1 \\ 0 \end{cases} \quad x_i < ARPT \quad i = 1, ..., n$$

$$ARPR = \sum_{i=1}^{n} \frac{w_i y_i}{w_i}$$

이러한 추정은 실무적으로 다음과 같이 패키지 laeken(Alfons & Templ, 2013)으로 실행되고, 보정된 부트스트랩 추정값은 함수 variance로 구할 수 있다. 샘플을 모두 합치는 totals는 한 집단(변수 db040에 있는 각 지역을 하나의 집단으로 봄)별로 결정됨을 주목하면서, 이제 샘플로 모집단을 추정한다.

```
library("laeken")
data("eusilc")
## 빈곤율 점추정
a <- arpr("eqIncome", weights = "rb050", data = eusilc)
```

```
## 보정 부트스트랩
## 지역에 따라 0과 1로 정의하는 추가 변수
aux <- sapply(levels(eusilc$db040),
    function(l, x) as.numeric(x == l),
    x = eusilc$db040)
## 샘플로부터 모집단 totals 만들기
totals <- sapply(levels(eusilc$db040),
    function(l, x, w) sum(w[x == l]),
    x = eusilc$db040, w = eusilc$rb050)
# 부트스트랩 분산
variance("eqIncome", weights = "rb050", design = "db040",
    data = eusilc, indicator = a, X = aux, totals = totals,
    seed = 123)
## Value:
## [1] 14.44422
##
## Variance:
## [1] 0.09192744
##
## Confidence interval:
##    lower    upper
## 13.87865 15.19303
##
## Threshold:
## [1] 10859.24
```

위험에 처한 빈곤율의 점추정은 14.444이고 보정된 부트스트랩에 의해 추정된 신뢰구간은 [13.879; 15.193]으로 확인된다. R에서 수학적으로 위험에 처한 빈곤율의 변동을 추정할 수 있는 공식은 없다. 다른 많은 빈곤 추정에서도 마찬가지다. 기존 연구에 존재하고 있는 공식들은 복잡한 가정에 의존하며 샘플링 방식에 따라 달라진다. 보정된 부트스트랩은 사용자 친화적인 방식으로 그 변동을 추정할 수 있는 유일한 방법이다.

몬테카를로 테스트

다변량 정규성 분포 확인을 위한 다변량 앤더슨–달링Anderson-Darling 테스트라는 통계량을 알고 있는가? 몰라도 걱정할 필요 없다. 이 테스트 통계량은 시뮬레이션 실험 측면에서 몇몇 유의수준에 대해 근삿값으로 제시해왔으며, 일반적으로 널리 알려지지 않았다. 하지만 관측치의 개수, 변수의 개수, 그리고 유의수준에 따라 테스트 통계량을 어떻게 추정할 수 있는가? 그 답은 쉽다. 훨씬 간단한 테스트 절차만큼이나 간단한 방법이며 테스트용 리샘플링 방법인 몬테카를로 테스트를 사용하면 된다.

흥미로운 예제

테스트에 대해 본격적인 설명을 하기 전에, 제법 긴 예제로 몬테카를로 리샘플링 테스트를 소개하고 몬테카를로 테스트가 왜 작동하는지 보여줄 것이다. 체온 데이터를 사용하는 다음 예제는 비엔나 공과대학교Vienna University of Technology의 프리드리히 레이쉬Friedrich Leisch 교수의 강의가 동기가 되어 내 강의에 채택됐다.

처음에 남성 65명과 여성 65명의 체온 및 심박수 데이터를 취한다.

```
temp <- read.table("http://venus.unive.it/romanaz/statistics/data/
bodytemp.txt", header = TRUE)
temp$gen <- factor(temp$gen, labels = c("male", "female"))
str(temp)
## 'data.frame':    130 obs. of  3 variables:
##  $ tf : num  96.3 96.7 96.9 97 97.1 97.1 97.1 97.2 97.3 97.4 ...
##  $ gen: Factor w/ 2 levels "male","female": 1 1 1 1 1 1 1 1 1 1 ...
##  $ hr : int  70 71 74 80 73 75 82 64 69 70 ...
```

화씨 대신 섭씨를 사용하는 사람들은 다음과 같이 변형한다. 그림 8.15를 그리기 위해서는 변형이 반드시 필요하다.

```
temp$celsius <- (temp$tf - 32) * 5 / 9
```

그림 8.15처럼 남성과 여성의 체온과 관련된 분포 밀도를 시각화해보자.

```
library("ggplot2")
ggplot(temp, aes(x = celsius, colour = gen, linetype = gen)) + geom_
density(size = 1.2) + theme(text = element_text(size=16)) + theme_bw()
```

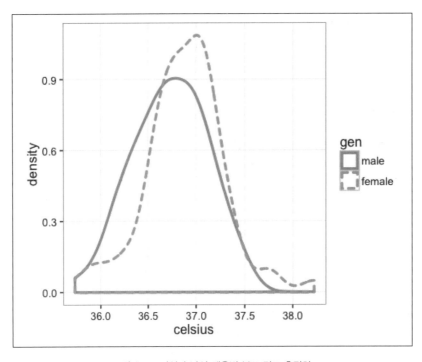

그림 8.15 여성과 남성 체온별 분포 밀도 추정치

그림 8.15에는 남성과 여성별 체온 분포가 나온다. 여성은 이번 데이터 세트에서 평균 체온이 남성보다 더 높다. 여기서 모집단 평균이 동일할 것이라는 귀무가설이 기각될 수 있는지에 대한 질문을 던져본다.

이 질문에 답할 때 발생하는 이슈는 데이터 세트에 대해 여러 테스트에서 중요하게 가정하는 샘플 분포가 정규성을 띠는지 테스트하는 것이다. 좀 더 정확하게 말하자면, 샘플이 정규 분포에서 추출됐다는 귀무가설이 기각될 수 있는지 알아볼 것이다. 추후에 코드를 좀 더 쉽게 이해할 수 있도록 다음과 같은 형태로 체온 데이터를 저장한다.

```
temperature <- temp$celsius
```

우선 관측치 각각에 균등한 크기 1/n로 구분된 실증 분포 함수를 시각화해보자.

```
n <- length(temperature)
temperature <- sort(temperature)
y <- (0:(n-1)) / n
```

이제 0과 1 사이에 있는 n개의 등거리 값으로 구성된 체온값 벡터에 대해 분포 함수를 플로팅하고, 그 결과를 그림 8.16에서 제시한다.

```
plot(temperature, y, pch=20, cex = 0.3)
lines(temperature, y, type="S")
```

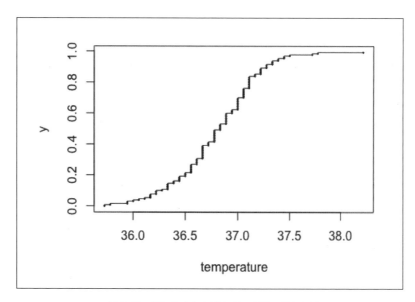

그림 8.16 체온 데이터의 실증적 누적 분포 함수 플롯

정규 분포로부터 실제 값들이 추출됐는지 물어볼 수 있다. 한 가지 답변 방법은 QQ 플롯 같은 시각적 진단 도구를 사용하는 것이지만, 이번에는 몬테카를로 테스트가 제시하는 수치를 사용해 판단하기로 한다. 체온 데이터에서 나온 평균과 표준편차를 갖는 이론적 정규 분포를 계산하고 플롯을 추가한다.

```
plot(temperature, y, type="S")
m <- mean(temperature)
s <- sd(temperature)
yn <- pnorm(temperature, mean = m, sd = s)
lines(temperature, yn, col=2)
```

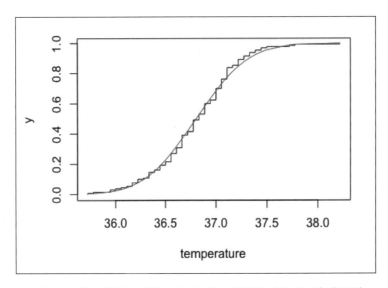

그림 8.17 체온 데이터의 실증적 누적 분포 함수선(검은색 선)과 이론선(붉은색 선)

이 그림도 나쁘지는 않지만, 붉은색 선에 신뢰구간 밴드를 어떻게 넣을 것인지 생각해보자.

수학적으로 풀 수도 있고, 대안으로는 신뢰대역confidence bands을 시뮬레이션할 수도 있다.

우리는 게으르기 때문에, 시뮬레이션을 선호한다. 그러나 이 작업을 어떻게 할 것인가? 기법은 항상 동일하다. 실증 샘플 데이터에서 추정된 모수를 사용해 귀무가설에 따라 무작위 샘플을 추출한다. 이 경우 체온 데이터에서 나온 평균 및 표준편차를 갖는 정규 분포에서 추출했으며, 누적 분포 함수가 변동하는지를 확인한다. 추출하는 방식은 다음과 같다 (원래 체온 데이터의 형태대로 시뮬레이션된 데이터를 소수점 한 자리로 반올림한다).

```
z <- round(sort(rnorm(n, mean = m, sd = s)), 1)
```

이를 반복하면 플롯에서 다음과 같은 선을 그릴 수 있다.

```
set.seed(123)
plot(temperature, y, type="S")
for(k in 1:100){
    z <- rnorm(n, mean=m, sd=s)
    lines(sort(z), y, type="S", col="green")
}
```

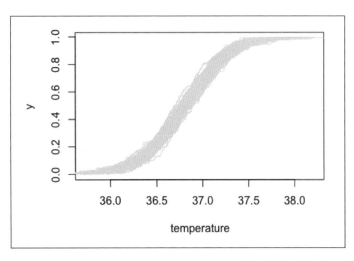

그림 8.18 체온 데이터의 평균과 표준편차를 가진 정규 분포에서 나온 실증적 누적 분포 함수

오리지널 데이터의 누적 분포 함수는 이제 사라졌다. 그림 8.18에서는 체온 데이터의 실증 누적 분포 함수를 보여주는 검은색 계단 형태의 선은 더 이상 보이지 않는다. 따라서 정규성 가설은 난센스가 아니다.

정규 분포로 실시한 1000번의 시뮬레이션 결과를 저장하자.

```
Z <- NULL
for(k in 1:1000){
    z = rnorm(n, mean = m, sd = s)
    Z = cbind(Z, sort(z))
}
dim(Z)
## [1] 130 1000
```

z의 각 열에는 평균이 m이고 표준편차가 s인 정규 분포에서 나온 크기가 130인 샘플이 생성된다. 또 다른 방향에서 보면, z의 각 행에는 평균이 m이고 표준편차가 s인 정규 분포에서 n/130 간격에 맞게 1000개의 추정값이 생성되어 있다.

다음을 확인해보자.

```
## 오리지널 기온 데이터의 평균
m
## [1] 36.80513
## 시뮬레이션된 평균
(mean(Z[65, ]) + mean(Z[66, ])) / 2
## [1] 36.80581
## 시뮬레이션된 중간값
(median(Z[65, ]) + median(Z[66, ])) / 2
## [1] 36.80621
```

다음 플롯은 정규 분포에서 랜덤 추출에 기반한 정규 분포의 추정치를 보여준다. 유의수준 0.05의 신뢰구간 하한선과 상한선을 추가한다. 그 결과는 그림 8.19를 참조하자.

```
plot(temperature, y, type="S")
middle <- apply(Z, 1, median)
lines(middle, y, col = "blue", lwd = 2, type = "S")
## 하한선 및 상한선
lower <- apply(Z, 1, quantile, prob = 0.025)
upper <- apply(Z, 1, quantile, prob = 0.975)
lines(lower, y, col = 2, lwd = 2, type = "S")
lines(upper, y, col = 2, lwd = 2, type = "S")
```

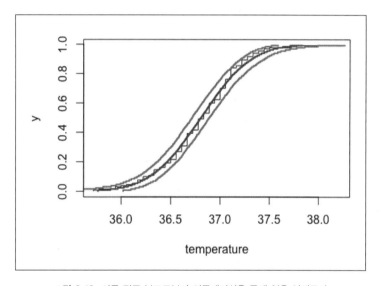

그림 8.19 이론 정규 분포로부터 시뮬레이션을 통해 얻은 신뢰구간

누적 분포 함수(검은색 계단 형태의 선)로 표시되는 실제 데이터는 거의 모두 신뢰구간 밴드 안에 있다. 시각적 분석 결과에 따라 정규성 가정이 기각되지 않음을 보여준다.

아마도 분포에 대해 가장 널리 사용되는 수치적 테스트는 콜모고로프–스미르노프 Kolmogorov-Smirnov 테스트일 것이다. 해당 테스트 통계량은 이론적 분포로부터 벗어난 관측된 실증 누적 분포 함수ECDF, empirical cumulative distribution function의 최대 편차에 기반한다.

그림 8.20의 그래픽 하단에서 보고되는 각 체온의 편차를 살펴보자. 큰 원으로 최대 편차
를 표시한다.

```
par(mfrow = c(2,1), mar = rep(1,4))
plot(temperature, y, type="S")
lines(temperature, yn, col=2)
lines(lower, y, col=2, lwd=2, type="S")
lines(upper, y, col=2, lwd=2, type="S")
plot(temperature, y - yn, type="h")
abline(h = 0)
## 최대 편차
D <- max(abs(y - yn))
w <- which.max(abs(y - yn))
points(temperature[w], y[w] - yn[w], col=2, pch=16, cex=3)
```

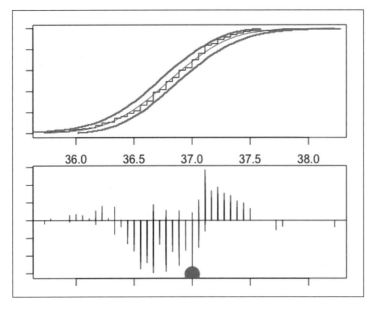

그림 8.20 위 그림: 실증 데이터의 ECDF(계단 형태의 검은색 선), 이론적 ECDF(중간 선), 그리고 시뮬레이션된
신뢰구간. 아래 그림: 실증 데이터의 ECDF와 이론적 ECDF 간의 차이

정규 분포의 누적 분포 함수가 관측된 편차를 포함할 가능성은 어느 정도인가?

이미 앞에서 1000개의 샘플을 시뮬레이션했다. 체온 데이터에 했던 동일한 방법을 적용해 각 샘플의 최대 편차를 구하고 자세히 살펴본다.

```
## 이론적 분포
Z1 <- pnorm(Z, mean = m, sd = s)
## y는 재사용된다.
## 각 열별 최댓값을 추출한다.
D1 <- apply(abs(y - Z1), 2, max)
```

시뮬레이션 결과인 D1의 분포와 오리지널 데이터에서 나온 최대 편차 D를 비교해보면, 최대 편차 D 값이 그다지 이상하지 않다는 것을 확인할 수 있다.

```
summary(D1)
##    Min. 1st Qu.  Median    Mean 3rd Qu.    Max.
## 0.02514 0.05457 0.06777 0.07163 0.08401 0.19120
D
## [1] 0.0607473
```

시뮬레이션으로 구한 최대 편차(D1)가 오리지널 데이터에서 나온 최대 편차(D)보다 큰 경우가 얼마나 되는지 물어볼 수도 있고, 더 좋게는 그 비율을 물어볼 수 있다. 그 비율이 바로 p-value이다.

```
mean(D1>D)
## [1] 0.638
```

여기서 콜모고로프–스미르노프 테스트 결과를 살펴보자.

```
ks.test(temperature, "pnorm", mean = m, sd = s)
##
## 단일 샘플 콜모고로프-스미르노프 테스트
```

```
##
## data:  temperature
## D = 0.064727, p-value = 0.6474
## alternative hypothesis: two-sided
```

시뮬레이션 횟수를 늘려서 정규 분포로부터 추출할 수 있는 샘플의 수를 높이고 결과적으로 z의 열 개수가 많아지면, mean(D1 > D)는 콜모고로프-스미르노프 테스트의 p 값과 같아진다. 따라서 샘플이 정규 분포에서 추출됐다는 귀무가설이 기각될 수 없으며, 정규 분포에서 추출됐음을 합리적으로 가정한다.

몬테카를로 테스트의 특별한 종류인 순열 테스트

두 그룹을 각각의 산술평균으로 비교해서 평균의 차이가 있는지 분석하기도 한다. 이 경우, 크기가 각각 n_1과 n_2인 **x**와 **y** 벡터에서 귀무가설은 H_0: $\mu_x = \mu_y$가 된다. 고전적 t 테스트의 가정은 2개의 다른 모집단에서 나왔으며, 정규 분포를 띠고 동일한 분산을 갖는다는 것이다. 샘플 $x_1, ..., x_{n_1}$과 $y_1, ..., y_{n_2}$는 서로 독립적이며 샘플 평균과 샘플 분산 $\bar{x}, \bar{y}, s_x^2, s_y^2$가 주어질 경우, 다음 테스트 통계량은 $n_1 + n_2 - 2$ 자유도를 갖는 t 분포를 따르게 된다.

$$T = \sqrt{\frac{n_1 n_2 (n_1 + n_2 - 2)}{n_1 + n_2}} \cdot \frac{\bar{x} - \bar{y}}{\sqrt{(n_1 - 1)s_x^2 + (n_2 - 1)s_y^2}}$$

$\mu_x = \mu_y$ 평균이 동일한지 여부를 테스트하는 경우, 단측검증에 적용되는 임계 영역은 $T > t_{n_1+n_2-2;1-\alpha}$로 결정되며, 양측검증의 경우 α는 $\alpha/2$로 반드시 대체해야 한다.

다음 예에서는 1950년 노동자와 사무원에 해당하는 미국인 45명의 산술평균을 비교한다.

```
data(Duncan, package = "car")
x <- subset(Duncan, type %in% c("bc", "wc"), select = c("income",
"type"))
x$type <- factor(x$type)
```

```
## 변수 income 및 type의 처음 4개 관측치
head(x, 4)
##              income type
## reporter        67   wc
## conductor       76   wc
## bookkeeper      29   wc
## mail.carrier    48   wc
```

노동자인 블루컬러 직업과 사무원인 화이트컬러 직업 간의 소득 차이가 없다는 귀무가설을 테스트하기 위해 적용하는 고전적 t 테스트는 다음과 같다.

```
t.test(income ~ type, data=x)
##
##   Welch 두 샘플 t 테스트
##
## data:  income by type
## t = -3.045, df = 7.6945, p-value = 0.01669
## 대안가설: 평균의 차이는 0과 같지 않다.
## 95% 수준의 신뢰구간:
##  -47.42134  -6.38818
## 샘플 추정값:
## mean in group bc mean in group wc
##         23.76190         50.66667
```

p 값은 0.01669로 확인된다. 따라서 귀무가설은 유의수준 0.05에서는 기각되지만, 유의수준 0.01에서는 기각되지 않는다.

2개의 독립적인 샘플에 대한 고전적 t 테스트는 모집단이 정규 분포하고 분산은 동일하며, 산술평균을 강건 추정량으로 대체할 때 테스트 통계량을 모른다는 것을 엄격하게 가정하고 있다.

산술평균 테스트를 다른 추정치로 변형하는 데 발생하는 모든 가정과 약점은 몬테카를로 테스트에서는 나타나지 않는다.

몬테카를로 테스트의 기본적인 아이디어는 귀무가설을 모방하는 것인데, 귀무가설에서 나온 값을 시뮬레이션해서 오리지널 데이터와 시뮬레이션된 데이터에서 나온 동일한 테스트 통계량을 비교한다.

앞에서 보여준 t 테스트에서 얻은 p 값은 몬테카를로 순열^{permutation} 테스트로 계산할 수 있다.

1. 화이트컬러와 블루컬러인 2개의 클래스를 갖는 오리지널 샘플에서 두 그룹 평균의 절대 차이를 추정하고, 그 차이를 $\hat{\theta}$으로 표시한다.
2. 그룹 또는 클래스 순열 처리해서 귀무가설에서 나온 값들을 시뮬레이션한다. 무작위 그룹은 동등한 평균을 갖는 귀무가설을 모방한다. 무작위 그룹화하는 구조를 이용해 평균 간 절대 차이를 계산한다. 그 차이 결과를 $\hat{\theta}_1^*$로 표시하고, 적어도 다음만큼 반복한다.

$$R = 1000번 \rightarrow \hat{\theta}_r^*, (r = 1, ..., R)$$

3. p 값은 $\#\{\hat{\theta}_r^* \geq \hat{\theta}\}/R$로 계산된다.

그룹화된 구조를 순열로 배치하도록 함수 sample을 사용해 복원 없는 추출을 한다.

```
## 순열 그룹화 구조로 구한 처음 6행의 관찰값
head(cbind(x, "p1" = sample(x$type),
           "p2" = sample(x$type),
           "p3" = sample(x$type)))
##                  income type p1 p2 p3
## reporter             67   wc wc bc bc
## conductor            76   wc bc bc wc
## bookkeeper           29   wc bc wc wc
## mail.carrier         48   wc bc bc bc
## insurance.agent      55   wc bc wc bc
## store.clerk          29   wc bc bc wc
```

그룹은 n_1과 n_2개의 관측값을 갖지만, 그들의 관측값은 그룹 소속에 따라 무작위로 추출된다. 이는 그룹 간에 동일한 평균을 갖는다는 귀무가설을 모방한 것이다.

이제 순열 테스트$^{permutation\ test}$를 코딩한다. 표준화된 출력 결과를 얻기 위해 클래스 htest를 사용한다.

```r
## 테스트 통곗값 정의
teststat <- function(vals, group, lev){
  g <- sample(group)
  abs(mean(vals[g == lev[1]]) - mean(vals[g == lev[2]]))
}
## 순열 테스트
permtest <- function(x, g, R = 1000, conf.level = 0.95){
    ## 그룹 벡터의 레벨
    lg <- levels(g)
    ## 오리지널 그룹 통곗값
    mdiff <- abs(mean(x[g==lg[1]]) - mean(x[g==lg[2]]))
    ## 순서가 있는 그룹 데이터의 통곗값
    z <- replicate(R, teststat(x, g, lg))
    ## 보기 좋게 결괏값 출력
    DATA <- paste(deparse(substitute(x)),
                  "by",
                  deparse(substitute(g)))
    alpha <- 1 - conf.level
    conf.int <- quantile(z, prob = c(alpha/2, (1 - alpha)/2))
    attr(conf.int, "conf.level") <- conf.level
    res <- list(statistic=c(mdiff = mdiff),
                p.value = mean(abs(z) > abs(mdiff)),
                parameter = c(nrep = R),
                conf.int = conf.int,
                data.name = DATA,
                method = "Permutation test for difference in means")
    class(res) <- "htest"
```

```
    res
}
```

이제 소득^{income} 및 유형^{type}의 Duncan 데이터에 순열 테스트를 적용할 수 있다.

```
permtest(x$income, x$type, R = 10000)
##
##   평균 차이 순열 검증
##
## data:  x$income by x$type
## mdiff = 26.905, nrep = 10000, p-value = 0.0039
## 95% 수준의 신뢰구간:
##   0.3095238 6.5238095
```

이번 순열 테스트는 0.05 유의수준과 0.01 수준 모두에서 귀무가설을 기각한다. 순열 테스트를 변수의 그룹과 클래스가 중요한 역할을 하는 문제에도 적용할 수 있다.

복수의 그룹에 대한 몬테카를로 테스트

2개 이상의 그룹을 비교해야 하는 경우 분산분석^{ANOVA}이 일반적으로 선택되지만 대응표본^{pairwise} t 테스트로도 수행할 수 있다.

```
data(Duncan, package = "car")
pairwise.t.test(Duncan$income, Duncan$type)
##
##   전체 표준편차를 갖는 t 테스트를 이용한 대응표본 비교
##
## data:  Duncan$income and Duncan$type
##
##         bc       prof
## prof 2.9e-07  -
## wc   0.0039   0.2634
```


p 값 조절 방법

p 값 조정^{adjustment}은 무엇을 의미하는가? 귀무가설이 참임에도 불구하고 k번의 모든 테스트의 귀무가설을 기각할 확률은 모든 유의수준(판단의 오류를 범할 최댓값)을 이용한 $(1 - \alpha)^k$의 형태로 계산된다. 만약 유의수준 $\alpha = 0.05$이고 테스트 횟수 k = 100이라고 하면, 참인 귀무가설을 기각할 가능성이 $(1 - 0.05)^{100} = 0.994$로 높아져서 제1종 오류 가능성이 높아진다. 가령 정규 분포로 추출된 데이터로 100개의 임의 그룹을 선택하고 정규성 테스트를 시행했다면, 모든 테스트에서 0.05의 확률로 기각할 것이므로 오류 가능성이 높아지는 것은 사실이다. 따라서 유의성 테스트에서 발생하는 문제점은 귀무가설이 사실이라도 다중 비교가 통계적으로 의심스러운 유의미한 차이를 만들어낼 수 있는 경향이다. 따라서 다중 비교에서 나온 p 값은 반드시 조정해야 한다.

본페로니^{Bonferroni} 보정은 모든 p 값에 테스트의 수를 곱하며, 홈^{Holm} 보정은 가장 작은 p 값에 n을 곱하고, 그다음 작은 값에 n − 1을 곱하는 방식이다.

pairwise.t.test를 통해 쌍으로 이뤄진 그룹 간 차이를 살펴봤다. 이 시점에 물어볼 수 있는 또 다른 질문은 모든 그룹의 평균값이 동일하냐는 것이다.

```
mean(Duncan$income)
## [1] 41.86667
library("dplyr")
Duncan %>% group_by(type) %>% summarize(mean = mean(income))
## Source: local data frame [3 x 2]
##
##     type      mean
##   (fctr)      (dbl)
## 1     bc 23.76190
## 2   prof 60.05556
## 3     wc 50.66667
```

사용할 테스트 통계량은 다음과 같이 계산되는 모든 테스트 통계량의 최대 절대치다.

```
tstat <- function(x, mu=0){
    (mean(x)-mu) / (sd(x) / sqrt(length(x)))
}
stats <- tapply(Duncan$income, Duncan$type, tstat,
mu=mean(Duncan$income))
stat <- max(abs(stats))
stat
## [1] 4.725815
```

수학적 방식으로 테스트 통계량을 찾는 대신, 쉬운 몬테카를로 방식을 활용하려고 한다. 몬테카를로 테스트에서 귀무가설을 지켜가면서 테스트 통계량 값을 얻는 것은 중요하다. 귀무가설로부터 나온 난수를 시뮬레이션할 수 있고 테스트 통계량 분포에 대해 안다면, 해당 분포로부터 나온 수들을 시뮬레이션하면 된다. 이번 경우 우리는 z 테스트의 테스트 통계량 분포가 t 분포한다는 것을 알고 있다.

```
maxt.test <- function(x, g, R = 10000, conf.level = 0.05){
    m <- mean(x)
    stat <- tapply(x, g, tstat, mu = m)
    stat <- max(abs(stat))
    gsize = table(g)
    z <- NULL
    for(k in 1:length(gsize)){
        ## t 분포로부터:
        z <- cbind(z, rt(n=length(gsize), df=gsize[k]-1))
    }
    ## z는 length(gaize) 요소로 구성된 리스트가 됨
    ## 각 요소에 대해 최대 절댓값(maximum absolute value)이 필요함
    z <- abs(z)
    z <- z[cbind(1:length(gsize),max.col(z))]
    ## 보기 좋게 결괏값 출력
```

```
    DATA <- paste(deparse(substitute(x)),
                  "by",
                  deparse(substitute(g)))
    alpha <- 1 - conf.level
    conf.int <- quantile(z, prob = c(alpha/2, (1 - alpha)/2))
    attr(conf.int, "conf.level") <- conf.level
    res <- list(statistic=c(stat = stat),
                  p.value = mean(z > stat),
                  parameter = c(nrep = R),
                  conf.int = conf.int,
                  data.name = DATA,
                  method = "Maximum t-test")
    class(res) <- "htest"
    res
}
```

이제 세 유형의 그룹이 있는 Duncan 데이터에 이번 테스트를 적용해보자.

```
maxt.test(Duncan$income, Duncan$type)
##
##   최대 t 테스트(maximum t-test)
##
## data:  Duncan$income by Duncan$type
## stat = 4.7258, nrep = 10000, p-value = 0.007692
## 5% 수준의 신뢰구간:
##   1.271122 0.436830
```

결과적으로 귀무가설을 기각할 수 있는 것으로 확인된다.

또 다른 방법으로 순열 테스트를 실시할 수 있다.

```
maxp.test <- function(x, g, R = 10000, conf.level = 0.05){
    m <- mean(x)
```

```
    stat <- tapply(x, g, tstat, mu=m)
    stat <- max(abs(stat))
    z <- table(g)
    for(k in 1:length(z)){
        g1 <- sample(g)
        z[k] <- max(abs(tapply(x, g1, tstat, mu = m)))
    }


    retval <- list(tstat=stat, pval=mean(z>stat),
                    name="Permutation maximum t-test")
    class(retval) <- "ttest"
    retval
    ## 보기 좋게 결괏값 출력
    DATA <- paste(deparse(substitute(x)),
                    "by",
                    deparse(substitute(g)))
    alpha <- 1 - conf.level
    conf.int <- quantile(z, prob = c(alpha/2, (1 - alpha)/2))
    attr(conf.int, "conf.level") <- conf.level
    res <- list(statistic=c(stat = stat),
                    p.value = mean(z > stat),
                    parameter = c(nrep = R),
                    conf.int = conf.int,
                    data.name = DATA,
                    method = "Permutation maximum test")
    class(res) <- "htest"
    res
}
```

다시 Duncan 데이터를 이번 순열 테스트에 적용한다.

```
maxp.test(Duncan$income, Duncan$type)
##
```

```
##  순열 최대 테스트치
##
## data:  Duncan$income by Duncan$type
## stat = 4.7258, nrep = 10000, p-value < 2.2e-16
## 5% 수준의 신뢰구간:
##  0.9895857 0.2037640
```

t 테스트에서 나온 p 값보다 순열 테스트에서의 p 값이 약간 더 작다.

부트스트랩을 사용한 가설 테스트

보통 몬테카를로 테스트의 변형으로서 부트스트랩을 사용할 수 있다.

모집단의 평균이 동일한지 여부를 밝히는 2개의 샘플에 가설 테스트를 계속하기로 한다. 부트스트랩 두 샘플 테스트는 순열 테스트와 매우 유사하게 작동한다. 기본적인 차이는 복원 가능한 방식으로 샘플을 추출한다는 것이다.

1. 복원되는 $n_1 + n_2 = n$ 크기의 부트스트랩 샘플링을 R번 반복한다. 첫 번째 n_1개의 관측치는 샘플 그룹 1에 포함되고 $\mathbf{x}^*$라 표시하며, 나머지 n_2개의 관측치는 두 번째 샘플 그룹 $\mathbf{y}^*$에 속하게 된다.
2. 각 부트스트랩 샘플로 $r = 1, ..., B$인 $\hat{\theta}_r^* = f(\mathbf{x}_r^*) - f(\mathbf{y}_r^*)$를 추정한다.
3. p 값은 $\#\{\hat{\theta}_r^* \geq \hat{\theta}\}/R$로 구하고, 여기서 $\hat{\theta}$은 오리지널 샘플에서 나온 추정량이다.

이제 R 코드를 살펴보자. 간단 방식으로 실행하기 때문에 이번에는 클래스 htest의 출력 결과를 제공하지 않는다.

```
boottest <- function(x, g, n=10000){
    lg <- levels(g)
    n1 <- length(x[g == lg[1]])
    N <- length(x)
    mdiff <- abs(mean(x[g == lg[1]]) - mean(x[g == lg[2]]))
```

```
    z <- double(n)
    for(k in 1:n){
        x1 <- sample(x, replace=TRUE)
        z[k] <- abs(mean(x1[1:n1]) - mean(x1[(n1+1):N]))
    }
    mean( z > mdiff )
}
```

부트스트랩 테스트 결과는 p 값이 0임을 제시하는데, 그룹 구조로 샘플링된 어떠한 테스트 통곗값도 오리지널 데이터로부터 얻은 테스트 통곗값보다 더 큰 값을 제공하지 못함을 의미한다.

```
Duncan$type <- factor(Duncan$type)
boottest(Duncan$income, Duncan$type)
## [1] 0
```

다변량 정규성 테스트

마지막으로, 테스트 통계량이 알려지지 않은 경우에 사용되는 고급 테스트를 소개할 텐데, 바로 다변량 정규 분포 테스트인 **앤더슨-달링**AD, Anderson-Darling 테스트다. 대부분의 다변량 통계 방법은 데이터의 정규성을 가정하기 때문에 다변량 정규성 테스트는 중요하다. 따라서 AD 테스트는 해당 가정이 유효한지 확인할 것이다.

일반적으로 테스트에서 중요한 것은 테스트의 크기와 검증력이다. AD 테스트 경우에 유의수준 0.05가 선택되고 샘플이 다변량 정규 분포에서 임의로 추출될 때마다 테스트 크기는 0.05가 되어야 한다. 즉, 반복 추출할 경우에 기각 평균은 유의수준과 동등해진다. 검증력은 여러 테스트를 비교하는 데 사용되며, 테스트의 크기가 맞다면 검증력이 가장 높은 테스트가 최고의 방법이 된다.

많은 다변량 정규성 테스트는 마할라노비스 거리Mahalanobis distance를 기반으로 한다.

$\mathbf{X}$는 p개의 변수, n개의 관측값 그리고 샘플 분산 Σ를 갖는 샘플이라면, $d_i^2 = (\mathbf{X} - \bar{\mathbf{X}})'\Sigma^{-1}(\mathbf{X} - \bar{\mathbf{X}})$로 추정되는 마할라노비스 거리는 대략적으로 p개의 자유도를 갖는 카이스퀘어 (χ^2) 분포와 근사해진다.

단변량 앤더슨–달링 테스트의 테스트 통계량(Anderson & Darling, 1952)은 $A = -N - \bar{S}$로 정의된다. 여기서 $S = \sum_{i=1}^{n}\frac{2i-1}{n}\big(\ln F(x_{i(1:n)}) + \ln(1 - F(x_{i(1:n)}))\big)$이 되고, F는 정규 분포의 누적 분포 함수를 의미하며, $x_{i(1:n)}$은 오름차순으로, $x_{i(n:1)}$은 내림차순으로 정렬되어 있는 벡터다.

단측검증이며 정규 분포를 띠는 모집단에서 샘플이 추출됐다는 귀무가설은 테스트 통계량 A가 임곗값보다 크면 기각된다. p, n 그리고 유의수준 등이 고려된 임곗값은 도표화되어 있으며 스티븐슨의 연구(Stephens, 1974)를 참조하면 좋다.

다변량 테스트의 경우, 바로 앞 공식에서 나온 정규 분포의 누적 분포 함수 F를 χ^2 분포의 누적 분포 함수로 대체하고 i = 1, ..., n인 $x_{i(1:n)}$은 마할라노비스 거리의 χ^2 분포에 대한 분위수가 된다.

일반적으로 AD 테스트 통계량에 샘플 크기 n에 따라 달라지는 상수를 곱한다.

이제 p 값을 구하기 위해 몬테카를로를 실행한다. 귀무가설인 다변량 정규성을 모방하도록 오리지널 데이터의 평균과 공분산을 가지면서 크기 n × p 행렬 데이터를 반복적으로 임의 샘플링한다. 시뮬레이션된 데이터로부터 나온 테스트 통계량과 오리지널 데이터의 테스트 통계량 비율이 결과적으로 p 값 역할을 하며, 더 많은 시뮬레이션을 할수록 좀 더 안정적인 결과를 얻을 수 있다.

몬테카를로 방법으로 다음과 같이 AD 테스트를 코딩한다.

```
mvad.test <- function(x, R=1000){
    n <- nrow(x)
    ## 테스트 통계량
  stat <- function(x, N = n){
    cmean <- colMeans(x)
```

```
    cvar <- var(x)
  u <- mahalanobis(x, center = cmean, cov = cvar)
  z <- pchisq(u, ncol(x))
  p <- sort(z)
  h <- (2 * seq(1:N) - 1) * (log(p) + log(1 - rev(p)))
  A <- -N - mean(h)
      return(A)
  }
## 오리지널 샘플 통곗값
A <- stat(x)
  cmean <- colMeans(x)
cvar <- var(x)
p <- numeric(R)
## mvn 추출 통곗값
p <- replicate(R, stat(mvrnorm(n, cmean, cvar)))
pvalue <- mean(p > A)
  RVAL <- list(statistic = c(A = A),
               method = "A-D radius test",
                    p.value = pvalue)
  class(RVAL) <- "htest"
  RVAL
}
```

몬테카를로 테스트 크기의 적합성

좋은 성능을 가진 난수 생성기가 선택되고 데이터는 다변량 정규 분포에서 추출됐다면, 분포의 정규성이라는 귀무가설 기각률은 선택된 유의수준과 동일해진다.

이 내용을 쉽게 확인할 수 있다.

0의 공변량을 갖는 다변량 정규 분포 데이터를 시뮬레이션하고 이를 1,000회 반복한다. 즉, 몬테카를로 테스트가 1,000번 적용됐다. 유의수준은 $\alpha = 0.05$에 맞췄으며, 그런 다음 p 값이 0.05보다 적었던 횟수가 얼마나 되는지 확인한다. 테스트의 크기가 적합하다면 결과는 0.05 정도로 나온다.

```
library("MASS")
set.seed(123)
r <- replicate(1000, mvad.test(mvrnorm(100, mu=rep(0,3),
            Sigma=diag(3)))$p.value)
size <- mean(r < 0.05)
size
## [1] 0.05
```

검증력 비교

테스트 크기를 다른 값, 유의수준, 그리고 데이터 세트의 차원에 맞추는 방식으로 준비하면, 다른 여러 테스트와도 비교할 수 있다. 테스트 크기를 확인하는 목표는 다변량 정규성이라는 귀무가설에서 나온 데이터를 반복적으로 샘플링하기 위함이었다. 이제 다뤄야 하는 검증력 비교의 목표는 대체가설에서 나온 데이터를 반복적으로 시뮬레이션하는 것이다. 만약 대체가설에서 나온 데이터라면, 당연히 기각률은 높게 나올 것이다.

몬테카를로 AD 테스트와 왜도 테스트skewness test를 비교한다(Kankainen, Taskinen, & Oja, 2007).

실험을 위해 데이터는 다변량 t 분포에서 가져온다.

```
library("mvtnorm")
library("ICS")
## 몬테카를로 AD 테스트를 100번 반복
r <- replicate(100, mvad.test(rmvt(30, diag(3), df = 5), R=100)$p.value)
mean(r < 0.05)
## [1] 0.51
## 왜도 테스트를 1000번 반복
```

```
r2 <- replicate(1000, mvnorm.skew.test(rmvt(30, diag(3), df = 5))$p.
value)
mean(r2  < 0.05)
## [1] 0.368
```

몬테카를로 AD 테스트는 잘 알려져 있는 왜도 테스트만큼 검증력이 높은 것으로 보인다. 하지만 이번 경우 분포 모양을 평가하는 첨도 테스트가 분포의 균형성을 평가하는 왜도 테스트보다 더 성공적일 수 있음을 일러두고 싶다.[2]

▍요약

8장에서 부트스트랩은 거의 모든 복잡한 문제에 적용될 수 있고, 동시에 각각의 복잡한 문제에 맞게 부트스트랩을 반드시 조정해야 한다는 점을 이해했다. 회귀 분석의 경우 전체 데이터 매트릭스를 사용하는 대신 잔차로부터 샘플링해서 실행할 수 있다. 시계열 분석의 경우 부트스트랩의 수정은 시계열을 블록으로 나누고 블록 내에서 리샘플링을 수행하면 된다.

누락값을 갖는 데이터의 경우 불확실성과 적절한 분산을 추정할 수 있음을 배웠다. 이 방법은 회사나 조직에서 다수의 누락값을 대체할 수 없을 때 큰 장점이 된다.

부트스트랩은 복잡한 설문조사 디자인으로 추출된 샘플에도 적용된다. 여기서 통계량의 변동을 적절히 추정하기 위해 보정된 부트스트랩을 정의해서 사용했다.

몬테카를로 테스트는 가설 검증을 위한 일반적인 도구로 사용되며, 데이터 과학자들은 어떠한 통계 테스트에도 이를 사용할 수 있다. 고전적 테스트 방법과는 달리 귀무가설의 통계량 분포에 이론적 지식을 적용하지는 않았다. 대신 귀무가설의 분포를 모방해서 시뮬레

---

2 원서에서는 몬테카를로 AD 테스트를 100번 반복하고 왜도 테스트에 대해서는 1,000번 반복했다. 정확한 비교를 위해서는 두 테스트 모두 1,000번을 반복해야 하지만, 몬테카를로 AD 테스트를 1,000번 반복할 경우 긴 컴퓨터 연산 시간을 요구하는 데 비해 100번 이후의 시뮬레이션 반복이 큰 차이를 발생시키지 않기 때문인 것으로 보인다. - 옮긴이

이션했다. 몬테카를로 테스트는 특별한 가정을 세우지 않고도 검증량의 분포를 찾아낸다. 따라서 샘플 크기가 적고 비정규성을 띠는 데이터와 같이 중심극한정리가 위반되는 경우 고전적 테스트보다 더 신뢰할 수 있는 결과를 제공한다. 물론 여기에도 긴 연산 기간이라는 단점은 있다. 그러나 데스크톱 또는 노트북의 현재 연산 능력을 고려할 때 더 이상 문제가 되지는 않는다.

▎ 참고문헌

- Alfons, A., and M. Templ. 2013. "Estimation of Social Exclusion Indicators from Complex Surveys: The R Package laeken." *Journal of Statistical Software* 54 (15): 1–25. http://www.jstatsoft.org/v54/i15/.

- Anderson, T.W., and D.A. Darling. 1952. "Asymptotic Theory of Certain Goodness-of-Fit Criteria Based on Stochastic Processes." *Annals of Mathematical Statistics* 23: 193–212.

- Deville, J.-C., and C.-E. Särndal. 1992. "Calibration Estimators in Survey Sampling." *Journal of the American Statistical Association* 87 (418): 376–82.

- Deville, J.-C., C.-E. Särndal, and O. Sautory. 1993. "Generalized Raking Procedures in Survey Sampling." *Journal of the American Statistical Association* 88 (423): 1013–20.

- Hyndman, R., and Y. Khandakar. 2008. "Automatic Time Series Forecasting: The Forecast Package for R." *Journal of Statistical Software* 27 (1).

- Kankainen, A., S. Taskinen, and H. Oja. 2007. "Tests of Multinormality Based on Location Vectors and Scatter Matrices." *Statistical Methods and Applications* 16 (3): 357–79.

- Little, R.J.A., and D.B. Rubin. 2002. *Statistical Analysis with Missing Data*. 2nd ed. New York: John Wiley & Sons.

- Maronna, R., D. Martin, and V. Yohai. 2006. *Robust Statistics*. Chichester: John Wiley & Sons.

- Rao, J.N.K., and C.F.J. Wu. 1988. "Resampling Inference with Complex Survey Data." *Journal of the American Statistical Association* 83: 231–41.

- Rousseeuw, P.J., and A.M. Leroy. 1987. *Robust Regression and Outlier Detection*. Wiley; Sons, New York.

- Rubin, D.B. 1987. *Multiple Imputation for Nonresponse in Surveys*. J. Wiley & Sons, New York.

- Stephens, M.A. 1974. "EDF Statistics for Goodness-of-Fit and Some Comparisons." *Journal of the American Statistical Association* 69: 730–37.

- Templ, M., A. Alfons, and P. Filzmoser. 2011. "Exploring Incomplete Data Using Visualization Techniques." *Advances in Data Analysis and Classification* 6 (1): 29–47.

09

EM 알고리즘

기댓값 최대화EM, Expectation Maximization 알고리즘(Dempster, Laird, & Rubin, 1977)은 알고리즘 이라기보다는 누락값을 갖는 데이터의 최대 우도 추정치를 구하는 계산 알고리즘의 절차 다. EM 알고리즘은 해를 구하는 공식이 알려져 있지 않은 문제에 주로 사용된다. 즉, 해 에 가까이 다가갈 수 있는 방법으로 반복이 유일한 솔루션이 되는 최적화 문제의 특별한 종류라고 말할 수 있다.

EM 알고리즘은 특히 머신 러닝과 컴퓨터 시각화로 처리되는 데이터 클러스터링, 자연어 처리natural language processing, 계량심리학, 포트폴리오의 가격과 위험, 의료 영상 재구성에서 효과적으로 사용되며, 누락값을 대체하는 데 사용되는 일반적 절차다.

EM 알고리즘이 정확한 해결책이 없는 상황에서 많은 문제를 해결할 수 있는 도구를 제공 하기 때문에 데이터 과학자들이 이 기능을 알아두면 많은 도움을 받을 수 있다.

▌ 기본 EM 알고리즘

EM 알고리즘의 공식적인 정의를 소개하기 전에 우도likelihood와 최대 우도maximum likelihood에 관한 몇 가지 기본 조건을 논의해보자. 우도와 최대 우도의 이해는 EM 알고리즘 정의를 이해하기 위해 반드시 필요하다. 학습을 위해 필요한 기본적인 전제 조건들을 다룬 후, 누락값 대체의 문제점에 따라서 EM 알고리즘의 공식적인 정의를 제공할 것이다(Dempster, Laird, & Rubin, 1977). 복잡한 공식적 정의는 간단한 예제를 통해 쉽게 이해할 수 있다.

전제 조건

EM 알고리즘으로 시작하기 전에 우도와 최대 우도의 기본 사항을 되새겨볼 필요가 있다.

동전 던지기를 해보자. 두 가지의 가능한 결과인 이벤트 A('머리')와 A′('꼬리')를 갖는다면, 여러분이 관심을 두게 되는 모수는 $\theta = P(A = '머리')$로 동전의 앞면이 나올 확률이다. 반대로 뒷면이 나올 확률은 $1 - \theta$가 된다.

동전을 10번 던졌고 그 결과는 머리, 꼬리, 머리, 꼬리, 머리, 머리, 머리, 머리, 머리, 꼬리였다고 가정해보자. 자연스러운 접근 방식은 동전 양면 각각의 빈도수를 보고, 성공 횟수를 시행 횟수로 나눈 값을 계산하는 것이다.

$$\theta = \frac{7}{3+7} = 0.7$$

이러한 관측값의 가능성인 우도는 θ에 달려 있다. 우도는 관심 있는 모수의 곱으로 계산된다.

$$L(\theta) = \theta(1 - \theta)\theta(1 - \theta)\theta\theta\theta\theta\theta\theta(1 - \theta)$$

최대 우도는 다음과 같이 표시한다.

$$\mathrm{argmax}_\theta L(\theta) = \mathrm{argmax}_\theta \theta^7 (1 - \theta)^3$$

그러나 최대치를 어떻게 찾는가? 관심을 갖는 모수에 대해 미분을 취하고 도함수를 0에 맞춤으로써 최대치를 구한다.

$$\frac{\delta}{\delta\theta} = 7\theta^6(1-\theta)^3 - 3\theta^7(1-\theta)^2 = ...$$

흠, 우리는 위의 공식을 취하긴 했는데, 게으른 사람들에게 너무 많은 계산이 요구된다. 우도를 최대화하거나 우도의 로그식을 최대화함으로써 같은 결과가 나온다는 사실을 알고 있으며, 보통은 로그식을 사용할 때 해결책이 더 쉽기 때문에, l(θ)로 표시되는 로그우도log-likelihood를 최대화하고자 한다.

$$\text{argmax}_\theta l(\theta) = \text{argmax}_\theta \log(\theta^7(1-theta)^3)$$

다시 미분을 취하고 최댓값을 얻기 위해 도함수를 다음과 같이 취한다.

$$\frac{\delta}{\delta\theta} = 7\log\theta + 3\log(1-\theta)$$

해당 도함수를 0으로 맞춘다.

$$7\log\theta + 3\log(1-\theta) = 0$$
$$\frac{7}{\theta} - \frac{3}{1-\theta} = 0$$
$$\rightarrow \theta = \frac{7}{10} = 0.7$$

이 경우 직접 추정한 θ는 해 θ_{ML}과 동일해진다.

EM 알고리즘의 공식적 정의

데이터 세트에 있는 누락값을 추정하기 위해 알고리즘의 초기 공식에 따른 EM 알고리즘을 생각해보자.

$\mathbf{X}_{obs}$와 $\mathbf{X}_{miss}$는 데이터 세트 $\mathbf{X}$의 관측되는 부분과 누락된 부분이라 하고, θ는 추정해

야 하는 알지 못하는 모수들의 벡터라고 하자. 우도 함수는 $L(\theta; \mathbf{X}_{obs}, \mathbf{X}_{miss}) = p(\mathbf{X}_{obs}, \mathbf{X}_{miss}|\theta)$가 되며, 알려지지 않은 모수는 관측된 데이터의 주변우도$^{marginal\ likelihood}$에 의해 결정된다.

$$L(\theta; \mathbf{X}_{obs}) = p(\mathbf{X}_{obs}|\theta) = \sum_{\mathbf{X}_{miss}} p(\mathbf{X}_{obs}\mathbf{X}_{miss}|\theta)$$

이 방정식의 해를 구하는 것은 복잡하기 때문에 방정식을 풀기 위해 반복적 방법이 필요하다.

EM 알고리즘은 **E-step**(= 기대 단계) 및 **M-step**(= 최대화 단계) 두 단계를 번갈아 수행하는 반복적 방법이다. 이 방법에서 우도 함수 $L(\theta; \mathbf{X}_{obs}, \mathbf{X}_{miss})$는 로그우도 함수 $l(\theta; \mathbf{X}_{obs}, \mathbf{X}_{miss})$를 최대화한 값과 일치하는 모수 θ와 관련되어 극대화된다.

1. 모수 θ의 초깃값을 선택하며, 즉 n = 0으로 설정한 $\theta^{(0)}$이 초깃값이 된다.
2. 수렴할 때까지 2a와 2b를 반복한다. 2a) **E-step**: 조건부 기댓값 $\hat{Q}(\theta|\hat{\theta}^{(n)}) = E(l(\theta; \mathbf{X}_{obs}, \mathbf{X}_{miss}))$를 계산한다. 이를 추정하기 위해 현재의 추정치 $\hat{\theta}^{(n)}$으로 얻게 된 누락값 없는 완전한 데이터의 로그우도 함수 $l(\theta, \mathbf{X})$를 취한다. 2b) **M-step**: 다음을 최대화한다.

$$\hat{Q}(\theta|\theta^{(n)}) \rightarrow \text{새로운 추정치 } \hat{\theta}^{(n+1)}$$

EM 알고리즘을 이해하기 위한 간단한 예

이미 느꼈겠지만, EM 알고리즘은 매우 복잡한 수학적 표기법이다. 하지만 실무에서는 쉽게 처리된다. 다음 예제에서 하나의 누락된 셀이 있는 간단한 2 × 3 테이블을 이용해 EM 알고리즘을 설명한다.

```
y <- matrix(c(11, 22, 16, 24, 17, NA), nrow=2)
y
##      [,1] [,2] [,3]
```

```
## [1,]   11   16   17
## [2,]   22   24   NA
```

$\Sigma\alpha_i = 0$, $\Sigma\beta_j = 0$, $e_{ij} \sim N(0, \sigma^2)$인 선형 모델 $x_{ij} = u + \alpha_i + \beta_j + e_{ij}$를 취했다.

셀 x_{23} 값을 알았다면, $\hat{u} = \bar{x}$, $\hat{\alpha}_i = \bar{x}_i - \bar{x}$, $\hat{\beta}_i = \bar{x}_j - \bar{x}$처럼 선형 모델의 계수를 추정하는 것은 간단할 수 있었다. 여기서 $\bar{x}_i$는 행을 기준으로 하는 산술평균을 의미하고, $\bar{x}_j$는 열을 기준으로 한 산술평균을 의미한다. 이들이 왜 모수의 합리적 추정치인가를 설명하기보다는 EM 알고리즘이 이번 예제에서 어떻게 작동하는지에 집중할 필요가 있다.

EM 알고리즘에서는 반드시 초깃값을 선택해야 한다. 그래서 누락값 초기화를 하는데, 예를 들어 초기화를 위해 y 관측치들의 산술평균을 선택할 수 있다.

```
m <- mean(y, na.rm = TRUE)
m
## [1] 18
y[2,3] <- m
y
##       [,1] [,2] [,3]
## [1,]   11   16   17
## [2,]   22   24   18
```

다음으로 반복을 시작한다. 다음과 같이 E-step과 M-step을 사용해 누락값 x_{23}을 적절한 값으로 대체하는 작업을 반복한다.

```
## 반복 중단 기준
eps <- 0.001
## 초기화
yalt <- y
n <- 0
converged <- FALSE
## 반복
```

```
while(!converged){
    n <- n + 1
    yalt <- y
    m1 <- mean(y)
    ## E-step(파라미터 추정)
    a <- rowMeans(y) - m1
    b1 <- colMeans(y) - m1
    ## M-step(y23 업데이트)
    y[2, 3] <- m1 + a[2] + b1[3]
    ## 정지 기준
    converged <- (abs(y[2, 3] - yalt[2, 3]) < eps)
}
list(yImp = y, iterations = n)
## $yImp
##      [,1] [,2]    [,3]
## [1,]   11   16 17.0000
## [2,]   22   24 26.4983
##
## $iterations
## [1] 21
```

x_{23}의 대체 값의 최종 결과를 얻는 데 21번의 반복이 필요했다. 대체imputation 이슈에 대해서는 잠시 후에 다시 이야기하기로 하고, 먼저 EM 알고리즘의 또 다른 애플리케이션을 논의해보자.

▌k 평균 클러스터링 예로 보는 EM 알고리즘

관측치를 그룹별로 묶는 가장 유명한 알고리즘은 아마도 k 평균 알고리즘k-means algorithm일 것이다. 이 알고리즘은 EM 알고리즘의 변형된 모습이다.

p개의 변수를 갖는 n개의 객체가 주어졌을 때, 클러스터 C_k는 $n_{(k)}$개의 회원을 갖고 있으

며, 각 관측치는 어떤 한 클러스터에 속하는 것과 같이 해당 객체를 $\{C_1, C_2, ..., C_{n_c}\}$인 n_c개의 클러스터로 나누려고 한다. 클러스터 C_k의 중심인 평균 벡터 V_k를 클러스터의 센트로이드^{centroid}라고 정의하고, 평균 벡터의 요소들은 다음과 같이 계산된다.

$$\mathbf{v}_k(\in \mathbb{R}^p) = \left(\frac{1}{n_{(k)}} \sum_{\substack{n_{(k)} \\ i=1}} x_{i1}^{(k)}, ..., \frac{1}{n_{(k)}} \sum_{\substack{n_{(k)} \\ i=1}} x_{ip}^{(k)} \right)$$

여기서 $n_{(k)}$는 클러스터 C_k에 있는 관측값의 개수이며, $\mathbf{x}_i^{(k)}$는 클러스터 C_k에 속하는 i번째 관측값이다. 각 클러스터 $C_1, ..., C_{n_c}$에 대해 해당 클러스터의 평균 $\mathbf{V} = \{\mathbf{v}_1, ..., \mathbf{v}_{n_c}\}$를 계산한다.

또한 결과의 분할 형태인 클러스터 개수를 결정할 필요가 있다. n_c개의 클러스터 센트로이드 초기 위치에서 시작해서, 반복적으로 센트로이드를 재이동시키고 가장 가까운 센트로이드 쪽으로 점들을 재이동시키는 알고리즘을 통해 구분한다. 이번 알고리즘의 프로세스는 다음과 같은 단계로 이뤄진다.

1. n_c개의 클러스터로 초기 파티션을 선택한다.
2. E-step: 현재 클러스터 멤버십을 사용해 클러스터 중심을 재계산한다.
3. M-step: 각 개체를 가장 가까운 클러스터 중심에 할당하고, 새 멤버십을 찾는다.
4. 클러스터 멤버십과 클러스터 센트로이드가 특정 경계를 넘어서 더 이상 변하지 않을 때까지 2단계로 반복 이동한다.

따라서 k 평균 클러스터링은 목적 함수를 최적화한다.

n개의 관측값과 변수 $\mathbf{v}_1, ..., \mathbf{v}_{n_c}$를 갖는 데이터 세트 $\mathbf{X} = \{\mathbf{x}_1, ..., \mathbf{x}_n\}$인 $J(\mathbf{X}, \mathbf{V}, \mathbf{U}) = \sum_{k=1}^{n_c} \sum_{i=1}^{n} u_{ik} d^2(\mathbf{x}_i, \mathbf{v}_k)$는 $n_c \times p$ 차원의 클러스터 중심들로 구성된 행렬이다. $\mathbf{U} = [(u_{ik})]$는 클러스터 n_c에 속하는 관측값 $\mathbf{x}_i$의 멤버십 계수 u_{ik}로 구성된 행렬이다. 따라서 $\mathbf{U}$는 $n \times n_c$ 차원으로 구성된다. d는 관측값과 센트로이드 사이의 거리인 유클리드 거리$^{Euclidean\ distance}$이며, n_c는 클러스터의 개수를 의미한다.

k 평균 알고리즘은 다음과 같이 실행된다. n_c를 $2 \leq n_c < n$ 사이에서 고정하고 최대 여유

치termination tolerance를 예를 들어 0.001처럼 $\delta > 0$로 선택하고, $\mathbf{U}^{(0)}$를 초기화한다.

r = 1, 2, ...로 반복한다.

1. E-step: 클러스터의 중심을 계산한다.

$$\mathbf{v}_k = \frac{1}{\sum_{i=1}^n u_{ik}} \left(\sum_{i=1}^n u_{ik}x_{i1}, \dots, \sum_{i=1}^n u_{ik}x_{ip} \right), \quad k = 1, \dots, n_c$$

2. M-step: $\mathbf{U}^{(r)}$을 업데이트하고, 클러스터 멤버십을 재할당한다.

3. $d(\mathbf{X}_i, \mathbf{v}_j^{(r)}) = \min_{1 \le l \le n_c} d(\mathbf{X}_i, \mathbf{v}_j^{(r)})$인 경우

4. 그 외의 경우 $u_{ij}^{(r)} = 0$

$$\| \mathbf{U}^{(r)} - \mathbf{U}^{(r-1)} \| < \delta \text{일 때까지}$$

다음으로 k 평균의 전체 알고리즘을 정의한다. k 평균의 전문적인 구현을 위해, 다음 예 (Leisch, 2006)를 참조하자.

클러스터 알고리즘을 위해 거리 함수가 필요하며, 이번에는 맨해튼 거리Manhattan distance를 사용한다.

```
distMan <- function(x, centers){
  if(class(x) == "data.frame") x <- as.matrix(x)
    d <- matrix(0, nrow=nrow(x), ncol=nrow(centers))
    ## 각 클러스터 내 관측치의 중심에서 떨어진 거리
    for(k in 1:nrow(centers)){
        d[,k] <- abs( colSums((t(x) - centers[k,])) )
    }
    return(d)
}
```

평균을 계산하는 함수가 필요하며, 예를 들어 산술평균을 사용할 수 있지만 다음과 같이 중간값을 사용할 수도 있다.

```
means <- function(x, cluster){
    cen <- matrix(NA, nrow=max(cluster), ncol <- ncol(x))
    ## 각 클러스터의 클러스터 평균
    for(n in 1:max(cluster)){
        cen[n,] <- apply(x[cluster==n,], 2, median)
    }
    return(cen)
}
```

앞에서 구현한 k 평균 알고리즘용 함수를 작성한다. 플롯을 통해 EM 방법을 구체적으로 보여주도록 for 루프 방식으로 코딩하자.

```
my_kmeans <- function(x, k, clmeans = means, distance = distMan, iter
= 99999, seed = NULL){
  if(!is.null(seed)) set.seed(seed)
    cent <- newcent <- x[sample(1:nrow(x), size=k), ]
    oldclust <- 0
    j <- 0
    for(i in 1:iter){ # better: while()
      j <- j + 1
      cent <- newcent
      ## M-step
        dist <- distance(x, cent)
        clust <- max.col(-dist)
        ## E-step
        newcent <- clmeans(x, clust)
        if(all(clust == oldclust)) break()
        oldclust <- clust
    }
    res <- list(centers = cent,
                cluster = factor(clust),
                iterations = j)
    return(res)
}
```

k 평균 클러스터링에서 E-step은 피팅 단계이고 M-step은 할당 단계다. E-step과 M-step을 반복하면 반복적으로 해가 향상된다. J(**X, V, U**)가 각 반복을 통해 적어진다는 뜻이다. 클러스터 할당이 더 이상 변하지 않는다면 알고리즘을 중단한다.

약간의 데이터를 가지고 놀아보자. 간단하게 클러스터를 시각적으로 보여주려고 한다. 따라서 2차원 데이터 세트를 취해서 그림 9.1에서 그 결과를 표시한다.

```
data(Nclus, package = "flexclust")
x <- data.frame(Nclus)
library("ggplot2")
qplot(X1, X2, data=data.frame(Nclus))
```

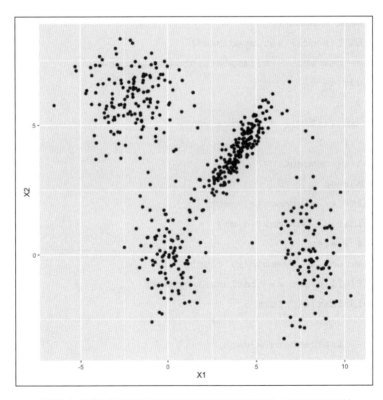

그림 9.1 예제에서 사용된 간단한 2차원 데이터 세트(4개의 그룹이 나타난다.)

다음은 반복 단계 1, 2 그리고 수렴 후의 결과를 플로팅한다. k 평균 알고리즘을 자체적으로 만든 방식을 구현하는 대신, R에서 제공하는 k 평균의 기본 형태를 사용한다. k 평균의 몇 가지 변형 형태가 존재하며, 알고리즘 "MacQueen"을 선택해서 알고리즘을 좀 더 오랫동안 탐색한다. 기본으로 설정된 방법인 "Hartigan-Wong"은 알고리즘 단계를 보여주기에는 너무 빨리 수렴한다. k 평균 알고리즘은 무작위로 선택된 클러스터 중심에서 시작된다. 그러므로 k 평균의 각 시행에서 동일한 시작을 보장하기 위해 seed가 필요하다.

```
set.seed(123456)
cl1 <- kmeans(x, centers = 4, iter.max = 1, algorithm = "MacQueen")
set.seed(123456)
cl2 <- kmeans(x, centers = 4, iter.max = 2, algorithm = "MacQueen")
set.seed(123456)
cl3 <- kmeans(x, centers = 4, iter.max = 3, algorithm = "MacQueen")
set.seed(123456)
cl4 <- kmeans(x, centers = 4, algorithm = "MacQueen")
```

처음 두 번의 반복 단계 동안뿐만 아니라 최종해의 결과를 E-step과 M-step 후에 플로팅한다. 한 번의 반복 이후 첫 번째 해의 k 평균 결과로 나온 클러스터 중심을 평가할 때 플로팅은 쉽게 처리되며, 한 번의 반복 이후 나온 해는 다음과 같다.

```
cl1$centers
##          X1          X2
## 1  4.787137  4.65547187
## 2  2.555571  2.20578465
## 3 -1.590451  4.32789868
## 4  7.997304 -0.08258293
```

반복 단계 1과 2 그리고 수렴 후에 발생하는 해들은 그림 9.2에 나타난다. 계산된 중심점(E-step) 및 관측점을 가장 가까운 클러스터에 할당(M-step)하는 것을 자세히 살펴볼 수 있다.

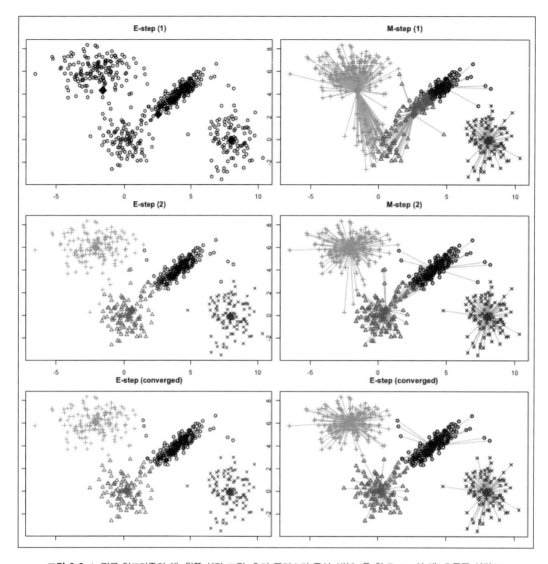

그림 9.2 k 평균 알고리즘의 해. 왼쪽 상단 그림: 초기 클러스터 중심. 반복 1을 한 E-step의 해. 오른쪽 상단 그림: 추정된 클러스터 중심으로 점들의 첫 번째 할당. 반복 1을 한 M-step의 해. 왼쪽 중간 그림: 반복 2의 새로운 클러스터 중심. 오른쪽 중간 그림: 새로운 할당. 왼쪽 하단 그림: 클러스터 중심에 있는 최종해. 오른쪽 하단 그림: 클러스터 중심으로 관측치 최종 할당

k 평균은 클러스터의 중심을 고려하고 관측치로부터 클러스터 중심까지의 거리를 계산하

는 거리 함수로 작동하는 방식이다. 또 다른 괜찮은 접근법은 클러스터 모양 안에 관측값을 집어넣는 방식이며, 모델 기반 클러스터링 프레임으로 구현된다(Fraley & Raftery, 2002). 모델 기반 절차는 더 나은 클러스터링 결과를 제공하지만(Templ, Filzmoser, & Reimann, 2008), E-step에서 각 클러스터의 공분산을 추가로 계산해야 하기 때문에 좀 더 복잡하다.

▌ 누락값 대체를 위한 EM 알고리즘

EM 알고리즘은 누락값의 대체를 위해 광범위하게 사용된다. 구현과 관련해서는 여러 논문에서 다루고 있다(van Buuren & Groothuis-Oudshoorn, 2011 ; Schafer, 1997 ; Templ, Alfons, & Filzmoser, 2011 ; Raghunathan et al., 2001 ; Gelman & Hill, 2011). 다음은 EM 알고리즘이 여러 종류의 문제에서 어떻게 작동하는지 보여준다.

대체를 다루기 위해 데이터 sleep을 다시 사용하자.

```
library("MASS")
library("robustbase")
library("VIM")
data("sleep")
str(sleep)
## 'data.frame':    62 obs. of  10 variables:
##  $ BodyWgt : num  6654 1 3.38 0.92 2547 ...
##  $ BrainWgt: num  5712 6.6 44.5 5.7 4603 ...
##  $ NonD    : num  NA 6.3 NA NA 2.1 9.1 15.8 5.2 10.9 8.3 ...
##  $ Dream   : num  NA 2 NA NA 1.8 0.7 3.9 1 3.6 1.4 ...
##  $ Sleep   : num  3.3 8.3 12.5 16.5 3.9 9.8 19.7 6.2 14.5 9.7 ...
##  $ Span    : num  38.6 4.5 14 NA 69 27 19 30.4 28 50 ...
##  $ Gest    : num  645 42 60 25 624 180 35 392 63 230 ...
##  $ Pred    : int  3 3 1 5 3 4 1 4 1 1 ...
##  $ Exp     : int  5 1 1 2 5 4 1 5 2 1 ...
##  $ Danger  : int  3 3 1 3 4 4 1 4 1 1 ...
```

변수 sleep과 같이 일부 변수에 누락값이 포함되어 있다.

```
apply(sleep, 2, function(x) any(is.na(x)))
##   BodyWgt BrainWgt     NonD    Dream    Sleep     Span     Gest
Pred
##    FALSE    FALSE     TRUE     TRUE     TRUE     TRUE     TRUE
FALSE
##      Exp   Danger
##    FALSE    FALSE
```

변수 Sleep에 있는 누락값을 어떻게 대체할 것인가? 회귀 적합성을 수행함으로써 누락값을 대체할 수도 있다. 이상적으로는 KNN[k-nearest neighbor] 대체 방식(Templ, Alfons, & Filzmoser, 2011) 같은 잘 작동되는 알고리즘으로 누락값을 초기화한다. 그러나 EM의 진행 상황을 보기 위해, 큰 수로 최악의 초기화를 해서 변수 Sleep에 있는 누락값의 초기화와 관련해서 매우 거칠게 시작한다. 이번 실험을 위해 누락값의 인덱싱이 필요하다.

```
## 누락값 인덱싱
ind <- data.frame(is.na(sleep))
## 초기화
sleep <- kNN(sleep)
## 실행 시간 0.04911399초
## 나쁜 선택으로 누락값 초기화를 대체
sleep$Sleep[ind$Sleep] <- 2240 # 나쁜 초기화
## 변수 sleep에 있는 초기화된 누락값
sleep$Sleep[ind$Sleep]
## [1] 2240 2240 2240 2240
```

첫 번째 변수에 대해 모델 적합성을 맞춘다. 모델 결과인 회귀계수는 누락값을 예측하는 데 사용된다.

```
## E-step (1)
lm1 <- lm(Sleep ~ log(BodyWgt) + log(BrainWgt) + NonD + Danger, data
```

```
= sleep)
## M-step (1)
sleep$Sleep[ind$Sleep] <- predict(lm1)[ind$Sleep]
## 업데이트된 누락값 출력
sleep$Sleep[ind$Sleep]
## [1] 469.5127 559.9771 408.6845 229.0985
```

두 번째 반복 단계를 계속한다.

```
## E-step (2)
lm1 <- lm(Sleep ~ log(BodyWgt) + log(BrainWgt) + NonD + Danger, data
= sleep)
## M-step (2)
sleep$Sleep[ind$Sleep] <- predict(lm1)[ind$Sleep]
## 업데이트된 누락값 출력
sleep$Sleep[ind$Sleep]
## [1] 101.9265 121.6146  90.1618  48.7181
```

값은 여전히 많이 변한다. 작은 기준치보다 더 큰 변화가 없을 때까지 해당 작업을 반복해
보자. 변수 Sleep의 대체를 위한 간단한 함수를 작성한다.

```
EMregSleep <- function(method = lm, eps = 0.001, init = "bad"){
  ## 누락값 인덱싱
  ind <- is.na(sleep)
  colnames(ind) <- colnames(sleep)
  indsleep <- ind[, "Sleep"]
  ## 초기화
  if(init == "bad"){
    sleep <- kNN(sleep, imp_var = FALSE)
    sleep$Sleep[indsleep] <- 2240 # 나쁜 초기화
  }
  if(init == "worst"){
    sleep[ind] <- 2240 # 최악의 초기화
```

```
  }
  iteration <- 0
  criteria <- 99999
  while(criteria > eps){
    iteration <- iteration + 1
    prev_sol <- sleep$Sleep[indsleep]
    ## E-step
    lm1 <- method(Sleep ~ log(BodyWgt) + log(BrainWgt) + NonD +
                  Danger, data = sleep)
    ## M-step
    sleep$Sleep[indsleep] <- predict(lm1)[indsleep]
    criteria <- sqrt(sum((prev_sol - sleep$Sleep[indsleep])^2))
  }
  res <- list("imputed" = sleep,
              "iteration" = iteration,
              lastmodel = lm1)
  return(res)
}
```

다시 데이터 세트 sleep을 불러와서 누락값을 대체하고 변수 Sleep에 있는 대체된 값을 살펴본다.

```
data("sleep")
sleepImp <- EMregSleep()
## 실행 시간 0.179677초
missVals <- sleepImp$imputed$Sleep[ind$Sleep]
missVals
## [1]   3.845778 13.122764   3.658173 16.975766
sleepImp$iteration
## [1] 11
```

그러나 누락값의 불확실성과 분포를 고려하지 않았기 때문에 분산 감소로 귀결되는 기댓값으로 대체했다(8장 '리샘플링 방법과 몬테카를로 테스트의 적용'에서 누락값을 갖는 분산 추정과 비교하자). 분산을 고려하기 위해 잔차를 샘플링했다(8장 '리샘플링 방법과 몬테카를로 테스트의 적용'의 부트스트랩 잔차 회귀법과 비교하자).

```
missVals + sample(residuals(sleepImp$lastmodel), length(missVals))
##        13        33         6        59
##   3.763077 11.708266 4.191778 17.465241
```

 분산을 적절하게 추정하기 위해 한 번이 아니라 여러 번 대체해서, 대체된 여러 데이터를 만들어 이들로부터 적절한 분산을 계산할 수 있다(다중 대체 접근법). 대안으로 누락값의 불확실성을 고려하도록 부트스트랩을 사용한다. 8장 '리샘플링 방법과 몬테카를로 테스트의 적용'을 참조하자.

앞에서 11번의 반복이 필요했던 것을 확인했다. 또한 OLS 회귀 모델은 이상치로부터도 영향을 받을 수 있으므로 강건한 방법으로 대체하는 것이 좋다.

여기서 보여주지는 않지만 첫 번째 반복 이후에 좋은 결과를 이미 보았다. 약간 다른 결과이긴 해도, 강건하지 않은non-robust 방법을 사용하는 것보다 일반적으로 더 신뢰할 수 있다 (Templ, Kowarik, & Filzmoser, 2011).

특히 예측 변수에 이상치가 들어 있는 경우 OLS 결과는 손상될 수 있다. 그러나 예측 변수에 큰 이상치가 있는 최악의 초기화에서도 비록 강건한 방법이 선호되기는 하지만 OLS 결과도 양호해 보인다.

```
data("sleep")
## 일반최소제곱(OLS) 회귀 분석
lm_ols <- EMregSleep(method = lm, init = "worst")
## 가중치를 두는 강건 추정 모델(M-estimation)
lm_rlm <- EMregSleep(method = rlm, init = "worst", eps= 0.01)
lm_ols$imputed$Sleep[ind[, "Sleep"]]
## [1]   4.239191   8.169014   4.368256 13.775087
lm_rlm$imputed$Sleep[ind[, "Sleep"]]
## [1]   3.766792   7.788943   3.925772 13.700029
```

이 수치들로 보면 OLS 결과는 이상치에 크게 영향을 받는다는 사실을 알 수 있다. 최악은 아니더라도 나쁜 초기화를 활용한 이전 추정값과 비교해서, 대체된 값들은 매우 크다. 강건 추정 모델을 사용할 때는 그렇게까지 극단적인 값이 나오지는 않지만, 다음에 나오는 함수 irmi로 구현된 것과 비교하면 두 번째와 네 번째 값을 과소평가한 것이다.

변수 하나를 대체하는 방법을 논의했지만, 일반적으로는 데이터 세트의 모든 변수를 대체하려고 한다. 데이터 세트는 연속 변수뿐만 아니라 연속, 반연속, 범주형, 이분 및 카운트 변수의 혼합으로 구성되기도 한다. 강건 EM 기반의 대체는 변수의 형태를 고려하고 더 나아가서는 각 변수에 맞는 모델을 지정하며, R 패키지 VIM(Templ, Alfons, & Filzmoser, 2011)에 있는 함수 irmi(Templ, Kowarik, & Filzmoser, 2011)로 실행한다.

```
data("sleep")
sleepImp <- irmi(sleep)
## 실행 시간 0.03798294초
sleepImp[ind[, "Sleep"], "Sleep"]
## [1]   3.748899 10.089591   3.156300 17.085060
```

해당 결과는 누락값에 더 나은 초깃값을 취한 해와 매우 가깝다는 사실을 알 수 있으며, 함수 irmi가 성공적임을 의미한다. mice 같은 방법을 사용할 수도 있다(irmi는 일반적으로 복합 대체에 사용됨).

```
library("mice")
## 필요 패키지 탑재: Rcpp
## mice 2.25 2015-11-09
data("sleep")
em_mice <- mice(sleep, m = 1)
##
##  iter imp variable
##   1   1  NonD  Dream  Sleep  Span  Gest
##   2   1  NonD  Dream  Sleep  Span  Gest
##   3   1  NonD  Dream  Sleep  Span  Gest
```

```
##   4   1  NonD  Dream  Sleep  Span  Gest
##   5   1  NonD  Dream  Sleep  Span  Gest
em_mice$imp$Sleep
##        1
## 21 12.5
## 31 14.5
## 41  6.1
## 62 14.4
## 예측 변수에 대해 나쁜 초기화 작업
sleep[is.na(sleep)] <- 2240
sleep$Sleep[ind[, "Sleep"]] <- NA
em_mice <- mice(sleep, m = 1)
##
##  iter imp variable
##   1   1  Sleep
##   2   1  Sleep
##   3   1  Sleep
##   4   1  Sleep
##   5   1  Sleep
em_mice$imp$Sleep
##        1
## 21  3.8
## 31  3.1
## 41  3.8
## 62 10.6
```

데이터 세트에 이상치가 존재하면 완전히 다른 결과를 얻게 된다는 사실을 이해하게 됐다. 이 사실은 데이터 세트가 다변량 정규성을 띨 때에 적합한 EM 알고리즘의 여러 구현에서도 마찬가지다. 이러한 가정이 위배될 경우 irmi가 좋은 선택이다.

여기서 논의되지는 않지만 irmi에서는 다양한 파라미터를 지정할 수 있다.

```
args(irmi)
## function (x, eps = 5, maxit = 100, mixed = NULL, mixed.constant =
NULL,
##     count = NULL, step = FALSE, robust = FALSE, takeAll = TRUE,
##     noise = TRUE, noise.factor = 1, force = FALSE, robMethod =
"MM",
##     force.mixed = TRUE, mi = 1, addMixedFactors = FALSE, trace =
FALSE,
## init.method = "kNN", modelFormulas = NULL, multinom.method =
"multinom")
## NULL
```

▌요약

EM 알고리즘은 최대 우도 추정량의 해를 찾기 위한 계산 방법이다. 기본적으로 EM 알고리즘은 모수의 추정을 위한 E-step과 모수 최대화를 위한 M-step으로 구성되며, 일반적으로 신속하게 수렴되어 많은 영역에 적용된다.

9장에서는 클러스터링과 누락값 대체라는 두 가지 영역에서 EM 알고리즘이 적용됨을 확인했다. 클러스터링은 결정론적인 접근으로 풀 수 있는 문제가 아니다. 간단하게 말해서, 합리적인 시간 안에 공식에 들어맞는 정확한 해를 찾을 수 없다. EM 알고리즘은 상호적 방식으로 좋은 해를 찾는 데 필수적이다. 클러스터링에서 EM 알고리즘은 k 평균 클러스터링 알고리즘을 위해 구현될 뿐만 아니라, 이번 장에서 보여주지는 않지만 모델 기반 클러스터링이나 혼합 모델에도 적용된다.

누락값은 실제 데이터 세트에서 자주 발생한다. 데이터 과학자들은 데이터 전처리 과정에서 주 업무를 담당하는 사람들이며, 누락값을 대체하는 것도 다뤄야 한다. EM 알고리즘은 이 작업의 핵심 도구임을 확인했다.

▌참고문헌

- Dempster, A.P., N.M. L aird, and D.B. Rubin. 1977. "Maximum Likelihood for Incomplete Data via the EM Algorithm (with Discussions)," *Journal of the Royal Statistical Society*, Series B 39 (1): 1–38.

- Fraley, C., and E. Raftery. 2002. "Model-Based Clustering, Discriminant Analysis and Density Estimation," *Journal of the American Statistical Association* 97: 611–31.

- Gelman, A., and J. Hill. 2011. "Opening Windows to the Black Box," *Journal of Statistical Software* 40.

- Leisch, F. 2006. "A Toolbox for K-Centroids Cluster Analysis," *Computational Statistics and Data Analysis* 51 (2): 526–44. doi: 10.1016/j.csda.2005.10.006.

- Raghunathan, Trivellore E, James M Lepkowski, John Van Hoewyk, and Peter Solenberger. 2001. "A Multivariate Technique for Multiply Imputing Missing Values Using a Sequence of Regression Models," *Survey Methodology* 27 (1): 85–96.

- Schafer, J.L. 1997. *Analysis of Incomplete Multivariate Data*. Chapman & Hall/CRC Monographs on Statistics & Applied Probability. CRC Press. https://books.google.at/books?id=3TFWRjn1f-oC.

- Templ, M., A. Alfons, and P. Filzmoser. 2011. "Exploring Incomplete Data Using Visualization Techniques," *Advances in Data Analysis and Classification* 6 (1): 29–47.

- Templ, M., P. Filzmoser, and C. Reimann. 2008. "Cluster Analysis Applied to Regional Geochemical Data: Problems and Possibilities," *Applied Geochemistry* 23 (8): 2198–2213.

- Templ, M., A. Kowarik, and P. Filzmoser. 2011. "Iterative Stepwise Regression Imputation Using Standard and Robust Methods," *Comput. Stat. Data Anal.* 55 (10): 2793–2806.

- van Buuren, S., and K. Groothuis-Oudshoorn. 2011. "mice: Multivariate Imputation by Chained Equations in R," *Journal of Statistical Software* 45 (3): 1–67. http://www.jstatsoft.org/v45/i03/.

10

복합 데이터로 하는 시뮬레이션

유한한 샘플에서 추정량은 편향되지는 않았는가? 가정으로부터 벗어난 조건에서도 추정량은 일관성을 띠는가? 다른 가정하에서 샘플링 분산이 과대평가 또는 과소평가되지는 않았는가? 편향 및 정확성 등의 측면에서 방법 A가 방법 B보다 더 좋은 속성을 갖고 있는가? 테스트 크기가 정확한가? 해당 테스트의 검증력이 다른 테스트의 검증력보다 큰가?

이 모든 질문에 통계 시뮬레이션으로 답할 수 있다. 이 질문들 중 일부에 대해서는 시뮬레이션을 통해 편향, 대수, 그리고 중심극한정리의 개념을 소개했던 6장 '시뮬레이션으로 보는 확률 이론'에서 답을 했다. 7장 '리샘플링 방법'에서 신뢰구간에 대해 몬테카를로로 추정으로 살펴봤고, 8장에서는 테스트를 위한 몬테카를로 접근법에 대해 상세히 논의했다.

10장에서는 더 복잡한 시뮬레이션뿐만 아니라 복합 데이터complex data 생성에 대해서도 소개함으로써 이전 장에서 배운 내용의 이해를 더욱 높인다. 수학적 속성과 그 결과에 대한 지식 없이도 이러한 질문들에 자세한 답변을 제시할 수 있다. 일반적으로 현대적 통계 방법의 복잡성 때문에 추정량 속성의 수학적 결과를 얻는 것은 사실상 불가능에 가까워졌다. 따라서 통계학자들은 개발된 방법에서 양질의 통찰력을 얻도록 데이터 기반, 컴퓨터 집약 방식의 시뮬레이션을 폭넓게 사용하고 있다(Alfons, Templ, & Filzmoser, 2010a 참조).

추정량의 특징이 수학적으로 표현될 수 없을 때마다 특정 조건에서 방법들이 잘 작동하는지 보여주기 위해 시뮬레이션을 수행하며, 특히 복잡한 방법과 복잡한 추정량의 경우가 대상이 된다.

이미 8장 '리샘플링 방법과 몬테카를로 테스트의 적용'에서 부분적으로 논의했듯이, 시뮬레이션 방법은 추정량 속성의 답을 하기 위해 다음 단계를 거친다.

1. 출발점은 주어진 데이터 세트 또는 데이터 세트의 특성과 모수에 대한 가정들이다.

2. 가정이 최대한 부합하는 확률 모델로 합성 데이터 세트 $\mathbf{X}$를 시뮬레이션한다. 가령 R = 10,000 정도 되는 큰 수치로 설정해서 R개의 데이터 세트 X_1, ..., $\mathbf{X}_R$을 얻기 위해 시뮬레이션을 반복한다.

3. 지표, 모델 계수, 분산 추정치 등을 추정하는 추정 함수 f($\mathbf{X}$)는 합성 데이터[1] 세트synthetic data set $T_i = f(\mathbf{X}_i)$(여기서 i = 1, ..., R) 각각에 대해 실행한다. 만약 추정량과 테스트 통계량 R개의 값인 T_1, ..., T_R 등을 갖는다면, 모수 추정치의 실증적 분포를 얻게 된다.

4. 시뮬레이션된 데이터 세트에서 나온 모수 추정치의 분포를 실제 모숫값과 비교한다. T_1, ..., T_R의 요약 통계치는 추정량과 테스트 통계량의 실제 샘플링 속성을 잘 보여주는 근삿값들이다.

---

1 특정 조건에 맞춰서 인공적으로 만든 데이터를 의미하며, 자연어 처리에서 대화 훈련을 위해 인공적으로 만든 텍스트 데이터도 합성 데이터라 볼 수 있다. – 옮긴이

시뮬레이션 설정에서 진정한 파라미터는 이미 알려져 있어서, 알려진 속성으로 데이터 집합을 시뮬레이션한다는 점을 주목하자. 합성 데이터 세트를 반복적으로 시뮬레이션해서 데이터 시뮬레이션 과정에서 발생하는 무작위성을 평균화한다. 검증력 비교를 위해(앤더슨-달링 테스트를 다룬 8장 '리샘플링 방법과 몬테카를로 테스트의 적용' 참조) 시뮬레이션은 가설 테스트의 속성인 테스트 크기와 검증력을 판단해야 한다.

다양한 종류의 시뮬레이션 및 소프트웨어

시뮬레이션 구조는 주어진 작업에 따라 달라진다. 일반적으로 통계적 시뮬레이션 실험들은 단순화된 조건에서 수행된다. 예를 들어, 하나의 방법을 판단하기 위해 단변량 또는 다변량 정규 분포를 사용해서 난수를 시뮬레이션한다. 해당 방법은 시뮬레이션된 데이터에 적용되며, 이러한 시뮬레이션은 데이터 구조가 실제로는 매우 복잡하고 현실 세계의 행동을 정확히 도출해내기가 힘들기 때문에 종종 추정 방법의 특징들을 잘 보여주지 못한다. 그래서 4장 '난수 시뮬레이션'에서 보여줬듯이 난수를 시뮬레이션하는 방법은 복잡한 시뮬레이션 연구에서 충분하지 않을 수 있다. 그래서 마이크로시뮬레이션 연구, 원격 실행 작업, 그리고 복잡한 시뮬레이션의 경우, 복합 데이터를 반드시 시뮬레이션해야 한다.

흔히들 **모델 기반 시뮬레이션**model-based simulation 연구에 대해 많이 이야기하고 실행한다. 모델 기반 시뮬레이션 영역에서는 첫째, 슈퍼 모집단super-population 모델을 이용해 무작위로 데이터를 추출한다. 이 경우는 실제 모수가 알려져 있는 케이스다. 둘째, 추정 방법을 인위적으로 만든 데이터에 적용한다. 이렇게 나온 추정치는 알려진 모집단의 진정한 모수와 비교한다. 모델의 모든 가정이 유지되면 이론적으로 기대되는 결과를 실제로 얻을 수 있으며, 4장 '난수 시뮬레이션'에서 논의된 속성(일관성, 점근적 수렴)과 편향 등을 결정할 수 있다.

데이터를 복합 샘플링 디자인으로 추출한다면, 가장 좋은 옵션은 데이터를 임의로 시뮬레이션할 때 복합 샘플링 디자인을 고려하는 것이다. 그래서 **디자인 기반 시뮬레이션**design-based simulation 연구에 대해서도 논의할 것이다. 디자인 기반 시뮬레이션에서 고정된 샘플링 디자인에 따라 유한 모집단으로부터 임의의 샘플을 추출하며, 조사 프로세스를 재현할 수 있도록 고정된 샘플링 디자인을 하는 것이다. 한 가지 어려운 점은 실제 모집단의 중요한 특징을 모방하는 현실적인 모집단을 시뮬레이션하는 데 있다.

이번 장에서는 복잡한 시뮬레이션 작업을 위해 데이터를 어떻게 시뮬레이션하는지 보여준다. 모델 기반 시뮬레이션의 몇 가지 예로 시작해서 모델 기반과 디자인 기반 시뮬레이션 연구를 위해 R 패키지 simFrame(Alfons, Templ, & Filzmoser, 2010a)의 사용 방법에 대해서도 논의한다. 디자인 기반 시뮬레이션 적용은 조사 방법론으로 국한된다. 그러나 복합 시뮬레이션 디자인으로 시뮬레이션용 일반 프레임워크를 제시하기 때문에 공공 통계학official statistics 분야에서 종사하고 있지 않은 데이터 과학자들에게 주요 관심 분야가 될 수 있다. 일반적으로 프로젝트는 각기 다른 기관에 종사하는 많은 사람이 참여하고, 각자가 맡은 프로젝트의 다른 측면에 집중하게 된다. 사람들이 각자 다른 시뮬레이션 디자인을 사용하면 비교할 수 없는 결과를 낳을 수 있어서, 의미 있는 결과를 도출해낼 수 없다. 따라서 이러한 연구 프로젝트의 시뮬레이션 연구에 정확한 개요가 필요하다. 설정을 약간만 변경해도 전체 시뮬레이션과 충돌이 날 수도 있다. 모듈식으로 설계된 프레임워크는 코드의 일부를 수정하고 시뮬레이션 프로그래밍 오류를 줄이는 데 도움이 된다. 결과적으로 통계 시뮬레이션을 위한 소프트웨어 프레임워크는 오류와 충돌 문제를 피하면서 참가자 간 교류를 높이는 데 기여한다. 이 목적으로 R 패키지 simFrame(Alfons, Templ, & Filzmoser, 2010a)이 개발됐다. S4 클래스로 하는 객체 지향 구현은 입출력 요소에 대해 최대화된 통제를 제공하고 사용자가 정의한 확장에 적합한 인터페이스를 제공한다. 나아가 프레임워크는 약간의 프로그래밍만으로 광범위한 시뮬레이션 디자인을 사용할 수 있게 한다.

이번 장의 디자인 기반 시뮬레이션 파트의 내용은 안드레아스 알폰스Andreas Alfons와 함께한 연구물에 근거하며, simFrame 패키지 소개로 이어진다.

▌ 복합 모델을 사용해 데이터 시뮬레이션하기

"새로운 의견은 별다른 이유 없이 여전히 흔하지 않다는 이유로 항상 의심받고 보통의 경우 반대를 받는다."

– 존 로크(John Locke), 1689

실제 데이터가 없어 가상으로 생성된 합성 데이터[synthetic data]의 유용성을 논의할 때 종종 다음과 같은 의견에 직면하게 된다. "우리는 실제[real] 데이터를 사용할 수 있으므로 합성 데이터는 필요 없다!", "다른 사람들도 합성 데이터로 작업하지 않는다!", "합성 데이터는 실제 데이터가 아니다!", "합성 데이터를 사용하면 데이터 신뢰성이 떨어진다!", "이것 말고도 해야 할 더 중요한 것들이 있다.", "합성 데이터는 과학계의 흔들목마다!"

합성 모집단 데이터는 연구의 목적상 전통적 데이터 세트를 대체하려는 것은 아니며, 더 많고 좋은 데이터를 수집해야 한다는 필요성을 감소시키지도 않을 것이다. 그러나 점점 더 많은 합성 데이터가 실무적인 응용에 사용되고 있다. 연구자가 실제 데이터로는 작업할 수 없을 때 연구와 훈련을 위한 공적 파일로서 또는 통계적 노출 통제 형태로 실행 과제를 원격에서 수행하기 위한 구조적 데이터 파일로서 합성 데이터를 생성한다. 또한 합성 데이터는 공유될 수 있으며 기밀 데이터에 담겨진 정보를 공유하고 사용할 수 있게 한다. 합성 데이터 생성은 공간 마이크로시뮬레이션[spatial micro-simulation]을 포함한 마이크로시뮬레이션과 에이전트 기반 모델링에 투입되는 중요한 입력물을 제공하는 새롭고 풍부하며 더욱 강화된 데이터를 만들어낸다. 이러한 데이터 세트는 특히 정책과 프로그램의 사전 영향 평가를 해야 하는 정책 입안자와 개발 담당 실무자에게 매력이 있다. 건강(Barrett et al., 2011; Brown & Harding, 2002; Tomintz, Clarke, & Rigby, 2008; Smith, Pearce, & Harland, 2011), 운송(Beckman, Baggerly, & McKay, 1996; Barthelemy & Toint, 2013), 환경(Williamson, Mitchell, & McDonald, 2002) 등 여러 분야에서 사례를 찾을 수 있다. 마지막으로, 방법을 비교하고 테스트하는 복잡한 시뮬레이션 연구에도 합성 데이터가 필요하다.

쉬운 예제로 시작해서 앞에서 설명된 많은 작업에 사용할 수 있는 전체 모집단을 만들어서 10장을 마무리한다.

모델 기반의 간단한 예제

표준 다변량 정규 분포에서 나온 100개의 관측치를 갖는 데이터 세트 X ~ MVN(μ, Σ)를 시뮬레이션하기 위해 다음 코드를 사용한다.

```
library("mvtnorm")
synth <- rmvnorm(100, mean = rep(0,5), sigma = diag(5))
## 처음 3개의 관측값
head(synth, 3)
##                   [,1]         [,2]        [,3]        [,4]         [,5]
## [1,]    0.644138924  -0.02072223  -0.746322  -0.9706192  -0.04744456
## [2,]   -0.154906805  -1.45176977   1.791701   1.0259287  -0.07375616
## [3,]   -0.004602993   0.54685023  -1.353268  -0.2535821   1.38033904
```

실제 데이터에 유사하도록 데이터를 시뮬레이션하려고 한다면 실제 데이터로부터 추정된 평균과 공분산 행렬을 사용해야 한다. 패키지 car에서 나온 데이터 Prestige 중에서 처음 4개의 열만 사용하는데, 그 이유는 여러 종류의 분포 혼합을 어떻게 시뮬레이션해야 하는지 논의하지 않았으며, 특히 데이터 Prestige의 마지막 2개의 열은 범주형 변수로 처음 4개의 열인 연속형 변수와 다르기 때문이다. 먼저 데이터 세트를 선택하자.

```
data(Prestige, package = "car")
## Prestige의 처음 세 행 관측 자료
head(Prestige, 3)
##                      education income women prestige census type
## gov.administrators       13.11  12351 11.16     68.8   1113 prof
## general.managers         12.26  25879  4.02     69.1   1130 prof
## accountants              12.77   9271 15.70     63.4   1171 prof
## 변수 안의 하위 집합
real <- Prestige[, 1:4]
```

해당 열의 평균 x̄와 오리지널 데이터 세트인 **X**의 추정된 공분산인 **S**를 갖는 MVN(x̄, **S**) 로부터 새로운 데이터를 시뮬레이션하기 위해 다음과 같이 코딩한다.

```
## 재현성을 위한 seed 설정
set.seed(12)
## 다변량 정규 분포로부터 시뮬레이션
synth2 <- data.frame(rmvnorm(100, mean = colMeans(real), sigma =
cov(real)))
colnames(synth2) <- colnames(real)
## 처음 3개의 관측값
head(synth2, 3)
##   education    income     women prestige
## 1  8.891485 13494.060 -23.687773 50.86117
## 2  6.095841  5635.296  20.595593 32.52649
## 3  8.822570  8609.970  -2.522208 34.78179
```

이번 결과를 받아들일 수 있는가? 시뮬레이션 연구에서 합성 데이터 생성법을 사용할 수 있는가? 대답은 시뮬레이션의 목적에 달려 있지만, 난수 시뮬레이션은 지나치게 단순화됐다. 0에서 100 사이의 값들을 갖는 변수 women에 여러 문제가 보인다.

```
summary(real$women)
##    Min. 1st Qu.  Median    Mean 3rd Qu.    Max.
##   0.000   3.592  13.600  28.980  52.200  97.510
summary(synth2$women)
##    Min. 1st Qu.  Median    Mean 3rd Qu.    Max.
## -39.700   6.608  26.580  25.310  47.660 111.600
```

오리지널 데이터와 합성 데이터로부터 나온 2개의 변수를 그릴 때 다변량 구조가 다름을 알 수 있다. 첫째, 증가하는 prestige 때문에 증가하는 분산의 패턴은 합성 데이터의 경우에 나타나지 않으며, 추가로 합성 관측치에서 큰 값일수록 오른쪽으로 약간 이동된 것으로 보인다(그림 10.1 참조).

```
par(mar = c(4,4,0.2,0.2))
plot(prestige ~ income, data = real)
```

```
points(prestige ~ income, data = synth2, col = "red", pch = 20)
legend("bottomright", legend = c("original/real", "synthetic"), col =
1:2, pch = c(1,20))
```

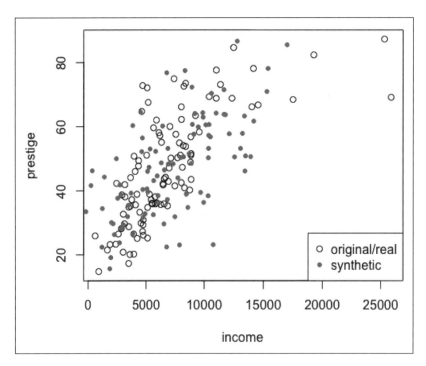

그림 10.1 검은색 원으로 표시된 오리지널 Prestige 데이터와 붉은색으로 채워진 시뮬레이션된 합성 데이터에서
나온 두 변수의 상관관계(컬러 이미지 p. 480)

이유는 평균과 공분산 추정을 방해할 수 있는 이상치 때문이다. 해결책으로 좋은 데이터
와 나쁜 데이터의 관측점들을 별도로 시뮬레이션한다.

혼합 데이터를 가진 모델 기반 예제

일반적으로 데이터가 클러스터 구조를 갖는다면 혼합 모델을 사용할 수 있다. 하나는 좋은 데이터만을 포함하고 다른 하나는 잠재적 이상치를 갖는 2개의 혼합물이 있는 경우를 고려한다. 두 분포에서 나온 데이터를 별도로 시뮬레이션한다. 공분산과 위치의 이상치를 고려한 강건성 추정은 다양한 추정량으로 실행할 수 있으며, 간단하고 빠른 MCD 추정량(Rousseeuw & Driessen, 1998)을 사용한다. 그림 10.2의 왼쪽 그래프에서 데이터가 이전보다 훨씬 잘 맞는다는 사실을 알 수 있다. 이상치와 정상치로 구성된 데이터 생성을 분리하면 좀 더 나은 합성 데이터 세트를 얻게 된다(그림 10.2의 오른쪽 그래픽 참조).

```
library("robustbase")
cv <- covMcd(real)
synth3 <- rmvnorm(100, mean = cv$center, sigma = cv$cov)
par(mfrow = c(1,2), mar = c(4,4,0.2,0.2))
plot(prestige ~ income, data = real)
points(prestige ~ income, data = synth3, col = "red", pch = 20)
## 이상치 추가
rmd <- mahalanobis(real, center = cv$center, cov = cv$cov)
## 큰 마할라노비스 거리로 정의된 이상치
out <- rmd > qchisq(0.975, ncol(real) - 1)
cv_good <- covMcd(real[!out, ])
## 좋은 점들에 대한 시뮬레이션
synth3_good <- rmvnorm(100, mean = cv_good$center,
                            sigma = cv_good$cov)
cv_out <- covMcd(real[out, ])
## 이상치에 대한 시뮬레이션
synth3_out <- rmvnorm(100, mean = cv_out$center,
                           sigma = cv_out$cov)
## 그림 10.2
plot(prestige ~ income, data = real)
points(prestige ~ income, data = synth3_good,
       col = "red", pch = 20)
points(prestige ~ income, data = synth3_out,
       col = "red", pch = 20)
```

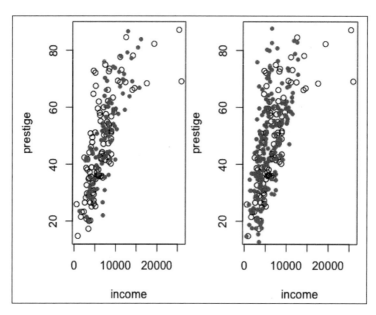

그림 10.2 데이터 Prestige 데이터(검은색 원)와 시뮬레이션된 합성 데이터(빨간색으로 채워진 원)에서 나온 두 변수. 오른쪽에 있는 그래픽의 경우 이상치와 정상치를 독립적으로 시뮬레이션 수행(컬러 이미지 p. 480)

물론 다변량 정규 분포 말고도 다변량 코시Cauchy 분포 또는 다변량 t 분포 등을 사용할 수도 있다. 이상치를 포함한 데이터 세트를 만드는 대안은 오염 설정(Stahel & Mächler, 2009)이다. 여기서 이상치는 큰 형태의 편향을 만들 수 있는 분포로부터 생성된다. 이 방법에 대한 세부사항을 설명하지는 않지만 해당 기능을 갖고 있는 R 패키지 robustX(Stahel et al., 2013)를 참조하기 바란다. 다변량 데이터 세트에서 나온 강건 추정량은 벤치마킹 데이터 세트로 오염 설정 기능을 사용하기도 한다.

데이터를 시뮬레이션하기 위한 모델 기반 접근법

모델 기반 접근법을 사용할 수도 있다. 변수 education을 시뮬레이션하기 위해 잘 선택된 예측 변수로 education에 대해 회귀 분석한다. 이번 이슈를 간단하게 설명하기 위해, 그 외 모든 변수를 예측 변수로 취한다. 실제 데이터의 적합성을 모델링하고 새로운 데이터 세트에 있는 education 변수를 대체하기 위해 해당 모델을 사용하며, 모델의 잔차에 기반한 오차를 더한다. 9장 'EM 알고리즘'에서 오차가 추가됐던 것을 기억해두자.

```
synth4 <- real
lm1 <- lm(education ~ ., data = real)
synth4$education <- predict(lm1, synth4[, 2:ncol(synth4)]) +
sample(residuals(lm1))
```

모든 변수에 대해 동일한 작업을 반복한다. 예를 들어, 응답 변수로 데이터 Prestige의 두 번째 변수를 취하고 나머지를 예측 변수로 사용한다. 다시 실제 샘플의 적합한 모델을 만들고 만들어진 모델을 합성 데이터에 맞춘다.

```
p <- ncol(real)
for(i in 1:ncol(real)){
  df <- real[, i]
  df <- cbind(df, real[,-i])
  colnames(df)[1] <- "response"
  lm1 <- lm(response ~ ., data = df)
  synth4[, i] <- predict(lm1, synth4[, -i]) + sample(residuals(lm1))
}
```

EM 알고리즘을 얻기 위해 대체imputation 방법을 수정하는 것은 간단하다(9장 'EM 알고리즘' 참조).

변수를 시뮬레이션하는 데 많은 모델(다중 명목 모델, 2단계 접근법, 선형 모델, 회귀 트리 모델, 랜덤 포레스트, 확률론적 방법 등)을 사용할 수 있게 하는 패키지 simPop(Templ, Kowarik, & Meindl, 2016)으로 모델 기반 데이터 생성이 가능하다.

고차원 데이터를 시뮬레이션하는 예제

마지막 예에서는 데이터에 맞춰진 특정 모델을 사용해 새로운 데이터 세트를 시뮬레이션했다. 그러나 여러 다양한 환경에서 변수 간의 관계는 잠재 모델로 표현된다. 잠재 모델이 고차원 데이터를 생성한다는 관점에서 잠재 모델은 특히 고차원 데이터를 시뮬레이션하는 데 유용하다. 이런 목적으로 $\mathbf{E}$의 열들이 정규성을 띠며 독립적으로 분포하는($\mathbb{N}(0, 0.01)$) 잠재 모델 $\mathbf{X} = \mathbf{T}\mathbf{B}^T + \mathbf{E}$로 관측치와 변수로 구성된 데이터 세트 $\mathbf{X}$를 시뮬레이션한다. $n \times k$ 행렬에서 열은 표준 정규 분포로부터 추출되고, $\mathbf{B}$의 원소들은 $[-1, 1]$ 범위에서 균등 분포로부터 추출된다. 코드는 다음과 같다.

```
simLatent <- function(n = 200, p = 50, k = 3){
  T <- matrix(rnorm(n * k, 0, 1), ncol = k)
  B <- matrix(runif(p * k, -1, 1), ncol = k)
  X <- T %*% t(B)
  E <-  matrix(rnorm(n * p, 0, 0.1), ncol = p)
  XE <- X + E
  return(XE)
}
```

예를 들어, 6개 요소로 구성된 잠재 모델로 50개의 관측치와 1000개의 변수를 시뮬레이션하기 위해서는 다음과 같이 입력한다.

```
x <- simLatent(n = 50, p = 1000, k = 6)
dim(x)
## [1]   50 1000
```

클러스터 또는 계층구조의 유한 모집단 시뮬레이션하기

디자인 기반 시뮬레이션 연구에서 샘플링 디자인이 분석 방법에 미치는 영향을 평가한다. 한 모집단을 시뮬레이션하고 이렇게 나온 합성 모집단으로부터 복합 샘플링 디자인을 이용해 조사 값을 추출해서 현실을 모방한다. 그래서 첫 번째 목표는 하나의 모집단을 시뮬레이션하는 것이다.

414

합성 데이터 세트는 현실적이어야 한다. 즉, 관심 있는 실제 모집단과 통계적으로 균등해야 하며, 다음 특징들을 제시해야 한다(Münnich et al., 2003; Münnich & Schürle, 2003; Alfons et al., 2011; Templ & Filzmoser, 2014; Templ, Kowarik, & Meindl, 2016).

- 지역 및 계층별 합성 집단의 분포는 진정한 모집단의 분포와 유사해야 한다.
- 변수 간의 주변 분포marginal distribution 및 상호작용은 정확히 반영돼야 한다.
- 하위 집단 간 차이점, 특히 지역적 특성이 고려돼야 한다.
- 클러스터 및 계층구조가 보존돼야 한다.
- 합성 집단에 대한 기록은 개별 단위의 반복으로 만들어서는 안 된다.

합성 데이터 생성으로 기밀 데이터를 배포할 수 있고 마이크로시뮬레이션과 에이전트 기반 모델링에 필요한 입력값을 제공하는 새롭고 풍부하면서 강화된 데이터 세트를 생성할 수 있다.

합성 모집단 데이터를 생성한다는 아이디어는 새로운 것이 아니다. 루빈(Rubin, 1993)은 다중 대체multiple imputation를 사용해 합성 마이크로데이터를 생성할 것을 제안했다. 해당 방법과 알고리즘은 끊임없이 진화하고 있다. R 패키지 simPop 같은 도구들이 대중적으로 사용 가능해짐으로써 알고리즘에 대해 여러 방법과 평가들을 개선하는 데 기여하고 있다.

simPop은 R에서 사용할 수 있는 다양한 방법 가령 반복적 비례 맞춤 및 시뮬레이션 어닐링annealing으로 보정을 하거나 로지스틱 회귀logistic regression를 통한 모델링 및 데이터 퓨전 등을 고도로 최적화된 S4 클래스 방식으로 실행할 수 있게 한다.

합성 모집단 데이터 생성을 위한 여러 접근법이 제안됐고, 크게는 합성 재구성synthetic reconstruction, 조합 최적화combinatorial optimization, 모델 기반 데이터 생성이라는 세 가지 범주로 분류한다. 후자의 방법인 모델 기반 데이터 생성은 다음 단락에서 간단히 설명한다.

모델 기반 데이터 생성은 먼저 기존 마이크로데이터에서 모집단의 모델을 도출해서 합성 집단을 예측한다. 따라서 모델 피팅은 기존 마이크로데이터와 모집단 수준의 예측을 기반으로 이뤄진다. 초기 단계에서는 샘플링 가중치에 따라 확률을 띠는 기존 데이터를 리샘플링해서 가계 구조(예를 들어, 나이와 성별, 잠재 변수 등)를 만든다. 두 번째로 범주형 변수들은 다중 명목 로지스틱 회귀 모델을 사용해 관측된 조건 분포에서 임의 추출된 데이터로 시뮬레이션한다. 세 번째 단계에서 회귀 모델링을 통해 연속 및 준연속semi-continuous 변수를 생성한다.

R 패키지 simPop을 사용해 합성 모집단이 어떻게 시뮬레이션되는지 간단하게 보여줄 것이다. 주어진 마이크로데이터에서부터 시작하자.

```
library("simPop")
data("eusilcS")
dim(eusilcS)
## [1] 11725    18
```

구성된 18가지 변수에 대한 설명은 ?eusilcS를 투입해서 자세히 살펴보자.

세대수는 다음과 같다.

```
length(unique(eusilcS$db030))
## [1] 4641
```

변수를 시뮬레이션하기 전에 specifyInput()을 사용해 합성 모집단을 구성하는 데 필요한 모든 정보를 담게 될 클래스 객체 inp를 만든다. 여기서 클러스터링 정보를 제공하는 변수들을 확인할 수 있으며, 해당 변수로는 가정, 가구 규모, 계층 및 샘플링 가중치(변수 rb050) 등이다.

```
inp <- specifyInput(eusilcS, hhid = "db030", hhsize = "hsize",
                    strata = "db040", weight = "rb050")
```

클래스 객체 inp의 내용 요약은 함수 print로 보여준다.

```
print(inp)
##
##   --------------
## survey sample of size 11725 x 19
##
##   Selected important variables:
##
##   household ID: db030
##   personal ID: pid
##   variable household size: hsize
##   sampling weight: rb050
##   strata: db040
##   --------------
```

함수 simStructure는 반복을 통해 합성 모집단 구조를 생성한다.

```
synthP <- simStructure(data = inp,
                       method = "direct",
                       basicHHvars = c("age", "rb090", "db040"))
```

클래스 simPopObj의 객체 synthP에 합성 모집단과 샘플 마이크로데이터의 가계 구조를 투입요소로 사용해 범주 변수를 시뮬레이션한다. 예제에서 simCategorical()을 적용해 경제적 지위(변수 p1030)와 시민권(변수 pb220a)의 범주형 변수를 만든다.

```
synthP <- simCategorical(synthP,
                         additional = c("pl030", "pb220a"),
                         method = "multinom")
```

연령 카테고리, 성별, 세대 규모, 경제적 지위 및 시민권 변수들은 함수 simContinuous를 사용해 개인별 순소득을 예측하는 변수로 사용한다.

```
synthP <- simContinuous(synthP, additional = "netIncome",
                        upper = 200000, equidist = FALSE,
                        imputeMissings = FALSE)
```

최종 합성 모집단 기본 정보는 다음과 같다.

```
synthP
##
## --------------
## synthetic population  of size
##  81838 x 11
##
## build from a sample of size
## 11725 x 19
## --------------
##
## variables in the population:
## db030,hsize,age,rb090,db040,pid,weight,pl030,pb220a,netIncomeCat,
netInome
```

이번에 구한 모집단은 디자인 기반 시뮬레이션 연구에 투입되어 모집단으로부터 샘플을 추출할 수 있다.

▎ 모델 기반 시뮬레이션 연구

이미 언급했듯이 상황에 따라서는 정확한 수학적 모델을 설계하고 처리하기가 너무 어렵기도 하고 많은 시간이 걸리기도 한다. 복합 샘플링 디자인으로 샘플이 추출되지 않은 경우라면 모델 기반 시뮬레이션을 사용해 실제 상황과 그 결과를 근사approximate할 수 있다. 모델 기반 시뮬레이션 연구는 추정량 또는 추정 방법에 대한 수학적 입증보다 훨씬 적은 시간, 노력 그리고 비용이 든다.

잠재 모델 예제

이전 예제에서 나온 잠재 모델을 계속 사용한다. 예제에 나왔던 데이터를 가지고 방법을 비교할 것이다. 예를 들어 누락될 값을 표시하고, 적절한 방법으로 대체하고, 여러 대체 방법을 평가하고 비교할 수 있다. 더 작은 데이터 세트에 대해서도 이 방법을 수행할 수 있고, 거리를 기준으로 하는 간단 예측 오류 기준을 사용해서 평균 대체, 가장 가까운 값으로의 대체, 강건 모델 기반 대체, 패키지 mice로 하는 대체 방법 등을 비교할 것이다.

```r
simLatent <- function(n = 200, p = 50, k = 3){
  T <- matrix(rnorm(n * k, 0, 1), ncol = k)
  B <- matrix(runif(p * k, -1, 1), ncol = k)
  X <- T %*% t(B)
  E <- matrix(rnorm(n * p, 0, 0.1), ncol = p)
  XE <- X + E
  return(XE)
}
library("mice")
library("VIM")
x <- orig <- simLatent(n = 50, p = 10, k = 6)
## 평가 기준
eval <- function(real, imputed, nas){
  sqrt(sum((real - imputed)^2)) / nas
}
set.seed(123)
R <- 100
e1 <- e2 <- e3 <- e4 <- numeric(R)
for(i in 1:R){
  x <- orig
  x[sample(1:nrow(x), 10), 1] <- NA
  e1[i] <- eval(orig, e1071::impute(x), 10)
  e2[i] <-   eval(orig, kNN(data.frame(x), imp_var = FALSE), 10)
  e3[i] <-   eval(orig, irmi(x), 10)
  e4[i] <-   eval(orig, complete(mice(x, m = 1, printFlag = FALSE)), 10)
```

```
}
df <- data.frame("error" = c(e1,e2,e3,e4), method = rep(c("mean",
"kNN", "irmi", "mice"), each = R))
```

박스 플롯은 시뮬레이션의 결과 분포를 비교하는 데 가장 편리하다. 방법별 정확성 오류를 비교한 그림 10.3을 참조하자.

```
library("ggplot2")
ggplot(df, aes(x = method, y=error)) + geom_boxplot() +
        theme(text = element_text(size = 20)) + theme_bw()
```

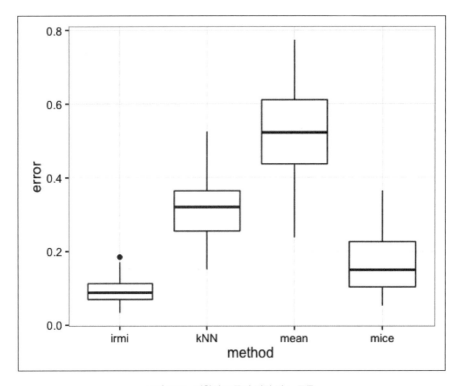

그림 10.3 정확성 오류의 병렬 박스 플롯

소개한 대체 방법을 비교하기 위해서는 오류 측정의 추가 기준이 필요하고 커버율^{coverage}

rate도 추정돼야 한다. 이 부분을 건너뛰는 대신에 해당 결과를 찾아볼 수 있는 연구(Templ, Kowarik, & Filzmoser, 2011)를 참고하자. 우리의 목표는 새로운 오류 측정값을 위해 간단하게 적용할 수 있는 시뮬레이션을 보여주는 것이었다. 비슷한 종류의 시뮬레이션을 수행하도록 패키지 simFrame을 사용하는 방법을 보여줄 것이다.

모델 기반 시뮬레이션의 간단한 예제

간단한 예제로 시작한다. 6장 '시뮬레이션으로 보는 확률 이론'에서 지수 exp(1) 분포로부터 크기 n = 50인 10개의 샘플을 추출했다. 따라서 초집단^{super population} 모델은 $\lambda = 1$인 모수를 가지며 $f(x) = \lambda e^{-\lambda x}$로 밀도가 계산되는 지수함수다. 독립적이며 동일하게 분포된 샘플의 모집단 평균 μ에 대한 네 가지 추정량인 산술평균 $\bar{x}$, 중앙값 $\tilde{x}$, 10% 잘려나간 평균, 그리고 후버 평균(Huber, 1981)을 비교하려고 한다. 다음 예제에서는 후버 평균(Huber, 1981)이 모평균의 불편 추정량인지, 그리고 부트스트랩에 의해 추정된 신뢰구간은 모집단의 평균을 잘 커버하는 범위를 갖는지 확인하려고 한다. 분포가 균형을 이루지 않기 때문에, 이상치가 없는 데이터의 경우 산술평균은 1이지만 다른 추정량의 결과는 1과 같지는 않을 것으로 예상된다. 시뮬레이션을 통해 이를 보여준다. 후버 평균은 제곱오차 손실^{squared error loss}보다 이상치에 덜 민감한 후버 손실 함수^{Huber loss function}를 기반으로 평가한다. 이상치의 영향력을 제한하도록 하향 가중치가 적용되는 반면, 산술평균 이상치는 추정량에 대해 제한 없는 영향을 끼칠 수 있다. 후버 평균이 산술평균과 같은지 확인한다. 수학적으로 표시할 수 있지만 시뮬레이션을 통해 훨씬 쉽게 할 수 있다는 점을 기억해두자. 추가로 모든 평균 추정량을 정확성, 측정 오류의 여부, 그리고 효율성의 측면에서 비교한다.

```
library("robustbase")
set.seed(123)
x <- rexp(n = 50, rate = 1)
mean(x)
## [1] 1.130371
```

```
huberM(x)$mu
## [1] 0.9416643
```

첫 번째 측면인 정확성으로 볼 때 맞는 것으로 보인다. 후버 평균이 산술평균보다 1에 가깝긴 해도, 두 추정량 모두 1에 가깝다. 하지만 난수와 평균 계산의 시뮬레이션을 10,000번 반복하고 그 결과를 살펴보자. 10,000번을 실시해서 구한 불편 추정량인 산술평균을 보고할 것이다. 즉, $\hat{\theta}_{(\cdot)}$은 $\hat{\theta}_1, ..., \hat{\theta}_2$의 산술평균이며, $\widehat{bias} = \hat{\theta}_{(\cdot)} - \mu$이다.

```
m <- mean(replicate(10000, mean(rexp(n = 50, rate = 1))))
m
## [1] 0.9993768
m - 1
## [1] -0.0006231643
```

지수 분포된 변수의 후버 평균은 1이 아니라 약 0.854이며, 편향은 약 -0.146임을 알 수 있다.

```
mh <- mean(replicate(10000, huberM(rexp(n =50, rate = 1))$mu))
mh
## [1] 0.8542077
mh - 1
## [1] -0.1457923
```

지수 분포가 비대칭 분포라서 후버 평균과의 비교는 최선의 선택이 아니기 때문에 이 결과는 정상이다. 다음으로 산술평균 추정량의 범위를 살펴보려고 한다. 시뮬레이션된 임의의 샘플 각각은 μ에 대한 다른 추정으로 이어진다. 얼마나 많은 구간이 $\mu = 1$이라는 참값을 포함하고 있는지 궁금할 수 있다. 다음 함수는 지수 분포 난수의 신뢰구간을 추정한다.

```
set.seed(123)
alpha <- 0.05
ci <- function(x, z = qnorm(1 - alpha / 2)){
  s <- rexp(n = 50, rate = 1)
  m <- mean(s)
  se <- sd(s) / sqrt(50)
  ci_est <- c(m - z * se, m + z *se)
  ci_est
}
ci()
## [1] 0.7970204 1.4637213
```

100,000번을 반복해서 얼마나 많은 구간이 1을 포함하는지 보여준다.

```
set.seed(123)
ciR_n <- replicate(100000, ci())
isCovered <- function(x){
  apply(x, 2, function(x){
  if(x[1] > 1 & x[2] > 1) return(FALSE)
  if(x[1] < 1 & x[2] < 1) return(FALSE)
  return(TRUE) })
}
cn <- isCovered(ciR_n)
sum(cn) / length(cn)
## [1] 0.92872
```

약 0.929라는 좋은 커버율을 얻었다. 산술평균인 추정량은 정규 분포가 아닌 t 분포와 관련이 있다고 가정한다면, t 분포의 분위수를 대입한다.

```
ciR_t <- replicate(100000, ci(z = qt(1 - alpha / 2, 49)))
ct <- isCovered(ciR_t)
sum(ct) / length(ct)
## [1] 0.93501
```

커버율은 약간 증가했다. 이를 신뢰구간을 보여주는 부트스트랩 추정치와 비교하려고
한다.

```
ci_boot <- function(x, R = 1000){
  s <- rexp(n = 50, rate = 1)
  ci_est <- quantile(replicate(R,
            mean(sample(s, replace = TRUE))),
            c(0.025, 0.975))
  return(ci_est)
}
ciR_boot <- replicate(1000, ci_boot())
cb <- isCovered(ciR_boot)
sum(cb) / length(cb)
## [1] 0.925
```

시각적으로 비교할 수 있는 동일한 결론을 이끌어낸다. 그림 10.4는 시뮬레이션을 통해 구
한 신뢰구간의 상한과 하한을 보여준다.

```
df <- data.frame(t(ciR_n))
df <- data.frame(rbind(t(ciR_n), t(ciR_t), t(ciR_boot)))
df$method <- rep(c("normal", "t", "boot"), times = c(100000,100000,1000))
colnames(df) <- c("lower", "upper", "method")
library("reshape2")
df <- melt(df)
library("ggplot2")
ggplot(df, aes(x = value, colour = method)) + geom_density() + facet_
wrap(~ variable) + theme(text = element_text(size=16))
```

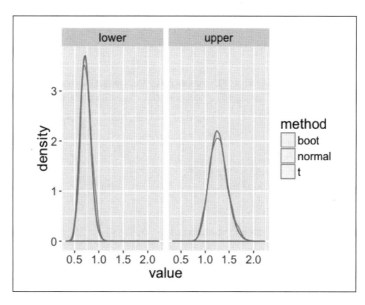

그림 10.4 신뢰구간 밴드를 추정하기 위해 3개의 다른 시뮬레이션으로 얻은 신뢰구간 하한값과 상한값

추정량에서 가장 중요한 속성인 편의와 분산에 관해 말할 때는 항상 **평균제곱오차**^{MSE, mean} ^{squared error}에 대해 이야기하게 된다(6장 '시뮬레이션으로 보는 확률 이론' 참조). 시뮬레이션 실험에서 추정하는 MSE는 $\hat{\text{MSE}} = \frac{1}{R-1}\sum_{i=1}^{R}\left(\hat{\theta}_i - \hat{\theta}_{(\cdot)}\right)^2 + \left(\hat{\theta}_{(\cdot)} - \hat{\theta}\right)^2$이다. 추정량 1 대비 추정량 2의 상대적 효율성은 $\text{RE} = \frac{\text{var}(\theta_{(1)})}{\text{var}(\theta_{(2)})}$로 구한다.

정규 분포 모집단 평균 추정을 하기 위해 이번 장에서 배웠던 모든 것을 합친다. 다음 함수는 데이터 시뮬레이션과 추정 부분을 모두 포함한다.

```
simMean <- function(simFun = function(x) rnorm(100)){
  ## 1000개 샘플
  set.seed(123)
  R <- 1000
  m <- list()
  ## 1000개 데이터 세트
  for(i in 1:R){
```

```
    m[[i]] <- simFun()
  }
  ## 추정
  df <- data.frame("thetahat" = c(sapply(m, mean), sapply(m, mean,
trim = 0.1), sapply(m, median), sapply(m, function(x) huberM(x)$mu)),
                    "method" = rep(c("mean","trim","median","huber"),
each = R))
  ## 요약
  vm <- var(df[df$method == "mean", 1])
  df %>%
    group_by(method) %>%
    summarize("bias" = mean(thetahat) - 0,
              "variance" = var(thetahat),
              "mse" = variance + bias^2,
              "re" = vm / var(thetahat))
}
```

다른 평균 추정량의 결과를 얻는 함수를 호출한다. MSE가 가장 작아서 가장 효율적인 평균이 산술평균임을 알 수 있다.

```
library("robustbase"); library("dplyr")
simMean()
## Source: local data frame [4 x 5]
##
##   method       bias    variance         mse         re
##   (fctr)      (dbl)       (dbl)       (dbl)      (dbl)
## 1  huber 0.0015911419 0.009542405 0.009544936 0.9474960
## 2   mean 0.0009767488 0.009041390 0.009042344 1.0000000
## 3 median 0.0001103496 0.015578749 0.015578761 0.5803669
## 4   trim 0.0015793808 0.009742862 0.009745357 0.9280014
```

이 예제를 약간 수정해보자. 측정 오류는 존재하고 F 분산을 따르면서 오염된 데이터를 추출했다고 가정한다. F는 전형적으로 분포 $F = (1 - \epsilon)G + \epsilon H$의 혼합 형태로 모델링됐다. 여기서 ε은 오염 수준을, G는 오염되지 않은 데이터 부분의 분포를, H는 오염 부분의 분포를 의미한다.

앞서 언급한 것과 기본적으로 동일한 절차를 수행하지만, 5% 수준의 이상치를 갖는 또 다른 데이터 세트 생성 프로세스를 포함한다.

```
set.seed(123)
simMean(simFun = function(){c(rnorm(95), rnorm(5,15))})
## Source: local data frame [4 x 5]
##
##   method      bias      variance        mse          re
##   (fctr)     (dbl)        (dbl)        (dbl)        (dbl)
## 1  huber 0.09645247 0.009946125 0.01924920 0.9090364
## 2   mean 0.75097675 0.009041390 0.57300747 1.0000000
## 3 median 0.06853618 0.016427966 0.02112517 0.5503658
## 4   trim 0.09101656 0.010061782 0.01834580 0.8985874
```

평균mean이 이러한 이상치들로부터 크게 영향을 받았으며, 평균의 평균제곱오차MSE는 후버 평균, 제거trimmed 평균, 또는 중앙값의 MSE보다 훨씬 크다는 사실을 알 수 있다. 그래서 데이터 세트에서 이상치가 존재하는 경우 이번 예제에서 가장 작은 평균제곱오차를 갖는 강건 추정량이 좋은 선택이다.

모델 기반 시뮬레이션 연구

이전 장들에서는 누락값 대체에 중점을 두었다. 이번 장에서는 정밀도를 기준으로 대체 방법을 평가한 사례를 앞에서 소개했다.

이번 절에서는 일부 대체 방법을 다시 비교할 것이다. 더 정확하게 말하자면, 구성 데이터compositional data에서 누락값을 대체하는 예를 사용해 모델 기반 시뮬레이션을 시연할 것이다. 이번 예제들은 기존에 소개했던 예제에 대한 이해를 강화하고 시뮬레이션 프레임워크이면서 R 패키지인 simFrame(Alfons, Templ, & Filzmoser, 2010a)을 소개하는 것이 목적이다.

만약 i = 1, ..., D이면서 $x_i > 0$이며 모든 관련 정보가 구성요소 간의 비율로 포함될 경우 관측치 $\mathbf{x} = (x_1, ..., x_D)$는 정의상 D개의 부분으로 구성된다(Aitchison, 1986). 구성요소 간 비율이 관심 대상이기 때문에 관측치에 양의 상수를 곱한다면 그 정보들은 본질적으로 동일하다. 구성 데이터의 예로는 화학 분석 시 성분 농도, 특정 재료의 가계 지출, 그리고 주거, 음식, 여가 활동 같은 여러 소비 항목의 월 가계 지출 등이 포함된다.

구성 데이터는 유클리드 공간으로 직접 나타낼 수 없고 이들의 기하학은 완전히 다르다는 점을 주목하는 것이 중요하다(Aitchison, 1986). D개 부분 구성의 샘플 공간을 심플렉스simplex라고 부르며, 공간과 관련된 거리 측정값을 애치슨 거리Aitchison distance d_A로 표시한다(Aitchison, 1992; Aitchison et al. 2000). 다행히도 D차원의 심플렉스로부터 실공간 $\mathbb{R}^{D-1}$로 변환하는 등각 변환isometric transformation이 존재하며, 이를 **등측성 로그비**ilr, isometric log-ratio 변형이라고 부른다(Egozcue et al., 2003). 이 변형으로 애치슨 거리를 $d_A(x, y) = d_E(ilr(x), ilr(y))$로 표현하고, 이 식에서 d_E는 유클리드 거리다.

흐론 등(Hron, Templ, & Filzmoser, 2010)은 R 패키지 robCompositions로 구성 데이터를 위한 대체 방법들을 소개했다(Templ, Hron, & Filzmoser, 2011). 이번 예제에서는 고전적 대체 방법들을 사용한다. 첫 번째 방법은 **k-NN**k-Nearest Neighbor 대체의 변형이며(Troyanskaya et al., 2001), 두 번째는 최소제곱 회귀를 사용한 반복적 모델 기반 접근법iterative model-based approach을 따르고(9장 'EM 알고리즘' 참조), 세 번째는 강건한 방식을 사용한다는 점을 제외하면 두 번째와 동일하다. 또한 패키지 mice로 구현되는 EM 알고리즘을 비교한다. 연산이 실행되기 전에, 필요한 패키지가 업로드되고 난수 생성에 필요한 시드 번호를 부여해서 재현이 가능하게 한다.

```
library("simFrame"); library("robCompositions"); library("mvtnorm");
library("mice")
set.seed(123)
```

이번 예에서 사용되는 데이터는 심플렉스상 정규 분포로 생성되고, $\mathbb{N}_S^D(\mu, \Sigma)$로 표시한다 (Mateu-Figueras, Pawlowsky-Glahn, & Egozcue, 2008). 임의의 구성 데이터 $\mathbf{x} = (x_1, ..., x_D)$ 는 등측성 로그비^{ilr} 변형으로 변환된 변수의 벡터가 평균 벡터 및 공분산 행렬 Σ를 가진 실 공간 $\mathbb{R}^{D-1}$의 다변량 정규 분포를 따를 경우에만 정규 분포를 따르게 된다. 그다음 명령어 들은 $\mu = (0, 2, 3)^T$와 $\Sigma = ((1, -0.5, 1.4)^T, (-0.5, 1, -0.6)^T, (1.4, -0.6, 2)^T)$인 임의의 변수 $X \sim \mathbb{N}_S^4(\mu, \Sigma)$의 150개 값을 생성하기 위해 제어 객체를 만든다. 다음 코드에서 나오 는 함수 isomLRinv는 역등측성 로그비 변형에 관한 함수이며, 함수 DataControl은 데 이터 시뮬레이션 프로세스를 통제한다.

```
## 데이터 생성
crnorm <- function(n, mean, sigma) data.frame(isomLRinv(rmvnorm(n,
mean, sigma)))
sigma <- matrix(c(1, -0.5, 1.4, -0.5, 1, -0.6, 1.4, -0.6, 2), 3, 3)
## 데이터 통제
dc <- DataControl(size = 150, distribution = crnorm,
        dots = list(mean = c(0, 2, 3), sigma = sigma))
```

또한 누락값을 삽입하기 위한 제어 객체를 생성할 필요가 있다. 모든 변수에서 관측치의 5%는 완전한 무작위로 누락됐음을 설정한다.

```
nc <- NAControl(NArate = c(0.05, 0.1))
```

선택된 대체 방법에 대해, 오리지널 데이터와 대체 데이터 간의 상대적 애치슨 거리(호른 등(Hron, Templ, & Filzmoser, 2010)의 시뮬레이션 연구 참조)는 각각의 시뮬레이션 실행마다 계산한다. 중요한 점은 해당 결과는 벡터로 제공된다는 점이다.

```
sim <- function(x, orig) {
    i <- apply(x, 1, function(x) any(is.na(x)))
    ni <- length(which(i))
    x <- x[, -ncol(x)]
```

```
    xMean <- e1071::impute(x)
    xMice <- mice(x, printFlag = FALSE, diagnostics = FALSE, m = 1)
    xMice <- complete(xMice)
    xKNNa <- impKNNa(x)$xImp
    xLS <- impCoda(x, method = "lm")$xImp
    xLTSrob <- impCoda(x, method = "ltsReg")$xImp
    c(xMean = aDist(xMean, orig)/ni,
      xMice = aDist(xMice, orig)/ni,
      knn = aDist(xKNNa, orig)/ni,
      LS = aDist(xLS, orig)/ni,
      LTSrob = aDist(xLTSrob, orig)/ni)
}
```

명령어 runSimulation으로 시뮬레이션을 실행되고, 해당 명령어에서 DataControl 객체, NAControl 객체, 그리고 추정 방법을 호출하는 시뮬레이션 함수 등 여러 함수 인자로 모든 구성 부분이 합쳐진다. 이번에는 25개의 데이터 세트가 시뮬레이션되고 추정량은 해당 데이터에 적용된다.

```
results <- runSimulation(dc,
                         nrep = 25,
                         NAControl = nc,
                         fun = sim)
```

head(), aggregate(), 또는 simBwplot()을 사용해 결과를 검사한다.

```
aggregate(results)
##    NArate     xMean      xMice       knn        LS    LTSrob
## 1   0.05  17.219489  17.273910  17.26099  17.238508  17.239409
## 2   0.10   9.872175   9.932083   9.91985   9.892985   9.907121
```

430

시뮬레이션 결과의 박스 플롯이 그림 10.5에 나와 있다.

```
simBwplot(results)
```

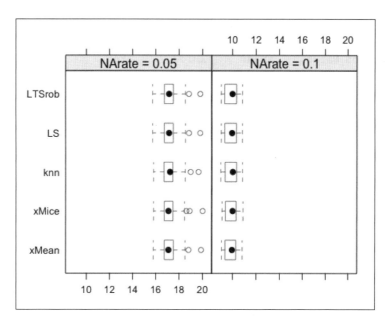

그림 10.5 여러 대체 방법의 시뮬레이션 결과 및 비교

이번 예제의 대체 방법들은 상대적 거리 값으로 평가되기 때문에 거리 값이 0에 가까울
수록 성능이 좋음을 나타낸다. 데이터 시뮬레이션은 다른 방법들과의 차이점을 쉽게 보
여준다.

실제로 이상치는 모든 데이터에 존재하기 때문에 이상치를 포함해서 처리하는 것은 주요
관심 대상이다.

```
dcarc <- ContControl(target = c("X1"),
        epsilon = c(0.01,0.03,0.05,0.1),
```

```
             dots = list(mean = 150, sd = 1), type = "DCAR")
results <- runSimulation(dc,
                         nrep = 3,
                         NAControl = nc,
                         contControl = dcarc,
                         fun = sim)
```

```
aggregate(results)
##   Epsilon NArate    xMean     xMice       knn        LS    LTSrob
## 1    0.01   0.05 1.169989 0.9501772 0.8440359 0.8873185 0.7044925
## 2    0.03   0.05 1.867719 1.6452466 1.5593942 1.6538767 1.3555124
## 3    0.05   0.05 2.629600 2.5774409 2.4796152 2.6403572 2.1760300
## 4    0.10   0.05 4.180403 4.1640710 4.0308395 4.3412581 3.8326223
## 5    0.01   0.10 1.083472 0.9438792 0.7513994 0.8230325 0.5997533
## 6    0.03   0.10 1.542900 1.4860973 1.1938551 1.4082617 1.0123190
## 7    0.05   0.10 1.790335 1.8517452 1.5830545 1.6937968 1.3795612
## 8    0.10   0.10 2.867004 2.8748454 2.7553507 2.9715110 2.4287011
```

시뮬레이션 결과의 분포를 비교하기 위해 그림 10.6에서 결과를 플로팅했다.

```
simBwplot(results)
```

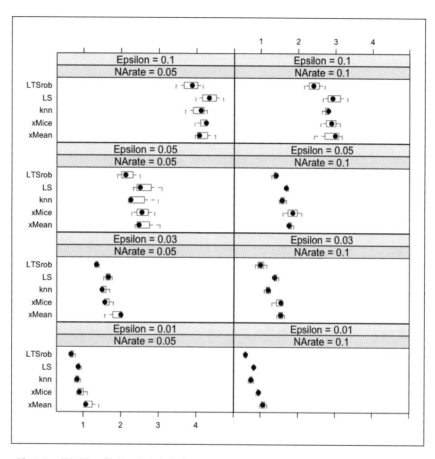

그림 10.6 이상치를 포함하는 대체 방법 비교 시뮬레이션 결과(Epsilon: 이상치의 정도, NArate: 누락률)

분명히 누락률과 이상치의 오염 수준을 고려한 상대적 애치슨 거리 측면에서 반복적인 모델 기반 절차(LTSrob)가 수정 k-NN 접근법보다 더 좋은 결과를 가져다준다. 놀라운 결과가 아닌 것이, 후자인 수정 k-NN 접근법은 반복적 모델 기반 절차에서 시작점으로 사용되기 때문이다. 평균 대체 방법(xMean)은 최악의 수행 능력을, xMice는 흐른 등(Hron, Templ, & Filzmoser, 2010)의 EM 알고리즘(LS)보다 약간 나쁘다. 그러나 대체 방법의 진중한 평가를 위해, 다른 기준들도 고려돼야 한다. 예를 들어, 다변량 데이터의 변동성 정도를 얼마나 잘 반영하느냐의 기준도 고려해야 한다(Hron, Templ, & Filzmoser, 2010).

새로운 시뮬레이션을 돌리는데 대부분의 내용은 바뀌지 않을 것이며, 다만 시뮬레이션 함수는 거리 대신 공분산으로 비교한다.

```
sim2 <- function(x, orig) {
    rdcm <- function(x, y){
        ocov <- cov(isomLR(x))
        rcov <- cov(isomLR(y))
        return(frobenius.norm(ocov-rcov)/frobenius.norm(ocov))
    }
    i <- apply(x, 1, function(x) any(is.na(x)))
    ni <- length(which(i))
    x <- x[, -ncol(x)]
    xMean <- e1071::impute(x)
    xMice <- mice(x, printFlag = FALSE, diagnostics = FALSE, m = 1)
    xMice <- complete(xMice)
    xKNNa <- impKNNa(x)$xImp
    xLS <- impCoda(x, method = "lm")$xImp
    xLTSrob <- impCoda(x, method = "ltsReg")$xImp
    c(xMean = rdcm(xMean, orig),
      xMice = rdcm(xMice, orig),
      knn = rdcm(xKNNa, orig),
      LS = rdcm(xLS, orig),
      LTSrob = rdcm(xLTSrob, orig))
}
```

이제 시뮬레이션을 다시 돌려보자.

```
library("matrixcalc")
results <- runSimulation(dc,
                         nrep = 3,
                         NAControl = nc,
                         contControl = dcarc,
                         fun = sim2)
```

```
aggregate(results)
##   Epsilon NArate    xMean     xMice       knn        LS    LTSrob
## 1    0.01   0.05 0.2052108 0.1888341 0.1677975 0.1746085 0.1581507
## 2    0.03   0.05 0.3707707 0.3556715 0.3447043 0.3607931 0.3407841
## 3    0.05   0.05 0.5094309 0.5009143 0.5082797 0.5075591 0.4938353
## 4    0.10   0.05 0.7008258 0.6825972 0.6809999 0.6860417 0.6658453
## 5    0.01   0.10 0.2284774 0.1783459 0.1741286 0.1849407 0.1621681
## 6    0.03   0.10 0.3847136 0.3726923 0.3477511 0.3749449 0.3424004
## 7    0.05   0.10 0.5484875 0.5096264 0.5148351 0.5428007 0.5106629
## 8    0.10   0.10 0.6914287 0.6790557 0.6846771 0.6876906 0.6677574
```

패키지 robCompositions에서 나온 강건 EM 접근법(LTSrob)은 오류 측면에서 다시 한번 성능이 가장 좋은 것으로 나타난다.

디자인 기반 시뮬레이션

디자인 기반 시뮬레이션은 유한한 샘플링 프레임의 선택 확률이 동일하지 않은 경우에 중요하며, 즉 이 말은 샘플이 복합 샘플링 디자인을 통해 추출됐을 때 중요하다는 뜻이기도 하다. 디자인 기반 시뮬레이션은 모집단 장부에서 추출된 샘플처럼 유한한 모집단으로 실시한 샘플링과 주로 관계가 있다.

샘플 조사 비용을 특정 복합 샘플링 디자인으로 추출할 경우 줄일 수 있다. 예를 들어 편부모와 다자녀 가정이 다른 형태로 구성된 가정보다 가난할 가능성이 높기 때문에, 빈곤 측정에서 편부모와 다자녀로 구성된 가계를 다른 형태로 구성된 가계보다 더 높은 확률로 포함시키는 방식이다.

 기본적으로 디자인 기반 시뮬레이션에서 유한한 모집단으로부터 복합 샘플링 디자인을 이용해 R개의 샘플을 추출하며, 현실에 가까운 방식으로 시뮬레이션한다.

각 샘플별로 모집단의 모수 θ가 추정되고, 각 샘플의 추정 $\hat{\theta}_1, ..., \hat{\theta}_R$과 $\hat{s}^2(\hat{\theta}_1), ..., \hat{s}^2(\hat{\theta}_R)$ 은 모수 θ와 $\sigma^2(\theta)$에 비교된다.

복합 설문조사 데이터의 예

각 디자인 기반 시뮬레이션은 시뮬레이션이 보여주려는 목표에 따라 다를 수 있다. 그러나 일부 기본적인 이슈는 그대로 유지된다. 여기서는 여러 어려움이 발생할 수 있는 매우 복잡한 디자인 기반 시뮬레이션을 소개한다. 이러한 어려운 문제점들은 이상치, 누락값, 여러 샘플링 디자인, 추정하려는 복잡한 지표, 그리고 그들의 분산 추정과 관련이 있다.

사회적 배제와 빈곤 지표는 소득 및 생활 조건을 보여주는 **유럽연합 통계**^EU-SILC 데이터 세트로부터 추정된다.

시뮬레이션 분야에서는 인공적으로 생성된 모집단의 도움을 받는 연구가 많다(유한한 모집단을 시뮬레이션하는 방법을 다루는 절을 참조하길 바란다). 샘플은 인공적으로 만들어진 모집단에서 추출되는데, 이는 추출된 샘플로부터 추정될 모수의 참값을 안다는 뜻이다.

시뮬레이션 연구의 디자인은 현실과 매우 가까워야 한다. 훌륭한 인공 모집단뿐만 아니라 이상치와 누락값이 데이터상에서 잘 정의돼야 한다는 뜻이다. 누락값은 설문지에서 무응답을 의미하고 이상치는 잘못된 답을 의미한다.

마찬가지로 시뮬레이션 연구의 일반적인 개념 또한 현실에 가까워야 한다. 모집단 데이터로부터 시작해서 현실적 샘플링 방법을 통해 샘플을 반복적으로 추출한다. 각 시뮬레이션 실행에서 관심 수치들(이번 절에서는 대부분의 경우 사회적 배제와 가난 지표와 지표 간 분산이 관심 수치가 된다)을 해당 샘플로부터 추정하고, 모든 시뮬레이션 실행의 결과들이 합쳐져서 분포를 형성한다. 마지막으로, 참값과 추정값을 비교하는 데 특정 평가 기준들이 사용된다.

이상치와 무응답에 대한 가장 현실적 인식은 모집단 수준에서 이상치와 무응답이 항상 존재한다는 것이다. 사람이 극단적으로 소득이 높거나 설문조사의 특정 질문에 응답하지 않을지 등의 여부는 해당 응답자가 실제로 샘플에 존재하는지에 달려 있지는 않다. 가장 현실적인 시뮬레이션 디자인은 이상치인 오염과 무응답을 모집단에 삽입하는 것이다.

이 접근법의 단점은 샘플에 있을 이상치와 누락값의 수를 예측할 수 없다는 것이다.

고려된 추정량의 강건성이 시뮬레이션의 주요 초점이거나 이상치 검출 방법을 조사한다면, 오염된 관측치에 대한 최대한의 통제는 철저한 평가를 위해 반드시 필요하다. 만약 불완전한 데이터를 다루는 것이 주요 관심사라면 누락값의 개수와 관련된 동일 원칙이 적용돼야 하고, 모집단이 아닌 샘플에 오염과 무응답을 더해줌으로써 해결할 수 있다. 이 방법은 현실을 진정으로 반영하지 못할 수도 있지만, 통계 담당자의 관점에서 보면 매우 실용적인 방식이다. 하지만 샘플에 오염이나 무반응을 추가하면 시뮬레이션 실행 횟수가 증가하기 때문에 계산 비용이 상승하게 된다. 그림 10.7은 이러한 시뮬레이션 디자인의 일반적인 개요를 시각화한다.

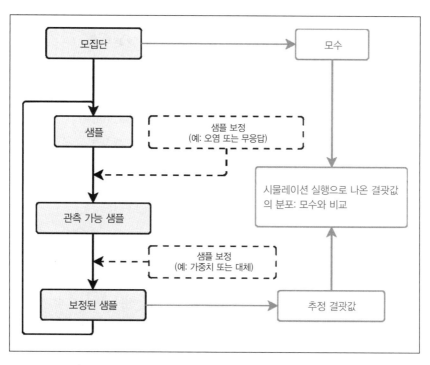

그림 10.7 가장 실용적인 디자인 기반 시뮬레이션 접근법의 일반적인 개요

합성 모집단 시뮬레이션

하나의 모집단을 시뮬레이션하기 위해 R 패키지 simPop(Templ, Kowarik, & Meindl, 2016)을 사용하면 가장 편리하다. 이전 절에서 R로 모집단을 시뮬레이션하는 방법을 부분적으로 보여줬다(유한한 모집단 시뮬레이션의 예).

모집단이 이미 존재한다고 가정할 수 있고, 패키지 simPop으로 시뮬레이션되고 패키지 simFrame에서 제공하는 모집단 데이터를 사용할 수 있다.

```
data("eusilcP")
```

이번 모집단은 실제 모집단보다는 작지만 시연 차원에서 완벽할 정도로 적합하다. 다음 변수들을 포함한다.

```
colnames(eusilcP)
##  [1] "hid"         "region"     "hsize"      "eqsize"
"eqIncome"
##  [6] "pid"         "id"         "age"        "gender"     "ecoStat"
## [11] "citizenship" "py010n"     "py050n"     "py090n"     "py100n"
## [16] "py110n"      "py120n"     "py130n"     "py140n"     "hy040n"
## [21] "hy050n"      "hy070n"     "hy080n"     "hy090n"     "hy110n"
## [26] "hy130n"      "hy145n"     "main"
```

이러한 변수의 자세한 내용은 ?eusilcP를 입력해서 확인해보자.

관심 있는 추정량

다음으로 관심 있는 추정량을 정의할 텐데, 이번 경우는 지니계수다(Gini, 1912). 지니계수의 전통적 표준 추정량과 힐 추정량(Hill, 1975), 그리고 알폰스 등(Alfons, Templ, & Filzmoser, 2013)이 제안한 가중치가 적용된 부분 밀도 구성PDC, partial density component 추정량을 이용한 지니계수의 강건 추정량을 비교한다.

438

모든 반복에서 실행될 함수를 정의하고 그 함수를 sim이라고 부를 것이다. 함수 인자 k는 가계의 수를 결정하며, 가계 소득은 파레토 분포^{Pareto distribution}로 모델링한다. 지니계수는 균등화한 가계 소득에 기반해서 계산하기 때문에, 우측 꼬리 부분에 위치하는 가구의 모든 개인은 같은 값을 갖는다.

```
sim <- function(x, k) {
  require("laeken")
  x <- x[!is.na(x$eqIncome), ]
  ## 전통적 표준 지니 추정량
  g <- gini(x$eqIncome, x$.weight)$value
  ## 힐 추정량
  eqIncHill <- fitPareto(x$eqIncome, k = k, method = "thetaHill",
    groups = x$hid)
  gHill <- gini(eqIncHill, x$.weight)$value
  ## 부분 밀도 요소(PDC) 추정량
  eqIncPDC <- fitPareto(x$eqIncome, k = k, method = "thetaPDC",
    groups = x$hid)
  gPDC <- gini(eqIncPDC, x$.weight)$value
  ## 벡터 형태의 결괏값
  c(standard = g, Hill = gHill, PDC = gPDC)
}
```

샘플링 디자인 정의하기

시뮬레이션에서 실제 프로세스를 현실적으로 묘사하기 위해 모집단으로부터 샘플을 추출하는 데 실제와 닮은 샘플링 방법을 사용해야 한다. 다른 상황에서 더 완벽한 그림을 얻을 수 있도록, 여타 방법들이 추가로 사용된다. 그러나 조사통계 문헌에 기술된 샘플링 방법의 수는 무수히 많기 때문에 시뮬레이션에 사용될 몇 가지 대표적인 방법을 선택한다. 간단한 방법이 결과에 미치는 영향을 살펴봄으로써 통찰력을 얻을 수 있으므로 매우 간단한 임의의 샘플링을 고려한다. 그럼에도 불구하고, 현실에서는 불균등 확률 샘플링이 자주 사용되며 시뮬레이션에서 반드시 다뤄야 할 부분이다. EU-SILC 데이터에서 각 가구는 한 지역에 소속되기 때문에, 계층 추출법을 반드시 적용해야 한다. 또한 다단계^{multistage} 샘플링 또는 균형^{balanced} 샘플링처럼 흥미로운 고급 방법들도 있다. 어떤 경우든 테스트할 디자인은 가장 빈도 있게 사용되는 방법들로 다뤄야 한다.

앞에서 정의된 함수 sim은 프레임워크의 장점을 보여주도록 디자인됐으며, 다음 예제에서 사용될 것이다. 샘플링 디자인은 다음 함수로 구체화된다.

```
sc <- SampleControl(grouping = "hid", size = 1500, k = 100)
```

기본 시뮬레이션 디자인에서 1500가구를 대상으로 100개의 샘플을 간단한 임의 샘플링 방식으로 추출한다. 하나의 시뮬레이션 설계에서 다른 설계로 변경하려면, 제어 객체를 다시 정의하거나 변경해서 함수 runSimulation()에 적용한다.

```
library("laeken") # 지니 함수를 활용하기 위해
set.seed(123)
## 시뮬레이션 실시
results <- runSimulation(eusilcP, sc, fun = sim, k = 175)
```

시뮬레이션 결과를 검사하기 위해 자주 사용되는 몇 가지 일반 함수를 적용한다. head(), tail(), summary()뿐만 아니라 aggregate()를 사용해 요약 통계를 계산하는 방법 또한 가능하다. R에서는 산술평균이 요약 통계의 기본 형태로 사용된다. 게다가 plot()은 시뮬레이션 결과를 적절한 그래픽으로 표현하는 형식을 자동으로 선택한다. 참값을 보여주는 참조선^{reference line}을 추가할 수도 있다.

```
head(results)
##   Run Sample standard     Hill      PDC
## 1   1      1 27.15482 26.68633 26.23039
## 2   2      2 28.00388 28.45642 28.49079
## 3   3      3 26.40009 27.01484 25.72001
```

```
## 4    4       4 26.98088 26.80504 26.52683
## 5    5       5 27.08909 27.61471 25.07168
## 6    6       6 27.34760 27.16358 27.94456
aggregate(results)
## standard      Hill       PDC
## 26.72984 26.83082 26.91765
```

그림 10.8은 기본 시뮬레이션 디자인의 시뮬레이션 결과를 박스 플롯으로 보여준다.

```
tv <- laeken::gini(eusilcP$eqIncome)$value
plot(results, true = tv)
```

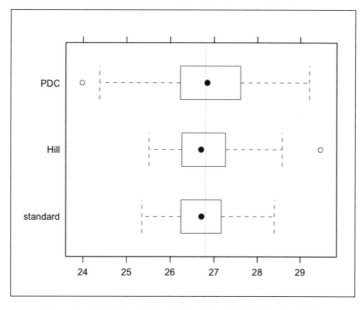

그림 10.8 지니계수를 추정한 (디자인 기반) 시뮬레이션 결과. 방법 비교

PDC 추정량이 좀 더 큰 가변성을 갖는 데 비해, 세 가지 방법 모두 평균적으로 모집단 값에 매우 가깝다. 이 결과는 파레토 분포에 맞추기 위해 사용한 가계 수의 선택이 적절했

음을 의미한다.

층화 샘플링 사용하기

공식 통계에서 가장 빈번하게 사용되는 샘플링 디자인은 simFrame으로 실행된다. 다른 샘플링 디자인으로 전환하려면 해당 제어 객체를 변경하면 된다. 이번 예에서는 전체 1,500 가구에 대해 계층화된 층화 샘플링을 수행한다. 다른 계층의 샘플 크기들은 제어 객체의 공간^{slot} 크기 벡터를 이용해 특정한다.

```
set.seed(12345)
sc <- SampleControl(design = "region", grouping = "hid",
  size = c(75, 250, 250, 125, 200, 225, 125, 150, 100),
  k = 100)
## 새로운 시뮬레이션 실시
results <- runSimulation(eusilcP, sc, fun = sim, k = 175)
```

이전과 마찬가지로 시뮬레이션 결과는 head() 및 aggregate()로 검사한다. 시뮬레이션 결과 플롯 또한 만들 수 있지만, 이번 예제에서는 생략한다.

```
head(results)
##   Run Sample standard      Hill      PDC
## 1   1      1 27.08652 27.22293 27.66753
## 2   2      2 26.80670 27.35874 25.93378
## 3   3      3 26.68113 27.03964 26.60062
## 4   4      4 25.84734 26.52346 25.18298
## 5   5      5 26.05449 26.26848 26.60331
## 6   6      6 26.98439 27.01396 26.48090
aggregate(results)
## standard      Hill      PDC
## 26.71792 26.85375 26.86248
```

오염 추가

이상치는 사실상 모든 데이터 세트에 존재하며, 존재 여부를 파악하고 이상치가 추정치에 미치는 영향을 연구하는 것은 매우 흥미로운 부분이다. simFrame으로 제어 객체를 정의해서 오염을 지정해, 다양한 오염 모델이 프레임워크에서 구현된다. 오염이라는 용어는 기술적인 의미에서 사용되고 오염은 두 단계 과정으로 모델링된다는 점을 염두에 두자 (Beguin & Hulliger, 2008; Hulliger & Schoch, 2009 참조). 이번 예에서는 간단한 임의의 샘플링을 통해 전체 가구의 0.5%가 오염되는 것으로 선택하며, 선별된 가구의 균등화된 소득은 평균 $500,000와 표준편차 $10,000를 갖는 정규 분포에서 추출된다.

```
set.seed(12345)
## 오염 정의
cc <- DCARContControl(target = "eqIncome", epsilon = 0.005,
  grouping = "hid", dots = list(mean = 5e+05, sd = 10000))
## 새로운 시뮬레이션 실시
results <- runSimulation(eusilcP, sc, contControl = cc, fun = sim, k
= 175)
```

시뮬레이션 결과를 살펴보기 위해 head(), aggregate(), plot() 메소드를 다시 사용한다. 사용된 오염 수준을 보여주는 새로운 열이 추가됐음을 주목하자.

```
head(results)
##   Run Sample Epsilon standard     Hill      PDC
## 1   1      1   0.005 32.71453 29.12110 27.03731
## 2   2      2   0.005 34.22065 31.62709 26.24857
## 3   3      3   0.005 33.56878 28.49760 28.00937
## 4   4      4   0.005 35.26346 29.57160 26.25621
## 5   5      5   0.005 33.79720 29.15945 25.61514
## 6   6      6   0.005 34.72069 28.58610 27.22342
aggregate(results)
##   Epsilon standard     Hill      PDC
## 1   0.005 34.88922 30.26179 27.02093
```

그림 10.9에서 결과 박스 플롯이 제시된다. 이상치의 높은 영향력이 힐[Hill]과 표준 추정량에 미치고 있음이 확인되고, 지니계수는 해당 두 추정량에서 더 커진다는 것을 알 수 있다.

```
tv <- gini(eusilcP$eqIncome)$value
plot(results, true = tv)
```

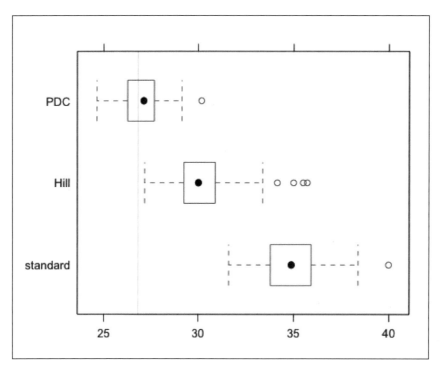

그림 10.9 다수의 이상치가 존재하는 지니계수를 추정하는 여러 가지 디자인 기반 시뮬레이션 방법의 결과. 회색 수직선은 지니계수의 알려진 실제 모수다.

작은 양의 오염이 지니계수의 표준 추정과 힐 추정을 완전히 오염시키는 데 충분하다는 것을 그림으로 보여준다. PDC 추정량을 사용하면 매우 정확한 결과를 얻을 수 있다.

다른 영역에 대해 별도의 시뮬레이션 실행

공식 통계에서 나온 데이터 세트는 일반적으로 강한 이질성을 포함하므로 지표들은 일반적으로 데이터의 하위 집합 수준에서 계산된다. 그래서 시뮬레이션 연구에서 다른 하위 집합으로 지표의 특징을 조사하는 것에 관심이 높다. simFrame에 있는 함수 runSimulation()의 함수 인자를 간단히 지정해서 특징이 있는 행동을 조사할 수 있다. 이전 절의 예제를 확장하기 위해, 프레임워크가 샘플을 분할하고 오염을 각 하위 집단에 투여한 후, 하위 집단에 대해 제공된 함수를 자동으로 호출한다.

```
set.seed(12345)
sc <- SampleControl(design = "region", grouping = "hid",
  size = c(75, 250, 250, 125, 200, 225, 125, 150, 100), k = 100)
cc <- DCARContControl(target = "eqIncome", epsilon = 0.005,
  grouping = "hid", dots = list(mean = 5e+05, sd = 10000))
results <- runSimulation(eusilcP, sc, contControl = cc,
  design = "gender", fun = sim, k = 125)
```

결과는 head() 및 aggregate()를 사용해 다시 확인한다. 결과 플롯은 그림 10.10에서 각 방법에서 나온 추정된 지니계수의 분포를 보여주며, 모수는 회색 세로선으로 표시된다.

```
tv <- simSapply(eusilcP, "gender", function(x) gini(x$eqIncome)$value)
plot(results, true = tv)
```

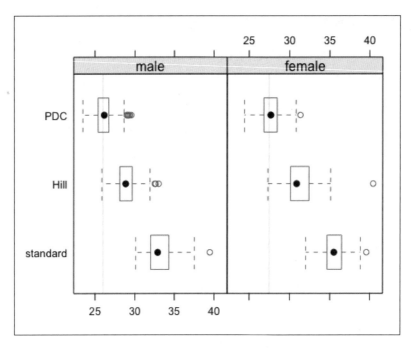

그림 10.10 계층 샘플링, 오염, 그리고 성별로 분리된 시뮬레이션 디자인을 수행한 결과

확실히 PDC 추정량은 하위 데이터에서도 뛰어난 결과를 제시하지만, 2개의 고전적 접근법은 이상치에 상당히 영향을 받는 것으로 나타났다.

강건한 방법의 특성에 대한 완전한 그림을 그리기 위해 한 수준 이상의 오염을 시뮬레이션으로 조사한다. 코드에서 반드시 수정해야 할 부분은 오염 통제 객체의 공간 엡실론^{slot} epsilon으로 오염 수준 벡터를 사용하는 것이다. 이 내용은 이 책에서 다루지 않지만 자세한 내용은 Alfons, Templ, & Filzmoser(2010b)를 참조하기 바란다.

▎ 누락값 삽입

설문조사 데이터는 거의 항상 상당한 양의 누락값이 포함된다. 따라서 현실에 가까운 시뮬레이션 연구에서는 누락된 데이터로 인한 변동성을 고려할 필요가 있다. 누락 데이터 메커니즘의 세 가지 유형이 연구에서 구분된다. 예를 들어 Little & Rubin(2002)에서 보면 **완전 무작위 누락**MCAR, missing completely at random, **무작위 누락**MAR, missing at random, 그리고 **무작위가 아닌 누락**MNAR, missing not at random으로 나뉜다.

다음 예에서는 오염되지 않은 가계 데이터의 균등화된 가계 소득에 완전 무작위 누락 형태MCAR의 누락값이 삽입됐다. 즉, 해당 가계의 값이 NA로 설정될 관측값들이 간단한 무작위 샘플링으로 선택됐다. 누락된 값이 있는 시나리오와 누락값 없는 시나리오를 비교하기 위해 누락률을 0%와 5%로 지정했다. 연산 시간을 낮추기 위해 샘플 수는 50으로 감소시키고 오염 수준 0%, 0.5% 및 1%로 해서 조사했다. simFrame으로 누락된 데이터에 대한 제어 객체(NAControl)만이 정의되어 runSimulation()에 제공돼야 하고, 나머지 부분은 프레임워크에 의해 자동으로 수행된다.

```
set.seed(12345)
sc <- SampleControl(design = "region", grouping = "hid",
  size = c(75, 250, 250, 125, 200, 225, 125, 150, 100), k = 50)
cc <- DCARContControl(target = "eqIncome", epsilon = c(0, 0.005, 0.01),
dots = list(mean = 5e+05, sd = 10000))
nc <- NAControl(target = "eqIncome", NArate = c(0, 0.05))
results <- runSimulation(eusilcP, sc, contControl = cc,
  NAControl = nc, design = "gender", fun = sim, k = 125)
```

항상 그렇듯이 head(), aggregate(), plot() 메소드는 시뮬레이션 결과를 보기 위해 사용된다. 누락 비율을 보여주는 열이 결과에 추가되고, aggregate()는 이상치의 정도인 오염 수준, 누락 비율 및 성별 값을 보여준다.

```
aggregate(results)
##    Epsilon NArate gender standard      Hill      PDC
## 1    0.000   0.00   male 25.89948 25.99777 25.74944
## 2    0.005   0.00   male 33.52791 29.30477 26.14659
## 3    0.010   0.00   male 39.45422 32.74672 26.64929
```

```
## 4    0.000    0.05    male 25.88434 25.87824 25.80541
## 5    0.005    0.05    male 33.87975 29.60079 26.18759
## 6    0.010    0.05    male 39.99526 33.44462 26.31274
## 7    0.000    0.00 female 27.17769 27.30586 27.19275
## 8    0.005    0.00 female 35.46414 31.37099 27.98622
## 9    0.010    0.00 female 41.28625 35.22113 28.19677
## 10   0.000    0.05 female 27.16026 27.37710 27.20892
## 11   0.005    0.05 female 35.85305 31.56317 27.80455
## 12   0.010    0.05 female 41.86453 35.44025 27.98948
```

약간의 이상치가 표준 지니계수와 힐계수에 영향을 미치고 있음을 확인할 수 있다. 만약 다중 오염 수준과 다중 누락값 비율이 시뮬레이션 연구에 사용되면, 시뮬레이션 결과에 대한 조건부 플롯을 plot()으로 생성할 수 있다.

▌ 요약

10장에서 나오는 시뮬레이션은 두 가지 종류로 나뉘는데, 모델 기반 시뮬레이션 및 디자인 기반 시뮬레이션이다. 모델 기반 시뮬레이션은 특정 모델(초 모집단)로부터 나온 데이터를 시뮬레이션하며 설정이 쉽다. 목표는 관심이 있는 임의의 분포를 시뮬레이션한 모델로부터 진정한 모수를 알아내는 것이다. 추정은 시뮬레이션된 데이터 각각에 적용되고 실제 모숫값과 비교된다.

디자인 기반 시뮬레이션 연구는 샘플링 디자인이 반드시 있어야 한다는 측면에서 다르다. 샘플이 추출될 수 있는 유한한 집단에 대해 시뮬레이션하는 방법을 먼저 보여준 이유다. 데이터 세트를 간단한 임의의 샘플링으로 추출할 수 있을 때는 디자인 기반 시뮬레이션이 필요 없다.

또한 패키지 simFrame의 효율적인 사용법을 보여줬다. 예제에서는 프레임워크를 통해 연구자는 단 몇 줄의 코드만으로 광범위한 시뮬레이션 디자인을 사용할 수 있음을 보여준다. 하나의 시뮬레이션 디자인에서 다른 디자인으로 옮기기 위해서는 단지 제어 객체만을 정의하거나 수정하면 된다. 간단한 디자인에서 매우 복잡한 디자인으로 옮기는 것도 최소한의 코드 변경만 있으면 된다. 해당 패키지를 사용하면 좀 더 깨끗한 코드, 오류 발생 가능성이 적은 코딩, 그리고 효율적인 시뮬레이션이 가능하다.

▌참고문헌

- Aitchison, J. 1986. "The Statistical Analysis of Compositional Data." Chapman & Hall, London.

- Aitchison, J. 1992. "On Criteria for Measures of Compositional Difference." *Mathematical Geology* 34 (4): 365–79.

- Aitchison, J., C. Barceló-Vidal, J.A. Martín-Fernández, and V. Pawlowsky-Glahn. 2000. "Logratio Analysis and Compositional Distance." *Mathematical Geology* 32 (3): 271–75.

- Alfons, A., S. Kraft, M. Templ, and P. Filzmoser. 2011. "Simulation of Closeto-Reality Population Data for Household Surveys with Application to EUSILC." *Statistical Methods & Applications* 20 (3): 383–407.

- Alfons, A., M. Templ, and P. Filzmoser. 2010a. "An Object-Oriented Framework for Statistical Simulation: The R Package simFrame." *Journal of Statistical Software* 37 (3): 1–36. http://www.jstatsoft.org/v37/i03/.

- ___. 2010b. "An Object-Oriented Framework for Statistical Simulation: The R Package SimFrame." *Journal of Statistical Software* 37 (3): 1–36.

- ___. 2013. "Robust Estimation of Economic Indicators from Survey Samples Based on Pareto Tail Modelling." *Journal of the Royal Statistical Society: Series C (Applied Statistics)* 62 (2). Blackwell Publishing Ltd: 271–86. doi:10.1111/j.1467-9876.2012.01063.x.

- Barrett, C.L., S. Eubank, A. Marathe, M.V. Marathe, Z. Pan, and S. Swarup. 2011. "Information Integration to Support Model-Based Policy Informatics." *The*

Innovation Journal: The Public Sector Innovation Journal 16 (1).

- Barthelemy, J., and P.L. Toint. 2013. "Synthetic Population Generation Without a Sample." *Transportation Science* 47 (2): 266–79.

- Beckman, R.J., K.A. Baggerly, and M.D. McKay. 1996. "Creating Synthetic Baseline Populations." *Transportation Research Part A: Policy and Practice* 30 (6): 415–29.

- Beguin, C., and B. Hulliger. 2008. "The BACON-EEM Algorithm for Multivariate Outlier Detection in Incomplete Survey Data." *Survey Methodology* 34 (1): 91–103.

- Brown, L., and A. Harding. 2002. "Social Modelling and Public Policy: Application of Microsimulation Modelling in Australia." *Journal of Artificial Societies and Social Simulation* 5 (4): 6.

- Egozcue, J.J., V. Pawlowsky-Glahn, G. Mateu-Figueras, and C. Barceló-Vidal. 2003. "Isometric Logratio Transformations for Compositional Data Analysis." *Mathematical Geology* 35 (3): 279–300.

- Gini, C. 1912. "Variabilità E Mutabilità: Contributo Allo Studio Delle Distribuzioni E Delle Relazioni Statistiche." *Studi Economico-Giuridici Della R. Università Di Cagliari* 3: 3–159.

- Hill, B.M. 1975. "A Simple General Approach to Inference About the Tail of a Distribution." *The Annals of Statistics* 3 (5): 1163–74.

- Hron, K., M. Templ, and P. Filzmoser. 2010. "Imputation of Missing Values for Compositional Data Using Classical and Robust Methods." *Computational Statistics & Data Analysis* 54 (12): 3095–3107.

- Huber, P.J. 1981. Robust Statistics. Wiley.

- Hulliger, B., and T. Schoch. 2009. "Robustification of the Quintile Share Ratio." *New Techniques and Technologies for Statistics*, Brussels.

- Little, R.J.A., and D.B. Rubin. 2002. Statistical Analysis with Missing Data. 2nd ed. New York: John Wiley & Sons.

- Mateu-Figueras, G., V. Pawlowsky-Glahn, and J.J. Egozcue. 2008. "The

Normal Distribution in Some Constrained Sample Spaces." http://arxiv.org/abs/0802.2643.

- Münnich, R., and J. Schürle. 2003. On the Simulation of Complex Universes in the Case of Applying the German Microcensus. DACSEIS research paper series No. 4. University of Tübingen.

- Münnich, R., J. Schürle, W. Bihler, H.-J. Boonstra, P. Knotterus, N. Nieuwenbroek, A. Haslinger, et al. 2003. Monte Carlo Simulation Study of European Surveys. DACSEIS Deliverables D3.1 and D3.2. University of Tübingen.

- Rousseeuw, P.J., and K.van Driessen. 1998. "A Fast Algorithm for the Minimum Covariance Determinant Estimator." *Technometrics* 41: 212–23.

- Rubin, D.B. 1993. "Discussion: Statistical Disclosure Limitation." *Journal of Official Statistics* 9 (2): 461–68.

- Smith, D.M., J.R. Pearce, and K. Harland. 2011. "Can a Deterministic Spatial Microsimulation Model Provide Reliable Small-Area Estimates of Health Behaviours? An Example of Smoking Prevalence in New Zealand." *Health Place* 17 (2): 618–24.

- Stahel, W. A., and M. Mächler. 2009. "Comment on Invariant Co-Ordinate Selection." *Journal of the Royal Statistical Society* B 71: 584–86.

- Stahel, W., M. Mächler, and potentially others. 2013. robustX: "Experimental Functionality for Robust Statistics." https://CRAN.R-project.org/package=robustX.

- Templ, M., and P. Filzmoser. 2014. "Simulation and Quality of a Synthetic Close-to-Reality Employer-employee Population." *Journal of Applied Statistics* 41 (5): 1053–72.

- Templ, M., K. Hron, and P. Filzmoser. 2011. "RobCompositions: An R-Package for Robust Statistical Analysis of Compositional Data." *In Compositional Data Analysis*, 341–55. John Wiley & Sons, Ltd.

- Templ, M., A. Kowarik, and P. Filzmoser. 2011. "Iterative Stepwise Regression Imputation Using Standard and Robust Methods." *Comput. Stat. Data Anal.* 55

(10): 2793–2806.

- Templ, M., A. Kowarik, and B. Meindl. 2016. "Simulation of Synthetic Complex Data: The R-Package SimPop." *Journal of Statistical Software*, 1–39.

- Tomintz, Melanie N., Graham P. Clarke, and Janette E. Rigby. 2008. "The Geography of Smoking in Leeds: Estimating Individual Smoking Rates and the Implications for the Location of Stop Smoking Services." Area 40 (3): 3 41–53.

- Troyanskaya, O., M. Cantor, G. Sherlock, P. Brown, T. Hastie, R. Tibshirani, D. Botstein, and R. Altman. 2001. "Missing Value Estimation Methods for DNA Microarrays." *Bioinformatics* 17 (6): 520–25.

- Williamson, P., G. Mitchell, and A. T. McDonald. 2002. "Domestic Water Demand Forecasting: A Static Microsimulation Approach." *Water and Environment Journal* 16 (4). Blackwell Publishing Ltd: 243–48.

11

시스템 다이내믹스와
에이전트 기반 모델

11장의 제목으로 판단할 때, 이전 장들의 주제와 완전히 다른 주제를 다룬다고 생각할 수 있다. 하지만 그렇지 않다. 이미 6장 '시뮬레이션으로 보는 확률 이론'에서 동전을 계속해서 튕기면서 간단한 시스템 다이내믹스를 수행했다. 시간이 지나면서 변하는 것은 동전의 한쪽 면의 빈도수였으며, 또한 시간이 지나면서 하나의 해로 수렴하는 마르코프 체인 몬테카를로 실험을 했다. 그러나 이번 장은 중요한 역할을 하는 상수와 확률의 관점에서 다르다. 통계적 불확실성은 불행히도 시스템 다이내믹스와 직접적인 관련은 없다.

이번 장에서는 좀 더 고급 모델링을 논의하고자 한다. 일반적으로 시간에 따른 시스템 진화 측면에서 다이내믹 시스템은 폭넓은 적용 범위를 갖는데, 예를 들어 유기체의 성장, 주식 시장, 교통, 화학 반응, 질병의 확산, 행성의 운동, 인구통계학적 변화 등이 있다.

시스템 다이내믹스를 사용하는 것이 복잡계를 연구하는 여러 방법들을 사용하는 것과 차이를 만드는 것은 피드백 루프와 정량과 흐름의 사용이다. 실증적으로 다이내믹 모델은 입출력과 특정 종류의 블랙박스가 있는 기계적 형태로 묘사되며, 단일 객체(에이전트, 오토마타automata, 개인), 모집단, 그리고 시간 흐름에 따라 그들의 상호작용의 변화를 고려한다.

이번 장에서는 기본적인 주제를 다룰 뿐, 다이내믹 시스템의 전체 분야를 다루지는 않는다. 에이전트 기반 모델링, 사랑과 증오의 역동적인 게임, 그리고 포식자-먹이 유형 모델로 보는 동물의 생태계 등 현실적인 예들을 다룬다.

▌ 에이전트 기반 모델

> "예측은 매우 어렵다. 미래에 관한 것이라면 특히 그렇다."
>
> – 닐스 보어(Niels Bohr)

미래 예측에 대한 경고를 하고 있는 이 인용문은 추정량과 요약 통계 예측에 대한 전통적인 접근 방식의 문제점들을 주목한다. 하지만 마이크로시뮬레이션이라는 에이전트 기반 모델은 각 개인의 미래를 예측하며, 다음 절에서는 개별 예측이 어떻게 실행됐는지 그 배경을 소개한다.

마이크로시뮬레이션 모델은 인구 예측을 하는 인구통계학, 질병 전파 시뮬레이션, 그리고 사회적 경제적 변화의 예측 분야에서 선호된다. 인구통계학에서 세 가지 연속 척도인 개인의 나이, 시간, 그리고 특정 상황에서 개인이 이미 써버린 시간은 중요하다.

그러한 확률 모델의 입력은 T_0 시점 모집단의 전이율transition rate이며, 아마도 이민자 집단이 좋은 예일 것이다. 우리는 T_1, T_2, ...와 같은 시점의 상태에 관심이 있다.

최적의 케이스라면 마이크로시뮬레이션을 모집단으로 시작하는 것이다. 모집단이 유효한 경우는 흔치 않은 케이스이기 때문에, 진정한 모집단은 반드시 '강화'되거나 심지어는 완전하게 시뮬레이션돼야 한다. 합성 집단은 10장 '복합 데이터로 하는 시뮬레이션'에서 이미 시뮬레이션됐으며, 인구통계학적으로 개인과 관련이 있는 정보, 예를 들어 성별, 결혼 상태, 출산 상태, 교육 수준 등의 정보를 포함한다.

출산율과 사망률에 대해 몇 가지 기록을 주목해보자.

시간이 지남에 따라 바뀔 수 있는 카테고리의 경우, 기본적으로 전이 행렬 또는 회귀 모델에서 나온 확률값이 필요하다. 진(Zinn, 2014)은 두 번째 자녀를 낳은 여성들 사이에서 전이율을 나타내는 데 사용할 수 있는 하트비거^{Hadwiger} 혼합 모델(T., Coleman, & Horns, 1999)의 예를 제시한다. 해당 함수의 투입요소로 연령, 달력상의 시간, 마지막 출산(첫 번째 출산 후 경과한 시간) 등을 사용했다.

```r
fert2Rate <- function(age, time, lastbirth){
 a <- ifelse(time <= 2020, 32, 33)
 b <- ifelse(time <= 2020, 6.0, 5.7)
frate <- (b / a) * (a / age) ^ (3 / 2) *
            exp(-b ^ 2 * (a / age + age / a - 2))
 frate[age <= 15 | age >= 45 | lastbirth < 0.75] <- 0
 return(frate)
}
```

3살짜리 아기를 갖는 서른 살 여성들의 2030년까지 출산율은 T., Coleman, & Horns (1999)의 단순화된 모델에 따라 다음과 같이 추산된다.

```r
fert2Rate(30, 2030, lastbirth = 3)
## [1] 0.1483116
```

여성의 나이가 들수록 출산력은 낮아진다.

```r
fert2Rate(40, 2030, lastbirth = 3)
## [1] 0.03874834
```

이것은 출산율을 모델링한 예일 뿐이며, 실제 출산율은 교육 수준, 수입, 거주 지역, 인종적 배경 등에 크게 영향을 받는다. 물론 파트너와 함께 느끼는 행복감뿐만 아니라 개인의 출산율을 증가시키는 다른 방법들이 있을 수 있다.

사망률 또한 많은 공변량에 달려 있다. 단순화된 버전을 적용할 것이다(Zinn, 2014).

```
mortRate <- function(age, time){
  a <- 0.0003
  b <- ifelse(time <= 2020, 0.1, 0.097)
  mrate <- a * exp(b * age)
  return(mrate)
}
```

2056년에 현재 40세인 내가 사망할 가능성은 다음과 같다.

```
mortRate(40, 2056)
## [1] 0.01452726
```

내 라이프 스타일을 고려하면 별로 현실적이지 않은 결과인 것 같다.

T_0 시점의 초기 집단을 위해 10장 '복합 데이터로 하는 시뮬레이션'에서 이미 R에서 사용할 수 있는 시뮬레이션된 데이터를 사용했다. 이번에는 해당 데이터에서 나온 몇 가지 인구 변수만을 사용할 것이다.

```
library("simFrame")
data(eusilcP, package = "simFrame")
pop <- eusilcP[, c("age", "gender", "hsize", "hid")]
```

우리가 갖고 있는 모집단 데이터에는 출산 정보가 제공되지 않는다. 그래서 미혼모single mothers 케이스를 무시하고 해당 정보를 만들기로 한다. 또한 파트너가 있는지 아니면 싱글인지 여부를 보여주는 변수를 추가할 것이다.

```
pop$nchildWomen <- ifelse(pop$gender == "female" &
    as.integer(pop$hsize) > 2 &
```

```
    pop$age > 17, as.integer(pop$hsize) - 2, 0)
pop$partnered <- factor(ifelse(as.integer(pop$hsize) >= 2 &
    pop$age > 17,
"P", "A"))
```

T_0 시점에 모집단의 처음 6개의 관측치는 다음과 같다.

```
head(pop)
##      age gender hsize hid nchildWomen partnered
## 39993  25   male     2   1           0         P
## 39994  24 female     2   1           0         P
## 31004  57 female     2   2           0         P
## 31005  53   male     2   2           0         P
## 29071  30 female     1   3           0         A
## 41322  32   male     3   4           0         P
```

이제 상태 공간 state space을 쉽게 정의할 수 있다.

```
stateSpace <- expand.grid(sex = levels(pop$gender),
                          partnered = levels(pop$partnered))
```

단순화된 상태 공간은 다음과 같다.

```
stateSpace
##       sex partnered
## 1    male         A
## 2  female         A
## 3    male         P
## 4  female         P
```

전이 행렬이 어떻게 생겼는지 보여준다.

```
trMatrix_f <- cbind(c("female/A->female/P", "female/P->female/A"),
                    c("rates1", "rates2"))
trMatrix_m <- cbind(c("male/A-male/P", "male/P-male/A"),
                    c("rates3", "rates4"))
allTransitions <- rbind(trMatrix_f, trMatrix_m)
absTransitions <- rbind(c("female/dead", "mortRate"),
                        c("male/dead", "mortRate"))
```

패키지 MicSim에서 나온 함수를 사용해 전이 행렬을 만든다.

```
library("MicSim")
transitionMatrix <- buildTransitionMatrix(allTransitions =
allTransitions, absTransitions = absTransitions, stateSpace =
stateSpace)
```

전이 행렬을 수작업으로 보정했으며, rates3과 rates4는 transitionMatrix에서 고려하지 않는다. 전이 행렬은 다음과 같은 모습을 갖는다.

```
transitionMatrix[1,3] <- "rates3"
transitionMatrix[3,1] <- "rates4"
transitionMatrix
##           male/A    female/A male/P   female/P dea
## male/A    "0"       "0"      "rates3" "0"      "mortRate"
## female/A  "0"       "0"      "0"      "rates1" "mortRate"
## male/P    "rates4"  "0"      "0"      "0"      "mortRate"
## female/P  "0"       "rates2" "0"      "0"      "mortRate"
```

다음과 같이 사람의 최대 연령을 설정한다.

```
maxAge <- 100
```

예를 들어 신생아, 교육 수준, 학교 등록, 이주에 관한 추가 변이를 정의하는 것은 매우 간단하다. 이 부분은 건너뛰지만 Zinn(2014)을 참조하길 바란다. 일반적으로 현재 상태 수만큼이나 큰 크기의 전이 행렬이 가능하다. 전이 함수의 결정 방법은 건너뛰며, 소프트웨어 패키지 MicSim(Zinn, 2014), simario(https://github.com/compassrescentcentre/simario), Modgen(http://www.statcan.gc.ca/eng/microsimulation/modgen/modgen), OpenM++ (http://ompp.sourceforge.net/wiki/index.php/Main_Page)를 참조하길 바란다. 소프트웨어 Modgen과 OpenM++는 아마도 가장 신뢰할 수 있는 도구일 것이다. 책을 저술하면서 R 패키지 MicSim을 사용할 때, 패키지에서 주어진 예제가 아닌 그 외 예제 데이터를 사용하는 경우 여러 오류들이 발생했었다. 그래서 여기서 멈추며, 더 나은 도구가 R에서 사용 가능할 때까지 기다릴 것이다.

▌사랑과 증오의 역동성

셰익스피어의 '한여름 밤의 꿈A Midsummer Night's Dream' 원본 텍스트에서 헤르미아는 다음과 같이 말한다. "내가 싫어할수록 그는 나를 쫓아와" 그리고 "나는 그를 저주하지만 그는 나를 사랑해." 또한 헬레나는 셰익스피어의 이 작품에서 다음과 같이 말한다. "내가 그를 사랑할수록, 그는 나를 더 싫어하게 돼." 구글 같은 인터넷 검색 엔진을 이용한 짧은 검색을 해봐도 "그가 나를 싫어할수록 나는 그를 더 사랑하고, 그가 나를 사랑할수록 그는 나를 더욱 미워하게 돼."라는 주제를 다룬 많은 연구 논문과 연구 과제를 보여준다.

다이내믹 시스템인 사랑의 역동성에 대해서 1994년 스트로가츠Strogatz에서 보고된 또 다른 간단한 예를 제시하고자 한다.

헤르미아와 리산드로스, 헬레나와 리산드로스, 또는 로미오와 줄리엣의 상황을 고려할 수 있겠지만, 그 상황을 현대 시대로 옮기려고 한다. 영국에 살고 있다면 나쁜 소년들을 사랑한 명사에 대해 코즈모폴리턴Cosmopolitan이 2012년 2월 22일에 쓴 기사를 읽었을지도 모르겠다. "해리 왕자는 더 건방지고, 골치 아픈 왕자로 알려져 있지만, 그가 만났다 헤어졌다 하는 여자 친구 첼시 데이비는 그의 장난스런 면을 사랑하는 것 같이 보인다." 이제부터 우리는 영국 왕립 가족을 돕고자 한다.

- P(t)는 첼시를 향한 해리 왕자의 사랑과 증오가 되는데, P(t)가 0보다 적으면 증오이고, 그렇지 않으면 사랑이다.
- C(t)는 해리 왕자를 향한 첼시의 사랑과 증오가 된다.

추가로 다음과 같은 제약과 조건을 고려해보자.

- 해리 왕자는 첼시와 사랑에 빠져 있다.
- 해리 왕자가 첼시를 좋아할수록 그녀는 더 두려워하며 떠나고 싶어 한다.
- 하지만 해리 왕자가 첼시를 미워하기 시작하면 첼시는 해리 왕자를 매력적으로 보게 되고 그녀의 사랑이 커진다.
- 해리 왕자는 사랑에 있어서 단순하다. 첼시가 해리 왕자를 사랑할 때 해리는 그녀를 사랑하고, 그녀가 싫어할 때 그는 증오하기 시작한다.

다이내믹 모델은 위에서 주어진 조건에서 해리 왕자의 사랑에 왕실이 주목하는 데 도움이 될 수 있다.

이 문제를 풀기 위해 미분 방정식을 사용해 공식화할 것이고 시스템 다이내믹스로 수행할 방정식인 도함수는 다음과 같다.

$$\frac{dP}{dt} = aC$$

시간 t 측면에서 첼시의 사랑에 비례해 해리 왕자의 사랑이 증가함을 보여주는 도함수는 다음과 같다.

$$\frac{dC}{dt} = -bP$$

도함수는 해리 왕자가 그의 짓궂은 면을 보여주면 첼시의 사랑이 커지고 해리 왕자가 그녀에게 좋게 대할수록 사랑이 줄어드는 것을 보여준다. 도함수계수 a와 b는 양의 상수가 된다. 모든 파라미터가 처리되는 love라 불리는 함수를 다음과 같이 공식화한다.

```
love <- function(t, x, parms){
  with(as.list(c(parms, x)), {
    dPrince_Harry <- a * Chelsy_Davy
    dChelsy_Davy <- -b * Prince_Harry
    res <- c(dPrince_Harry, dChelsy_Davy)
    list(res)
  })
}
```

사랑의 모수와 시간 주기를 설정한다. 추가하자면, 시점 0에 해리 왕자는 첼시를 사랑하지만 첼시는 그를 사랑하지 않는다고 가정한다.

```
parms <- c(a = 1, b = 2)
times <- seq(0, 30, length = 31)
## 안정 상태의 초깃값
y <- xstart <- c(Prince_Harry = 1, Chelsy_Davy = -1)
```

미분 공식용 일반 해법을 사용해 다이내믹 시스템을 처리한다.

```
library("deSolve")
out <-  ode(xstart, times, love, parms = parms)
```

그림 11.1은 해리 왕자와 첼시가 사랑하는 시간이 지남에 따라 어떻게 발전했는지 보여준다.

```
out<-data.frame(out)
matplot(out$time,out[,c('Prince_Harry','Chelsy_Davy')],pch=c(16,1),type="b")
legend(25,1.5,c("Harry","Davy"),pch=c(16,1))
```

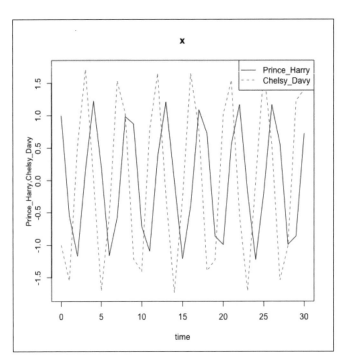

그림 11.1 해리 왕자와 첼시의 사랑과 증오

첼시는 해리 왕자가 너무 많이 사랑하기 때문에 처음에는 그를 싫어한다. 이는 즉시 헨리 왕자의 사랑을 식히고 time 1 시점에서는 이미 얼어붙게 만든다. 이 시간까지 그는 나쁜 소년처럼 행동하기 시작하고 time 2 시점에 그의 사랑은 끔찍한 행동을 할 만큼 얼어버린다. 그러나 이러한 행동은 첼시를 매료시키는데, 해리 왕자 속에 있는 나쁜 소년을 좋아하기 때문이며, 해리 왕자를 향한 강한 사랑의 감정을 갖기 시작한다. 첼시의 사랑이 다시 얼어붙을 때까지 해리 왕자는 다시 그녀를 사랑하기 시작한다. 그들의 사랑과 증오의 주기성이 분명하게 드러난다.

좀 더 현실적인 시작값과 파라미터 값에 대해 생각해보자. 해리 왕자는 time 0에 첼시에게 조금 관심이 있다. 첼시는 첫눈에 반하고 말았다. 해리 왕자의 사랑은 첼시가 그를 사랑할 때 커지지만 그의 사랑은 이전처럼 빨리 발전하지 못한다. 첼시는 해리 왕자가 그녀

462

에게 너무 다정하면 변하는 파라미터 b = 0.7 형태로 벗어나고 싶어 한다. 그림 11.2에서 그 결과가 잘 나타난다.

```
y <- xstart <- c(Prince_Harry = 0.2, Chelsy_Davy = 1)
parms <- c(a = 0.3, b = 0.7)
out <- ode(xstart, times, love, parms = parms)
out<-data.frame(out)
matplot(out$time,out[,c('Prince_Harry','Chelsy_Davy')],pch=c(16,1),type="b")
legend(26,-0.3,c("Harry","Davy"),pch=c(16,1))
```

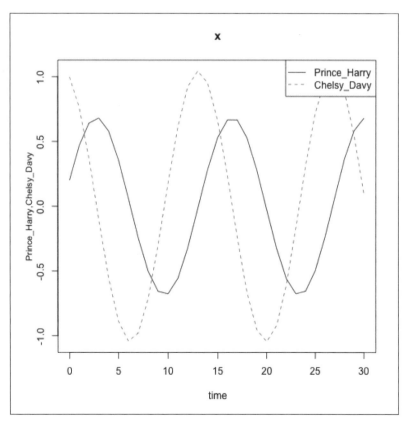

그림 11.2 파라미터 집합을 사용해 보여주는 해리 왕자와 첼시 데이비의 사랑과 증오

그림 11.2의 해석은 간단하므로 여기서 설명하지 않는다. 사랑과 증오의 끊임없는 변화 속에서, 첼시는 해리 왕자보다 사랑과 증오의 극댓값이 더 크다. 두 사람 모두 잘되기를 바란다.

▌ 생태 모델링의 다이내믹 시스템

다이내믹 시스템은 생태 모델링에서 경제 시스템 간 그리고 생태계 간 상호작용의 존재와 부재를 모델링하는 데 필수적인 역할을 수행한다. 생태계는 일반적으로 역동적이며 복잡하다. 가장 단순한 경우인 포식자와 포식자에게 잡아먹히는 먹이를 생각해보면, 포식자 집단은 먹이의 존재에 의존하고 반대의 형태로도 가능하다.

대부분의 생태 모델은 다음을 사용해 상태 공간$^{\text{state space}}$ 표현으로 공식화할 수 있다.

$$\dot{\mathbf{x}} = \mathbf{f}(t, \mathbf{x}(t), \mathbf{u}(t), \mathbf{p})$$
$$\mathbf{y} = \mathbf{g}(t, \mathbf{x}(t), \mathbf{u}(t), \mathbf{p})$$

여기서 $\mathbf{x}$는 시스템 $\mathbf{x}$의 상태에 대한 도함수다. t는 시간이고, $\mathbf{u}$는 경계 조건 입력 벡터이며, $\mathbf{y}$는 출력 벡터다. $\mathbf{p}$는 상수와 파라미터의 벡터이고, 함수 $\mathbf{f}$는 상태 전이 함수이며, $\mathbf{g}$는 관측 함수다(Petzoldt & Rinke, 2007). $\mathbf{f}$는 일반 미분 방정식의 체계가 될 수 있다는 이유로 굵게 표시한다. 사랑과 증오 예제에서 $\mathbf{f}$는 일반 미분 공식과 연계된 함수 love였다.

포식자–먹이 모델(Lotka, 1910)은 1차 비선형 미분 방정식 2개의 짝이며, 포식자(y)와 먹이(x)로 된 두 종의 상호작용 케이스에서 간단한 생물학적 시스템의 역동성을 설명하기 위해 사용된다.

$$\frac{dx}{dt} = k_1 x - k_2 xy \quad \text{(먹이 모델)}$$

$$\frac{dy}{dt} = -k_3 y + k_4 xy \quad \text{(포식자 모델)}$$

464

먹이는 k1의 선형 비율로 성장하고, k2의 비율로 포식자에게 먹힌다. 포식자는 k4의 비율로 먹이를 먹음으로써 일정량의 활력을 얻고, k3의 비율로 죽어간다.

그래서 공식은 포식자 집단과 먹이 집단 사이에서 자연적 진동이 있음을 보여준다. 이번에는 두꺼비와 뱀의 예를 보기 위해 땅속으로 들어가 보자. 알프스에 있는 북부 오스트리아 지역, 더 정확하게는 로즈노 마을 인근의 자이첸 지역에는 두꺼비와 뱀의 집단이 주기적으로 발전한다. 뱀이 두꺼비를 먹어치우자마자 뱀은 충분한 음식을 찾지 못하고 사라진다. 그런 다음 두꺼비의 개체 수가 꾸준히 증가하고 뱀 개체 수 역시 변화를 맞이한다. 뱀의 개체 수가 지나치게 많아지고 거의 모든 두꺼비를 먹을 때까지 충분히 먹는다. 현실에서 이를 관찰할 수 있다. 파라미터를 다음과 같이 지정한다. k1 = 1(두꺼비 개체 수는 빠르게 성장), k2 = 0.5(두꺼비를 먹는 뱀의 비율), k3 = 0.2(뱀이 죽어가는 비율), k4 = 0.6(두꺼비를 먹을 때 뱀이 얻는 활력).

포식자-먹이 모델을 함수에 작성한다.

```
lv_mod <- function (time, state, parms) {
    with(as.list(c(state, parms)), {
        dx <- k1 * x - k2 * x * y
        dy <- -k3 * y + k4 * x * y
        return(list(c(dx, dy)))
    })
}
```

파라미터를 확정한다(먹이의 선형적 성장과 포식자에게 1.5 비율로 먹히는 먹이).

```
parms <- c(k1 = 1, k2 = 1.5, k3 = .2, k4 = .6)
state <- c(x = 10, y = 10)
time <- seq(0, 200, by = 1)
```

패키지 deSolve에 있는 함수 ode를 사용해 일반 미분 방정식을 풀 수 있다.

```
res <- ode(func = lv_mod, y = state, parms = parms, times = time)
res <- as.data.frame(res)
```

그림 11.3에서 결과를 플로팅한다.

```
par(mar = c(4,4,0.5,0.1))
matplot(res[,-1], type = "l", xlab = "time", ylab = "population")
legend("topright", c("Toads", "Snakes"), lty = c(1,2), col = c(1,2),
box.lwd = 0)
```

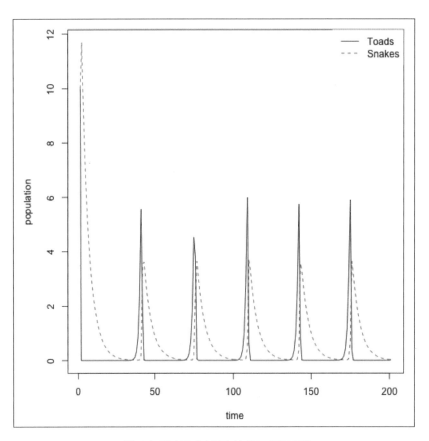

그림 11.3 뱀과 두꺼비 집단 사이의 자연적 진동

뱀은 모든 두꺼비를 먹은 후에 서서히 죽어갔다. 뱀이 사라지자, 두꺼비 개체 수가 빠르게 증가했다. 이는 뱀의 개체 수를 회복하게끔 하는 계기가 되는데, 충분한 두꺼비를 찾을 수 있기 때문이다. 뱀이 너무 많아지면 모든 두꺼비를 먹을 것이고 다시 충분한 음식을 찾지 못할 것이며 천천히 죽어간다.

▌ 요약

시스템 다이내믹스의 기본 개념은 주어진 시나리오와 가정을 기반으로 시간을 예측하는 것이다.

마이크로시뮬레이션 모델링을 이용한 인구 구조에 대한 간단한 적용을 살펴봤다. 해당 모델링은 미래 예측을 원하는 관리자들과 정치인들에게 매우 인기가 있다. 과거에는 집계 정보aggregated information로 마이크로시뮬레이션이 사용됐지만, 현재는 에이전트 기반 마이크로시뮬레이션을 이용해 개인 수준의 예측을 수행하고 있다. 이 방법에 대해 통계적 불확실성이 고려되지 않았으며, 선택된 시나리오는 미리 고려할 수 없는 정치적 변화나 관측할 수 없는 사건이 일어날 수 있기 때문에 미래에는 진실이 아닐 수도 있다는 비판이 있다.

다이내믹 시스템은 비즈니스 및 금융 분야에서 널리 사용되고 생태학 연구에서는 중심적인 역할을 한다. 내가 정기적으로 관측하는 오스트리아 북부 산악 지역을 하나의 예로 해서 포식자-먹이 모델을 살펴봤다. 하지만 가장 중요한 것은, 해리 왕자와 첼시의 사랑과 증오 같은 시간 속에서의 관계를 보여줬고 그렇게 함으로써 왕실 사람들에게 큰 호의를 배풀었다는 점이다.

▌ 참고문헌

- Lotka, A.J. 1910. "Contribution to the Theory of Periodic Reaction," *Phys. Chem.* 14 (3): 271–74.

- Petzoldt, T., and K. Rinke. 2007. "Simecol: An Object-Oriented Framework for Ecological Modeling in R," *Journal of Statistical Software* 22 (1).

- Strogatz, S.H. 1994. *Nonlinear Dynamics and Chaos: With Applications to Physics, Biology, Chemistry, and Engineering.* MA: Addison-Wesley.

- T., Chandola., D.A. Coleman, and R.W. Horns. 1999. "Recent European Fertility Patterns: Fitting Curves to Distorted Distributions," *Population Studies* 53 (3): 317–29.

- Zinn, S. 2014. "The MicSim Package of R: An Entry-Level Toolkit for Continuous-Time Microsimulation," *International Journal of Micro-simulation* 7 (3): 3–32.

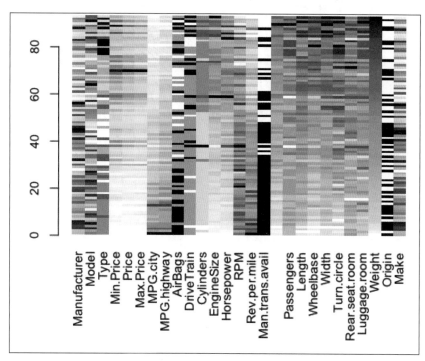

## 2장

▲ 55페이지

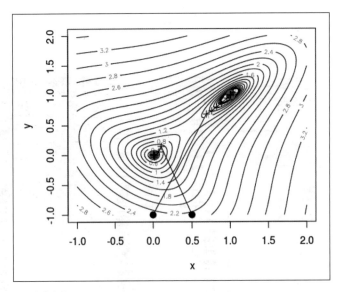

## 5장

▲ 208페이지

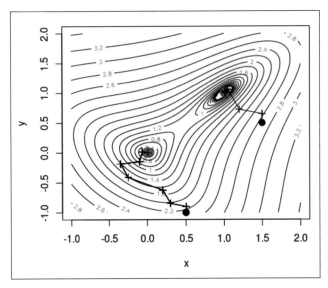

▲ 211페이지

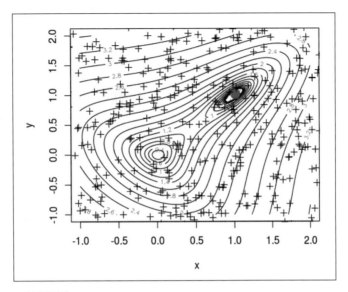

▲ 214페이지

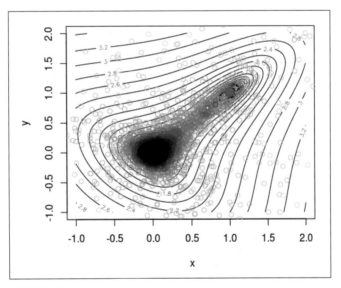

▲ 216페이지

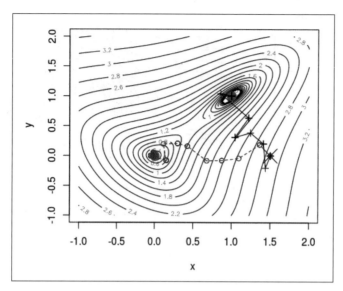

▲ 218페이지

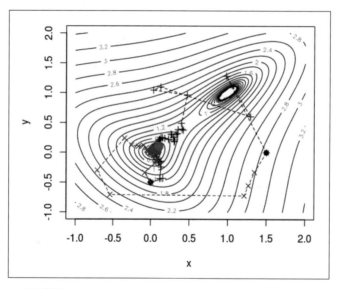

▲ 221페이지

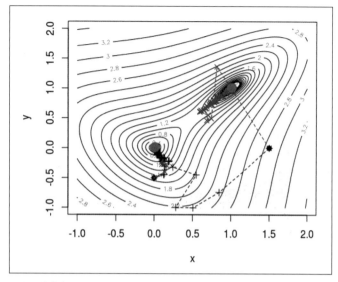

▲ 222페이지

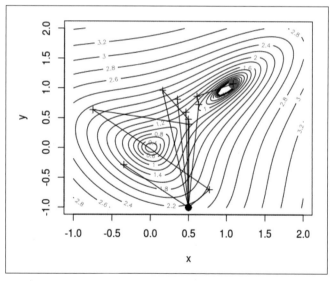

▲ 224페이지

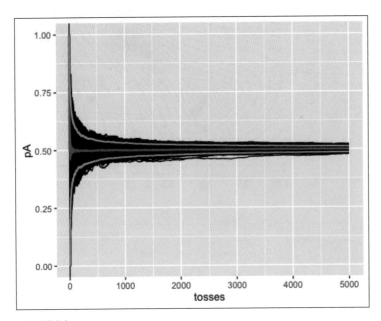

## 6장

▲ 244페이지

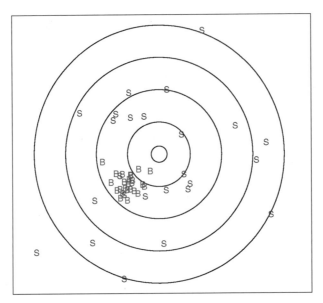

▲ 260페이지

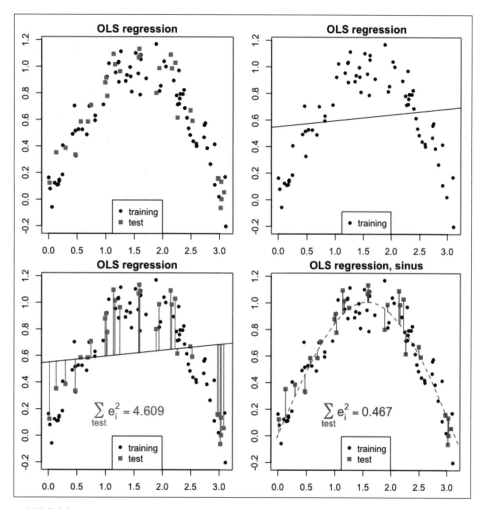

## 7장

▲ 307페이지

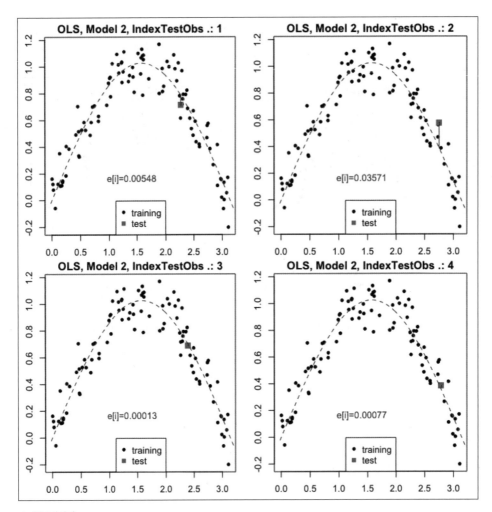

▲ 309페이지

476

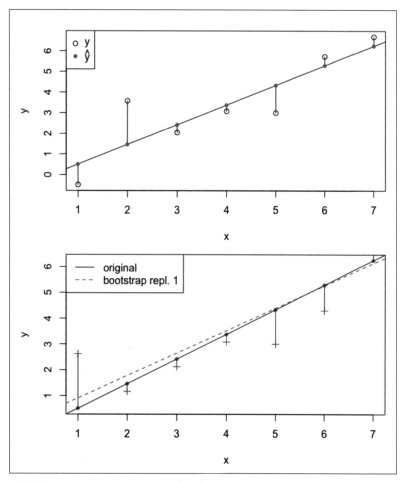

## 8장

▲ 333페이지

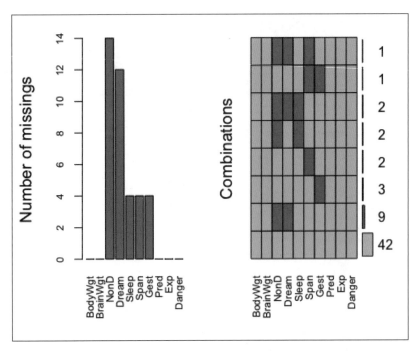

▲ 340페이지

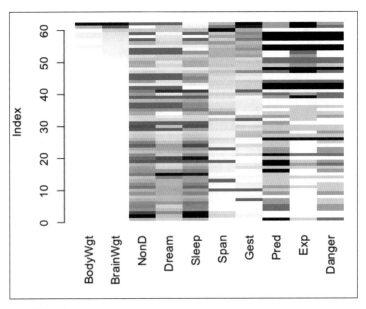

▲ 341페이지

478

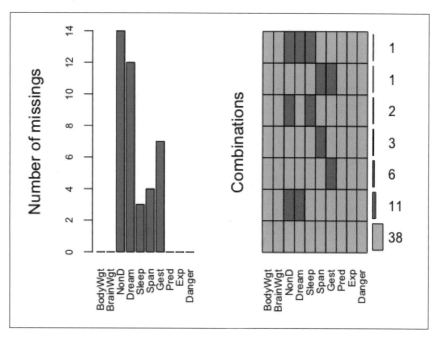

▲ 342페이지

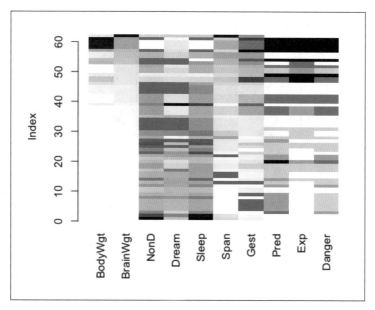

▲ 343페이지

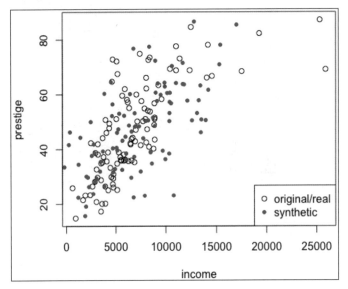

## 10장

▲ 410페이지

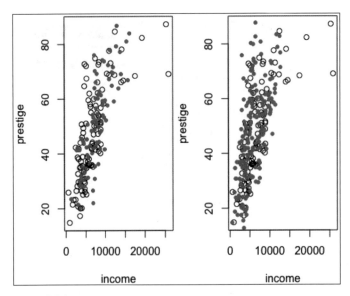

▲ 412페이지

찾아보기

ㄱ

가수부 115
가중치 299
감마 분포 175
강건 EM 기반의 대체 398
강건 MM 기반 회귀 분석 320
강건 모델 기반 대체 419
강건성 추정 411
강건 추정량 259
강건한 상관계수 279
강건 회귀 모델 333
개인 수준의 예측 467
객체 지향 언어 42
겔먼-루빈 방법 183
결정론적 접근법 204, 212
결정론적 최적화 211
경사 기반 알고리즘 219
경사 기반 확률 최적화 219
경사 상승법 205
경사 하강법 205
계량심리학 381
계층구조 415
계층 추출법 349
고윳값 126
고차원 데이터 414
공간 마이크로시뮬레이션 407
관측 242
교대조화급수 116
교차 검증 301, 304, 308
구성 데이터 428
국지적 극한 225
군집 구조 349

군집법 349
귀무가설 357
균등 난수 생성 142
균등 분포 158, 174, 232
그룹별 계산 70, 80
그룹별 크기 71
글리벤코-칸텔리의 정리 274
기각 샘플링 29, 151, 160
기계 수 111
기계 수 엡실론 115
기대 단계 384
기댓값 최대화 알고리즘 381
기술통계 228
깁스 샘플링 163, 176
깃허브 44

ㄴ

나이브 부트스트랩 349, 352
난수 112, 129
난수 발생기 130
난수 생성기 27
난수 테스트 190
난수 합동 생성기 134
네거티브 인덱싱 67
네거티브 접근법 48
넬더-미드 방법 209
논리 벡터 47
논리적 접근법 48
누락값 54, 317, 337, 393
누락률 433
뉴턴-라프슨 경사도 방법 209
뉴턴-라프슨 방법 206, 219

ㄷ

다단계 깁스 샘플링 기법 178
다변량 정규성 테스트 374
다이내믹 시스템 453
다중 공선성 126
다중 대체 415
다중 플롯 102
대수의 강법칙 274
대수의 법칙 28, 242, 244
대수의 약법칙 234, 237, 245, 247
대체 337
대체 방법 413
데이터 과학 25, 26
데이터 구조 46
데이터 시각화 26
데이터 유형 46
데이터 전처리 40, 57
데이터 클러스터링 381
데이터 프레임 33, 51
독립성 가정 303
독립성 테스트 149
동분산성 가정 303
동전 던지기 238
등각 변환 428
등측성 로그비 428
등측성 로그비 변형 429
디스패치 100
디자인 기반 시뮬레이션 405, 435, 448

ㄹ

랜덤 워크 141
레일리 분포 168, 171
레일리 확률 분포 167
로그 선형 모델 149
로지스틱 함수 150
로지스틱 회귀 415
로짓 링크 함수 150
로컬 데이터 프레임 63
리샘플링 31, 264, 338

리샘플링 방법 317
리스트 50, 60

ㅁ

마르코프 체인 몬테카를로 29, 163
마르코프 커널 163, 166
마이크로데이터 416
마이크로시뮬레이션 28, 454
마할라노비스 거리 374
맨해튼 거리 388
메르센 트위스터 139, 140, 195
메소드 디스패치 50, 57
메트로폴리스 샘플링 173
메트로폴리스-헤이스팅스 163, 216, 217
모델 기반 데이터 생성 415
모델 기반 시뮬레이션 405, 418, 448
모델 기반 접근법 412
모델 기반 클러스터링 프레임 393
모델의 적합성 304
모수 256, 263, 267
모수 부트스트랩 281, 283
모집단 247, 270, 271
모집단 키 235
몬테카를로 AD 테스트 377
몬테카를로 순열 테스트 366
몬테카를로 시뮬레이션 29, 31
몬테카를로 테스트 355, 366, 376
무리수 e 118
무응답 437
무작위 256
무작위가 아닌 누락 447
무작위 누락 447
무작위성 29
무작위 실험 245
무한등비수열 122

ㅂ

박스-뮬러 알고리즘 140
반복 수행문 58

반올림 112
반응 변수 302
발산 122
배열 52
번인 구간 170
번인 기간 165
번인 단계 164
범주형 정보 49
베르누이 모델 229
베르누이 분포 143
베이지안 분석 34
베타 분포 158, 159, 174, 248
벡터 33, 46, 270
변화계수 285
병렬 처리 91
병렬 프로세스 33
보정된 부트스트랩 354
보정된 추정량 286
복원 269
복원 가능 샘플링 345
복원 방식 31
복합 데이터 생성 403
복합 샘플링 디자인 405
복합적인 설문조사 349
본페로니 보정 369
볼록성 204
부동소수점 112, 114
부트스트랩 31, 265, 317
부트스트랩 복제 269, 276, 286
부트스트랩 복제 추정량 287, 335, 339
부트스트랩 복제 통계량 278
부트스트랩 샘플 91, 269, 275, 285, 324, 334
부트스트랩 샘플 분포 274
부트스트랩 샘플 크기 274
부트스트랩 추정치 424
부트스트랩 표준오차 287
부트스트랩 후 잭나이프 298, 300, 329
부트스트랩 후 잭나이프 플롯 336
부호부 115

분리법 177, 181, 185
분산 259
불균등 확률 샘플링 439
불편성 254
불확실성 271
비곡선 추정량 295
비균등 난수 생성 142
비모수 부트스트랩 283
비모수 통계 253
비편향성 255
빅데이터 32

ㅅ

사용자 시간 81
산술 난수 생성기 133
산술평균 247, 276, 339, 421
산포도 105
상태 공간 464
샘플링 28, 273
샘플링 디자인 436
샘플 크기 247, 250
샘플 평균 235
샘플 확률 분포 116
선형 가정 303
선형 합동 생성기 134
선형 회귀 179
설명력 323
설문조사 271, 337
센트로이드 387
소수부 115
수렴 116, 124, 182, 236, 242
수열의 주기 133
수용 확률 156
수집 비용 271
수치 최적화 204
수치 해석 111
순서대로 정렬 65
순열 테스트 364, 371
슈퍼-듀퍼 알고리즘 140

슈퍼 모집단 405
스타트렉 202, 212
스페이스볼 202, 212
스페이스볼 프린세스 212, 214
승산 합동 생성기 134
시각화 96
시계열 분석 345
시계열 형태 345
시뮬레이션 129, 238, 243
시뮬레이션 어닐링 415
시스템 다이내믹스 28
시스템 시간 81
신뢰구간 91, 253, 255, 257, 263, 267, 270, 286
신뢰구간 밴드 361
신뢰구간의 불확실성 298
신뢰대역 358
심미적 매핑 104
심플렉스 428

ㅇ

아이언맨 마법사 201
알고리즘 26
암호화 작업 131
애치슨 거리 428
앤더슨–달링 테스트 374
에이전트 기반 모델 28, 454
에이전트 기반 모델링 407
에일리어스 방법 147, 149
에프론의 백분위 방법 287, 324
역조건수 126
역지수함수 145
역함수 143
역함수 변환 29, 145, 147, 161
역함수 변환 방법 140
역환 267
연산자 47
연산자 : 67
연속 확률 분포 230
예측 변수 302

오버로딩 56
오염 설정 412
오염 수준 427, 433
오즈비 150, 266, 268
완전 무작위 누락 447
왜도 테스트 377
요인 49
우도 382
윈도 함수 73
윌리엄 실리 고셋 256
유럽연합 통계 352, 436
유의성 테스트 369
유클리드 거리 292, 387
의사난수 132
이동 블록 부트스트랩 345, 346
이변량 깁스 샘플링 184
이변량 정규 분포 282
이산 확률 분포 229
이상치 323, 411
이항 분포 229, 245, 260
인덱싱 76, 77
인플레이션 요인 292
일반최소제곱 318
일반최소제곱법 302
임의 변수 236
임의성 228

ㅈ

자기상관 177, 185, 345, 347
자기상관성 166
자기상관 함수 183
자연어 처리 381
자유도 293
자코브 베르누이 234
잔차 부트스트랩 331
잔차 분석 303
잠재 규모 감축 요인 188
잠재 모델 414, 419
재귀 산술 난수 생성기 133

잭나이프 291, 295, 296
잭나이프 방식 344
잭나이프 복제 292
잭나이프 샘플 292
잭나이프 영향력 299
잭나이프 의사 값 294
잭나이프 표준오차 299
전산통계학 25
전이 커널 163
전이 행렬 458
절단 분포 161
점근적 불편성 255
점근적 정규성 31
점추정 338
정규 분포 175, 250, 272
정규 분포 가정 303
정규 분포 밀도 155
정규성 251, 302
정규 확률 분포 140
정밀도 427
정상 과정 164
정상 분포 165
제1종 오류 369
제안 밀도 152
제안 분포 152
조건부 확률 밀도 167
조합 최적화 415
조화급수 117
존 터키 292
중심극한정리 227, 234, 247, 252
지니계수 264
지수부 115
지수 분포 144
진성난수 130
진성난수 생성기 131

ㅊ

차원의 저주 166
참값 240

체비쇼프의 불균형 237
최대 우도 382
최대 우도법 255
최대 우도 추정치 381
최대화 단계 384
최소제곱회귀법 352
최적화 문제 34
추정 254
추정값 240
추정량 t 254
추정량 분포 327

ㅋ

커버율 423
케이스별 가중치 349
코시 분포 밀도 155
코시 확률 분포 152
콜모고로프−스미르노프 테스트 361
클래스 56, 57, 100
클래스 객체 416
클러스터 415
클러스터 개수 387

ㅌ

테스트 데이터 303, 308
테이블 생성 78
통계량 254
통계 시뮬레이션 26, 27

ㅍ

파레토 분포 439
파이프라인 71
편향 275, 285
편향성 255, 259
편향이 보정된 알파 288
평균제곱오차 255, 425
평탄성 204
포지티브 접근법 48
포킹 33

표준오차 275, 277, 279
표준편차 119
표준화된 잔차 320
푸아송 분포 150, 192, 260
플러그인 원칙 274
플롯 97
피어슨 상관계수 280

ㅎ

합성 데이터 407, 415
합성 재구성 415
행렬 33, 296
헤세 행렬 206
홈 보정 369
확률론적 무작위 규칙성 203
확률론적 방법 203
확률 밀도 237
확률 분포 228
확률 이론 228
확률적 경사법 219, 221, 225
확률적 대체 방법 338
확률적 최적화 211
회귀 분석 301
후버 평균 421
훈련 데이터 303, 306
히스토그램 249
힐 추정량 438

A

ACF(autocorrelation function) 183
AD(Anderson–Darling) 374
adjustment 369
aes() 104, 105
aesthetic mapping 104
agent–based model 28
aggregate 61, 90
aggregate() 440
Aitchison distance 428
alias method 147

alternating harmonic series 116
annealing 415
apropos() 45
ARIMA 348
arithmetic 133
array 52
autocorrelation 345

B

back–transform 267
BCa(Bias Corrected alpha) 288
BFGS 방법 209
Binomial distribution 229
bivariate normal distribution 282
boot 281, 325
boot.ci 328
bootstrap 31
bootstrap replicate 276
bootstrap sample 275
Box–Muller 알고리즘 140

C

centroid 387
class 100
combinatorial optimization 415
complex data 403
computational statistics 25
confidence bands 358
convexity 204
covMcd 280
cppFunction 94
cvFolds() 313
cvTools 311
C++ 인터페이스 93

D

DataControl 429
data.frame 75, 104
data manipulation 57

data science 25, 26
data.table 58, 74, 75, 78, 83, 86, 88
dbinom 238
delete-d jackknife 296
descriptive statistics 228
design-based simulation 405
distinct() 69
dplyr 58, 79, 83, 88
d개가 제거된 잭나이프 296

E

EM(Expectation Maximization) 알고리즘 381
epsilon 115
estimation 254
estimator t 254
Euclidean distance 387
EU-SILC(European Union Statistics on Income and
  Living Conditions Survey) 352, 436
exp() 123

F

facet_wrap() 107
factor 49
foreach 91
forecast 348
forking 33
for 루프 59, 84, 88, 210, 389

G

GB 통계량 184
geom 107
geom_point() 104
getwd() 46
ggplot2 96, 104
Gibbs 샘플링 163, 176
Gini 264
GitHub 44
gradient ascent method 205
gradient descent method 205

graphics 97, 98
grid 97
group_by 62, 70

H

help.search() 45

I

IEC 60559 114
ilr(isometric log-ratio) 428
imputation 337, 413
infinite geometric series 122
inflation factor 292
install_github() 44
inversion 29, 140
irmi 398
isometric transformation 428

J

jackknife replication 292
jackknife sample 292
Jakob Bernoulli 234
John Tukey 292

K

Kappa() 126
key() 78
k-means algorithm 386
KNN 대체 방식 394
k배 교차 검증 310
k 평균 알고리즘 386
k 평균 클러스터링 390

L

laeken 94, 353
lapply 59
L-BFGS-B 방법 209
likelihood 382
list 50

lm 82

lm_rob 322

lmrob 82

logistic regression 415

logistic 함수 150

logit 링크 함수 150

LOO(leave-one-out) 교차 검증 309, 310

ltsReg 325

M

machine number 111

Mahalanobis distance 374

Manhattan distance 388

manipulation 40

mantissa 115

maptools 97

Markov Kernel 163

MAR(missing at random) 447

maximum likelihood 255, 382

MCAR(missing completely at random) 447

MCMC(Markov chain Monte Carlo) 29, 163, 165

Mersenne Twister 139

method dispatch 50, 57

Metropolis-Hastings 163

mice 398, 419

micro-simulation 28

MicSim 458

missing value 54

MNAR(missing not at random) 447

model-based simulation 405

Monte Carlo simulation 29

moving blocks bootstrap 345

MSE(mean squared error) 255, 425, 426

multiple imputation 415

multiplicative 134

mutate() 69

N

natural language processing 381

nlm 206

nloptr 223

non-smooth estimator 295

numerical mathematics 111

O

odds 150

OLS(ordinary least-squares) 318

OLS 회귀선 307

operation 47

optim 224

options() 43

overloading 56

P

parallel 91

Pareto distribution 439

PDC 추정량 444

period 133

pipeline 71

plot() 99, 240

plug-in principle 274

Poisson 분포 150

potential scale reduction factor 188

predictor 변수 302

Prestige 299

proposal distribution 152

p 값 조정 369

Q

QQ 플롯 171, 358

R

randomness 29, 228

randomNumbers 131

random walk 141

rbinom 238

RCEIM 214, 225

RColorBrewer 102

Rcpp 93
reciprocal condition number 126
recursive arithmetic 133
rejection sampling 29
rename() 68
replacement 31, 269
resampling 31
residual analysis 303
rlecuyer 33
robCompositions 428
robustbase 92
robustX 412
round() 114
runSimulation() 430, 440, 445

S

S4 클래스 406
sample() 91, 147, 238, 280, 366
sampling 28
SANN 방법 209
sapply 60
select() 66, 67
setkey() 78
setwd() 46
simCategorical() 417
simContinuous 417
simFrame 405, 406, 421, 428, 438
simplex 428
simPop 413, 415, 438
simStructure 417
singular value 126
skewness test 377
slice() 64
smoothness 204
snow 91, 92
spatial micro-simulation 407
specifyInput() 416
standardized residuals 320
state space 464
stationary distribution 165

stationary process 164
statistical simulation 26
statistics 254
summarize() 62, 70
super-population 405
synthetic data 407
synthetic reconstruction 415
system dynamics 28
system time 81
system.time 81

T

tables() 75
theme_bw() 109
theme_gray() 109
thinning 177, 181, 185
transition kernel 163
transmute() 70
trunc() 112
t 분포 272
t 테스트 256

U

unbiasedness 254
update.packages() 44
user time 81

V

variance 353
vector 46
VIM 398

W

weighted.mean 94
weightedMean 94
William Sealy Goset 256
window function 73

기호

2단계 깁스 샘플링 기법 176

R 시뮬레이션

빅데이터와 샘플 데이터를 연결하다

발 행 | 2019년 9월 30일

지은이 | 마티아스 템플
옮긴이 | 김 재 민

펴낸이 | 권 성 준
편집장 | 황 영 주
편 집 | 이 지 은
디자인 | 박 주 란

에이콘출판주식회사
서울특별시 양천구 국회대로 287 (목동)
전화 02-2653-7600, 팩스 02-2653-0433
www.acornpub.co.kr / editor@acornpub.co.kr

한국어판 ⓒ 에이콘출판주식회사, 2019, Printed in Korea.
ISBN 979-11-6175-336-2
http://www.acornpub.co.kr/book/simulation-r

이 도서의 국립중앙도서관 출판시도서목록(CIP)은 서지정보유통지원시스템 홈페이지(http://seoji.nl.go.kr)와
국가자료공동목록시스템(http://www.nl.go.kr/kolisnet)에서 이용하실 수 있습니다.(CIP제어번호: CIP2019036094)

책값은 뒤표지에 있습니다.